Kohlhammer

Praxis Heilpädagogik – Konzepte und Methoden

Herausgegeben von Heinrich Greving

Eine Übersicht aller lieferbaren und im Buchhandel angekündigten Bände der Reihe finden Sie unter:

 https://shop.kohlhammer.de/praxis-heilpadagogik-konzepte-und-metho den

Der Autor

Dr. Bernhard Schmalenbach ist Professor für Heilpädagogik/Inklusive Pädagogik an der Alanus Hochschule für Kunst und Gesellschaft in Alfter bei Bonn. Seit 2017 Dozent für Inklusion an der Universität Bonn. Arbeitsschwerpunkte und Veröffentlichungen u. a. im Bereich Hilfeplanung, Biografieforschung, Phänomenologie der Leiblichkeit, Autismus sowie der ästhetischen Dimension der Pädagogik und Heilpädagogik.

Bernhard Schmalenbach

Lebensgeschichten von Menschen mit Down-Syndrom

Erkenntnisse und Erkundungen der Biografieforschung

Verlag W. Kohlhammer

Dieses Werk einschließlich aller seiner Teile ist urheberrechtlich geschützt. Jede Verwendung außerhalb der engen Grenzen des Urheberrechts ist ohne Zustimmung des Verlags unzulässig und strafbar. Das gilt insbesondere für Vervielfältigungen, Übersetzungen, Mikroverfilmungen und für die Einspeicherung und Verarbeitung in elektronischen Systemen.

Die Wiedergabe von Warenbezeichnungen, Handelsnamen und sonstigen Kennzeichen in diesem Buch berechtigt nicht zu der Annahme, dass diese von jedermann frei benutzt werden dürfen. Vielmehr kann es sich auch dann um eingetragene Warenzeichen oder sonstige geschützte Kennzeichen handeln, wenn sie nicht eigens als solche gekennzeichnet sind.

Es konnten nicht alle Rechtsinhaber von Abbildungen ermittelt werden. Sollte dem Verlag gegenüber der Nachweis der Rechtsinhaberschaft geführt werden, wird das branchenübliche Honorar nachträglich gezahlt.

Dieses Werk enthält Hinweise/Links zu externen Websites Dritter, auf deren Inhalt der Verlag keinen Einfluss hat und die der Haftung der jeweiligen Seitenanbieter oder -betreiber unterliegen. Zum Zeitpunkt der Verlinkung wurden die externen Websites auf mögliche Rechtsverstöße überprüft und dabei keine Rechtsverletzung festgestellt. Ohne konkrete Hinweise auf eine solche Rechtsverletzung ist eine permanente inhaltliche Kontrolle der verlinkten Seiten nicht zumutbar. Sollten jedoch Rechtsverletzungen bekannt werden, werden die betroffenen externen Links soweit möglich unverzüglich entfernt.

1. Auflage 2024

Alle Rechte vorbehalten
© W. Kohlhammer GmbH, Stuttgart
Gesamtherstellung: W. Kohlhammer GmbH, Stuttgart

Print:
ISBN 978-3-17-044195-8

E-Book-Formate:
pdf: ISBN 978-3-17-044196-5
epub: ISBN 978-3-17-044197-2

MitarbeiterInnen

Bernhard Schmalenbach

unter Mitarbeit von
Angelika Gräf
Christian Forss
Sabrina Flörke
Bettina Funke
Eva Hermens
Petra Kaufmann
Eva Luxem
Fridolin Neumann
Annette Riegel
Sören Roters-Möller
Monika Ruffert
Christina Schmalenbach
Galina Schneider
Lisa Thomas
Louisa Noëlle Welskop

Inhaltsverzeichnis

MitarbeiterInnen		5
Einleitung		9
1	**Biografieforschung und Biografiearbeit**	13
	1.1 Allgemeine Grundlagen	13
	1.2 Biografieforschung bei Personen mit Assistenzbedarf	17
	1.3 Interviewformen, ethische Grundlagen und methodische Aspekte zu Befragungen von Menschen mit Assistenzbedarf	21
2	**Lebensgeschichten von 45 Personen mit Down-Syndrom – der Forschungsweg**	32
	2.1 Fragen	32
	2.2 TeilnehmerInnen	33
	2.3 Schritte	35
3	**Individuelle Biografische Skizzen**	42
4	**Biografische Themen im Überblick**	47
5	**Analyse zentraler Themen**	57
	5.1 Familie	58
	5.2 Kindheit	65
	5.3 Kindergarten	68
	5.4 Schule	71
	5.5 Ausbildung	76
	5.6 Arbeit	77
	5.7 Wohnen	82
	5.8 Freizeit und Interessen	86
	5.9 Urlaub	89
	5.10 Mobilität	93
	5.11 FreundInnen	94
	5.12 Partnerschaft	98
	5.13 Konflikte	104
	5.14 Selbst	108
	5.15 Teilhabebarrieren	139

	5.16	Werte	141
	5.17	Religion und Spiritualität	144
	5.18	Tod und Verlust	146
	5.19	Down-Syndrom	150
	5.20	Wünsche und Ziele	165
6		**Analyse einzelner Gespräche**	**168**
	6.1	Frau Mayring	168
	6.2	Herr Sacher	176
	6.3	Frau Pehl	184
	6.4	Herr Marx	192
	6.5	Frau Jaronn	199
	6.6	Herr Schwebel	205
	6.7	Frau Immhoff	208
	6.8	Fazit	214
7		**Analyse der Interaktionen im Gespräch**	**216**
	7.1	Interventionen der InterviewerInnen	216
	7.2	Differenzierte Reaktionen der Interviewten auf geschlossene Fragen	233
	7.3	Interventionen zur Gestaltung des Gesprächsverlaufs seitens der Befragten	236
	7.4	Besondere Gesprächssituationen	240
8		**Ausblick**	**245**
9		**Literaturverzeichnis**	**250**

Einleitung

Die gesellschaftlichen Wahrnehmungen und Bilder über Personen mit Down-Syndrom gehen zunächst von einer Tatsache aus: »Wer das Down-Syndrom hat, sieht anders aus als seine Mitmenschen und nimmt eine Sonderposition in der Gesellschaft ein. Man erkennt sie und meint, sie zu kennen – vor der Geburt und auch im Leben.«[1] Fast durchgängig zu beobachten ist die Ineinssetzung von Down-Syndrom und »Behinderung«, in einem auf die Person bezogenen Sinn verstanden. In ihrem Buch zur Klinischen Entwicklungspsychologie schreiben die AutorInnen Nina Heinrichs und Arnold Lohaus bei der Erläuterung der Bedeutung genetischer Faktoren für die Entwicklung: »Ein Beispiel ist die Trisomie 21 (Down-Syndrom), bei der das Chromosom 21, bzw. Teile davon dreifach vorliegen. Als Folge ergeben sich schwerwiegende physische und psychische Beeinträchtigungen, die bis zur geistigen Behinderung führen können.«[2] Hier werden physische *und* psychische Beeinträchtigungen als regelmäßige Folge der Trisomie 21 gekennzeichnet und eine geistige Behinderung als deren mögliche Konsequenz oder Steigerung. Personen mit Down-Syndrom selbst sehen diese und andere Formen von Gleichsetzung kritisch.[3] Die primäre Wahrnehmung des Down-Syndroms als Behinderung hat eine große Bedeutung für die Beratung im Zusammenhang mit der Pränatalen Diagnostik und den anschließenden Entscheidungen hinsichtlich der Frage, die Schwangerschaft zu beenden oder nicht.[4] Auch wenn die Rechtsgrundlage der Abtreibung von Embryos mit Trisomie 21 in Deutschland nicht aufgrund einer embryopathischen Indikation, sondern auf die künftige psychische Belastung der werdenden Mütter bezogen ist,[5] betrachten zumindest eine Reihe von Personen mit Down-Syndrom dieses Vorgehen als Infragestellung des eigenen Lebens oder der eigenen Person. »*Wir tun doch niemandem was*«, so formuliert es eine Befragte aus dem hier vorgelegten Projekt. Zudem befinden sich Eltern von Kindern mit Down-Syndrom in der Situation, eine Entscheidung getroffen zu haben, welche im gesellschaftlichen Bewusstsein als Ausnahme gilt und durchaus kritisch in Frage gestellt wird.[6]

---

1 Peschka & de Braganca 2010, 6.
2 Heinrichs & Lohaus 2020, 22.
3 Achtelik 2019, sowie Dedreux 2017.
4 de Graaf, Buckley, Skotko 2021.
5 Merkel 2019.
6 Lou, Lanther, Hagenstjerne, Petersen & Vogel 2020.

Bei der Beurteilung der Situation von Personen mit Down-Syndrom werden jedoch auch gesellschaftliche Fortschritte erkennbar, nicht zuletzt in Zusammenhang mit der Umsetzung der *UN-Konvention über die Rechte behinderter Menschen*. So haben sich Bildungschancen und Arbeitsmöglichkeiten weiterentwickelt, Personen mit Down-Syndrom werden mehr und mehr als kulturelle Akteure in Filmen, Theaterstücken, als AutorInnen und KünstlerInnen sichtbar. Die Ausstellung *Touchdown* in der Bundeskunsthalle Bonn im Jahr 2016 hat dazu beigetragen, bestehende Stereotypien in Frage zu stellen und eine Vielfalt von Perspektiven auf das Leben mit Down-Syndrom sichtbar zu machen.[7] Auch machen Personen mit Down-Syndrom in zunehmenden Maße Forderungen nach Partizipation und dem Abbau von Barrieren geltend.[8] Jedoch sind die Stimmen der Personen mit Down-Syndrom in der öffentlichen Wahrnehmung wie in der Forschung insbesondere im deutschsprachigen Raum noch kaum präsent.

Daher sollen in diesem Buch Menschen mit Down-Syndrom mit ihren Erfahrungen, Reflexionen und Positionen zu Wort kommen. Im Rahmen eines Forschungsprojektes wollten wir in Erfahrung bringen, wie Menschen mit Down-Syndrom ihre Biografie wahrnehmen, rekonstruieren und sprachlich präsentieren, welche Erfahrungen, Bedürfnisse und Anliegen sie formulieren und welche Schlussfolgerungen sich im Hinblick auf Lebensqualität, Teilhabe und Zukunftsplanung formulieren lassen.

Unser Ziel ist es, die stereotype Wahrnehmung von Menschen mit Down-Syndrom zu durchbrechen und Personen als AutorInnen ihrer Lebensgeschichte vorzustellen, mit ihren Vorstellungen von Lebensqualität, mit ihrer Perspektive auf das Leben und die Gesellschaft und mit dem Anliegen, ihren Beitrag geben zu können.

Und nicht zuletzt möchte diese Veröffentlichung einen Beitrag zur Erforschung von Gesprächen mit Personen mit Down-Syndrom leisten, stellvertretend auch für Gespräche mit Personen, welche entweder in ihrem sprachlichen Ausdrucksvermögen eingeschränkt sind bzw. darin eingeschränkt werden. Dies geschieht auch mit der Fragestellung nach förderlichen Gesprächshaltungen, auftretenden Schwierigkeiten, hilfreichen wie problematischen Interventionen. Dieses Forschungsinteresse steht auch im Zusammenhang mit Veränderungen im Zuge der Umsetzung des Bundesteilhabegesetzes, welche auch die individuelle Bedarfsermittlung betreffen. Denn die Bedarfsermittlung und die Bewertung von Maßnahmen erfolgen nunmehr auf der Grundlage von Gesprächen über die Bewertung der Teilhabesituation der antragstellenden Person und ihrer auf Teilhabe bezogenen Wünsche und Ziele. Gesprächsanalytische Forschungen von Gesprächen, an denen Personen mit Down-Syndrom oder Personen in Lebenslagen von Behinderung teilnehmen, sind noch sehr selten und stellen damit ein Forschungsdesiderat dar.

Im ersten Teil des Buches wird ein Überblick über Anliegen, Methoden und Fragestellungen der Biografieforschung gegeben, unter besonderer Berücksichtigung von Personen, welche u. a. als lernbeeinträchtigt beschrieben werden.

---

7 Kunst- und Ausstellungshalle der Bundesrepublik Deutschland 2016.
8 Plettenberg 2021.

Anschließend beschreiben wir das Vorgehen und unsere Erfahrungen im Rahmen unseres Biografieprojekts, in dessen Verlauf 45 Personen mit Down-Syndrom befragt wurden.

Unsere GesprächspartnerInnen haben sich zu einer Fülle von Themen geäußert. Ihre zentralen Aussagen hierzu stellen wir dar und verbinden sie mit Ergebnissen zur Forschung mit Personen mit Down-Syndrom. Einen wichtigen Schwerpunkt bilden hier die Gedanken, welche sich unsere GesprächspartnerInnen über das Down-Syndrom und über die Situation von Personen mit Trisomie 21 in der Gesellschaft machen.

Jedes biografische Gespräch hat eine einmalige Gestalt. Die weitaus meisten Studien, in denen Personen mit Down-Syndrom befragt wurden, werden ihre Aussagen zu bestimmten Fragestellungen analysieren. Doch verfügen wir bislang kaum über Studien, welche solche Gespräche in ihrer Gesamtheit untersuchen. Daher nehmen wir hier in einem weiteren Schritt eine Analyse einzelner, ausgewählter Interviews vor, in ihrem Gesamtzusammenhang, sowohl in inhaltlicher wie in formaler Hinsicht.

Den Abschluss bildet eine Rekonstruktion von typischen *Interaktionssequenzen in den Gesprächen,* in der die Interventionen der InterviewerInnen wie auch der Positionierungen und Antwortformen der Befragten analysiert werden. Hier wird deutlich, dass diese Gespräche eine gemeinsame Leistung darstellen und dass die Befragten eine Reihe von Mitteln nutzen, das Gespräch in ihrem Sinne zu lenken, auch wenn sie sich in der *Rolle* der Befragten befinden – und auch dann, wenn sie nur verhältnismäßig wenig Worte gebrauchen. Die hier gefundenen Ergebnisse können eine Anregung dafür sein, Gespräche zu analysieren und »auf Augenhöhe« zu führen.

Forschungen über Erfahrungen und Positionen von Personen mit Trisomie 21 sind in Deutschland noch sehr rar. Zu vielen Bereichen, welche unsere GesprächspartnerInnen ansprechen, liegen keine Forschungsergebnisse vor, außer, man nimmt hier Forschungen in Zusammenhang mit ›Personen mit Lernschwierigkeiten‹ oder ›Personen mit einer geistigen Behinderung‹ hinzu. Doch auch diese werden noch viel zu selten durchgeführt. In noch stärkerem Maße gilt dies für die Untersuchung von Dialogen mit dieser Personengruppe. Dies steht in einem krassen Missverhältnis zur Bedeutung dialogischer Assistenz und personenbezogener Beratung und Begleitung. Die vorliegende Veröffentlichung möchte hier neben der Darstellung der Ergebnisse methodische Anregungen und weiterführende Fragen für ähnliche Projekte geben.

Im Rahmen dieser Veröffentlichung wird der Begriff »Down-Syndrom« der alternativen Bezeichnung »Trisomie 21« vorgezogen, da der in der Öffentlichkeit eingeführte Begriff »Down-Syndrom« von Betroffenen, Arbeitskreisen, Verbänden und Projekten sowie in der – auch internationalen – Fachliteratur weitgehend als Referenzbegriff verwendet wird.

Dieses Projekt wäre nicht zustande gekommen ohne das Vertrauen und die Unterstützung der Heidehof-Stiftung Stuttgart. Wir möchten daher den hier Verantwortlichen herzlich danken.

Wir bedanken uns ferner bei Eltern, gesetzlichen VertreterInnen und MitarbeiterInnen von Einrichtungen für die Ermöglichung und Begleitung von Interviews.

Unsere GesprächspartnerInnen haben mit großem Vertrauen und Engagement an dem Projekt teilgenommen. Ihnen gebührt daher besonderer Dank!

1 Biografieforschung und Biografiearbeit

1.1 Allgemeine Grundlagen

Biografieforschung und Biografiearbeit verfolgen unterschiedliche Ziele. Während im Rahmen von Biografieforschung häufig eine Vielzahl von Biografien untersucht werden, zumeist unter einer spezifischen leitenden Fragestellung, welche anhand der Biografien untersucht wird, richtet sich Biografiearbeit auf die systematische Erkundung, Befragung oder Aneignung der eigenen Biografie.

Seit Mitte der 1980er-Jahre des vergangenen Jahrhunderts erleben Biografieforschung und später auch Biografiearbeit einen bemerkenswerten Aufschwung in den empirischen Sozialwissenschaften, der Pädagogik und der Psychologie. Die Diskurse zum Thema Biografie aus verschiedenen Perspektiven zeigen die sich über Jahrhunderte wandelnden Konzeptionen der Beziehung des einzelnen Menschen zur Gesellschaft wie zu sich und seinem ›Lebenslauf‹. Bereits der Begriff *Biografie* vereint das ›gelebte‹ Leben und seine Beschreibung.

Über viele Jahrhunderte hinweg, beginnend mit der griechischen Antike, sind es die Viten berühmter Männer, welche den Gegenstand von Biografien bilden. Augustinus' Bekenntnisse bilden den Auftakt einer Literatur, welche Lebensbeschreibung, philosophisch-theologische Betrachtungen und Selbstreflexion verbindet. Mit dem Aufkommen des Entwicklungsgedankens im 18. Jahrhundert werden Biografien in Romanen unter dem Aspekt von Entwicklung und Veränderung erzählt. Der Entwicklungsgedanke findet auch in autobiografischen Darstellungen sein Echo, wie in Rousseaus *Confessions*. Infolge der Aufklärung und der mit ihr einhergehenden, neuen anthropologischen Orientierung kommen auch biografischen Skizzen und Fallgeschichten außergewöhnlicher Personen auf. Man denke hier an Éduard Séguins Bericht über *Victor* oder Anselm von Feuerbachs Lebensbeschreibung über *Kaspar Hauser*. Auch Heinrich Deinhardt und Jan Daniel Georgens berichten in ihrer Dokumentation über die Arbeit in ihrer Einrichtung *Levana* ausführlich über die Biografien und Entwicklungen der ihnen anvertrauten Personen.[9] In hohem Maße einflussreiche Impulse für das psychologische Verständnis von Biografien im 20. Jahrhundert gehen von Sigmund Freuds autobiografischen Exkursen, seinen biografischen Studien und vor allem seinen Fallgeschichten aus. Die von Freud entworfene Prozessstruktur psychischer Entwicklung wurde vor allem von Erik H. Erikson weiter ausgestaltet, dessen Konzept die Entwicklung des

---

9 Georgens & Deinhardt 1860/1863.

Menschen als einen Gang durch biografische Konflikte beschreibt, deren Lösung zu einer jeweils neuen Stufe der persönlichen *Identität* führt.[10] Einen anderen, auf biografisch erworbenen Kompetenzen hin ausgerichteten Akzent legte Robert J. Havighurst in der Formulierung von »Entwicklungsaufgaben«.[11] Die biografisch orientierte Psychologie enthielt ferner bedeutende Impulse durch Hans Thomae, der bereits qualitative Forschungsmethoden einbezog, mit denen er die für Individuen spezifischen *Daseinsthemen* und *Daseinstechniken* als Antworten auf biografische Herausforderungen, Konflikte und Entscheidungssituationen benannte.[12] Von Thomae ausgehend charakterisiert Gerd Jüttemann Biografie als einen Prozess der *Autogenese*, als Selbstgestaltung in Eigenverantwortung, wie sie besonders in impliziten und expliziten biografischen *Entscheidungssituationen* zum Ausdruck kommt.[13]

In der psychologischen Forschung hat sich mit der Bindungsforschung ein weiterer Zweig entwickelt, der im Hinblick auf die Arbeit mit Erwachsenen eine imminent biografieorientierte Perspektive verfolgt. Auch wenn hier der Fokus auf der Repräsentation der Bezugspersonen liegt, besteht die Methode in einem biografiezentrierten Leitfadeninterview, welches anhand definierter Kriterien, gerade hinsichtlich der *Erzählweise*, ausgewertet wird.[14]

Diese psychologischen Theorien legen eine Matrix vor, auf der sich dann individuelle Entwicklungen oder Biografien *abbilden*. Sie stellen in gewisser Hinsicht eine entwicklungspsychologisch belehrte Variante klassischer Konzeptionen dar, welche sich an einem idealtypischen Schema orientierten, das schon Solon in seinem Gedicht über die Lebensalter darstellt.[15] Philosophische Konzepte wiederum behandeln Fragen der Lebensführung im Sinne eines ›guten Lebens‹ oder der Lebenskunst.[16]

Gegenüber der auf das Individuum zentrierten Perspektive nimmt die sozialwissenschaftlich orientierte Lebenslaufforschung die Formung von Biografien durch gesellschaftliche Strukturen, Diskurse und Abläufe in den Blick. Zu den entscheidenden Strukturierungsformen gehören rechtlich verfasste Altersnormen und die mit ihren einhergehenden Teilhabechancen, gesellschaftliche Erwartungen an die Stufen, Übergängen und ›Leistungen‹ einer ›normalen‹ Biografie.[17] Damit einher geht eine Kritik an einer allein auf das Individuum abstellenden Perspektive, deren Höhepunkt Pierre Bourdieus »Biografische Illusion« markiert.[18] Die Biografieforschung untersucht daher, wie die gesellschaftlichen Bedingungen, Abläufe

---

10 Erikson 1973.
11 Havighurst 1972.
12 Thomä 1998/2007.
13 Jüttemann 2007.
14 Gloger-Tippelt 2012.
15 Nach Böhme 2009. Im 20. Jahrhundert war es dann Romano Guardini, der diese Lebensabschnitte und die mit ihnen verbundenen Aufgaben und Erlebnisse schildert, vgl. Guardini 1953/2001.
16 Vgl. etwa Thomä 1998/2007.
17 Herriger 1997, 98 ff.
18 Bourdieu 1998.

und Narrative in die Lebenserzählungen eingehen, dort verarbeitet und ggf. verändert werden.[19]

Gesellschaftliche Rahmenbedingungen und Strukturen, soziale und institutionelle Steuerungen wie auch individuelle Setzungen und Sinngebungen fließen in die Formung des Subjekts und die Herausbildung seiner Identität ein. Biografieforschung untersucht mithin die Frage, wie Personen Lebensentwürfe gestalten, Rückschläge und Brüche verarbeiten und ihrem Leben Sinn verleihen. Diese Entwürfe können stets auch als Ausdruck impliziter und expliziter Bearbeitung von gesellschaftlichen und sozialen Subjektivierungsprozessen verstanden werden. Sozialwissenschaftlich orientierte Biografieforschung legt damit den Schwerpunkt darauf, über die Deutungshorizonte von Subjekten einen Zugang zu sozialen Verhältnissen und Wirksamkeiten zu erhalten.[20] Dabei wird vonseiten der Soziologie wie in der konkreten Biografiearbeit auch untersucht, inwieweit Normalbiografien als »sozialweltliche Orientierungsmuster« weiterhin gültig sind.[21]

Methoden der Biografieforschung

Im Rahmen der Biografieforschung finden sich vielfältige Traditionen, Konzepte und Methoden. Manche soziologisch orientierten Forscher nehmen insbesondere gesellschaftliche Rahmenbedingungen, Prägungen und Vorgaben in den Blick. Andere betonen die produktive oder ›konstruktive‹ Tätigkeit der Person in der Gestaltung ihrer Biografie. Dabei ist auch an dieser Stelle zu unterscheiden zwischen einer Verwendung des Begriffs Biografie im Sinne des *Lebenslaufs* und der Biografie als *Erzählung* oder *Text*. Hier bleibt zunächst die Frage offen, wieweit diese Unterscheidung tatsächlich trägt, da jede Darstellung eines Lebenslaufs über die Auflistung von Eckdaten hinaus einer sprachlichen Präsentation bedarf, die im Kern eine Erzählung ist. Dementsprechend vielfältig sind die Forschungskonzepte einer im weiteren Sinn verstandenen Biografieforschung. Viele ForscherInnen stimmen jedoch in dem Ziel überein, »subjektive Sinnstrukturen vor dem Hintergrund relevanter Kontexte (z. B. Zeitgeschichte, soziale Teilhabe, Szene, Milieu, Kultur, Alltag) systematisch (anhand qualitativer Forschungsinstrumente) als Verdichtungen und Relevanzstrukturen herauszuarbeiten und sichtbar zu machen.«[22] Damit richtet sich das Forschungsinteresse auf die *erzählte Biografie*, welche jedoch in einigen Ansätzen in Verbindung mit den objektiven Daten interpretiert wird.[23]

Das Verhältnis von ›gelebten‹ und ›erzählten‹ Leben wird in der Forschung ebenfalls unterschiedlich begriffen: Während ForscherInnen wie Fritz Schütze von einer Gleichartigkeit von Erzählung und Erfahrung ausgehen, dergestalt, dass schon

---

19 Kohli bezeichnet diesen Prozess als ›Biografisierung‹ (Kohli 1985).
20 Lutz et al. 2018, 5.
21 Fischer & Kohli 1987, 26; Hanses 2018; Wais 2005. Andreas Hanses verweist auf eine Ausdifferenzierung gesellschaftlicher Institutionen und Identitäten, gibt aber einschränkend zu bedenken, dass an die Stelle primärer Formierung durch Institutionen diejenige mittels Diskurse getreten ist.
22 Jansen 2011, 20.
23 Rosenthal 2010.

die Erfahrung selbst narrativ strukturiert ist,[24] vertreten andere die Auffassung, dass Erzählungen im Nachhinein gebildet werden oder dass eine protonarrative Struktur der Erfahrung dann bewusst gemacht wird.[25] Einigkeit besteht jedoch darin, was durch Biografien entsteht: die Ausarbeitung von Selbst- und Weltbildern, die Deutung des Geschehens in der Verbindung von Intentionen, Handlungen, Begegnungen und Ereignissen, die Herstellung von zeitlichen und ›inneren‹ Beziehungen als Sinnzusammenhang eines Lebens mit seinen Verbindungen, Brüchen und Kontingenzen.[26]

Während manche Ansätze der Biografieforschung die erzählte Lebensgeschichte in Bezug zu der erlebten – und dokumentierten – Lebensgeschichte setzen,[27] beschränken sich andere ForscherInnen auf die subjektive Repräsentation des Lebenslaufes in der Lebensgeschichte.[28]

Dabei wird es in der Biografieforschung auch für legitim erachtet, durch Nachfragen die Bedeutung von Beschönigungen oder Auslassungen in der Lebenserzählung zu reflektieren und gemeinsam bewusste oder unbewusste Deutungsmuster einer Person zum Vorschein zu bringen, unter Berücksichtigung des vielfältigen Verwobenseins von Erfahrung und Erzählung.[29]

Während Biografieforschung die subjektiven Konstruktionen der Befragten in Bezug auf ihre Biografie in möglichst wenig Einfluss nehmender Weise erhebt, intendiert Biografiearbeit, den Rückgriff auf die Lebensgeschichte bewusst und gezielt zu fördern und das Verständnis des Gewordenen für die Gestaltung des Lebens der KlientInnen fruchtbar zu machen. Biografiearbeit umfasst somit mehr oder weniger umfangreiche Hilfestellungen und Unterstützungsangebote zur biografischen Selbst-Reflexion.[30]

So hat sich unter dem Begriff Biografiearbeit eine Vielzahl unterschiedlicher Methoden, Vorgehensweisen und Verfahren etabliert, von denen einige für spezifische AdressatInnengruppen konzipiert wurden:[31] Ihre Gemeinsamkeit formuliert Jansen wie folgt:

»Allen Ansätzen gemein ist jedoch die Vorstellung, dass es ein zutiefst menschliches Bedürfnis ist, dem Leben einen sinnhaften Bezug (einen Bedeutungsfaden) zu geben, sich selbst dabei als lebendigen Gestalter der eigenen Lebensgeschichte zu erleben und damit Identität unter den Bedingungen von Kontinuität und Diskontinuität zu konstituieren – kollektiv gebunden und doch individuell verschieden.«[32]

Biografiearbeit kann dazu verhelfen, sich die eigene Lebensgeschichte verstehend anzueignen, problematische Ereignisse zu verarbeiten oder eine Bestandsaufnahme zu machen.[33] Sie kann sich auf Gegenwart, Vergangenheit und Zukunft beziehen,

---

24 Schütze, nach Griese 2010.
25 Griese 2010.
26 z. B. Marotzki 2000; Jakob 2010.
27 Rosenthal 2010.
28 Gudjons 2008, 26.
29 Rosenthal 2010.
30 Gudjons 2008, 16.
31 Jansen 2011, 21.
32 ebd.
33 Lindmaier et. al. 2018; Kistner 2018.

wobei jede dieser Ausrichtungen die Gesamtgestalt der Biografie mitberücksichtigt. Jedoch ist Biografiearbeit nicht mit Psychotherapie oder Beratung gleichzusetzen, wiewohl sie auch ein Element von Beratung und Therapie darstellen kann.

1.2 Biografieforschung bei Personen mit Assistenzbedarf

Die Erforschung von Biografien von Menschen in Lebenslagen von Behinderung wird von unterschiedlichen Perspektiven aus unternommen. In der Heil- und Sonderpädagogik, der Psychiatrie sowie in der Sozialen Arbeit finden sich diverse an der Biografie orientierte Ansätze, auch im Sinne einer *biografischen Diagnostik*. Der Neurologe Alexander Luria veröffentlichte Fallstudien außergewöhnlicher Personen, in denen er versuchte, eine der individuellen Beschreibung gemäße Form zu finden.[34] Die Rekonstruktion einer Subjektwerdung unter Bedingung der Behinderung als Isolation verfolgt das von W. Jantzen entwickelte Verfahren der Rehistorisierung.[35] Heilpädagogisch-sozialtherapeutische Verfahren verbinden Biografieforschung und Biografiearbeit.[36] Im Rahmen der Sozialen Arbeit wurden unterschiedliche Konzepte des Fallverstehens entwickelt, zu denen u. a. auch eine ›Narrativ-biografische Diagnostik‹ gehört.[37]

Eine stärker inklusionstheoretische und sozialwissenschaftliche Perspektive macht weniger den biografischen Umgang mit Behinderung zum Gegenstand als die Benachteiligung von Personen mit Beeinträchtigung durch gesellschaftliche Praxen. Sie analysiert ferner, wie deren Identität durch die Diskurse von Normalität geprägt wird.[38]

Die folgenden Beispiele von bisher veröffentlichten Arbeiten beziehen sich hier auf Personen mit Lernschwierigkeiten im deutschsprachigem Raum und auf Personen mit Down-Syndrom. So fand Kathrin Römisch bei einer Befragung von Frauen mit ›geistiger Behinderung‹, sowie deren Eltern und Bezugspersonen, dass sich die Lebensentwürfe der Frauen grundlegend von denen nichtbehinderter Frauen unterschieden, insofern ihnen Anerkennung in wesentlichen Lebensbereichen wie Beruf und Familie versagt bleibt.[39]

Die Bedeutung der Zuschreibung sonderpädagogischer Kategorien für die entstehenden Selbstbilder und Identitäten (ehemaliger) SonderschülerInnen arbeitete Lisa Pfahl heraus.[40] Sie konnte auch zeigen, dass sich SchülerInnen eine Strategie der

---

34 Luria 1993.
35 Jantzen 2005.
36 Kistner 2018.
37 Fischer & Goblisch 2018.
38 Waldschmidt 2018.
39 Römisch 2011.
40 Pfahl 2011.

Kompensation durch Anpassung an die Normalität zu eigen machten.[41] Damit kommen als Reaktion auf die Normalisierungspraktiken auch Praktiken der Selbstnormalisierung in den Blick.

Forschungen zu Lebensläufen behinderter Menschen zeigen ferner auf, dass Bildung und Wohnen in Sonderinstitutionen mit der Herausbildung eigener Lebenslaufmuster einhergeht.[42] Hendrik Trescher untersuchte auf der Grundlage von Lebensgeschichten das Phänomen ›Geistige Behinderung‹ nicht als biografische Ausgangssituation, sondern als einen Prozess, der durch eine Vielzahl von Wirkmechanismen gekennzeichnet ist.[43] Hierzu gehören u. a. von (Sonder-)Institutionen geprägte Lebensläufe, Abhängigkeitsverhältnisse in Verbindung mit erlernter Hilflosigkeit, die starke Abhängigkeit von der Herkunftsfamilie und von Institutionen mit ihren Vergemeinschaftungspraxen und Abläufen sowie defizitäre Selbstkonstruktionen, die in Verbindung mit dem medizinischen Modell von Behinderung stehen.[44]

Nancy Sorge führte Gespräche mit 40 Erwachsenen, »die für ›geistig behindert‹ gehalten werden.«[45] Ihre Fragen sprachen eine Vielfalt von Bereichen an: Selbstwertgefühl, Stärken und Schwächen, Partnerschaft und Freundschaft, die Bezeichnung ›Geistige Behinderung‹, Ängste und Wünsche, die Auffassung von Glück, Tod und Spiritualität. Eine Reihe von Fragen waren auch spezifisch biografisch orientiert: Fragen zu Erinnerungen an prägende Situationen und deren gegenwärtige Bedeutung wie auch zur Antizipation der Zukunft. Die TeilnehmerInnen umfassten eine Altersspanne zwischen 24 und 56 Jahren. Die Auswertung von 30 Gesprächen ergab, dass eine Mehrzahl der Befragten keine Mühen hatte, sich an Begebenheiten aus der Kindheit zu erinnern; bis auf eine Befragte äußerten alle Wünsche für ihre Zukunft. Ebenfalls benannten die meisten der Befragten Stärken und Schwächen, sie reflektierten das Besondere ihrer Person und benannten, was ihnen im Leben wichtig ist. Fragen abstrakterer Natur wie die nach Glück, nach Gott und dem Tod bereiteten den meisten keine Schwierigkeiten.[46] Damit wurde ein weiteres Mal bestätigt, dass Personen, die als geistig behindert bezeichnet werden, durchaus in der Lage (und geneigt) sind, sich im Rahmen von Gesprächen und Befragungen zu allgemeinen Themen zu äußern.[47]

Weitere Forschungen richten sich auf Untersuchungen zu spezifischen Themen: Hierzu gehören etwa die Untersuchungen zur Lebensqualität,[48] zu Bewertung von Einrichtungen der Behindertenhilfe[49] und auch zum Thema ›Geistige Behinderung‹.[50]

---

41 a.a.O., 250.
42 Römisch 2011, 35.
43 Trescher 2017.
44 a.a.O., 233–260.
45 Sorge 2010.
46 a.a.O.
47 vgl. auch Buchner 2006, Buchner 2008, Schäfers 2008, Hagen 2002, Hagen 2007.
48 z. B. Schäfers 2008.
49 Gromann 1996/1998; Gromann & Niehoff-Dittmann 1999.
50 Wendeler & Godde 1989.

Auf die Biografie bezogene Studien mit Erwachsenen mit Down-Syndrom wurden bislang vor allem in angloamerikanischem Raum durchgeführt. In einer Befragung von Brown, Dodd und Vetere (2007) berichteten sechs ältere Personen über ihr Leben, welche in ihrer Kindheit zeitweise in Institutionen gelebt hatten. Die AutorInnen wählten eine – durch Leitfragen ergänzte – narrative Herangehensweise wegen ihrer Eignung, das Konzept von Identität zu erforschen. Die Befragten äußerten sich über ihre Kindheit, ihre gegenwärtige Lebenssituation und ihr künftiges Leben.

Eine aktuelle Metastudie demonstriert, wie sehr die Beteiligung der Betroffenen selbst noch ein Desiderat bleibt. Zum Thema »Perspektiven von Adoleszenten hinsichtlich ihrer Lebensqualität« fanden sich nur zwei Studien, in denen die Personen selbst zu Wort kamen. Stattdessen wurden in Dutzenden weiteren Studien die Angehörigen befragt.[51] Melissa Scott und MitarbeiterInnen befragten 12 junge Erwachsene (Alter: 18–30 Jahre) nach ihrem Verständnis von einem guten Leben. Insgesamt zeigte sich eine positive Perspektive auf ihr Leben. In ihren Betrachtungen und Wünschen kam den Erfahrungen von Unabhängigkeit, selbständiges Leben und Anerkennung als Erwachsene eine große Bedeutung zu.[52]

Weitere Studien befassten sich mit Themen wie Lebenszufriedenheit,[53] Identität und Selbstwert, mit dem Thema Pränatale Diagnostik, mit der Bedeutung von Freundschaft und FreundInnen, mit der Gestaltung der Freizeit und mit Lebensqualität im Allgemeinen u. a. Die Ergebnisse dieser und weiterer Studien werden in Zusammenhang mit der Analyse der Interviews dargestellt.

Voraussetzungen zur Gestaltung einer Lebenserzählung

Aus dem eigenen Leben berichten zu können, ist eine Fähigkeit, die ihrerseits auf Erfahrungen und Fähigkeiten beruht. Gabriele Rosenthal zeigt auf, welche Bedingungen gegeben sein müssen, damit ein Mensch seine Lebensgeschichte in gestalteter Form darstellen kann:

1. »in der Sozialisation internalisierte Muster zur Gestaltung der biografischen Präsentation, die dazu notwendigen kognitiven Kompetenzen und eine biographische Notwendigkeit zur Erzählung;
2. eine erlebte Lebensgeschichte mit einem gewissen Ausmaß an biographischen Handlungsspielräumen und Wechseln in der Lebensführung;
3. die Kongruenz von erlebter Lebensgeschichte und biographischer Gesamtevaluation;
4. ein nicht ›zerstörter‹ Lebenszusammenhang.«[54]

---

51 Sheridan et al. 2020.
52 Scott et. al. 2014.
53 Strupp 2006.
54 Rosenthal 1995, 99.

Bei Personen mit einer Beeinträchtigung sind manche dieser Voraussetzungen nicht erfüllt.[55]

Erlernte Muster, kognitive Kompetenz und biographische Notwendigkeit

Die Fähigkeit, die eigene Biografie in Form einer Lebensgeschichte sprachlich darzustellen, kann aufgrund der reduzierten Möglichkeiten, die dazu notwendigen Kompetenzen zu erwerben, eingeschränkt sein. Insbesondere das Erzählen von Geschichten verlangt Fähigkeiten, die zum einen im Kindesalter durch das Erzählen von Familiengeschichten erworben und zum anderen in der Schule durch das Erlernen der Stilmittel zur Darstellung von selbst- und fremderlebten Ereignissen vermittelt werden. Dort erlernen die SchülerInnen die für unsere Kultur übliche Orientierung an der Temporalität des Lebenslaufes und somit die Darstellung der Lebensgeschichte in chronologischer Form.[56] Für einen Teil der Personen mit Behinderung fehlen familiäre Anbindungen. Zudem konnten viele ältere Menschen nicht von einer Schulbildung profitieren, sodass sie möglicherweise nicht über die von Rosenthal genannten Erzählmuster und Stilmittel verfügen. Hinzu kommen sprachlich-kognitive Einschränkungen in unterschiedlicher Ausprägung.

Biographische Handlungsspielräume und Wechsel in der Lebensführung

Bei denjenigen Menschen, denen ein lebensgeschichtliches Ablaufmuster ohne eigene biographische Handlungsplanung auferlegt wurde, wird häufig deutlich, dass die Zeit in der Institution sich der Form einer Erzählung versagt.[57] Ihre Handlungspraxis erscheint oftmals eingeschränkt, andere beeinflussen oder bestimmen die Interpretation des Lebens.[58] Am Beispiel von PatientInnen einer Psychiatrie stellt Gerhard Riemann fest, »dass der narrative Bezug zur eigenen Lebensgeschichte partiell oder völlig verloren geht.«[59] Fremdbestimmte Lebensbedingen beschränken möglicherweise den Bezug zur eigenen Lebensgeschichte.

Kongruenz von erlebter Lebensgeschichte und biografischer Gesamtevaluation

Rosenthal stellt die strukturbildenden Wechselwirkungen von Erinnerung und Erzählung dar. Dabei kann der Versuch eines Autobiografen, die eigene Lebensgeschichte in sozial erwünschte oder erlernte Muster zu zwingen, umfassendes biografisches Erzählen behindern. Bei biografischen Erzählungen von Menschen mit Behinderungen muss reflektiert werden, ob bzw. inwieweit sie angesichts ihres

---

55 Möller 2004.
56 Rosenthal 1995, 100 ff.
57 Rosenthal 1995, 109.
58 a.a.O.
59 Riemann 1987, 381.

Kontextes versuchen (müssen), ihre Lebensgeschichte in einer sozial erwünschten Form darzubieten.

Ein nicht ›zerstörter‹ Lebenszusammenhang

Der Gestaltungsprozess während des Erzählens bedarf in der Regel keiner zusätzlichen Anstrengung und Konstruktionsleistung. Anders verhält sich dies, wenn ein Autobiograf auf ein fragmentiertes, zerrissenes und verwirrendes Leben zurückblickt. Hier sind besondere Leistungen nötig, damit sich die erlebte Lebensgeschichte nicht lediglich aus einzelnen Phasen oder Situationen, sondern als Gesamtgestalt fassen lässt. In diesem Fall kann die Hilfe von anderen nötig sein.[60] Es ist durchaus möglich, dass Menschen mit Behinderungen sich in einer solchen Lage befinden und demzufolge Unterstützung zur Rekonstruktion ihrer Biografie benötigen.

1.3 Interviewformen, ethische Grundlagen und methodische Aspekte zu Befragungen von Menschen mit Assistenzbedarf

Die am häufigsten verwendete Methode der qualitativen Biografieforschung ist das narrative Interview, welches eine Stegreiferzählung hervorruft. Solche Erzählungen stiften einen Erzählfluss und eine größere Nähe zu vergangenen Erfahrungen als dies bei anderen Formen der Selbstdarstellung der Fall ist.[61] Die Befragten werden somit nicht mit standardisierten Fragen konfrontiert, sondern zum Erzählen animiert. Der InterviewerInnen unterstützen lediglich den universellen Ablaufplan von Erzählungen.[62] Das narrative Interview wird durch eine Erzählaufforderung in Form einer Eingangsfrage eröffnet, welche die (biografische) Haupterzählung stimulieren soll. Die Eingangsfrage sollte das Potenzial haben, eine Erzählung zu erzeugen, also zeitlich und thematisch möglichst offen formuliert sein und Raum zur Entwicklung einer narrativen Gestalt geben.

Ist die Haupterzählung beendet, können Nachfragen gestellt werden. Auch hier sollen die Fragen weiterhin offen und die Gestaltung des thematischen Feldes autonom sein. Zum Abschluss werden den InterviewpartnerInnen in einer Bilanzierungsphase Fragen gestellt, die auf Erklärungen für das Geschehene abzielen und eine Form der Bilanzierung erfragen.

Angesichts der oben beschriebenen Probleme greifen ForscherInnen in der Befragung von Personen mit Assistenzbedarf häufig auf alternative Gesprächsformen

---

60 Rosenthal 1995, 130.
61 Rosenthal 2010.
62 Mayring 2002, 72.

zurück, vor allem auf ein strukturiertes Leitfadeninterview und die thematisch fokussierte Gruppendiskussion. Auf diese Weise können dem Forschungsanliegen entsprechende Lebensphasen und besondere Ereignisse, Erfahrungen und Deutungen thematisiert werden. Eine mögliche Synthese von Leitfadeninterview und Narrativem Interview stellt das Problemzentrierte Interview nach Andreas Witzel dar, welches zu Beginn einen Erzählimpuls vorsieht, an dem sich über weitere Fragen ein Dialog entfaltet.[63] In einer Übersicht der angewandten Erhebungsmethoden in qualitativen Studien bei Personen mit ›geistiger Behinderung‹ fanden Buchner und König, dass 42,4 % der Studien halbstrukturierte Interviews durchführten, in der Form von Gruppeninterviews, Leitfadeninterviews und Problemzentrierten Interviews.[64]

Trotz der Teilstandardisierung des Interviews sollte das Prinzip der Offenheit gewahrt bleiben: Die Befragten können auf die Fragen ausführlich und erzählend antworten und Themen oder Akzente setzen, die von Seiten der InterviewerInnen nicht im Vorfeld berücksichtigt wurden. Gleichzeitig wird von den Befragten nicht verlangt, ihr Leben in einer umfassenden Geschichte selbst zu erzählen.

Häufig werden offene Leitfadeninterviews insbesondere zur Erhebung biografischer Daten auch bei Personen mit geringerer kommunikativer Kompetenz empfohlen. ForscherInnen, welche biografische und lebensweltbezogene Befragungen mit Menschen mit Assistenzbedarf durchgeführt haben, betonen folgende Bedingungen für gelingende Gespräche:[65]

- Der Sprachgebrauch sollte sich an den Kommunikationscodes der Einrichtung oder Umgebung orientieren, welche vorher zu ermitteln sind.
- Das Gespräch sollte in einer entspannten Atmosphäre stattfinden. Zu Beginn ist es daher sinnvoll, eine ›Aufwärmphase‹ zu durchlaufen, etwa durch Fragen, die sich auf die aktuelle Situation beziehen (Wetter, räumliches Setting, Tätigkeiten an diesem Tag oder vor der Sitzung, Lebensumfeld u. a.).
- Das lebensweltliche Setting, der institutionelle Rahmen und die Handlungskonzepte der Interviewten sollten den InterviewerInnen bekannt sein.
- Die Interviewten sollten die Umstände des Gesprächs (Zeit, Raum, TeilnehmerInnen) bestimmen können.
- Die GesprächspartnerInnen sollten sich vor dem Interview kennenlernen, damit Vertrauen entsteht. Die Interviewten sollten über den Zweck der Gespräche aufgeklärt werden.
- Die Gespräche sollten in einer vertrauten Umgebung, aber in einem separaten Raum, stattfinden.
- Da die Interviewten sich in einer für sie ungewöhnlichen Situation befinden, kann es sinnvoll sein, die Gespräche in mehreren Anläufen zu führen.
- Fotos können dem Gesprächseinstieg dienen und ›das Eis brechen‹.

---

63 Witzel 1985.
64 Buchner & König 2008.
65 Sorge 2010; Hagen 2002; Hagen 2007, Buchner 2008, Perry 2004.

- Die Verwendung von Hilfsmitteln, wie z. B. Fotos, kann den Interviewten Gelegenheit zur Selbstinszenierung geben. Dies führt zuweilen zu sehr aussagekräftigen Szenen und Bildern.
- Die Länge des Gesprächs sollte sich an den Konzentrationsfähigkeiten wie auch der Motivation der GesprächspartnerInnen orientieren.
- Wenn mit einem Leitfaden gearbeitet wird, dann sollte dieser offen gestaltet sein, wie auch die Fragen selbst, da ansonsten eine starke Beeinflussung vorliegt und dies das Auftreten von Antwortneigungen wahrscheinlich macht.
- Hilfreich können dabei die Empfehlungen des National Center on Disability and Journalism (NCDJ) sein, die insbesondere den Tipp formulieren, Menschen mit Behinderung selbst nach ihren Bedürfnissen angesichts der Interviewsituation zu fragen. Dazu gehört insbesondere die Frage, ob bei dem Interview eine dritte Person (Begleiterin, Angehörige oder Partner) anwesend sein soll.[66]
- Die Interviewenden sollten die Befragten durch das Interview begleiten und Verständnisprobleme klären, damit valide Aussagen entstehen.[67]

Eine bedeutende Rolle spielt die *Haltung* der InterviewerInnen: Besondere Bedeutung wird der Offenheit zukommen, mit der die beteiligten ForscherInnen die Interviewten wahrnehmen und auf Entwicklungen und im Prozess deutlich werdende Bedarfe reagieren können. Die GesprächspartnerInnen sollen als Subjekte eines schöpferischen Prozess wahrgenommen werden. Die Stimulierung der Erzählung wie auch das Aufrechterhalten der Erzählstruktur unter erschwerten Bedingungen erfordern eine sensible Art der Gesprächsführung, welche durch aktives und empathisches Zuhören im Sinne von Carl R. Rogers getragen wird.[68] Eine solche Haltung einnehmen zu können, erfordert Schulung, Vorbereitung und Reflexion.

Viele der hier beschriebenen methodischen Aspekte sind zugleich Ausdruck einer spezifischen forschungsethischen Haltung, die Beziehung zwischen InterviewerInnen und Interviewten auf einer Subjekt-Subjekt-Ebene zu etablieren[69] und eine Situation zu gestalten, in der Selbstbestimmung und Mitgestaltungsmöglichkeit der Befragten gewahrt bleibt. Es ist selbstverständlich, dass die Beteiligten an Forschungsprojekten über Ziel und Vorgehensweise in der ihnen angemessenen Form – und der hierfür nötigen Zeit – aufgeklärt werden, bevor sie um Mitwirkung gebeten werden. Dies bedeutet, dass das Forschungsvorhaben in nachvollziehbarer Weise erläutert wird. Hierzu kann die Verwendung von Einfacher Sprache und Unterstützter Kommunikation als obligatorisch betrachtet werden. Die Information muss alle Aspekte bzw. Schritte eines Forschungsvorhabens umfassen.[70]

Die AutorInnen eines grundlegenden Papiers zur Forschungsethik in der Heilpädagogik[71] machen an dieser Stelle deutlich, dass Einwilligungsfähigkeit nicht

---

66 vgl. Zamzow 2017.
67 vgl. Schäfers 2008, 168.
68 Rogers 2020.
69 Buchner 2008.
70 Fachbereichstag Heilpädagogik 2017, 8.
71 a. a. O., 5 f.

(nur) eine Frage des Bestehens oder eben des Nichtbestehens von kognitiven oder anderen ›Kompetenzen‹ ist. Vielmehr geht es auch darum, im Sinne der UN-Konvention über die Rechte behinderter Menschen Personen in einem Prozess darin zu unterstützen, dass die »Ausübung ihrer Rechts- und Handlungsfähigkeit« hergestellt wird.[72] Stellvertretend getroffene Zustimmungen sollten im Sinne des Assistenzmodells als eine Form der assistierten Selbstbestimmung weiterentwickelt werden.[73] Der hiermit erreichte *informed consent* muss jedoch im Verlauf des Forschungsprozesses kontinuierlich bestätigt werden (*ongoing consent*). Forschungsethische Grundsätze sind auf unterschiedlichen Ebenen zu berücksichtigen: Aus menschenrechtlicher Perspektive sollten Forschungsprojekte den Anliegen und Belangen der Zielgruppe förderlich sein.[74] Des Weiteren sollte geklärt werden, in welcher Form und an welchen Stellen des Forschungsprozesses die Partizipation der Beteiligten möglich und sinnvoll ist.[75]

Die von VertreterInnen der biomedizinischen Ethik entworfenen Prinzipien sind selbstverständlich auch in dem hier vorliegenden Forschungsfeld zu berücksichtigen. Sie umfassen den Respekt der Autonomie der KlientInnen, die Vermeidung jedweden Schadens, die besondere Fürsorge und Gerechtigkeit.[76] Jedoch müssen diese für die Adressatengruppe präzisiert werden.[77] Gerade bei biografischer Forschung ist hier in Betracht zu ziehen, dass eine Beschäftigung mit dem eigenen Leben belastend oder gar (re-)traumatisierend wirken kann, sowohl während des Gesprächs als auch im Anschluss daran – was die ForscherInnen dann möglicherweise gar nicht mehr zur Kenntnis nehmen können.

Zu den forschungsethischen wie rechtlichen Bedingungen von Forschungsprojekten gehört des Weiteren, dass bei einer Veröffentlichung die erhobenen Daten anonymisiert werden, nicht nur dadurch, dass man Alias-Namen oder Kürzel verwendet, sondern auch Sorge dafür trägt, dass Identitäten nicht aus dem Material erschlossen werden können.

Methodische Probleme und Aufgabenstellungen bei der Durchführung von Interviews

Grundsätzlich lassen sich Faktoren in drei Bereichen identifizieren, welche einen Einfluss auf das Antwortverhalten von Befragten in Interviews haben: Faktoren, welche die interviewte Person betreffen, solche in Zusammenhang mit den InterviewerInnen und situativen Aspekten des Interviews sowie Faktoren, welche durch die Methodik des Interviews und der Ausgestaltung der Fragen bestimmt werden.[78]

---

72 Art. 12 (4), UN-BRK.
73 Fachbereichstag Heilpädagogik, 6.
74 a. a. O., 5.
75 a. a. O., 7.
76 Beauchamp & Childress 2008.
77 Siehe hierzu Fachbereichstag Heilpädagogik 2017, 8.
78 Diekmann 2004.

Kognitive Besonderheiten

Personen mit Assistenzbedarf bzw. Lernschwierigkeiten werden häufig Probleme in der Kommunikation zugeschrieben, etwa wenn es um das Verständnis von komplexen grammatikalischen Strukturen, komplexen Fragen oder einzelnen Begriffen geht, um den Umgang mit abstrakten Fragestellungen oder hinsichtlich eines eingeschränkten Vokabulars.[79] Interviews können daher Situationen kognitiver Überforderung darstellen.[80] Dies bedeutet aber nicht, dass Personen mit Lernschwierigkeiten grundsätzlich anspruchsvolle Fragen nicht verstehen könnten.[81]

Akquieszenz

Eine weiteres, häufig benanntes Phänomen wird als Tendenz zur Zustimmung (Akquieszenz) beschrieben, definiert als »Disposition, eine Frage zu bejahen unabhängig davon, in welcher Form sie gestellt wird.«[82] Sie ist eine der Antworttendenzen, welche als »stereotype Reaktionsweisen auf Fragebogen- oder Testitems« gelten,[83] mithin also alle Befragte betreffen. Darüber hinaus gibt es Personen, die eine verhältnismäßig starke Zustimmungstendenz zeigen. Akquieszenz ist eine Tendenz, die aber auch von der kommunikativen Situation abhängig: Man stimmt etwa eher zu, wenn Fragen schwierig oder uneindeutig sind.[84]

Es liegen zahlreiche Studien vor, welche Personen mit Lernschwierigkeiten eine vergleichsweise stärkere Tendenz zur Akquieszenz attestieren.[85] In mehreren Studien war eine Zustimmungstendenz mit dem IQ negativ korreliert, wenngleich in unterschiedlichem Ausmaß.[86] Jedoch gibt es auch widersprechende bzw. einschränkende Ergebnisse. So fanden manche ForscherInnen im Rahmen einer Studie an LangzeitpatientInnen mit und ohne Behinderung als den wesentlichen Faktor im Hinblick auf die Validität der Äußerungen weniger den Grad der Behinderung als die Tatsache der Hospitalisierung und das Fehlen bzw. Vorliegen von Interviewerfahrungen.[87] Die Bedeutung situativer Faktoren zeigt sich auch darin, dass ForscherInnen von einer gesteigerten Zustimmungstendenz berichten, wenn die InterviewerInnen demselben Geschlecht angehören[88] oder vor allem zu Beginn eines Interviews.[89] Nach Markus Schäfers ist hier auch das Format der Frage insofern von Bedeutung, als Fragen mit positiver Antwortrichtung einen besonders hohen Anteil von zustimmenden Antworten auslösen.[90] Auf einen wichtigen gesprächspragma-

---

79 Finlay & Lyons 2001; Booth & Booth 1996; Ottmann & Crosbie 2013.
80 Bains & Turnbull 2021.
81 Gromann & Niehoff-Dittmann 1999.
82 Sigstad 2014.
83 Bortz & Döring 2006, 236.
84 a.a.O., 236f.
85 Sigelman et al. 1981a); Sigelman et al. 1981 b)
86 Sigelman et al. 1981b).
87 Thonicroft et al., 1993.
88 Matikka & Vesala 1997.
89 Hagen 2002.
90 Schäfers 2009.

tischen Faktor weist Sigrid Gromann hin: Negative Aussagen führen häufig zu einer Begründungsverpflichtung und damit zu einer sowohl kognitiven wie sozialen Beanspruchung.[91] So scheinen kurze und positive Antworten, unter Wahrung der Höflichkeitsregeln, der beste Weg zu sein, sich einer als unangenehm empfundenen Situation zu entziehen.[92]

Problematisch sind auch Situationen, in denen die Befragten die Antworten nicht kennen, wenn Fragen uneindeutig und zu lang sind oder wenn die antwortende Person wenig Zeit oder Mühe auf die Beantwortung der Frage verwendet hat.[93] Auch sollte man bedenken, dass es durchaus bisweilen zu methodologischen Artefakten auf Seiten der Interviewenden kommt, wie bizarren Frageformulierungen, Widersprüchlichkeiten, suggestiven Interventionen oder alternativen Formulierungen, die aber nicht bedeutungsgleich sind. Störungen können auch dadurch entstehen, dass die InterviewerInnen auf eine Antwort in negativer oder in leitender Weise reagieren, weil sie ihnen etwa unpassend erscheint oder gegeben wird, bevor die Frage vollständig ausgesprochen ist.

Die Zustimmungstendenz ist aus vielen Perspektiven interpretiert worden: Sie könnte auch dann verstärkt auftreten, wenn Befragte ihr Unwissen verbergen, Anstrengungen meiden oder Anerkennung erhalten möchten.[94] Auch muss man bedenken, dass hier eine mangelnde Übung und Vertrautheit mit Interviewsituationen vorliegen kann[95] oder diese als eine Prüfungssituation missinterpretiert werden.[96] Auch eine fehlende Praxis, Normen und soziale Erwartungen in Frage zu stellen oder abzuweisen, könnten die Tendenz zur Zustimmung verstärken[97], wie auch mangelndes Selbstvertrauen.[98]

Die Zustimmungstendenz ist tendenziell mit einer eher strukturierten Frageform verbunden. Manche ForscherInnen berichten, dass Zustimmungsneigungen und auch andere Tendenzen keine besondere Rolle spielen, wenn mit offenen und explorierenden Fragen gearbeitet wird.[99]

Beeinflussbarkeit

Eine weitere Tendenz, welche bei Personen mit Lernschwierigkeiten verhältnismäßig stärker ausgeprägt ist, betrifft eine Beeinflussbarkeit, welche etwa im Rahmen von kriminalistischen Befragungen dazu führt, dass in erhöhtem Maße falsche Geständnisse verzeichnet wurden. Gudjonsson und Clare definieren Suggestibilität im Rahmen von Befragungen als »das Ausmaß, bis zu dem innerhalb einer gegebenen sozialen Interaktion Personen Botschaften akzeptieren während einer formalen

---

91 Gromann 1998; Hagen 2002; Sigstad 2014; Finlay & Lyons 1998.
92 Sigstad 2014.
93 Sigstad 2014.
94 Heal & Sigelman 1995.
95 Gromann 1996.
96 Rapley & Atanki 1996, Dockrell 2004.
97 Gromann & Niehoff-Dittmann 1999; Sigstad 2014.
98 Finlay & Lyons 2002.
99 Ottmann & Crosbie 2013.

Befragung, mit dem Ergebnis, dass deren verhaltensbezogene Antwort beeinflusst wird.«[100] Den Autoren zufolge sind damit zwei Tendenzen bezeichnet: die Tendenz, Suggestivfragen nachzugehen, und die Tendenz, auf negatives Feedback hin die eigene Antwort zu verändern.[101]

Eine erhöhte Suggestibilität auch hinsichtlich falscher Erinnerungen konnten verschiedene Studien nachweisen.[102] Clare und Gudjonsson fanden bei einer Gruppe von Erwachsenen mit Lernbehinderungen eine gesteigerte Verwundbarkeit gegenüber negativem Feedback.[103]

Eine aktuelle Metastudie bestätigt das Vorliegen einer erhöhten Suggestibilität bei Personen mit Lernschwierigkeiten.[104] In einer kriminologisch orientierten Studie zum Thema Erinnerung von Augenzeugen und Suggestibilität fanden Collins und Henry keine gesteigerte Suggestibilität bei Kindern, Jugendlichen und jungen Erwachsenen mit Down-Syndrom im Verhältnis zu einer im Hinblick auf gleiche verbale und nonverbale Fähigkeiten gebildeten Vergleichsgruppe von Kindern mit typischer Entwicklung.[105]

Dieses Ergebnis steht im Einklang mit anderen Studien, welche bei Personen mit Lernschwierigkeiten einen Grad an Suggestibilität fanden, der dem (kognitiven) Entwicklungsalter entspricht – mit Ausnahme von Personen mit Autismus-Spektrum-Störungen.[106]

Zu den Faktoren, welche das Auftreten von Suggestibilität steigern, gehören der Wunsch, den InterviewerInnen zu entsprechen, die Unterordnung gegenüber einer Autoritätsperson und der Wunsch nach Freundschaft und positivem sozialen Kontakt.[107]

Weitere Tendenzen

Als weitere Tendenzen werden in der Forschungsliteratur die Tendenz zur letzten Antwortalternative benannte (Rezenzeffekt)[108], eine Abneigung gegenüber kritischen und negativen Bewertungen[109] und die Möglichkeit falscher Antworten auf geschlossene Fragen. Einige ForscherInnen verweisen ferner auf ein ›irreguläres‹ oder ›spezielles‹ Antwortverhalten von Personen mit Lernschwierigkeiten im Verlauf von Interviews oder Befragungen. Dazu gehören etwa das Unterlassen einer Antwort oder die explizite Stellungnahme, nicht antworten zu wollen, sowie inhaltlich widersprechende oder unpassende Aussagen.[110] Das Ausmaß an inkonsis-

---

100 Gudjonsson & Clark 1986.
101 a. a. O.
102 Danielsson et al. 2012.
103 Clare & Gudjonsson 1993.
104 Griego et al. 2019.
105 Collins & Henry 2016.
106 Griego et al. 2019.
107 Perske 2004.
108 Ottmann & Crosbie 2013.
109 Ottmann & Crosbie 2013.
110 Finlay & Lyons 2001; Rapley & Antaki 1996.

tenten Antworten wird unterschiedlich beurteilt.[111] In einer Studie mit Jugendlichen im Autismus-Spektrum fanden Courchesnes et al. das Phänomen, dass die Befragten negativen Frageinhalten (»nicht mögen«, »nicht können«) eine positive Wendung gaben und darüber sprachen, was sie mochten oder konnten. Ebenfalls kann das Auftreten von spezifischen Antwortmustern, längeres Schweigen und das Wiederholen von Antworten beobachtet werden. Die AutorInnen machen hierbei geltend, dass ungewöhnliches Kommunikationsverhalten gleichwohl als Kommunikation gelesen werden sollte und kann.[112]

Einen weiteren Aspekt gibt M. Sigstad zu bedenken: So sei es möglich, dass Befragte sich im Laufe eines Interviews noch nicht von einem bestimmten Thema gelöst haben und ihre Antwort darauf beziehen, während die InterviewerInnen bereits ein anderes Thema aufgegriffen haben. Dies steht natürlich auch möglicherweise mit dem Problem einer zu schnellen Interviewführung in Verbindung.[113]

All diese und auch die vorher genannten Tendenzen und Verhaltensweisen können als universelle Tendenzen und damit bei jedem und jeder Befragten vorkommen. Ihr Vorkommen bestätigt noch einmal die Bedeutung der Gestaltung und Methodik von Interviews, eine gute Vorbereitung und eine tatsächlich offene und in hohem Maße selbstreflexive Haltung der Interviewenden.

Spezifische Frageformen und Frageinhalte

Die Wirkung unterschiedlicher Frageformen und ihre differenzierte Eignung im Rahmen der qualitativen Forschung ist generell anerkannt.[114] So werden insbesondere offene Fragestellungen als zentrales Mittel von qualitativen Interviews gesehen, denn durch sie werden beeinflussende Frageformate vermieden.[115] Offene Fragen haben das Potenzial, subjektive Perspektiven zu erheben und die Befragten zu veranlassen, auf eine narrative Weise zu antworten. Andererseits gibt es Hinweise darauf, dass offene Fragen zugleich eine höhere kognitive Anforderungen stellen, vor allem in Verbindung mit negativ formulierten Inhalten.[116] Es ist deutlich, dass offene Fragen für die Befragten größere kognitive Anforderungen stellen als geschlossene.[117] Jedoch ist auch hier die Befundlage uneinheitlich.[118] ForscherInnen berichten, dass offene Fragen häufig nicht oder mit ›weiß nicht‹ beantwortet werden.[119] Dies gilt besonders für Fragen mit hypothetischen oder abstrakten Inhalten.[120] Im Rahmen einer Befragung von Schäfers zur Lebensqualität von Personen in

---

111 Schäfers 2009 etwa fand diese in einem geringeren Ausmaß als Matikka & Vesala 1997 und Finlay & Lyons 2002.
112 Courchesne et al. 2022.
113 Sigstad 2014.
114 Brinkmann & Kvale 2019.
115 Voelker et al. 1990; für den Bereich juristischer Befragung in diesem Sinne auf der Basis von ExpertInneninterviews auch Bearman et al. 2021.
116 Courchesne et al. 2022.
117 Courchesne et al. 2022.
118 Bains & Turnbull 2021.
119 Finlay & Lyons 2002; Booth & Booth 1996.
120 Finlay & Lyons 2002; Booth & Booth 1996; Bains & Turnbull 2020.

stationären Wohneinrichtungen zeigte sich, dass die Antworthäufigkeit dann zunahm, wenn geschlossene Fragen gestellt wurden, wenn nach konkreten Inhalten gefragt wurde und wenn eher kurze Fragen formuliert wurden.[121] Offene Fragen sind insofern kognitiv anspruchsvoller, als sie von den Befragten fordern, eigene Akzentsetzungen vorzunehmen.[122] Von weitgehend positiven Erfahrungen mit offenen Fragen hingegen berichtet Jutta Hagen.[123]

Geschlossene Fragen im Ja/Nein-Format weisen, wie beschrieben, eine Tendenz zur Auslösung von zustimmenden Antworten auf.[124] Imke Niediek weist darüber hinaus darauf hin, dass assertive Ja/Nein-Fragen anspruchsvoll sein können, wenn sie auf einem abstrakten Niveau angesiedelt sind (»Müssen Sie regelmäßig Medikamente einnehmen?«).[125] Geschlossene Fragen mit zwei Antwortalternativen weisen bei Personen mit Lernschwierigkeiten eine höhere Validität auf.[126] Sie eignen sich jedoch eher für konkrete Frageinhalte.[127] Doch auch hier kann es zu Problemen kommen, insofern die entsprechenden Fragen länger und komplexer werden.[128] Als mögliche Variante von Entweder-Oder-Fragen werden in der Literatur auch gestufte Antwortmöglichkeiten diskutiert.[129]

Die jeweiligen Vor- und Nachteile der Frageformen veranlassen manche ForscherInnen, mit Kombinationen zu arbeiten und mit einem weiteren, tragenden Element: das Paraphrasieren des Gesagten. Dies führt zu einer Annäherung oder auch Überschneidung mit Interventionsformen, welche in Beratungs- oder Therapiekontexten verwendet werden.[130]

Zum Vorgehen in Interviews

Angesichts der komplexen Befundlage ist es fraglich, ob man sich generell auf ein Set normativer Annahmen über die Elemente ›guter Interviews‹ verlassen kann. Sicher ist, dass man sich um Klärung darüber bemühen muss, dass es sich bei der Befragung nicht um eine Prüfungssituation handelt und dass die Möglichkeit besteht, Fragen abzulehnen. Darüber hinaus sollten sich die Interviewenden über die Wirksamkeit, aber auch die Probleme von einzelnen Fragetypen bewusst sein, wie dies an den grundsätzlich zu empfehlenden offenen Fragen gezeigt wurde. Ferner können wir der Qualitativen Interviewforschung Hinweise auf das Potenzial von spezifischeren Fragetypen entnehmen: So tragen Fragen nach Begründungen und Deutungen dazu bei, die Aussagen zu vertiefen und zu kontextualisieren.[131] Verständnisfragen helfen, einen gemeinsamen Horizont aufrechtzuerhalten. Erzählgenerierende Fragen un-

---

121 Schäfers 2009.
122 Niediek 2016.
123 Hagen 2002.
124 Sigelman et al. 1981a; Sigelman et al. 1981 b.
125 Niediek 2016.
126 Sigelman et al. 1981a.
127 Niediek 2016.
128 Finlay & Lyons 2002.
129 Niediek 2016.
130 Howard et al. 2021.
131 Witzel 1982, S. 100 f. Witzel nennt hier auch Konfrontationen.

terstützen die Präzisierung von angesprochenen Situationen oder Sachverhalten. Sie können eine bestimmte Lebensphase ansprechen oder auch um Beispiele bitten. Zu bedenken ist, dass Befragte möglicherweise nicht realisieren, welche Aspekte ihres Lebens sich von selbst oder aus den bisher gegebenen Informationen ergeben und welche explikationsbedürftig sind.[132] Aufrechterhaltungsfragen greifen ein Thema auf und regen dazu an, es weiter auszugestalten.[133]

Als hilfreiches Element der Gesprächsführung wird ferner die Verwendung von Aufmerksamkeits- und Rezeptionssignalen empfohlen.[134] Die nonverbalen Ausdrucksformen sollten insgesamt vermitteln, dass die InterviewerInnen aufmerksam und interessiert sind.[135] Zu vermeiden sind vorzeitige Wiederholungen von Fragen.[136] Wiederholungen des Gesagten und die oben erwähnten Paraphrasen haben verschiedene Funktionen: Sie zeigen Interesse und das Bemühen um ein Verständnis an und vermitteln, dass genügend Zeit für die Entfaltung der Äußerungen besteht.[137] Darüber hinaus können sie auch den Explikations- und Reflexionsprozess der oder des Befragten anregen.[138] Neben einer Wiedergabe oder Reformulierung des Inhaltes können auch emotionale Erlebnisinhalte verbalisiert werden. Man muss hier allerdings bedenken, dass diese Interventionen zugleich als geschlossene Fragen verstanden werden und die damit verbundenen Probleme evozieren. Andererseits können solche Äußerungen auch als Würdigung dessen verstanden werden, was gesagt wurde.

Detaillierungsfragen dienen dazu, bereits benannte Sachverhalte zu vertiefen, zusätzliche Informationen zu bekommen und Missverständnissen vorzubeugen.[139] Konfrontierende Aussagen werden naheliegenderweise als zwiespältig empfunden: Sie können helfen, Dinge auf den Punkt zu bringen und auch Konflikthaftes zu besprechen, aber anderseits auch einschüchtern oder verwirren.[140]

Bereits in ihrem grundlegenden Überblicksaufsatz zu Interviews mit Personen mit Lernschwierigkeiten empfahlen Finlay und Lyons möglichst einfache Fragen in kurzen Sätzen, assoziiert mit spezifischen Situationen, welche vertraut sind.[141] Sigstad weist auf das Potenzial von Fragen in leichten Variationen hin, in Verbindung mit der Aufnahme und Wiederholung der Antworten. Wiederholungen können die Situation beruhigen und den Interviewten Zeit geben, ihre Gedanken zu ordnen und zu formulieren.[142]

Übereinstimmung herrscht auch darin, dass die hier betrachteten Interviews und Gespräche gemeinsame kommunikative Leistungen darstellen, welche nicht auf der

---

132 Helfferich 2009, 111.
133 Helfferich 2009, 101.
134 Helfferich 2009, 91.
135 Helfferich 2009, 90 f., 98, 101.
136 Niediek 2014.
137 Helfferich 2009; Niediek 2014.
138 Niediek 2014.
139 Helfferich 2009, 105.
140 Niedek 2016.
141 Finlay & Lyons 2002.
142 Sigstad 2014.

Basis schlichter Rezepte und Regeln geführt werden können und deren mögliche Probleme oder ›Irrtumsquellen‹ als Herausforderungen zu ergreifen sind.[143]

---

143 Sigstad 2014.

2 Lebensgeschichten von 45 Personen mit Down-Syndrom – der Forschungsweg

2.1 Fragen

In unseren Gesprächen mit Personen mit Down-Syndrom wollten wir erfahren:

1. Was und in welcher Weise berichten sie aus ihrem Leben? Wie sehen sie sich und ihren sozialen Umkreis, wie bewerten sie ihre Lebensfelder im Hinblick auf Aktivitäten, Teilhabechancen und Barrieren?
2. Und weiter: Wie können wir Personen mit Down-Syndrom und weitere Gruppen darin unterstützen, über ihre Lebensgeschichte, ihre gegenwärtige Situation und ihre Zukunftswünsche zu sprechen: Wie müssen biografische Gespräche gestaltet werden und welche Methoden stehen zur Verfügung, um Menschen darin zu unterstützen, sich zu artikulieren? Dies führt zur Analyse von Gesprächsverläufen:
3. Lassen sich typische Muster von Interaktionen beobachten? Welche Strategien wenden die GesprächspartnerInnen an, um Gespräche unter z. T. erschwerten Bedingungen zu führen? Wie artikulieren die Personen ihre Positionen, wenn Einschränkungen in der Kommunikation vorliegen? Ergeben sich Hinweise auf die Wirksamkeit, vielleicht auch auf die Grenzen von Antwortneigungen?

Damit standen sowohl inhaltliche wie methodische Fragen im Fokus des Forschungsinteresses. Den Ausgangspunkt bildete das Format des offenen biografischen Interviews. Dieses wird, wie bereits geschildert, als narratives Interview konzipiert, in dessen Verlauf auf eine Eingangsfrage hin eine biografische Stehgreiferzählung entsteht.[144] Da im Vorhinein nicht deutlich war, wer unsere GesprächspartnerInnen sein würden, wurden verschiedene Variationen vorbereitet. Angesichts von Erfahrungen aus früheren Projekten wie aus der Literatur war zu erwarten, dass womöglich die Mehrzahl der Befragten auf die Eingangsfrage wie auf weitere Fragen eher in kurzer Form antworten würde, sodass sich ein Format ergeben würde, in dem sich Elemente von Interview und Gespräch verbinden. Gleichwohl wurde mit einer Erzählaufforderung begonnen, um eine Erzählung bzw. eine offene Form des Antwortens zu ermöglichen. Diese lautete wie folgt:

---

144 Schütze 1984; Flick 2002, 147.

»Vielen Dank, dass Sie sich Zeit für dieses Gespräch nehmen. Ich freue mich, dass Sie aus ihrem Leben erzählen wollen. Wir können uns heute so viel Zeit nehmen, wie Sie möchten, denn ich bin ganz gespannt auf Ihr Leben, auf Ihre Geschichte.«

Da damit zu rechnen war, dass unsere GesprächspartnerInnen u. U. weitere Hilfestellungen benötigen würden, waren folgende Anschlussfragen vorbereitet worden:

- Was möchten Sie mir über Ihre Kindheit erzählen? (ergänzt durch Fragen nach Lebensort, Familie, Spiel, besonderen Kindheitserinnerungen, schönen und nicht schönen Erlebnissen)
- Was möchten Sie mir über Ihre Schulzeit erzählen? (ergänzt durch Fragen nach LehrerInnen, MitschülerInnen, Fächern und Tätigkeiten)
- Was möchten Sie mir über Ihre Arbeit, über Ihren beruflichen Lebensweg erzählen? (ergänzt durch Fragen nach Arbeitsorten, Ausbildung, Tätigkeiten, Neigungen, Zufriedenheit)
- Sie haben in Ihrem Leben sicher schon viele Menschen kennengelernt – Familie, FreundInnen, MitbewohnerInnen, KollegInnen, PartnerInnen. An welche wichtigen Menschen erinnern Sie sich (gerne)? Zu wem haben Sie noch immer Kontakt? (ergänzt durch Fragen nach Einflüssen, Prägungen und weiter bestehenden Kontakten)
- Welche Ereignisse waren in Ihrem Leben wichtig für Sie? (ergänzt durch Fragen nach schönen und traurigen Ereignissen, nach guten und weniger guten Zeiten)
- Wie sehen Sie sich selbst? (Frage nach Eigenschaften, Überzeugungen, Motiven)
- Was wünschen Sie sich für Ihre Zukunft? Wie soll Ihr Leben weitergehen? Was möchten Sie unbedingt einmal machen? Was ist ein Lebenstraum von Ihnen?
- Was ist Ihnen wichtig im Leben?
- Interessieren Sie sich für Politik? Was ist Ihnen in der Politik wichtig? Wie sehen Sie unsere Gesellschaft?
- Was möchten Sie aus Ihrem Leben erzählen, wonach wir gar nicht gefragt haben?

2.2 TeilnehmerInnen

An dem Projekt nahmen insgesamt 45 Personen mit Down-Syndrom teil und stellten sich für ein oder mehrere Gespräche über ihr Leben zur Verfügung. Die Befragten wurden auf unterschiedliche Weise gewonnen: über Kontakte in Einrichtungen, Initiativen und durch private Kontakte.

Tab. 1: Alter der TeilnehmerInnen

Alter der TeilnehmerInnen (N=45)	
Alter	Anzahl
< 20	1
20–29	16
30–39	13
40–49	11
> 50	3
Alter unbekannt	1
insgesamt	45

Das Durchschnittsalter der Befragten liegt bei 33,9 Jahren.

Tab. 2: Geschlechter der TeilnehmerInnen

Geschlecht der TeilnehmerInnen (N=45)	
weiblich	männlich
25	20

Unter den Befragten waren 25 weiblich, 20 männlich. In keinem der Gespräche wurde eine Zuordnung zu einem non-binären Gender thematisiert.
Die Befragten geben unterschiedliche Wohnformen an:

Tab. 3: Von den Befragten angegebene Wohnformen

Von den Befragten angegebene Wohnformen (N=45)	
Elternhaus	11
eigene Wohnung	1
Betreutes Wohnen, Wohngemeinschaft	12
Wohnheim, Lebens- und Arbeitsgemeinschaft	20
keine Angabe	1

Diese Angaben beziehen sich auf die von den Befragten angegebenen Wohnformen und Orte. Ob die Befragten hier richtig verstanden wurden, kann nicht mit Sicherheit angegeben werden. Auch bleiben hier weitere Aspekte der Wohnsituation und die damit verbundene soziale Struktur offen. So können im Rahmen von Lebens- und Arbeitsgemeinschaften wie auch im Rahmen von Wohnheimen sehr unterschiedliche Wohnformen vorliegen. Eine nähere Beschreibung der Wohnsituation mit den hier einschlägigen Kriterien war nicht Teil des Interviewleitfadens, auch wurden keine externen Validierungen eigens vorgenommen, wenn diese nicht durch die InterviewerInnen selbst möglich waren.

2.3 Schritte

Der Forschungsprozess umfasste die folgenden Schritte, von denen einige das ursprüngliche Konzept erweiterten: In Anlehnung an frühere Arbeiten hatten wir ein Interviewprojekt vorbereitet, in dem wir vor allem die inhaltlichen Aussagen unserer GesprächspartnerInnen erheben und auswerten wollten. Jedoch entwickelten sich die Interviews, wie bereits erwähnt, sehr in Richtung von Gesprächen. Vor dem Hintergrund der zahlreichen Forschungen zu Frageformen und Antwortneigungen in Interview schien es uns notwendig und fruchtbar, die dialogische Interaktion zu untersuchen und hierfür geeignete Methoden zu finden. Auch die zweite Erweiterung im Forschungsprozess knüpfte an den Dialog an. Auch wenn das Projekt nicht primär in Richtung Biografiearbeit orientiert war, entstand im Verlauf der Gespräche das Bedürfnis, unsere GesprächspartnerInnen an den Ergebnissen des Prozesses zu beteiligen bzw. ihnen diese zukommen zu lassen. Dies führte zur Entwicklung eines neuen Formates, den ›biografischen Skizzen‹ auf der Basis der Interviews.

Einrichtung einer InterviewerInnen-Gruppe und einer AuswerterInnengruppe

Für die Durchführung der Interviews wurden fünf Personen ausgewählt, welche eine Forschungsausbildung als Teil eines MA-Studiengangs in Pädagogischer Praxisforschung oder eines MA-Studiengangs Heilpädagogik absolviert hatten. Zur Vorbereitung und Reflexion der Interviews wurde eine Gruppe gegründet, in der die InterviewerInnen eine gemeinsame Vorbereitung und Reflexion der Interviews durchführen konnten. Im Rahmen dieser Gruppe erfolgte auch eine Sichtung von Materialien aus dem Bereich der Unterstützten Kommunikation sowie die Erwägung alternativer und ergänzender Vorgehensweisen für die Durchführung der Interviews.

Des Weiteren wurde eine Gruppe von MitarbeiterInnen gegründet, welche die Interviews transkribierten und analysierten. Diese Gruppe arbeitete während des gesamten Projektzeitraums zusammen, wobei einige Mitglieder jeweils spezifische Aufgaben übernahmen, wie z.B. die der Transkription oder der Themenanalyse.

Durchführung der Interviews

Bei der Durchführung stellte sich heraus, dass die Interviews in eingehender Weise mit den Befragten vorbereitet werden mussten. Dies führte bei mehr als der Hälfte der Personen dazu, dass mehr als ein Termin vereinbart wurde. In dem ersten Gespräch wurde unser Forschungsinteresse und die Vorgehensweise erläutert sowie die Bedeutung der Einverständniserklärung und der Umgang mit dieser. Für mehrere Gespräche wurden auch deshalb weitere Termine vereinbart, weil die Befragten gerne noch ein weiteres Gespräch führen wollten oder die InterviewerInnen dies anboten, weil deutlich wurde, dass es noch mehr zu erzählen gab, als im Rahmen eines Termins möglich war. Die Interviews wurden in einem Setting durchgeführt, welches die Interviewten selbst bestimmen konnten und ihnen daher auch vertraut war. Die Interviewten wurden gefragt, ob sie die Gespräche in Begleitung führen wollten. Etwa ein Fünftel von ihnen entschied sich, die Gespräche gemeinsam mit Angehörigen oder mit AssistentInnen zu führen.

Nach Einschätzung der Interviewenden, der TranskribentInnen und der Auswertungsgruppe verliefen die Interviews zumeist in einer positiven Atmosphäre. Die Befragten zeigten sich häufig gut vorbereitet: Eine Person hatte ihr Zimmer aufgeräumt und Mappen, Schnellhefter und Mitgliedsausweise bereitgelegt. Ein anderer Befragter erschien in seinem Sonntagsanzug. Einige der Befragten wirkten besonders zu Anfang unsicher und etwas nervös, viele begegneten uns selbstbewusst und offen. Die Interviewten schienen durchweg gerne aus ihrem Leben zu erzählen, sie waren motiviert und wirkten gut gelaunt. Die Dauer einzelner Interviews erstreckte sich von 20 Minuten bis eineinhalb Stunden. Die durchschnittliche Gesprächsdauer lag bei 48 Minuten.

Interview-Dialoge

Wenngleich die Interviews als narrative Interviews geplant waren, antworteten die Befragten in der Regel nicht mit einer Stegreiferzählung, sondern mit verhältnismäßig kurzen Ausführungen, einzelnen Worten oder einigen Sätzen. Nur wenige Personen erzählten über mehrere Minuten hinweg. Dies führte dazu, dass sich die Gespräche zu Dialogen entwickelten, welche eine sehr individuelle Gestalt annahmen. Die Interviewten setzten bald eigene Akzente, und zwar unabhängig davon, wie umfangreich die Beiträge waren. So entwickelten sich die Gespräche auch in thematische Bereiche hinein, welche nicht durch den Leitfaden vorgegeben wurden; gleichzeitig war es auch in vielen Gesprächen nicht sinnvoll, den Leitfaden durchzuarbeiten: aus Gründen der Präferenzen der Interviewten, ihrer Konzentration und Ausdauer oder weil die Besprechung einiger Punkte sehr großen Raum einnahm. Auch die Klärung von Missverständnissen bzw. die Sicherung des Verständnisses auf beiden Seiten brauchte Zeit. Im Rahmen dieser Bedingungen jedoch wurde versucht, so weit wie möglich die Fragen des Leitfadens bei den Nachfragen und im Gespräch zu berücksichtigen. Die leitende Intention der InterviewerInnen bestand darin, einen Raum zu schaffen, in dem die Befragten über dasjenige aus ihrem Leben sprechen konnten, was ihnen am Herzen lag. Wenngleich also eine Narration im formalen Sinn häufig nicht zustande kam, so erzählten die Befragten, angeregt durch die Fragen, im Rahmen eines Dialoges aus ihrem Leben.

Doch gab es unter den 45 Interviews zwei, in denen problematische Aspekte nicht nur benannt oder erzählt wurden, sondern sich auch manifestierten. Eine Befragte kam bei der Beschreibung eines Erlebnisses in eine emotional sehr aufgewühlte Verfassung. Daraufhin bot die Interviewerin an, diese Situation gemeinsam zu besprechen und mit der Gesprächspartnerin gemeinsam zu überlegen, wie sie sich hier helfen könnte bzw. wer sie unterstützen könnte. Damit wurde der gegebene Rahmen des biografischen Interviews verlassen. Eine andere Befragte berichtete über eine Situation, in der ein Übergriff vorgekommen war. Hier wurden, mit Billigung der Befragten, die Bezugspersonen verständigt mit der Frage bzw. dem Vorschlag, eine therapeutische Bearbeitung des Vorfalls einzuleiten.

Erstellung biografischer Skizzen/Biografiebücher für die Befragten

Wer über sein Leben erzählt, öffnet sich und lässt andere Menschen teilhaben. Was ForscherInnen aus der Arbeit mit biografischen Interviews berichten, konnten auch wir erleben: Viele unserer GesprächspartnerInnen zeigten sich erfreut über das Interesse und die Zuwendung der InterviewerInnen. Unsere Nachfragen am Ende der Interviews ergaben durchgehend, dass das biografische Gespräch eine angenehme oder gar erfreuliche Situation war. Angesichts der oben beschriebenen Antwortneigungen war es wichtig, dass die entsprechenden Bewertungen auch prozedural, d.h. durch das Engagement und die Palette der nonverbalen Ausdrucksformen während des Gesprächs bestätigt wurden. Dennoch blieb die Frage, ob es, neben dem obligatorischen Dankesgeschenk, für die Befragten auch einen spezifischen Nutzen geben könnte. Hier bezogen wir uns auf die Frage eines Befragten in einem Vorgängerprojekt, der wissen wollte, ob er das Interview »bekommen« könnte. Diese Frage führte zur Entwicklung verschiedener möglicher Formate:

- Eine erste Variante bildet hier die Übergabe der Transkripte. Diese eignen sich in ihrer Länge und ihrer typischen Form fixierter Mündlichkeit jedoch nicht dazu, ausgehändigt zu werden.
- Eine zweite Möglichkeit besteht darin, einzelne Zitate auszuwählen und diese zusammenzustellen. Ein solches Vorgehen ist bei Interviews geeignet, in denen die Befragten in einer solchen Weise erzählen oder beschreiben, dass diese Äußerungen gut zitiert werden können. Doch auch hier ergeben die Zitate in ihrer Zusammensetzung häufig keine gut lesbare Gestalt. Zudem sind sie aus dem Zusammenhang genommen, in dem sie entstanden waren, sodass die Beteiligung der Interviewerin durch ihre jeweiligen Kommentare und Fragen ausgeblendet ist. Direkte Zitate werden umso schwieriger, je fragmentarischer die Äußerungen sind und je mehr sie aus einem Gespräch entstehen, in dem die Fragen oder Bemerkungen des Interviewers selbst ein Baustein oder Element der Darstellung werden.
- Eine weitere Variante wäre eine interpretierende Zusammenfassung des Gesagten, in der die Aussagen der Befragten und Eindrucke der InterviewerInnen eingehen. Man kann diese Form aus unterschiedlichen Perspektiven anlegen:
»Ich heiße Klara Weber und lebe in Hannover. Ich mag meine Geschwister sehr, und freue mich, wenn sie zu Besuch kommen.«
»Klara Weber lebt schon seit 14 Jahren in einer Wohngemeinschaft. Sie hat drei

Geschwister, die sie oft besuchen kommen.«
Diesen Varianten können dazu tendieren, den interpretierenden Aspekte sehr stark zu machen oder andererseits eine Objektivität zu suggerieren, welche nicht gegeben ist.
- Als Konsequenz aus den Schwächen der ›empirischen‹ wie der ›interpretierenden‹ Variante wurde schließlich eine Form der Wieder-Erzählung gewählt, in der die Interviewerin ihre Eindrücke schildert, z. B. unter der Überschrift »Eindrücke aus dem Gespräch mit Klara Weber, aufgezeichnet von Barbara Haller« und beginnend mit dem Satz »Ich habe die Geschichte von Klara Weber gehört …«

Zur Erarbeitung dieser ›Rückgaben‹ wurde zuerst eine inhaltliche Zusammenfassung des von den InterviewpartnerInnen Gesagten erstellt. Diese wurde dann in die Form einer kleinen Erzählung gebracht, in der die als zentral empfundenen Punkte unter Berücksichtigung der folgenden Kriterien zusammengefasst wurden:

- Die Darstellung lehnt sich eng an den Wortlaut an und greift nach Möglichkeit die ursprünglichen Wendungen auf;
- die Darstellung erhält eine erzählende und kohärente Fassung;
- die biografische Skizze wird so verfasst, dass sie auch von Dritten, inklusive den Angehörigen, gelesen werden könnte;
- der Schwerpunkt liegt auf den Stärken, Wünschen und Zielen einer Person;
- es wird insgesamt versucht, aus den Worten der Personen ein Bild entstehen zu lassen, welches aber erkennbar das Bild des Sprechers oder der Sprecherin ist (▶ Kap. 3).

Die Rückgaben wurden dann in einer ansprechenden Form in eigens dafür hergestellte Hefte gedruckt.

Im Rahmen voriger Projekte[145] hatte sich bereits die Frage ergeben, wie man die Darstellungsform der ›Rückgaben‹ erweitern könnte. Für einen Befragten hatten wir auf seinen Wunsch eine Hör-CD erstellt. Hier wurde abweichend von dem oben dargestellten Verfahren eine alternative Form entwickelt: In Zusammenarbeit mit einem Schauspieler wurde eine künstlerisch gestaltete Aufnahme entwickelt, in der Original-Zitate mit einer Reihe von Musikstücken verbunden wurden. Der Künstler verfolgte hier das Ziel, der Dynamik des Interviews und der Persönlichkeit, die sich hier zum Ausdruck bringt, in den Zitaten und der Musik zu entsprechen.

Ein weiterer Befragter meldete sich in einem früheren Projekt bei uns mit folgendem Wunsch: Er wolle aus seinem Leben eine bestimmte Begebenheit berichten und bat uns, daraus eine literarische Geschichte zu machen.

Auch in dem hier dargestellten Projekt wurden Überlegungen angestellt, wie man die Inhalte in einer erweiterten Form darstellbar machen und damit die Zugänglichkeit erhöhen könne. Dies führte zu dem Schritt, die Hefte durch eine farbige Skizze zu ergänzen. Diese sollte eine ›Essenz‹ der Lebenserzählung darstellen oder bedeutende Motive aus dieser zeichnerisch gestalten, sodass den Befragten die

---

145 Schmalenbach 2020.

Erzählung in einer weiteren Form zur Verfügung gestellt wurde. Dies schien auch für diejenigen besonders geeignet zu sein, welche die Erzählung nicht selbst würden lesen können. Auf der Grundlage der Erzählung wurden Entwürfe erstellt, im Forschungsteam beraten und schließlich umgesetzt (▶ Kap. 3).

Infolge der Corona-Situation konnte der nächste Schritt nur noch für einen kleinen Kreis von Interviewten durchgeführt werden: Die biografischen Skizzen wurden den Befragten vorgelesen, sodass diese die Möglichkeit hatten, sie zu korrigieren oder zu ergänzen. Dieser Schritt wurde ebenfalls aufgezeichnet und die Gespräche bzw. Kommentare der Interviewten transkribiert und ausgewertet. Daraufhin wurden die biografischen Skizzen entsprechend angepasst und dann in ihrer endgültigen Form in Verbindung mit einer Urkunde zum Dank für die Teilnahme an dem Projekt an die Befragten gegeben.

Selbstverständlich bedeuteten diese Erweiterungen eine Erhöhung des Aufwands und der Komplexität des Projektes. Doch zum einen stärkten sie die Validität der Analysen und Interpretationen, zum anderen erhöhten sie den partizipativen Charakter des Projekts Lebensgeschichten, vor allem aber gaben sie den daran Interessierten eine Möglichkeit, ihre Erzählung zu reflektieren, zu prüfen und weiterzuentwickeln – und in der Form als Text wie als Bild wieder zu ›erhalten‹.

Auswertung der Interviews im Überblick

Die Interviews wurden transkribiert und von einer weiteren Person gegengeprüft. Außerdem wurden die Transkriptionen von den InterviewerInnen gegengelesen, auch um fragliche Stellen zu klären. Die Auswertung umfasste eine Reihe von Schritten:

Im Anschluss an die Interviews verfassten die InterviewerInnen eine *Reflexion über den Verlauf des Gesprächs*, über das Setting, die Äußerungen der Befragten, die eigene Gesprächsführung und Interaktion mit den Befragten. Diese Bewertung wurde im Anschluss an das Gespräch in Stichworten notiert und später ausgearbeitet.

Auch die TranskribentInnen, welche viele Stunden mit dem Interview beschäftigt waren, wurden gebeten, einen kurzen Kommentar über ihre Eindrücke, das Interview betreffend, zu verfassen. Hierzu gab es keine weiteren spezifischen Vorgaben, jedoch wurden einige Anhaltspunkte benannt: *Interaktion, Eindrücke betreffend beider TeilnehmerInnen, Struktur der Interaktion, Atmosphäre des Gesprächs*. Alle TranskribentInnen bearbeiteten mehrere Interviews, sodass sich hier auch Vergleichsmöglichkeiten boten.

In einem weiteren Arbeitsschritt wurde der Text *sequentiell analysiert*. Dabei wurde jeder Abschnitt mit einer oder mehreren Überschriften versehen, welche das Thema oder die Themen bezeichneten, welche im Verlauf des Abschnitts angesprochen wurden. Als Orientierung wurde eine Kategorienliste entwickelt, die im Verlauf der Segmentierung und Kategorisierung kontinuierlich überarbeitet wurde. Dieser Schritt bildete die Grundlage für eine interviewübergreifende Inhaltsanalyse anhand spezifischer Themen.

Die folgenden Schritte orientierten sich an den Forschungsfragen

1. nach den *Inhalten (Themen)* der biografischen Erzählungen,
2. nach der *Gestalt* der biografischen Erzählungen und Gespräche,
3. nach den *Interaktionen* zwischen den InterviewerInnen und den Befragten.

Die Analyse der Äußerungen der Befragten aus ihrem Leben wurden mit Hilfe mehrerer Methoden unternommen:

1. Welche *Themen* werden von den Befragten eingebracht?

Da sich die Interviews – wie bereits geschildert – nur selten in Form klassischer Narrationen entfalteten, sondern sich in Form von Dialogen entwickelten, erschien es sinnvoll, zu untersuchen, ob ein Thema von den InterviewerInnen oder den Interviewten angesprochen wurde. So wurde jedes Interview im Hinblick auf diese Fragestellung durchgearbeitet und eine Tabelle erstellt, welche die Urheberschaft der einzelnen Themen im Verlauf des Interviews abbildete. Daran konnten wir erkennen wie viele der Befragten ein bestimmtes Themas, z. B. das ›Down-Syndrom‹ angesprochen haben.

Darüber hinaus zeigt eine Betrachtung der Gespräche, dass manche Themen *mehrfach* angesprochen werden. Auch dies gibt einen Hinweis über den Stellenwert eines Themas in der Darstellung des eigenen Lebens. Daher wurde die Gesamtanzahl der Erwähnung einzelner Themen über alle Interviews erhoben.

Mithilfe dieser beiden Verfahren konnten wir in einer ersten Annäherung sehen, welche Themen den Befragten wichtig waren.

2. Welche *Aussagen* werden zu den Themen getroffen?

Der zweite Schritt führte zur qualitativen Analyse der Aussagen der Befragten. Hier wurden die Aussagen dokumentiert und analysiert, welche zu den einzelnen Themen getroffen wurden. Dies bezog sich sowohl auf die Themen, welche die Befragten selbst in das Gespräch einbrachten, wie auf die Themen, welche durch die Fragen der InterviewerInnen initiiert wurden.

Dazu wurden die Aussagen so aufbereitet, dass *alle* Äußerungen zu den diversen Themen im Rahmen einer Tabelle dokumentiert wurden. Anschließend wurden die Aussagen mittels der qualitativen Inhaltsanalyse (nach Mayring) analysiert. Darüber hinaus wurden einzelne, besonders ›dichte‹ Passagen hermeneutisch untersucht. Auf diese Weise konnten wir erheben, welche Gewichtungen und Bewertungen die Befragten getroffen, welche Perspektiven und Positionen sie eingenommen haben. Dies erfolgte in einer Querschnittsanalyse aller Interviews im Hinblick auf bestimmte Themen wie z. B. Arbeit, Wohnen, Freundschaft, Wünsche und Ziele u. v. a.

3. **Wie entfalten sich die individuellen Interviews? Wie werden die Themen entwickelt?**

Biografische Erzählungen artikulieren sich nicht nur über die Inhalte, sondern auch über die Form oder Gestalt, in der die Themen entwickelt werden. Dies wurde vielfach in der Biografieforschung nachgewiesen. Aber gilt dies auch für biografisch orientierte Gespräche, die in hohem Maße durch die Fragen der InterviewerInnen gelenkt werden? Diese Frage erfordert eine Analyse auf der Ebene des einzelnen Interviews. Zur ihrer Beantwortung wurden einige exemplarische Interviews/Gespräche untersucht, unter folgenden Aspekten:

- Entwicklung und Ausgestaltung der Themen und Aussagen im Verlauf eines Gesprächs
- Identifikation zentraler Themen und Anliegen
- Entwicklung der Interaktion

Diese Interviews wurden so ausgewählt, dass sich in ihnen die Vielfalt der Gesamtheit der Interviews abbildet, im Hinblick auf das Alter und Geschlecht der Interviewten, ihre Wohnsituation sowie die Gesamtdauer der Gespräche. Ein besonderer Akzent wurde auf Interviews gelegt, in denen die Befragten vergleichsweise wenig von sich aus erzählten.

4. **Analyse der Interaktionen im Gespräch**

Mit der Betrachtung der Interaktionen im Gespräch erreicht die Analyse die Mikroebene der Interviews: Welche Gesprächsimpulse seitens der PartnerInnen lassen sich unterscheiden? Hier werden Interventionen wie Fragen und Antworten, Einwände, Wiederholungen, Interpretationen, Negationen u.a. untersucht. Auf diese Weise lassen sich auch Befunde zum Antwortverhalten prüfen, wie sie im ersten Kapitel angeführt wurden (Zustimmungstendenz, Suggestibilität etc.). Zugleich lässt sich untersuchen, welche Interventionen die InterviewerInnen anwenden und welche Wirkung diese auf den Gesprächsverlauf haben.

5. **Angebote zur Biografiearbeit**

Aus einer Reihe von biografischen Interviews entstand bei einigen GesprächspartnerInnen die Nachfrage nach einem Angebot zur Biografiearbeit. Dieses wurde von einer Mitarbeiterin des Projektes im Rahmen von zwei Einrichtungen der Behindertenhilfe angeboten. Die Einheiten zur Biografiearbeit fanden sowohl in Form einer Gruppenarbeit wie auch einer Einzelarbeit statt. Die Angebote zur Biografiearbeit bilden neben der Erstellung der Biografischen Skizzen ein weiteres Element einer biografiebezogenen Selbstreflexion.

3 Individuelle Biografische Skizzen

Beispiele Biografischer Skizzen

Die folgenden Beispiele Biografischer Skizzen verbinden eine Lebensbeschreibung mit einer Zeichnung, in der zentrale Elemente aus den Schilderungen im Interview aufgegriffen werden. Die Darstellung wurde auf der Grundlage einer inhaltlichen Zusammenfassung des Interviews erstellt, unter besonderer Berücksichtigung der Wortlaute. Die hier aufgezeichneten Schilderungen wurden den Interviewten in einer zweiten Sitzung vorgelesen, welche auch aufgenommen wurde. Dies gab zunächst die Möglichkeit zu prüfen, ob die Zusammenfassung den Befragten insgesamt zusagte und darüber hinaus auch die Darstellung bis auf die Ebene der Einzelheiten zu prüfen. Die Endfassung wurde den GesprächspartnerInnen dann in einem manuell gebundenen Heft ausgehändigt. Die hier vorliegende Fassung wurde anonymisiert, die gruppenbezogenen Bezeichnungen (›Senioren‹) wurden dem Sprachgebrauch der Interviewten entsprechend belassen.

Aus der Lebensgeschichte von Leonie

In dem Interview hat mir Leonie aus ihrem Leben erzählt. Sie ist 40 Jahre alt und lebt bei ihren Eltern in Aachen.

Leonie arbeitet in einem Seniorenzentrum. Sie ist dort schon seit acht Jahren beschäftigt. Vor vier Jahren hat sie einen regulären Arbeitsvertrag bekommen. Sie arbeitet in der Küche und im Service, sie holt die Essenswagen ab und bereitet den Kaffeewagen vor.

Sie kümmert sich auch um die Bestelllisten und die Servietten. Leonie hat viele Senioren kennengelernt und sie arbeitet gerne mit ihnen. Manche leben nicht mehr. Viele Senioren sind sehr höflich, andere weniger.

Bei dieser Arbeit ist es wichtig Grenzen zu setzen, zum Beispiel, wenn ein Bewohner Leonie zu nahe kommt.

Dabei muss man aber auch wissen, dass manche Senioren schon sehr alt sind und z. T. nicht mehr wissen, was sie tun. Mit den Kolleginnen und Kollegen kommt sie insgesamt gut aus. Sie könnte sich schon vorstellen, einmal die Arbeitsstelle zu wechseln. Doch ihre Kollegen und besonders ihr Chef möchten sie eigentlich nicht gehen lassen. Sie brauchen Leonie sehr.

Auf diese Arbeit hat sich Leonie schon als junge Frau in einem Berufskolleg vorbereitet, wo sie eine Ausbildung im Bereich der Hotellerie gemacht hat. Sie war auch in einem Hotel in Aachen tätig.

Insgesamt war Leonie in drei Schulen.

In der Schule hat sie sich wohl gefühlt. Ihr Lieblingsfach war eindeutig Kunst.

Von ihren ehemaligen Mitschülern sind schon einige gestorben, an die sie sich noch gut erinnert.

Leonie mag Kinder gerne, besonders ihre Nichten, die Kinder ihres Bruders, der in Hamburg lebt. Die beiden verstehen sich gut miteinander. Leonie erinnert sich an die gemeinsamen Urlaube in der Familie, als sie Kinder waren. Sie war auch schon auf der Zugspitze. Zu ihrer Familie gehören natürlich auch ihre Schwägerin, ein Onkel und zwei Cousins. Leider leben ihre Großeltern, väterlicherseits wie mütterlicherseits, nicht mehr.

Ihre Hobbies sind das Reiten, die Musik und das Bogenschießen. Regelmäßig geht sie zu den Pferden und zum Unterricht in die Musikschule, wo sie Saxophonunterricht nimmt. Dieses Instrument spielt sie schon seit vielen Jahren. Leonie ist in einer Theatergruppe engagiert, die Stücke einübt und auch aufführt. Zuletzt haben sie das Märchen »Die Bremer Stadtmusikanten« gezeigt. Zur Entspannung malt Leonie gerne Mandalas.

Leonie hat einen Freund. Die beiden kennen sich schon lange, seit einem gemeinsamen Urlaub. Seit zwei Jahren sind sie zusammen.

Leonie sagt über sich: Sie ist eine mutige, höfliche und treue Frau.

Sie ist normal so, wie sie ist. Sie ist zärtlich und sie ist glücklich.

Leonie ist eine Person, die ihre Freiheit braucht. Man kann sich auf sie verlassen.

Sie fühlt sich sehr mit ihrer Familie verbunden und sie hat eine klare Vorstellung davon, was sie von ihrer Zukunft erwartet.

Aus der Lebensgeschichte von Jonas

Ich habe die Geschichte von Jonas gehört. Er hat erzählt, dass er in seinem Leben schöne Dinge unternehmen möchte: zum Beispiel mit Freunden zusammen sein, gemeinsam reisen und zusammen Essen gehen. Jonas ist jetzt 36 Jahre alt.

Aus seiner Kindheit erinnert er sich an die vielen schönen Ausflüge und Reisen, vor allem ans Meer. Das Meer ist eine große Liebe von ihm.

In seiner Freizeit macht Jonas Musik, er spielt Schlagzeug und nimmt auch Unterricht. Außerdem arbeitet und schreibt er gerne am Computer und an seinem Tablet. Damit steht auch sein großer Traum in Verbindung: Er würde gerne in einem Büro arbeiten und dort sein Geld verdienen, vielleicht sogar als Selbständiger. Möglich wäre es auch, für Menschen mit Down-Syndrom zu arbeiten, zum Beispiel in einer Beratungsstelle für Menschen mit Behinderungen.

Ein weiteres Hobby von Jonas ist seine Beschäftigung mit Eisenbahnen. Auch Oldtimer gehören zu seiner Leidenschaft. An sportlichen Tätigkeiten schätzt Jonas Fahrradfahren und Badminton-Spielen.

Jonas ist in Braunschweig geboren und aufgewachsen. Heute lebt er in Krefeld in einer Wohngemeinschaft. Im selben Haus, ebenfalls in einer Wohngemeinschaft, lebt seine Freundin, mit der er schon seit fünf Jahren zusammen ist.

Im Alter von zwei Jahren bekam Jonas einen Herzschrittmacher. Er war zuerst auf der Grundschule in Braunschweig, dann zog die Familie um. Hier besuchte Jonas eine Schule für Schüler mit Körperbehinderungen. Jonas verbindet schöne Erinnerungen an seine Kindheit mit den Reisen seiner Familie. Oft gingen sie Wandern. Eine besondere Reise war eine Fahrradtour mit seiner Mutter und seinen Brüdern, als er 14 Jahre alt war. Die drei haben im Zelt übernachtet und sind dann mit dem Zug nach Hause gefahren.

Doch als Jonas 16 Jahre alt war, wurde seine Mutter schwer krank. Sie konnte ihn nicht mehr versorgen. Dies führte dazu, dass Jonas in ein Kinder- und Jugendlichenhaus kam und in eine Schule für Kinder mit geistiger Behinderung. Er ist da oft auf seinem Zimmer geblieben und brauchte seine Ruhe. Insgesamt war es in dem Haus nicht so toll: Es wurde viel geklaut und Jonas Kleider und Spielzeug kamen weg. Er hat da eigentlich nur geweint. In der Schule ging es ihm auch körperlich nicht gut, er hatte oft Bauchschmerzen. Später wurde es dann besser. Fächer, die er gerne mochte, waren Deutsch, Geschichte und Mathematik.

Mit dem Handy konnte er seine Oma anrufen und manchmal mit der Bahn nach Hause fahren. Die Lehrer haben ihn aber gut unterstützt. Sie waren manchmal verwundert, weil Jonas sich beim Bäcker Brötchen mit Aufschnitt holte, da er so großen Hunger hatte. Insgesamt ist er dort bis zu seinem 18. Lebensjahr geblieben. Dann musste er dringend da raus, es ging einfach nicht mehr. So ist er in das Betreute Wohnen gezogen, wo es ihm viel besser ging.

Jonas und seine Brüder haben ein sehr gutes Verhältnis, Jonas erinnert sich an einige heftige Streiche mit seinen Brüdern und deren Freunden und an eine gemeinsame Fahrt in der Geisterbahn. Seine Eltern sieht Jonas häufig am Sonntag und schreibt mit ihnen über WhatsApp.

Jonas' Arbeit verteilt sich auf zwei Arbeitsstellen. Zum einen arbeitet er in einer Werkstatt für Menschen mit Behinderung. An zwei Tagen der Woche arbeitet Jonas seit 2015 dann für eine Geschäftsstelle in Krefeld.

Von seiner Wohnung in Krefeld bis zur Werkstatt sind es 40 km, sodass Jonas lange unterwegs ist.

In der Werkstatt gibt es manchmal Probleme. Manchmal fehlt es einfach an Arbeit. Dann bleibt für Jonas nichts anderes übrig, als sich ein Buch vorzunehmen und zu lesen. Auch sind die sanitären Anlagen häufig nicht gut genug gepflegt und in der Kantine kommt es mittags zu langen Wartezeiten, weil alles brechend voll ist. Hier müsste viel gemacht werden, aber der Werkstatt fehlt es an dem nötigen Geld. Manche seiner Mitarbeiter in der Werkstatt sind nett, andere aber etwas komisch oder merkwürdig, sie reden viel oder verabschieden sich nie. Dies bedrückt ihn dann. Jonas arbeitet derzeit in der Druckerei, in der für unterschiedliche Betriebe gearbeitet wird.

Wegen der fehlenden Arbeit hatte sich Jonas überlegt, nach einer weiteren Arbeit zu suchen. Erst machte er ein Praktikum, wo es ihm allerdings nicht so gut gefiel. In der Geschäftsstelle aber fühlt er sich wohl.

Jonas ist gerne auf Reisen. Er war schon an vielen Orten. In den Süden zieht es ihn nicht, am Mittelmeer etwa wäre es ihm zu heiß.

In Zukunft kann sich Jonas vorstellen, mal in einer anderen Stadt neu anzufangen, natürlich gemeinsam mit seiner Freundin, mit der er dann zusammenziehen möchte. Sie ist, so sagt er es, charmant wie eine Königin und sie hat sehr hübsche Augen. Jonas kann sich auch vorstellen, ein Kind zu haben. Jonas hat auch einmal Kinder betreut, worauf seine Mutter stolz ist. In der Freizeit macht er mit seiner Freundin gerne Ausflüge.

Über die Hochzeit hat sich Jonas schon sehr genaue Gedanken gemacht. Die Trauung soll auf dem Schloss Wernigerode stattfinden, und zwar im Frühling. Jonas kennt diesen Ort schon seit seiner Kindheit. Vom Burgtor dann soll ein Oldtimer das Paar abholen und mit offenem Verdeck fahren. Woanders wird weiter gefeiert, mit Grillen und Feuerwerk. Wann die Hochzeit stattfinden könnte? Von ihm aus in vier oder fünf Jahren.

4 Biografische Themen im Überblick

Die meisten Interviews gestalteten sich als Gespräche, welche durch die Fragen oder durch andere Interventionen maßgeblich geprägt werden. Damit geben die InterviewerInnen Themen oder Aspekte von Themen vor – auch über die Leitfadenfragen hinaus –, auf die sich die Befragten beziehen. In der Gesamtheit der Interviews liegen auch solche vor, welche in einem sehr hohen Maß von den InterviewerInnen gesteuert werden. Gleichwohl zeigt eine detailliertere Analyse, dass auch in Gesprächen, welche durch die Impulse der InterviewerInnen gelenkt werden, die GesprächspartnerInnen im Verlauf ihrer Antworten eigene Themen setzen, welche in der Folge wiederum durch die InterviewerInnen aufgegriffen werden. Damit lassen sich in den Gesprächen Themen unterscheiden, welche von den Befragten, und solche, welche von den InterviewerInnen vorgebracht wurden.

Die ersteren wiederum lassen sich in zwei Gruppen einteilen: Themen, welche die Befragten in das Interview einführen, und Themen, welche die InterviewerInnen einführen und welche die Befragten *später* im Verlauf des Interviews aufgreifen. Alle 45 Interviews wurden sequenzanalytisch danach untersucht, ob die Themen von den Befragten oder von den InterviewerInnen eingebracht wurden. Die Ergebnisse wurden in entsprechenden Listen dokumentiert.

Im Folgenden wird beispielhaft eine Aufstellung abgebildet. Es handelt sich hier um das Gespräch mit Robert, in dem die Interviewerin verhältnismäßig stark führt. Dies bedeutet, dass Robert vor allem auf Fragen antwortet und dies häufig auch in kurzen Sätzen. Das Gespräch führt also nicht zu einer Erzählung und es stellt sich die Frage, ob man es noch mit einem offenen Gespräch über das Leben zu tun hat, wenn die Fragende fortwährend die Themen setzt und gesprächspragmatisch eine sehr dominante Rolle einnimmt. Wenn man jedoch die Folge der Themen untersucht, zeigt sich, dass Robert in seinen Antworten eine Fülle von Themen setzt, wenngleich häufig in der Form einzelner Begriffe, Wendungen oder Sätze. Die Interviewerin wiederum bemüht sich um eine weitere Explikation. Ein Thema, einmal von Robert angesprochen, wird aufgegriffen, wiederholt und in einer Frage aufgenommen. Dies kann in Form von offenen oder geschlossenen Fragen erfolgen: Sie dienen dazu, das Thema ›zurückzuspielen‹ unter der impliziten Frage, ob und in welcher Form Robert das Thema weiter entwickeln möchte. Die genauere Analyse von Gesprächen wird später zeigen, dass dieser Prozess mal mehr und mal weniger gelingt, dass aber beide PartnerInnen mit den ihnen zur Verfügung stehenden Mitteln beständig daran arbeiten. Im vorliegenden Fall bringt Robert eine Fülle von Themen in das Gespräch ein. Wenn man diese durchgeht, wird deutlich, dass hier viele ›klassische‹ Themen von Lebenserzählungen vorkommen, und eine typische Struktur erscheint: chronologische Erzählung des Lebenslaufes, Bearbeitung zentraler Themen mit

4 Biografische Themen im Überblick

einhergehender Positionierung mit dem Schwerpunkt auf die gegenwärtige Situation und ein Ausblick auf Wünsche und Ziele.

Tab. 4: Zuordnung der Themen im Interview mit Robert

Thema eingeführt durch Interviewer	Thema eingeführt durch Interviewte
Gesprächsstruktur: Beginn. Interview: Begrüßung, Interviewverlauf, Erzählimpuls	
	Kindheit: Bewertung (positiv). Selbstkonzept: Aussehen
	Kindergarten. Familie: Eltern
	Bewertung (positiv): Besondere Lebensereignisse. Schule
	Gesundheit. Schule: Praktikum, Tätigkeiten. Tiere
	Bewertung: Ausbildung, Schule: Tätigkeiten, Praktikum. Tiere. Konfliktsituationen
	Beruf: Arbeitsfelder, Aufgaben. Tagesablauf
	Freizeit: Fernsehen, Diverses
	Bewertung (positiv): Interviewsituation. Tagesablauf
Kindheit: Familie	
	Selbstkonzept: Aussehen
	Besondere Lebensereignisse. Fest. Geburtstag
	Bewertung (positiv): Kindheit: Lebenspraktische Tätigkeiten
	Familie: Geschwister. Kindheit: Spiele. Tod
Kindheit: Spiele	
	Kindheit: Fest: Weihnachten. Familie: Vater, Großeltern. Selbstkonzept: Eigenschaften
Schule: Besondere Lebensereignisse	
Schule: Interviewmedien: Symbolkarten, Fotoalbum	
	Schule: Tätigkeiten. Selbstkonzept: Eigenschaften: Veränderungsziele; Übungsbedarf
Bewertung: Schule: LehrerInnen	
	Selbstkonzept: Eigenschaften. Schule: Fächer, LehrerInnen
	Freizeit: Fernsehen
Schule: Praktikum	

Tab. 4: Zuordnung der Themen im Interview mit Robert – Fortsetzung

Thema eingeführt durch Interviewer	Thema eingeführt durch Interviewte
	Bewertung (negativ): Schule: Praktikum. Selbstkonzept: Werte
Ausbildung. Beruf: Arbeitsfelder, Aufgaben	
	Bewertung (positiv): Beruf: Arbeitsfelder, Aufgaben
	Wohnen: MitbewohnerInnen. Konfliktsituationen. Tagesablauf
	Bewertung (positiv): Selbstkonzept: Lebenszufriedenheit
Bewertung (negativ): Beruf: Aufgaben	
Beruf: Berufswunsch	
Bewertung (positiv): Beruf	
	Beruf: Aufgaben. Wochenablauf
Wohnen: Wohnform	
	Bewertung: Wohnen: Tätigkeiten (Fest). Wochenablauf
Konfliktsituationen. Wohnen: Wohnform	
Freundschaft	
	Partnerschaft
Bewertung (negativ): Wohnen: MitbewohnerInnen	
Wohnen: Tätigkeiten. Lebensprakt. Tätigkeiten	
Bewertung: Wohnen: Wohnform	
Freizeit	
	Tiere
	Freizeit: Sport. Wochenablauf
	Wohnen. Selbstkonzept
	Wünsche. Bewertung (positiv): Tiere
	Freizeit: Diverses
	Freizeit: Diverses. Familie: Mutter
	Freizeit: Film
	Freundschaft
Bewertung (positiv): Freizeit: Film	
Bewertung (positiv): Fest	
	Selbstkonzept: Autonomie. Familie: Eltern
	Fest

Tab. 4: Zuordnung der Themen im Interview mit Robert – Fortsetzung

Thema eingeführt durch Interviewer	Thema eingeführt durch Interviewte
	Bewertung (positiv): Fest: Weihnachten
	Fest: Geburtstag. Bewertung (positiv): Freizeit: Film
Bewertung (negativ)	
Freizeit	
Familie. Freundschaft. Selbstkonzept: Eigenschaften	
Familie: Eltern, Geschwister	
	Verlust (Trauerfall). Tod
Verlust (Kontaktverlust)	
	Familie: Vater
	Gesundheit
Partnerschaft. Wohnen: Wohnform	
	Partnerschaft: Verlobung, Heirat
	Bewertung: Wohnen: Wohnform, Beruf. Wünsche: Kinderwunsch
Zukunft: Wünsche	
	Besondere Lebensereignisse. Kindheit. Tiere
Beruf (Finanzen). Bewertung. Wohnen: Tätigkeiten	
Beruf, Wohnen (Ausflüge)	
Gesprächsstruktur: Rückblick	
Bewertung: Interviewsituation. Gesprächsstruktur: Beendung Interview	

Wir sehen hier, dass Robert die Mehrzahl der Themen überhaupt in das Gespräch einbringt, obwohl er, wie gesagt, in der Interaktion eine eher passive Rolle einzunehmen scheint. Und wenngleich er nicht in eine längere Erzählung kommt, entsteht im Laufe des Gesprächs ein Bild über sein Leben. Im besten Fall leistet die Interviewerin also eine Assistenz für die Gestaltung einer Lebenserzählung. Damit verweben sich unterschiedliche Asymmetrien, je nach dem, welche Ebene man betrachtet. Auf einer pragmatischen Ebene führt die Interviewende Robert durch das Gespräch. Auf einer inhaltlichen Ebene setzt Robert die Mehrzahl der Themen und vor allem der Aspekte, unter denen er ein Thema behandeln möchte. Dabei folgt die Interviewerin der Regel, möglichst all das aufzunehmen und weiter zu bearbeiten, was Robert in das Gespräch bringt. Robert seinerseits ist unter der hier gegebenen Situation aber nicht verpflichtet, Themen oder Fragen aufzugreifen. Sicherlich braucht es ein gehöriges Maß an Distanzierungsfähigkeit und Selbstbewusstsein, Fragen abzulehnen oder Themen nicht zu ›bedienen‹ – doch in der Gesprächseinleitung waren die Befragten ausdrücklich dazu aufgefordert worden, (nur) über das zu sprechen, worüber sie sprechen möchten. Wie wir später sehen werden, nutzen die Befragten ganz unterschiedliche Mittel, einem Thema oder einer Frage gleichsam aus dem Weg zu gehen. Gleichzeitig haben die Interviewenden die Regel, dass in den Gesprächen zur Sprache kommen soll, was die Befragten besprechen möchten, auch während des Gesprächs bekräftigt. Dennoch üben die InterviewerInnen stets einen Einfluss aus, ob bewusst oder unbewusst, ob intendiert oder nicht intendiert. Gleichwohl zeigt sich zumindestens hier auf der Ebene in dem Gespräch mit Robert, dass er der Initiator der meisten hier besprochenen Themen ist. Dieses hier beispielhaft gezeigte Phänomen können wir in nahezu allen Gesprächen beobachten. Die sich an diesen Befund anschließende Frage betraf dann die Übersicht der Themen, welche von der Gesamtheit der Befragten artikuliert wurden.

Welche Themen wurden von der Gesamtheit der Befragten angesprochen?

Die Unterscheidung hinsichtlich der Autorenschaft der Themen führte zu der Frage, welche Themen von den Interviewten in ihrer Gesamtheit in die biografischen Interviews eingebracht wurden. Zur Beantwortung dieser Frage wurde alle Transkripte hinsichtlich der Autorenschaft untersucht. Die folgende Tabelle zeigt die Gesamtheit der Themen, welche von den Interviewten selbst eingebracht wurden. Des Weiteren wurde untersucht, welche Anzahl der Interviewten welche Themen initiierten. Hierzu gehören Themen, welche in den freien Narrationen erschienen, ebenso wie Themen, die im Dialog der PartnerInnen von den Interviewten angesprochen wurden. Dabei wurden auch Unterkategorien gebildet. In der folgenden Tabelle sieht man etwa die Kategorie »Familie« (= Familie im Allgemeinen oder Familienmitglieder), welche dann noch in Unterkategorien (Eltern, Geschwister, Großeltern, Familie allgemein) aufgeschlüsselt wurden.

Tab. 5: Von den Interviewten initiierte Themen (N=45)

Thema	Anzahl	Prozent
Familie (allgemein oder Mitglieder)	45	100 %
Familie: Eltern	40	88 %
Beruf	38	84 %
Wohnen	37	82 %
Freizeit	37	82 %
Schule	35	77 %
Freizeit Sport	33	73 %
Gesundheit	32	70 %
Freizeit Musik	31	68 %
Selbstkonzept Eigenschaften	31	68 %
Verlust/Tod	30	66 %

4 Biografische Themen im Überblick

Tab. 5: Von den Interviewten initiierte Themen (N=45) – Fortsetzung

Thema	Anzahl	Prozent
Feste	29	64 %
Partnerschaft	29	64 %
Wünsche	29	64 %
Besondere Lebensereignisse	27	59 %
Soziales Umfeld	26	57 %
Familie: Geschwister	26	57 %
Freundschaft	26	57 %
Urlaub	26	57 %
Konflikte	25	55 %
Kindheit	23	52 %
Lebenspraktische Tätigkeiten	22	48 %
Familie: Verwandte	20	45 %
Selbstkonzept Erinnerungsvermögen	19	43 %
Tageslauf	18	39 %
Beruf: KollegInnen	18	39 %
Selbstkonzept Ziele/Übungsbedarf/Entwicklung/Lernen	18	39 %
Wochenlauf	16	36 %
Familie: Großeltern	16	36 %
Selbstkonzept Emotionen	16	36 %
Selbstkonzept soziale Rolle	15	34 %
Familie allgemein	15	34 %
Heirat/Hochzeit	15	34 %
Selbstkonzept Werte	14	32 %
Selbstkonzept Autonomie	14	32 %
Selbstkonzept divers	14	30 %
Tiere	14	30 %
Selbstkonzept Lebenszufriedenheit	12	27 %
Selbstkonzept Hilfsbedürftigkeit	12	27 %
Down-Syndrom	12	27 %
Selbstkonzept Fremdwahrnehmung	11	25 %
Kindergarten	11	25 %
Down-Syndrome	11	25 %
Selbstkonzept Aussehen	11	25 %
Interessen	10	22 %

Tab. 5: Von den Interviewten initiierte Themen (N=45) – Fortsetzung

Thema	Anzahl	Prozent
Selbstkonzept Alter	9	20 %
Kinderwunsch	6	14 %
Selbstkonzept Emotionen	5	11 %
Selbstkonzept Fähigkeiten	5	11 %
Selbstkonzept Defizite	4	9 %
Selbstkonzept Identität	2	5 %
Religion	1	2 %

Bereits auf den ersten Blick wird hier deutlich, dass die Befragten in sehr großer Zahl eigene Themen in die Gespräche einbringen. Dies ist in einer gewissen Unabhängigkeit von der Fähigkeit oder Bereitschaft der Befragten zu längeren und komplexeren Aussagen. Darüber hinaus werden hier diejenigen Themen benannt, welche man in biografischen Interviews im Allgemeinen erwarten würde. Prima Vista unterscheiden sich die von den Personen mit Down-Syndrom benannten Themen nicht von Themen, welche Personen ohne Down-Syndrom ansprechen würden, wenn sie aus ihrem Leben berichten – mit einer Ausnahme vermutlich: Über ein Viertel der Befragten sprechen das Thema Down-Syndrom an, ohne danach befragt zu werden.

Ebenfalls bemerkenswert ist die Häufigkeit, in der auf das Selbst bezogene Themen angesprochen wurden. Zwei Drittel von ihnen thematisieren Eigenschaften, über ein Drittel thematisieren Ziele, darunter auch Entwicklungsziele für die eigene Persönlichkeit, knapp ein Drittel sprechen über Unabhängigkeit/Autonomie. Weitere, die eigene Person betreffende Themen sind die eigenen Emotionen, Fähigkeiten, Defizite, das Alter und weitere Aspekte. Besonders bemerkenswert ist das Thema der Erinnerung, welches möglicherweise ebenfalls eine gewisse Spezifizität hat: denn nicht selten antworten die Befragten auf Fragen mit dem Hinweis, sich nicht erinnern zu können oder keine gute Erinnerungsfähigkeit an sich zu haben – was im Übrigen nicht ausschließt, dass sie nach einiger Zeit dann doch Erinnerungen äußern. Ebenfalls bemerkenswert ist die Häufigkeit, in der das Thema ›Lernen, Entwicklung und Ziele‹ angesprochen und die eigene Situation vor dem Hintergrund dessen, was die Personen noch lernen wollen (oder sollen), reflektiert wird. So zeigt sich allein in der Häufigkeit von Themen, welcher Stellenwert einer selbstreflexiven Position in den Befragungen zukommt.

Alle Befragte sprechen von sich aus das Thema Familie an, indem sie über ihre Familienangehörige sprechen. Die meisten (88 %) erwähnen ihre Eltern, aber auch Geschwister, Großeltern und weitere Verwandte. Als weitere prominente Themen folgen Wohnen, Beruf, Schulerfahrungen, Freizeit, Gesundheit und Eigenschaften. Zwei Drittel, nämlich 30 Befragte, thematisieren das Thema Tod und Verlust, etwas weniger sprechen über Partnerschaft und über Wünsche, die das eigene Leben betreffen.

Die von den Befragten angesprochenen Themen betreffen in hohem Maße die Bereiche, welche unter dem Begriff Lebensqualität gefasst werden. Zu ihnen gehören, einer klassischen Definition zufolge,[146] Emotionales Wohlbefinden, soziale Beziehungen, materielles Wohlbefinden, persönliche Entwicklung, physisches Wohlbefinden, Selbstbestimmung, Soziale Inklusion und Rechte. In der Analyse unserer Daten haben mit der Ausnahme von materiellem Wohlbefinden oder materiellen Faktoren und Rechten diese Themen einen sehr hohen Stellenwert – mit einer hervorragenden Bedeutung der sozialen Beziehungen (Familie, Partnerschaft, soziales Umfeld, Freundschaft, Konflikte).

Einen besonderen Stellenwert nehmen weiterhin Themen ein, welche auf die besondere Situation der von uns Befragten als Gruppe hinweisen. Hierzu gehört, wie gesagt, das Thema Down-Syndrom, aber insbesondere und auch in größerer Anzahl Themen wie Lernbedarf, Defizite, (vielfach hier auch indirekt: Erinnerungsvermögen) und die Polarität von Autonomie und Hilfsbedürftigkeit. Die weitere genauere Analyse dieser Themen wird zeigen, welche Bedeutung die Themen Fähigkeiten, Defizite und erreichte Ziele in der Identitätskonstitution der Befragten hat. In ihnen gehen konkrete lebensweltliche Erfahrungen ebenso ein wie Diskurse, die um das Thema Down-Syndrom und Behinderung aufgespannt und von den Befragten verinnerlicht werden.

Wie häufig werden Themen in den Interviews angesprochen?

Die oben aufgeführte Darstellung gibt darüber Auskunft, welche Themengebiete von den Befragten thematisiert wurden – und in welchem Ausmaß. Eine weitere Untersuchung wurde anhand der Frage durchgeführt, wie *häufig* die jeweiligen Themen insgesamt angesprochen wurden. Dabei wurde der Tatsache Rechnung getragen, dass im Laufe eines Gesprächs manche Themen mehrfach angesprochen wurden. Hier wurde die absolute Zahl der Nennungen aufgenommen, wobei der Schwellenwert bei insgesamt 10 Nennungen gesetzt wurde.

Tab. 6: Häufigkeit der angesprochenen Themen

Thema	Nennungen
Selbstkonzept	404
Familie	369
Freizeit	366
Beruf, Arbeitsplatz, MitarbeiterInnen	162
Schule	150
Wohnen, Wohnform, MitbewohnerInnen	138
Partnerschaft/Heirat/Sexualität	132
Tod und Verlust	86

---

146 Schallock & Verdugo 2002.

Tab. 6: Häufigkeit der angesprochenen Themen – Fortsetzung

Thema	Nennungen
Besondere Lebensereignisse	79
Emotion	46
Wünsche	77
Soziales Umfeld	76
Gesundheit	76
Feste	73
Freundschaft	65
Konfliktsituationen	61
Kindheit	54
Emotionen	46
Down-Syndrom	45
Lebenspraktische Tätigkeiten	37
Urlaub	36
Autonomie	30
Tiere	28
Beruf	27
Tageslauf, Tagesstruktur	27
Wochenlauf, Wochenstruktur	27
Zukunft	21
Mobilität	20
Kindergarten	18
öffentlicher Auftritt	18
Sorgen	17
Ausbildung	15
Hilfsbedürftigkeit	13
Kinderwunsch	11
Freizeit	11
Religion, religiöse Praxis	11

In der Häufigkeit der Nennungen in ihrer Gesamtheit bestätigt sich die in Tab. 5 bereits sichtbare Bedeutung der Themen Familie, Beruf, Schule, Freizeit, Wohnen, Partnerschaft und Schule. Die Themen, welche die meisten Personen benennen, werden auch insgesamt am häufigsten thematisiert. Im Verhältnis der beiden Darstellungen zeigt sich etwa, dass die Personen, welche etwa das Thema Tod und Verlust thematisieren, dies im Laufe eines Interviews knapp dreimal tun. Man ersieht hier exemplarisch, dass die Befragten Anliegen in die Gespräche einbringen und nicht nur Themen erwähnen und vielleicht durch eine Äußerung behandeln, sondern diese über das Gespräch hinweg tatsächlich *bearbeiten*. Dies gilt auch für das Thema Down-Syndrom, welches in von den Befragten, die sich von sich aus hierzu äußern, im Mittel vier Mal aufgegriffen wird.

Am häufigsten werden Themen angesprochen, welche sich auf das eigene Selbst beziehen. Dieses Thema hat einen sehr weiten Umfang, insofern hier u. a. Eigenschaften, Entwicklungsthemen, Aussehen, Selbstwert und Werte subsumiert werden. Man sieht hier, dass das Erzählen aus dem eigenen Leben und die Reflexion des eigenen Selbst miteinander verwoben werden. In dem Maße, in dem die eigene Persönlichkeit sich in der Lebensgeschichte spiegelt bzw. die Ereignisse und Personen in einer Resonanz zu Aspekten des eigenen Selbst stehen, erweist sich die Lebensgeschichte als sinnhaft.

Die hier vorgenommene, quantitative Betrachtung der Themen zeigt zusammenfassend zunächst deren Gewichtung an und darüber hinaus auch, dass die Befragten im Laufe der biografischen Interviews nicht nur bestimmte Fragen beantworten oder sich zu einzelnen Themen äußern, sondern diese auch in mehreren Anläufen explorieren, durcharbeiten und vervollständigen. Sie arbeiten auf diese Weise an der Darstellung der ihnen wichtigen Themen, an der Explikation ihrer Anliegen, an der Vergewisserung des eigenen Lebens wie an dessen Darstellung.

Nach dieser stärker quantitativ orientierten Analyse werden in den folgenden Kapiteln die zentralen Themen der Interviews im Hinblick auf die zentralen Aussagen hin qualitativ untersucht.

5 Analyse zentraler Themen

Im nächsten Schritt haben wir analysiert, welche Aussagen die Befragten zu den unterschiedlichen Themen gemacht haben. Diese Inhaltsanalyse erfolgte über ein mehrschrittiges Verfahren nach Mayring, in dem wir die Aussagen übergreifenden Kategorien zugeordnet haben. Diese Kategorien wurden sowohl aus dem Material (induktiv) gewonnen wie auch an das Material herangetragen (deduktiv). Manche von diesen wiederum ergaben sich unmittelbar aus dem Leitfaden, mit dem die Interviews unterstützt wurden. Anschließend wurde untersucht, welche Aussagen zu den Kategorien erfolgten. Einige, besonders ›reiche‹ oder ›dichte‹ Textstellen wurden auch hermeneutisch untersucht.

Bei der Darstellung der Ergebnisse muss berücksichtigt werden, dass mit unserem Vorgehen nicht allen Befragten ein spezifisches Set von Fragen oder Themen vorgegeben wurde. Wie bereits beschrieben, konnten wir auf diese Weise stärker in Erfahrung bringen, worüber die Befragten von sich aus sprechen wollten. Vielfach dienten Nach- und Ergänzungsfragen dazu, die ErzählerInnen bei der Darstellung ihrer Themen zu unterstützen. Die Fragen des Leitfadens sprachen zeitliche Epochen der Biografie an (Kindheit, Schule), zentrale Lebensbereiche (u. a. Arbeit, sozialer Umkreis), wichtige Lebensereignisse und Themen, die die Person betreffen (u. a. Selbstbild, Wünsche und Ziele). Gleichwohl hatten die InterviewerInnen nicht die Vorgabe, diese Themen ›abzuarbeiten‹. Explizit nicht angesprochen wurden z. B. die Themen ›Behinderung‹ und ›Down-Syndrom‹.

Die folgenden Kapitel bilden diese Grundstruktur ab: Die Darstellung beginnt mit dem überragenden Thema ›Familie‹, geht dann von der Kindheit ausgehend zunächst chronologisch bis zur Zeit von Schule und Ausbildung, dann folgen Lebensbereiche oder Teilhabefelder, daraufhin Aspekte das Selbst betreffend: Eigenschaften, Werte, Ziele u. a. Eine Sonderstellung, nicht nur aufgrund des Umgangs, nimmt u. a. das Kapitel Down-Syndrom ein, insofern es ein Thema darstellt, welches Gesellschaft, sozialen Umkreis und Selbst verbindet.

Auch in der Untersuchung der Frage, welche Aussagen die Interviewten inhaltlich treffen, schien es uns interessant, einige quantitative Aspekte mit einzubeziehen, etwa die Frage, wie viele Personen das Thema ›Down-Syndrom‹ ansprachen oder wie viele derjenigen, die über ihre Wohnsituation sprechen, hier eine Veränderung wünschen.

Bei der Analyse der Themen und der Ergebnisse ergeben sich viele Bezüge und Querverbindungen. Beispielsweise steht das Thema ›Unabhängigkeit‹ etwa in Verbindung mit Themen wie ›Familie‹, ›Wohnen‹, ›Arbeiten‹ u. a., das Thema ›Freizeit‹ mit dem Thema ›Mobilität‹. Diese und andere Verbindungen werden erwähnt, aber nicht durchgearbeitet, um Wiederholungen zu verrmeiden.

Die Darstellung der Ergebnisse wird verbunden mit dem Zitat charakteristischer Textstellen. Diese sollen die allgemeinen Aussagen veranschaulichen und zugleich zeigen, wie individuell und prägnant die Aussagen der Befragten sind. Außerdem geben sie einen Einblick in die Struktur der Dialoge. Zugunsten der Lesbarkeit wurden jedoch die lautgetreuen Transkripte orthografisch korrigiert: ›Habe‹ (statt ›ham‹), ›eine‹ (ne), ›ist‹ (is), versuchen (›versuch‹).

5.1 Familie

In der quantitativen Themenanalyse wurde die große Bedeutung familienbezogener Nennungen ersichtlich. Dass dieser Bereich eine prominente Rolle spielt, liegt bei biografisch-narrativen Interviews nahe. Gleichwohl beeindrucken Umgang und Tiefe der familienbezogenen Äußerungen bei den Befragten.

35 Personen sprechen über ihre Eltern, meistens über beide, manche nur über den Vater (N=4) oder die Mutter (N=6). Zwei Befragte erwähnen »*leibliche Eltern*« und grenzen diese von ihren Pflegeeltern ab. Ebenfalls 35 Befragte nennen ihre Geschwister, 23 erwähnen die Großeltern und differenzieren meistens hinsichtlich der Zuordnung zu ihrem Vater oder ihrer Mutter. Ein Viertel erwähnt auch Onkel und Tanten, acht Befragte sprechen über Nichten und Neffen, zweimal in rückbezüglicher Form: »*Ich bin fünf Mal Tante*«. Ebenfalls elf Mal werden Cousinen und Cousins genannt. Hinzu kommt die Erwähnung von Urgroßeltern und LebensgefährtInnen von Elternteilen. PatInnenbeziehungen kommt eine besondere Bedeutung zu: Sieben Personen erwähnten PatInnen, wobei drei von ihnen deutlich machen, dass sie selbst in der Rolle der PatInnen sind. Insgesamt gehörten die Schilderungen zur Familie zu den Themen, welche den größten Raum in den Interviews einnehmen.

Die Aussagen über die Familie enthalten sehr unterschiedliche, z.T. auch sehr detaillierte Informationen. Besonders häufig wird die berufliche Situation (N=18) und die Wohnsituation (N=17) von Familienmitgliedern erwähnt. Ein weiteres Thema betrifft Krankheiten (N=7), wobei in einem Fall die Krankheit der Mutter als Auslöser für einen Umzug in ein Heim benannt wird:

> *Und dann wurde meine Mutter schwer krank, dann kam ich ins Kinder Jugend Haus.*

Häufig kommen Todesfälle zur Sprache (N=20), dabei betont mehr als die Hälfte der Befragten, wie schwer sie unter dem Verlust ihrer Großeltern, eines Elternteils oder eines Bruders leiden – und dies in ausdrucksstarken Worten:

> - *Weißt du wann der allerschwerste Zeitpunkt war? (-) Als in einer Woche (-) meine Tante und mein Papa gestorben war – ich hab gedacht ich wollte nicht mehr leben ... Das war für mich eine Katastrophe.*

> • *Da konnt ich nicht mehr; Ich denke jeden Tag an meinen Vater ... ich habe sogar ein Foto bei mir in der Wohngruppe ... da geb ich dem meistens ein Küsschen auf's Bild- auf'n Bild.*

Etwa ein Viertel der Befragten äußert sich eingehend zu den Partnerschaften insbesondere von Geschwistern, ohne diese zu bewerten. Trennungen finden selten Erwähnung, und wenn, dann vor allem die der Eltern. Auch dies erfolgt in den weitaus meisten Fällen ohne Kommentar. Nur in einem Gespräch äußert sich ein Gesprächspartner zur neuen Verbindung seiner Mutter: »*Die, (-) die hören zusammen.*«

Fast die Hälfte der Befragten erwähnen den weiterhin bestehenden Kontakt zu ihrer Familie. Nur ein Befragter stellt klar, dass er seine Eltern nicht mehr besucht, da er nun unabhängig von ihnen ist:

> *Ich bin immer hier ich fahr niemals äh zu mehr zu meinen Eltern mehr ... [Weil] ja auch gesagt hab selbständig.*

Ein Viertel der Befragten berichtet über gemeinsame Aktivitäten mit der Familie in der Gegenwart. Hierzu zählen gemeinsame Urlaube, Sportaktivitäten, Essengehen und Kinobesuche. Eine Frau beschreibt im Detail gemeinsame Haus- und Handarbeiten, die sie mit der Mutter unternimmt:

> *Ich stricke viel, ich äh helf meiner Mutter beim Kochen, beim Einkaufen ... das macht Spaß doch... ich stricke bei meiner Mutter weil die kann da nämlich die Fehler besser ausbügeln als ich.*

Acht GesprächsteilnehmerInnen geben an, dass sie Weihnachten in der Familie feiern.

Eine Gesprächsteilnehmerin jedoch empfindet das gemeinsame Weihnachtsfeiern seit der Trennung der Eltern als schwierig:

> *Ähm manche kommen auch außerhalb Beispiel auch wenn mein (-) Vater ist auch ab und zu mal auch mal dazugekommen wenn der auch wieder fährt. Das tut mir meistens Weihnachten meistens immer sehr weh? ... Weil ich irgendwie Weihnachten anders vorstelle wie früher.*

Vier andere berichten, dass sie im Rahmen der Familie Geburtstag feiern. Ein Mann erwähnt, dass seine Eltern zum Hoffest kommen (auf dem Hof, wo er wohnt) und daran teilhaben: »*Mutter macht einen Kuchenstand.*«

Fast die Hälfte der Befragten (N=20) berichtet von sich aus über zumeist konkrete Hilfestellungen, die sie aus der Familie erfahren oder erfahren haben. Die Hilfe der eigenen Familie wird von einem der Interviewpartner deutlich umschrieben:

> *M- ähm die besser besser erklä::ren die Welt. Mit alles alles Sachen wie meine drei ältesten Schwestern... Ich mu- die versuche das langsam und deutlich mir erklä::ren.*

Aus den Gesprächen erscheint eine große Bandbreite an Hilfeleistungen und unterstützenden Tätigkeiten: Eltern sind zugegen bei Krankheiten, brachten die Kinder zum Kindergarten oder halfen bei Schularbeiten (»*Mathe mach ich manchmal mit meim Vater aber auch mit mei Mutter*«), sie kümmern sich um Musikstunden und leisten den Transport zum Sport. Sie suchen, wenn nötig, nach psychologischer Unterstützung, helfen den Kindern beim Erwerb neuer Fertigkeiten (z. B. Stricken) und sind zu Gefälligkeiten bereit, z. B. beim Putzen, wenn die Tochter mal keine »*Lust oder Zeit*« hat. Die nachhaltigste Art der Hilfestellung betrifft die Suche nach der richtigen Arbeitsstelle bzw. einer passenden Wohnsituation. Drei Frauen heben hervor, dass sich ihre Mutter auf der Suche nach Arbeit für die Tochter eingesetzt hat:

- *Mutter hat sich darauf äh erkundigt äh ... was die so machen und die hat mich dann auch eingetragen das ich da hin fahre.*
- *Weil mein Mutter meine äh Leben-lauf geplant hat und dann sagt mein Arbeit abgeklappert hat. Alles.*
- *meine Mutter hakt da immer nach.*

In einem Fall ist es der Vater, der für eine andere Arbeitsstelle sorgt:

ja mein Vater ist, der ist ja berufstätiger, äh Rechtsanwalt in Hagen, wie gesagt ... und der ist dann in die, äh wo ich gearbeitet habe in den Schwerstbehindertenwerkstatt, ist der zum äh Chef gegangen und insg-, also ins ähm ... wie heißt das, hatten einen Gesprächstermin, wie gesagt ... und der dann ähm mich da rausgeholt, quasi... Und da, er hat dann auch mit Faust gesagt, wenn die das will dann will die, so ungefähr und dann, ja. Und so wurde es.

Eine der hier genannten Mütter hat sich besonders dafür eingesetzt, für die Tochter eine betreute Wohnung zu finden: »*Da war meine Mutter auch bei (-) de- äh- (-) Grundsteinlegung und hat da für mich schon festgemacht, dass ich hier einziehe*«. Bei diesem Thema, Tätigkeiten und Hilfsleistungen, werden hin und wieder zwar andere Verwandte genannt, aber es stehen eindeutig die Eltern im Vordergrund – sie sind es, entweder gemeinsam oder individuell, die Hilfe bereitstellen. Dabei werden Vater und Mutter gleich häufig benannt.

In die Erzählungen über die Familienmitglieder fügen einige Befragte auch Bewertungen hinzu, häufig in allgemeiner Form. Manchmal wird daraufhin die Beziehung als »*gut*« eingestuft, eine der Befragten gibt an, »*ein sehr gutes Verhältnis*« zu der Mutter zu haben. Zwei der Frauen benutzen differenzierende Adjektive, um die Familie oder Familienmitglieder zu charakterisieren, und greifen dabei zu allgemeinen, positiven Worten wie »*lebendig froh heiter fröhlich*«; »*nett und freundlich*«, »*toll*« oder »*manchmal auch bisschen streng*«. Es ist zu überlegen, ob hier zu gebräuchlichen, leicht zugänglichen Worten gegriffen wird, ob eher erwartungskonform geantwortet wird oder diese Worte eine besondere Qualität der Beziehung widerspiegeln. Gerade bei diesem Thema ist es sinnvoll, den gesamten Gesprächsverlauf in den Blick zu nehmen, um unterschiedliche Nuancen besser zu erfassen.

Abgesehen von Irritationen z. B. über die Geschwister (»*M-chmal nerven die mich auch? manchmal ... die mich als wär als wär ich ein Baby*«), gibt es nur sehr wenige GesprächsteilnehmerInnen, die eine deutlich negative Haltung gegenüber ihrer Familie vermitteln, wie z. B.: »*Ich krieg schon meine Familie nicht mehr in die Backe. Ich hab schon kein Bock mehr auf meine Familie jetzt.*«

Aussagekräftig erscheinen konkrete Situationsbeschreibungen. Einer von ihnen sagt im Hinblick auf seine Familie: »*Wenn die mal da sind. Wenn die weg sind muss ich immer hier e- in K. (Name der Einrichtung) ... bleiben*« – und scheint damit zu verstehen zu geben, dass es ihm schwerfällt, in der Einrichtung bleiben zu müssen, wenn seine Verwandten nach einem Besuch wieder abfahren. Ein anderer Mann ist negativ berührt von dem Verhalten seines Vaters, wobei er die Ursache dieses Benehmens zu verstehen glaubt:

> *Ja diese Sprüche ... mag ich nicht. Diese Art wenn mein Vater oder so umgeht und meine Mutter oder mich, ja. ... Diese Art. ...Dieser Ton, diese Laune; der Onkel war auch so, ist aber ruhiger geworden mit der Rente. Vater hat Stress bei der Arbeit.*

Eine Frau, die einerseits bekundet, »*eine schöne Familienzeit gehabt*« zu haben, differenziert als Erwachsene, nachdem die Trennung der Eltern sie erst sehr mitgenommen hat: »*Mit meinen Eltern was machen, also (-) meistens mehr bei meinem Vater, (-) weil er ist dann nich so v- (-) wenn es bei meiner Mutter nach vorne, (-) hab ich auch mehr Freizeiten.*« Weihnachten mit dem Vater ist weniger entspannt, aber gleichzeitig sagt sie auch: »*Und mit meinem Vater fahr ich auch gerne in den Urlaub*«. Mit der Mutter dagegen lässt sich gut streiten (»*meine Mutter immer sehr gut streiten kann*«) und bei großem Kummer sucht sie bei ihr Trost – »*und deswegen genieß ich das noch trotzdem meine Mutter noch lieb zu haben.*«

Wenn die Befragten auf die Bedeutung ihrer Familie in ihrem Leben angesprochen werden, so äußern sie ich ausschließlich positiv (N=15). Die Bedeutung der Familie wird umschrieben in Sätzen wie z. B. »*ich kann z- ziemlich gut auf meine Eltern verlassen,*« oder, deutlich stärker: »*Familie ähm ist be- ist für mich auf jeden Fall an erster Stelle... Auf jeden Fall. Da lass ich nix drauf kommen.*«

Die Mehrheit der Befragten, die sich hierzu äußert, verweist auf die Eltern (N=8) und hebt hier besonders deren Einsatz und Engagement für ihr Kind hervor und damit auch ihre eigene Hilfsbedürftigkeit und ihr Angewiesensein auf die Eltern:

> - *Meine Mama und mein Papa, di::e (-) haben mir geholfen von wo sie konnten.*
> - *Mein Eltern ganz Zeit mich gekümmert hat bei mir ... meine Familie ... die helfen mir jetzt.*
> - *Meine Eltern (können mich auch?) was beibringen und was lernen ... Was ich verstehe und nicht verstehe. Zum Beispiel (kochen?) ... Mein Bruder auch.*

Eine Frau, die nach wie vor zu Hause lebt, vermisst die Geschwister, die ausgezogen sind und jetzt als Erwachsene ein unabhängiges Leben anderswo führen. Sie träumt von einer gemeinsamen beruflichen Zukunft mit ihren Schwestern, an einem Arbeitsplatz, an dem sie alle zusammenarbeiten können.

Einige der Befragten verweisen auf ihre gute Beziehung zu ihren Adoptiv- oder Pflegeeltern und heben diese auch im Vergleich zu der fehlenden Beziehung zu den leiblichen Eltern hervor. Auch andere Verwandte können eine wichtige Rolle innehaben:

> *Eine ganz wichtige Person in der Familie ... hat die Rolle ähm ... das ist meine Tante ... die ist ähm die special Tante; die ist die ist mir recht wichtig und die wohnt auch hier in Neuss; und äh die se- die setzt sich richtig *ein und wir machen richtig *was; weil die auch merken (-) dass (-) ich halt schwer hab mit meinen Eltern (--) ... Genau weil ich mit meinen Eltern nicht so kann.*

Konflikte in der Familie bzw. Auseinandersetzungen gerade mit den Eltern kommen in mehreren Gesprächen zutage. Manchmal erinnern diese an die ›üblichen‹ Meinungsverschiedenheiten zwischen Eltern und heranwachsenden Kindern, z. B. die Frage nach Dauer des Fernsehkonsums oder des Tragens von Kopfhörern im Straßenverkehr. Auch die Kommunikation als solche steht zur Debatte: »*Genau ich hab ja grad versucht aber sie hört nicht richtig zu die Beiden.*«

Zwei Frauen erinnern sich, dass ihre Eltern in ihrer Jugend eine Beziehung zu verhindern suchten oder ganz ausdrücklich eine sexuelle Verbindung. Eine andere Gesprächsteilnehmerin dagegen beschreibt erfolgreiche Auseinandersetzungen mit den Eltern:

> *Wie zum Beispiel jetzt äh mit meiner Familie, wenn die sagen ähm wenn die Eltern sagen, das passt uns nicht, dann würd ich das dann auch sagen, ja okay, ich hab einen Fehler gemacht, zusammensetzen, Zusammensetzung, zu finden. ... und dass ich da Einigung zu finden. ... Kompromi-miss, oder wie das da heißt Kompromiss.*

Eine Frau macht – mit dem Heranwachsen – eine Entwicklung in ihrem Verhältnis zu den Eltern deutlich:

> *Und ich so meine Eltern besser verstehen wie es mich groß geworden war, da bin ich auch jetzt grade, und sagte ich kann mich dem Problem antasten gerade, das geh das hängt da gerade zusammen für meine Kindheit aus früher noch.*

Dies ist allerdings auch die gleiche Frau, die angibt, ihren Namen ändern zu wollen. Eine andere Frau fasst das Verhältnis zu der Familie wie folgt zusammen: »*Nee, wir haben uns nie gehasst, wir haben uns immer geliebt, als Familie ... Mehr oder weniger ... ((lacht)) Gabs auch still Momente in der Familie.*«

Auf einer anderen Ebene gibt es Konflikte, von fünf TeilnehmerInnen erwähnt, die den Betroffenen schwerer zu schaffen machen, vor allem innerfamiliäre Auseinandersetzungen, insbesondere Streitigkeiten zwischen den Eltern: »*Wenn meine Eltern gestritten haben bin ich da weg hier.*« Eine Beschreibung dagegen fällt aus dem Rahmen, insofern hier eine radikale Ablehnungserfahrung thematisiert wird:

> *Manchmal sagen die immer so auch immer Sachen, was mir nicht passt, (--) was für mich äh verletzend ist. Einmal haben meine Eltern gesagt, ja wir geben dich wieder ab... Und das hat mich verletzt, aber wie verletzt. Und wir geben Dich in ein Heim und da kämpf ich ziemlich drum, dass ich nicht in eine Werkstatt komme nicht in ein Heim komme... weil ich immer, ich hab mehr Streit mit meiner mit meiner F- mit meiner Familie ... weil meine Familie passt ganz viele Sachen nicht an mir.*

Häufig wird das Verhältnis zu den Eltern oder der Familie mit der eigenen Wohnsituation in Verbindung gebracht. Eine Frau lebt gern bei den Eltern, aber fühlt sich sehr einsam ohne die Geschwister im Haus. Ein Mann beschreibt mit starken Worten seine Vorliebe, bei den Eltern zu bleiben: »*Mein Hause ist meine Familie ... Und ich will nicht weg... Mei Eltern diese Haus. Ich werde niemals verlassen.*« Fünf GesprächsteilnehmerInnen verdeutlichen ihren großen Wunsch, von zu Hause auszuziehen und mit diesem Schritt auch selbständig zu werden:

> *Ich will einfach mal, dass meine Eltern einfach mal so respektieren, wie ich bin... und ich will einfach so leben, wie Ich lebe ... auch wenn man so- falls da irgendwo Fehler sind dass die immer noch reinkommen können und mir helfen, aber nicht so heftig.*

Ein Mann, der auf sein Leben zurückblickt, erkennt im Nachhinein an, wie wichtig sein Auszug im Alter von 52 Jahren war: »*Da war das auch ein großer Schritt, nochmal auszuziehen.*«

In den Gesprächen haben sich sechs der Befragten zum Thema Down-Syndrom in Verbindung mit der Familie geäußert (▶ Kap. 5.19). So thematisieren sie die elterliche Reaktion auf die Feststellung des Vorliegens eines Down-Syndroms. Diesbezüglich werden in drei Fällen negative Reaktionen erwähnt: »*Also meine Eltern haben haben ja geweint wegen mir wegen Down-Syndrom.*« Die Mutter einer Frau erklärt, ihr Sohn habe beschlossen, selbst keine Kinder zu haben »*wegen unserer Familien Geschichte...Mit zwei Geschwistern, die... anders sind.*« Eine Frau weiß, dass ihre leiblichen Eltern sie aufgrund der Diagnose nicht haben annehmen können:

> *Meine richtigen Eltern konnten das auch nich wissen also gut äh mit Down-Syndrom umgehen, haben gesagt, ja wir geben dich ab, weil äh das (---) is:: schon ein Schritt zu viel ein Kind mit Down-Syndrom aufzunehmen ... da ist ja ganz viel Arbeit dran, (-) und das Kind kostet ja auch ganz viel Geld, dann müssen die ja auch ganz viel mit dem Essen und dem Trinken, und alles können...*

Demgegenüber reflektieren zwei der Befragten eine positive Einstellung ihrer Angehörigen zu der Diagnose Down-Syndrom:

> - *Das muss man vorher nicht dass ich das Down-Syndrom hatte und so, und jetzt haben wir erfahren da- ae da hatten wir ... noch erfahren dass ich das Down-Syndrom habe und so und dann haben die sich gefreut meine Eltern.*
> - *Und äh meine Schwester wurde auch äh hier... auch teilweise gefragt ja. Wurde auch interviewt wie das als Schwester ist, dass äh, ja wie sie als Schwester gewusst hat, dass ich das, dass ihre Schwester äh das Down-Syndrom hatte. Und dann hat die da auch*

> *geantwortet und ähm ja hat die auch gesagt äh, woran es auch bis- zurück erinnere war, ist ähm, dass es süß war.*

Aus dem Umfang, den das Thema Familie in den Gesprächen einnimmt, den inhaltlichen Aussagen und nicht zuletzt aufgrund der anschaulichen Schilderungen und der auch im Kontext der Gespräche ausdrucksstarken Wortwahl wird die überragende Bedeutung des Themas Familie offenkundig. Ohne dass Probleme, Konflikte und Meinungsverschiedenheiten geleugnet werden, kommt in den Ausführungen unserer GesprächspartnerInnen eine hohe Wertschätzung gegenüber den Eltern und den weiteren Familienangehörigen zum Ausdruck, wie auch eine tiefe Verbindung zu ihnen. Dies zeigen nicht zuletzt auch die eindrucksvollen Schilderungen und Kommentare zu Krankheit und besonders zum Tod von Familienangehörigen, der einen Verlust bedeutet, den die Befragten noch schmerzhaft empfinden, auch dann, wenn er schon länger zurückliegt. Die Beschreibungen der Familie schaffen häufig ein Bild derer, die zur Familie zählen, wobei ein weiter Bogen gespannt wird. In diesem Zusammenhang finden auch die ErzählerInnen einen Platz und, wie bei der Patenschaft, eine besondere Funktion. Ebenfalls bemerkenswert sind die zahlreichen Passagen, in denen die frühere und die gegenwärtige Unterstützung durch die Eltern und durch andere Familienangehörige Anerkennung findet. Dankbarkeit und Verbundenheit aber hindern die Befragten nicht daran, Missverständnisse und Meinungsverschiedenheiten anzusprechen sowie die Auseinandersetzungen im Spannungsfeld von Unterstützungsbedürfnis und Autonomiestreben.

Diese Ergebnisse stehen im Einklang mit Forschungen zu den sozialen Beziehungen in Familien, zu denen eine Person mit Down-Syndrom gehört. Internationalen Studien zufolge nehmen Personen mit Down-Syndrom die Beziehungen zu ihren Familienmitgliedern als in sehr hohem Maße positiv und wertschätzend wahr.[147] Dies findet seine Resonanz in den Bewertungen der Familienmitglieder: Eine große Mehrheit der Geschwister von Personen mit Down-Syndrom berichten von einer positiven Beziehung zu ihrem Bruder oder ihrer Schwester, sie sind stolz auf diese und geben zu 88 % an, durch ihr Geschwisterkind zu »einem besseren Menschen geworden zu sein.«[148] Eltern sind der gleichen Auffassung.[149] In einer früheren Studie gaben Schwestern von Personen mit Down-Syndrom zu zwei Dritteln positive Gefühle an, ein Drittel jedoch sahen die eigene und die familiäre Situation eher kritisch.[150]

Eltern berichten, dass trotz aller Schwierigkeiten ihr Kind ihr Leben bereichert, mit nur wenigen Ausnahmen.[151] Einer aktuellen Studie zufolge mit 369 Befragten zeigten sich 98 % der Eltern stolz auf ihr Kind, 78 % gaben, an ihre Perspektive auf das Leben sei positiver dadurch, dass ihr Kind das Down-Syndrom hat. 12 % fühlten

---

147 Skotko, Levine & Goldstein 2011c.
148 Skotko, Levine & Goldstein 2011a.
149 Skotko, Levine & Goldstein 2011b.
150 Bryant et al. 2005.
151 Skotko, Levine & Goldstein 2011b.

Scham und 7 % bedauerten, ein Kind mit Down-Syndrom zu haben.[152] Väter berichten von ihrem persönlichen Wachstum und von positiven Veränderungen bei sich durch die Begleitung ihres Kindes, wobei sie zugleich auf Gefühle von Angst und Sorge sowie auf die besonderen Herausforderungen und auch Stress verweisen.[153] Mütter äußern sich in ähnlich positiver Weise.[154] In gewisser Weise spiegeln sich in diesen Befunden die Erfahrungen und Bewertungen der Personen mit Down-Syndrom im Urteil ihrer Familienmitglieder wider.

5.2 Kindheit

Von den 45 GesprächspartnerInnen äußern sich 41 zu diesem Thema; die entsprechende Frage ist Teil des Gesprächsleitfadens. Jedoch geben zehn von ihnen zu verstehen, dass sie sich nicht gut erinnern können. Dies führt in der Regel zu Nachfragen durch die Interviewenden, welche sich häufig auf weitere Familienmitglieder oder bevorzugte Spielaktivitäten beziehen. Im Verlauf der Interviews führt das Aufrechterhalten der Frage bzw. deren Variation und Differenzierung entweder dazu, dass sich nach und nach Erinnerungen ›einstellen‹, oder die Befragten bleiben dabei, dass sie nichts (mehr) wissen. Zehn weitere Befragte sprechen über das Kind, das sie waren, oder über die Rolle, die sie in der Familie eingenommen haben (»Und ich war immer das Lieblingskind meines Vaters«), ihre Sprachentwicklung und in den meisten Fällen Aussehen und Temperament:

- *Aber ich war immer ein sehr ruhiger Junge gewesen.*
- *Ich war auch sehr nettes ... Baby war ich sehr schön angesehn und so ja.*
- *Ähm da war ich klein da hab ich leichtere Haare ... Und dann äh wurde das me::hr, und dann habe ich blonde Haare gekriegt.*

Es ist wahrscheinlich, dass sich diese und ähnliche Beschreibungen auf die Erzählungen von Verwandten, vor allem den Eltern, beziehen oder etwa auf Fotos – insbesondere, wenn es um die frühe Kindheit geht. Manche Befragte verweisen selbst darauf, dass sie Informationen über das eigene Kindheits-Ich von anderen

---

152 Bertrand 2019, siehe auch Sheldon et al. 2021, Duarte et al. 2022.
153 Marshak et al. 2019; Sheldon et al. 2021; How et al. 2019.
154 Cagla Gokgoz & Kamile Kabukcuoglu 2022, jedoch in einer kleinen Studie mit N = 15. Dies sagt jedoch noch nichts über die Belastung als solche aus. Wenngleich im Verhältnis zu Kindern mit anderen Entwicklungsbesonderheiten die Belastung der befragten Mütter durchschnittlich geringer zu sein scheint (Burke & Hodapp 2014; Lanfranchi & Vianello 2012; Easler et al. 2022) und sich eine große Zahl von Eltern als gering oder moderat belastet bezeichnet (El-Deen et al. 2021), sind Eltern belasteter als Eltern von Kindern mit typischer Entwicklung (Ljubicic et al. 2022); Studien verweisen auch auf eine Gruppe von Eltern hin, die sich als besonders belastet bezeichnen (Sarimski 2020; Senses Dinc et al. 2019; Fuca et al. 2022). Dies gilt in höherem Maße für Eltern von insbesondere Kindern und z. T. auch Jugendlichen, weniger von Erwachsenen (Lee, Neil & Friesen 2021).

bekommen haben, wie im Folgenden bei einer Frau: »*Also ich hab nur gehört ich war mal frech und mal liebenswürdig oder süß.*« Manche Aussagen, wie die folgende eines Mannes im mittleren Alter, legen nahe, dass die Selbstcharakterisierung die Zuschreibung durch eine andere Person reflektiert: »*Sah ich aus wie ein Schwein.*«

Hinsichtlich der Personen, welche im Zusammenhang mit der Kindheit erwähnt werden, benennen die meisten Befragten (N=6) Geschwister bzw. Eltern (N=5). Andere Familienangehörige werden seltener erwähnt und andere Kinder kaum. Nur zwei Frauen benennen Spielkameraden und ein Mann erzählt in besonders anschaulicher Form vom Spielen mit den Nachbarskindern.

Nur acht Befragte erwähnen bestimmte Gegenstände aus der Kindheit – aber dies meistens auch nur auf direkte Anfrage der Interviewenden. An besonderen Ereignissen aus der Kindheit werden vor allem Krankheitsfälle (N=5) bzw. ein Todesfall genannt. Viel ausführlicher dagegen sind Erzählungen darüber gestaltet, was man als Kind erlebt oder getan hat, sowohl allein als auch mit anderen. Bei Berichten über Aktivitäten fallen die große Anzahl und Verschiedenheit an körperlichen Aktivitäten auf: Schwimmen, Radfahren, Reiten, Bogenschießen und Leichtathletik werden als Sportarten häufig erwähnt, aber auch einfache Bewegungsaktivitäten wie Schaukeln, Rutschen, Purzelbäume oder im Planschbecken spielen. Zwei GesprächspartnerInnen erzählen davon, ein Musikinstrument gespielt zu haben, einer erwähnt Malen und ebenfalls ein Mann erwähnt Lesen als eine wichtige Beschäftigung in seiner Kindheit.

Bei Erlebnissen oder Aktivitäten mit anderen Menschen werden vor allem Ausflüge und Urlaube mit der Familie zur Sprache gebracht (N=8). Fußballspielen erscheint als die häufigste benannte Freizeitaktivität mit anderen (N=6). Auch andere körperliche Aktivitäten wie Federball, Motorradfahrern, Schlittenfahren oder Schnellballschlachten kommen zur Sprache, dagegen kreative oder eher ›besinnliche‹ Erlebnisse deutlich weniger häufig: Drei GesprächspartnerInnen erinnern sich an Rollenspiele, Puppentheater und Verkleidungsspiele, und nur ein Mann berichtet, dass ihm als Kind vorgelesen wurde. Es fällt auf, dass in Bezug auf gemeinsame Unternehmungen am häufigsten der Vater genannt wird.

Sprachlicher Ausdruck und Detailfülle in den Berichten derer, die ausführlichere Begebenheiten erinnern, lassen darauf schließen, dass die ErzählerInnen diese Ereignisse in einer lebendigen Weise erinnern.

Die Großeltern erscheinen nur zwei Mal, und wenn, dann im Zusammenhang mit positiv getönten Alltagssituationen:

Auch so diese Butterkekse da ich hab deshalb weil ich kenn die noch als so kleines Kind war hab ich immer gesagt zum Opa, Opa hast du Leibnitz Kekse im AUTO ... oder wie sagt hat der gesagt ja das habe ich.

Bewertungen über die Kindheit beziehen sich auf einzelne Episoden:

- *Das war das allerschönste (--) ich bin ja ein Weihnachtskind so wie man das so sagt... Mann ja das war auch sehr schön gewesen also so gesagt auch sehr schön.*

5.2 Kindheit

- *... viele Ausflüge gemacht und das war auch sehr schön wir sind so oft ans Meer gefahren weil ich l-liebe das Meer ja.*
- *Ja, für mein Kindheit, für mich total schön, da war es Anfang Frühling gewesen ... das war echt wunderschön gewesen, da hab ich das erste Mal einen Hase angefassten, angefassten und gestreichelt, das war meine liebste... Das ist eine schöne Zeit von meine Kindheit.*

Auch in den meisten anderen Interviews sind positive Einschätzungen mit bestimmten Erlebnissen und Aktivitäten verbunden, selten kommt es zu verallgemeinernden Aussagen wie dieser:

Als Kind war auch schöne Zeit gewesen, sehr schön.

Fraglich bleibt die Aussagekraft von geschlossener Nachfrage seitens der Interviewenden, wie die folgende: »Wenn du auf deine Kindheit schaust würdest du sagen du hast eine schöne Kindheit gehabt?« Diese Frage wird stets bejaht und dann wird vielfach die Antwort ausgestaltet, wie in den folgenden Beispielen:

- *Ja. Haben wir auch m- haben wir auch viel unternommen. Wir waren auch früher auch viel am Main.*
- *Ich habe so lange Zeit sehr gute Kindheit gehabt. So. In meinem Bereich. Also für mich.*

An anderen Stellen antworten die Befragten auf diese Frage mit einer knappen Bejahung, sodass hier das Vorliegen einer Zustimmungstendenz sehr nahe liegt – auch wenn sich im Rahmen des gesamten Materials eine Fülle von Stellen findet, in denen geschlossene Fragen verneint werden, auch solche, in denen damit eine eher erwartungskonforme Antwort unterbleibt.

Die Aussagen der Befragten in Zusammenhang mit ihrer Kindheit sind jedoch auch über die Beantwortung der geschlossenen Fragen hinaus durchweg positiv. Insgesamt gibt es nur zwei negative oder kritische Aussagen im Hinblick auf die Kindheit. Eine Befragte verweist auf die ungeliebte Küchenarbeit, die ihr abverlangt wurde, eine weitere antwortet klar:

Und. Also was ich gerne gemacht hab, äh gibts eigentlich nichts.

Die positive Haltung zur Kindheit stimmt mit entsprechenden Aussagen zum Thema Familie überein. Sie manifestiert sich nicht nur in den Aussagen als solchen, sondern ebenso in der verwendeten Wortwahl und dem die Antworten begleitenden nonverbalen Ausdruck.

5.3 Kindergarten

Über ihre Zeit im Kindergarten sprechen 33 Personen. Sie bildet in Bezug auf die biografische Erinnerung im Rahmen der Interviews eine Schlüsselepoche. Einige Befragte beginnen ihre Lebenserzählung mit dem Kindergarten als die Zeit, bis zu der sie sich zurückerinnern können bzw. wollen. Wir sehen dies in den folgenden beiden Sequenzen:

- Interviewer: Guck mal. Vielleicht magst du mir was erzählen? Von deiner Familie und was du als Kind gemacht hast. Fällt dir was ein?
  Befragter: Äh:: Kinder-garten.
- Interviewerin: Ein Leben fängt ja mit der Kindheit an? Gibt es [*B: Also ganz ganz früher,*] etwas aus der Kindheit was du erzählen möchtest?
  Befragte: Also ganz ganz früher war ich im Kindergarten gewesen?

Bei einer beträchtlichen Anzahl von TeilnehmerInnen jedoch scheint die Kindergartenzeit eine Zeit zu sein, an die sie sich nicht (mehr) erinnern können. Sieben von ihnen sprechen dies in dieser Weise so aus: Sie könnten sich »nicht«, »nicht mehr«, »noch nicht« oder »nicht so gut« erinnern. Zwei weitere merken an, dass diese Zeit lange vergangen ist. Dementsprechend erzählen diese Personen gar nicht oder nur kursorisch von dieser Zeit. Aber auch in den meisten anderen Interviews bleiben die Äußerungen knapp. Manchmal wird die Kindergartenzeit als Etappe unter weiteren Etappen aufgezählt, manchmal einfach erwähnt; dies jedoch nicht selten unter Angabe entweder des Ortes (Stadt oder Dorf, Straße und/oder des Trägers). So verorten 18 Befragte den Kindergarten, ohne danach gefragt zu werden. Insgesamt entsteht der Eindruck, dass in den Interviews häufiger auf ein autobiografisches Wissen als auf konkrete Erinnerungen zurückgegriffen wird. Umso mehr fallen einige Erzählungen auf, in denen Ereignisse oder Handlungen lebendig geschildert oder kommentiert werden.

Zu diesen zählt der Bericht einer Frau, welche von ihren Turnaktivitäten im Kindergarten berichtet und dabei das Beschriebene pantomimisch untermalt:

(---) Mit (-) mit die große Stange. (--) Hab ich (-) festgehalten hab.
I.: Mhm. (--) An einer großen Stange hast du dich festgehalten?
B: Ja.
I.: (--) War das im Kindergarten im Haus oder im Garten?
Am Haus.
I.: Ah ja. (-) So ein Geländer?
B: Ja.
I.: Ah ja.
B: Und dann hab ich mit mein Arm gespielt noch. {/ zeigt, wie sie sich mit beiden Händen an einer imaginären Stange festhält und zieht}/
I.: Ach und jetzt zeigst du wie du mit beiden Händen so dich an der Stange hältst

> und ziehst,
> B: Ja.

Ein Mann wiederum berichtet eine besondere Situation aus dem Kindergarten: Er habe zu Hause bei der Gruppenleiterin seines Kindergartens auf deren Kind aufgepasst, wobei er ausdrücklich in Parenthese seine Freude darüber anmerkt:

> *Da war (-) die Gruppenleiterin, da hab ich mich auch drüber gefreut, die hat mich mit sich nach Hause genommen (-) und ich durfte auf ihr Kind aufpassen.*

Ein anderer Mann berichtet von einem Knochenbruch, der ihm einen Gips bescherte. Auf diesen haben die anderen Kinder geschrieben: Da habe er »*immer mal Glück*« gehabt, wobei nicht deutlich wird, ob sich dies auf den Verlauf der Verletzung oder die Unterschriften bezieht.

Zwei Männer berichten, dass sie in der Kindergartenzeit »*weglaufen*« seien, ohne dass hier nähere Gründe angegeben werden. Doch einer von ihnen greift dieses Thema mehrfach auf. Er berichtet, dass die Polizei gekommen sei und ihn gesucht habe, jedoch »*ohne Erfolg*«, und reflektiert wiederholt, dass er nicht mehr wisse, warum er damals weggelaufen sei. Aber auch die anderen scheinen dies nicht gewusst zu haben:

> I.: Jo das war bestimmt-
> *Aber keine- aber keine weiß warum.*
> Das war eine Aufregung, oder?
> *Ja. Da konnt ich nicht feiern. Weihnachten. (-) Nur hier*

Seine Darstellung wird an dieser Stelle und im weiteren Verlauf unverständlich und scheinbar inkohärent. Der Bezug zu Weihnachten wird nicht klar, später spricht der Erzähler davon, dass »*die anderen*« gelogen hätten, was sein Weglaufen anbetrifft. Man habe gedacht, er sei auf dem Spielplatz gewesen, aber dies stimme nicht. Der Interviewerin gelingt es nicht – oder sie versucht nicht eingehend genug –, dem Erzähler zu einer Erläuterung seiner Gedanken zu bringen, vielleicht auch, weil mit den Antworten auf Fragen zur Klärung häufig wiederum neue Verbindungen gezogen werden. Deutlich wird hier gleichwohl, dass der Erzähler in eine wichtige Begebenheit aus der Kindergartenzeit eintaucht.

Ein weiterer Mann berichtet ebenfalls davon, weggelaufen zu sein, wobei offen bleibt, ob dies in der Kindergarten- oder der Schulzeit geschah bzw. hier wie dort.

> I.: Mhm. Erinnerst du dich an Dinge die du getan hast in der Schule und im Kindergarten,
> *Unsinn.*
> I.: Das wär natürlich jetzt sehr spannend, (--) wenn du das ein bisschen erzählst, (-) über den Unsinn.
> *L-l-lieber ned. (7) Das passiert schon schon oft. ((schmatzt)) (13) Ähm, ((Glasgeräusch)) (3,8) ich bin oft oft eg-weggerannt. (3) Das war mein Leben (-) nicht schön war. (10,5)*

> *Und keiner wusste wo ich war. (5,5) Und das – und das heute gibt das auch, (---) auf der auf der Arbeit. (24,5) Und mehr und mehr und mehr möcht ich nicht erzählen.*

Diese auch wegen der Pausen bemerkenswerte Phase gibt einen tiefen Einblick in die Kindheit, in der das »Wegrennen« als Ausdruck eines Lebens erscheint, welches »*nicht schön*« war, oder als Reaktion darauf. Die Eindringlichkeit dieser Passage wird umso stärker, als es das beschriebene Phänomen auch »*heute noch gibt*«, womit der Erzähler in einen distanzierten Modus der Beschreibung wechselt und im nächsten Schritt dazu erklärt, das Thema nicht weiter besprechen zu wollen. Hier gibt die Erinnerung an den Kindergarten (bzw. die Schule) einen Fokus auf eine möglicherweise noch aktuell bestehende Situation oder Problematik.

Ebenfalls bemerkenswert ist die ausführliche Schilderung einer Frau. Sie verortet zunächst ihren Kindergarten und beantwortet dann die Frage, ob sie sich noch an ErzieherInnen erinnert, mit der Nennung von entsprechenden Namen. Die weitere Frage, ob sie im Kindergarten »etwas Besonderes« erlebt habe, nimmt sie sehr genau und verneint sie nach einer längeren Zeit der Überlegung.

> I.: Mhm? Und gibts irgendwas ganz Besonderes wo Sie denk- »Oh Mensch das hab ich als Kind erlebt« ob das jetzt im Kindergarten oder in der Familie oder in der Schule war. Irgendwas ganz besonderes was- wann was Sie sich noch erinnern können.
> *((holt Luft)) (-) Ähm. ›Was ganz Besonderes.‹ (10,0) Puh. ((holt Luft)) (--) Ja. (---) Hmm::. Eigentlich nicht.*

Die Interviewerin fragt dann nach charakteristischen Aktivitäten im Kindergarten:

> I.: [Vielleicht was was Sie gern] gespielt haben oder was Sie gerne gemacht haben
> *((holt Luft)) Also im Kinnergarten da hatten war eher mehr so (--) spielen angesagt und äh viel miteinander sitzen und was singen am Anfang, und Stuhlkreis.*
> I.: Mhm?
> *Und. Aso was ich gerne gemacht hab äh gibts eigentlich nichts* ((klingt amüsiert))
> I.: Aha okay an was Sie sich noch so besonders gut erinnern können.
> *Ja. Aso ich weiß dass halt Stuhlkreis?*
> I.: Ja?
> *Und ähm ja warn freies spielen dann zwischendurch Frühstückspause und Mittagspause.*

Die Befragte äußert sich hier vergleichsweise ausführlich und auch differenziert. Sie benennt eine Reihe von Aktivitäten, wobei sie mit der Wendung »*war eher mehr so ... angesagt*« eine gewisse Distanzierung erreicht. Sie reflektiert hier, dass die ablaufenden Aktivitäten aufgrund von Vorgaben, eben Ansagen erfolgten. Damit antwortet sie im Grund nicht auf die Frage, was sie denn *gerne* gemacht habe. Stattdessen referiert sie das Programm des Kindergartens. Spätestens der Hinweis, dass dazu gehörte, »*viel miteinander (zu) sitzen*«, noch einmal aufgegriffen durch den Begriff »*Stuhlkreis*«, verweist darauf, dass die Erinnerung an den Kindergarten nicht viel Begeisterung auslöst. Dies wird dann, in der nächsten Äußerung, auch auf der

Aussage-Ebene deutlich gemacht: Es gab dort nichts, was sie gerne gemacht hätte. Die beharrende Frage der Interviewerin nach der »*besonderen Erinnerung*« führt dann zu einer Aufzählung von Elementen, welche die Tagesstruktur ausmachten. Neben dieser Betrachtung ist es noch die Bemerkung des Mannes oben, der von einer schwierigen Zeit berichtet, die sich kritisch gegenüber dem Kindergarten positioniert. Die anderen Aussagen gestalten sich positiv, viele sehr knapp, manche etwas ausführlicher: Es sei auf jeden Fall eine gute Zeit gewesen, befindet eine Befragte, andere Äußerungen lauten: »*Ja, war schon schön*«, »*bin gerne hingegangen*«, es sei »*sehr schön*« gewesen. Neben diesen zusammenfassenden Urteilen berichten einige GesprächspartnerInnen von besonderen und positiv erlebten Situationen, wie etwa in den oben benannten Beispielen. Positiv bewertet wird auch das Zusammensein mit den anderen Kindern, die als FreundInnen bezeichnet werden (N=8), wobei sich zwei Freundschaften oder mindestens Kontakte bis in die Gegenwart erhalten haben. Vier Befragte nennen die Namen dieser FreundInnen.

Als weitere Personen kommen die Eltern in den Blick, die die Kinder zum Kindergarten brachten oder dort auch begleiteten, sowie Geschwister, die auch dorthin gingen, und auch ErzieherInnen.

Niemand schildert die einzelnen Aktivitäten im Kindergarten so detailliert wie die zuletzt zitierte Befragte, meistens erfolgt eine Aufzählung von Tätigkeiten, wobei das Thema Bewegung hier klar im Vordergrund steht. Insgesamt zehn Personen berichten von einer oder mehreren Aktivitäten.

Dass das Verhältnis zum Kindergarten positiv ist, zeigen mehrere Frauen, welche im Rahmen von Praktika oder beruflicher Tätigkeit im Kindergarten arbeiten oder arbeiten möchten.

Von den 33 Personen äußern sich zehn Befragte sehr kursorisch, mit einer oder zwei Bemerkungen, elf sprechen das Thema von sich aus an, die anderen werden von den InterviewerInnen dazu befragt.

5.4 Schule

Forschungen über die Schulzeit von Personen mit Down-Syndrom sind rar und wie die meisten Forschungen überhaupt beziehen sie sich auf Bewertungen von Bezugspersonen. Eine Studie an 569 Eltern ergab eine weitgehend positive Bewertung der schulischen Förderung, der Zusammenarbeit mit den Lehrkräften und auch der Teilhabe der Kinder und Jugendlichen im Alter von 4 bis 17 Jahren an unterrichtsbezogenen und sozialen Aktivitäten.[155] Im Rahmen der vorliegenden Studie äußern sich beinahe alle Befragten zu ihrer Schulzeit, viele von ihnen auf eine entspre-

---

155 Hargreaves et al. 2021. Eine weitere Untersuchung ergab eine höhere Zufriedenheit der Eltern mit der schulischen Situation als von Eltern von Kindern mit Autismus (Van Herwegen, Ashworth & Palikara 2018).

chende Frage hin, welche Bestandteil des Interviewleitfadens war. 15 Befragte sprechen das Thema Schule von sich aus an.

Häufig nennen die Befragten den Namen und Ort der Schule, sie weisen auf die jeweilige Schulform hin, sprechen über ihre Erfahrungen mit LehrerInnen und MitschülerInnen, über Tätigkeiten und Fächer, Praktika und Noten, über ihre Stärken und Schwächen.

Schultypen

Die Befragten haben unterschiedliche Schultypen besucht, wobei die Mehrheit derer, die ihre Schule charakterisieren, Förderschulen besucht haben. Von diesen wiederum ist die hohe Zahl von Waldorf-Förderschulen auffällig, welche nicht durch eine Befragungs-Selektion erklärt werden kann. Nur eine Interviewerin hat Personen befragt, welche im Umkreis einer sozialtherapeutischen Gemeinschaft anthroposophischer Orientierung leben.

Bewertung der Schule

24 Personen geben eine allgemeine Bewertung über ihre Schulzeit oder einzelne Schulen ab. Dabei fällt auf, dass die meisten Aussagen deutlich in eine positive Richtung weisen. Diese Tendenz bleibt auch erhalten, wenn die InterviewerInnen die Frage konkretisieren bzw. die Gegenfrage stellen: Gab es auch problematische oder unschöne Situationen und Ereignisse in der Schule? Antworten auf diese Frage lauten etwa: »*Unschöne Ereignisse hatten wir nicht*« oder »*Eigentlich weniger*«, »*Nein*«, »*doch gut*« oder »*weiß ich nicht mehr*«.

Einige Aussagen fallen besonders emphatisch aus und lassen sich nicht allein durch eine Zustimmungstendenz erklären: »*War total schön. Ich habe mich wie zu Hause gefühlt.*« Oder zur Frage nach schönen Erlebnissen: »*Da kenne ich viele.*«

Auch diejenigen, welche keine allgemeinen Aussagen treffen, geben im Hinblick auf einzelne Themen eher positive Bewertungen.

Andererseits berichten auch Personen, die sich im Allgemeinen positiv über ihre Schulen oder ihre Schulzeit äußern, durchaus einzelne problematische Erfahrungen oder negative Einschätzungen, z. B. zu einzelnen LehrerInnen oder zu SchülerInnen, die sie geärgert haben.

Einige Aussagen fallen differenzierter aus als die jeweiligen Fragen nahelegen. So antwortet eine Befragte auf die Frage, ob sie ihre Schulzeit gut, schlecht oder mittelmäßig finde, mit »*gut und mittelmäßig.*« Ein anderes Beispiel: Auf eine Frage nach einer Bewertung, die Schule betreffend: »*Daumen hoch oder Daumen runter?*« erfolgt die Antwort: »*Daumen fast hoch.*«

Ein Mann gibt zwar an, die Schule habe ihm gut gefallen, doch weist er darüber hinaus darauf hin, dass die Schule seit elf Jahren vergangen sei und er »*nichts mit zu tun haben will.*« Eine weitere Befragte antwortet auf die Frage, wie ihr die Schule gefallen habe, »*geht so.*«

Wenige fallen eher negative Urteile: So berichtet eine Frau, dass es ihr an einer Schule nicht gut ging. Eine andere Befragte macht deutlich, dass sie der nun schon länger zurückliegenden Schulzeit nicht nachtrauert: Ihre Schulzeit »*war ja lang genug*«, »*ganz gut*« und »*nicht so prickelnd.*« Die Aussagen über den Unterricht bestätigen hier, dass sie manches gut fand, sich aber auch häufiger überfordert fühlte.

Die Befragten halten ihre positiven Urteile auch dann aufrecht, wenn die InterviewerInnen nachfragen und negative Frageformulierungen verwenden. Diese positive Tendenz ist jedoch nicht mit einer Tendenz zu undifferenzierten Antworten gleichzusetzen, da die Befragten, welche mehrere Aspekte ihrer Schulzeit beschreiben, ein nuanciertes Bild zeichnen, in dem durchaus positive und negative Aspekte einbezogen sind.

Fächer, Aktivitäten und Praktika

In der Darstellung der Schulzeit kommt den Praktika ein besonderer Stellenwert zu. Ein Drittel der Befragten erwähnt oder beschreibt Praktika. Manche dieser Praktika bilden eine Brücke zur späteren beruflichen Tätigkeit, andere ermöglichen intensive Erfahrungen, etwa auf dem Bauernhof. Einige dieser Praktika brachten die SchülerInnen in Verbindungen mit Arbeitsbereichen, in denen zu arbeiten ihr ›Traum‹ wäre: eine Tierarztpraxis, eine Arztpraxis, eine Zoohandlung, ein Büro, ein Kindergarten. Aus den Interviews wird die Bedeutung der Praktika deutlich, eine Verbindung zwischen Schule und Arbeit zu schaffen.

Die Befragten benennen eine Vielfalt von Aktivitäten im Rahmen der Schule, an die sie sich (gerne) erinnern. Einige Bereiche werden besonders häufig benannt:

Zwei Drittel der Befragten, welche sich zu Aktivitäten und Schulfächern äußern, benennen oder erzählen von musisch-künstlerischen Tätigkeiten, hier insbesondere Theater, Tanz und Musik, aber auch Malen oder Kunst im Allgemeinen. Besondere Erwähnung finden einzelne Theaterstücke und nicht zuletzt die Rollen, welche die ErzählerInnen damals gespielt haben. Gerade diese Aktivitäten, wie auch das Spielen in Bands, werden sehr positiv bewertet (»*Super-Rolle gehabt*«).

Künstlerische Aktivitäten werden auch bei der Frage nach den »Lieblingsfächern« besonders häufig genannt, wie auch praktische Tätigkeiten (Handwerk, Handarbeit, Kochen) und Sport. Die Befragten benennen darüber hinaus auch diverse Schulfächer, wobei hier Schreiben/Deutsch (N=5) und Rechnen/Mathematik (N=6) hervorstechen.

Verhältnismäßig wenige Personen (N=8) sprechen ihre unterschiedlichen Fähigkeiten in Zusammenhang mit der Schule an. Eine Sonderstellung kommt dem Thema Rechnen/Mathematik zu: Dieses Fach wird als einziges Fach genannt, welches man nicht mochte (N=5). Doch darüber hinaus gehört auch Rechnen/Mathematik zu den Schwächen oder Defiziten, von denen berichtet wird. Sechs Interviewte äußern sich in diese Richtung – neben zwei weiteren, welche berichten, nicht oder nur »*ein wenig*« schreiben zu können. Im Hinblick auf das Thema Rechnen kommt noch ein weiterer Gesichtspunkt hinzu: Häufig wird Rechnen in Zusammenhang mit Einkaufen und Umgang mit Geld genannt. So berichten einige Befragte, dass das Rechnen in Zusammenhang mit dem Einkaufen gelernt wurde, weitere Befragte verbinden ihre Hinweise zu ihren Schwächen im Rechnen mit Problemen, mit Geld umzugehen. Die besondere Bedeutung des Rechnens in der schulischen Bildung wird hier besonders greifbar – als eine der Voraussetzungen für eine verhältnismäßig selbständige Lebensführung und als Erfahrung eigener Grenzen und Defizite. Hinweise über ›Defizite‹ finden sich nicht in Zusammenhang mit anderen Fächern oder schulischen Tätigkeiten. Damit ergibt sich aus den Interviews der Hinweis auf die besondere Bedeutung eines kompetenz- und ressourcenorientierten Mathematik-Unterrichts im Bereich der ›sonderpädagogischen‹ Förderung, nicht nur im Hinblick auf die tatsächlich erworbenen Fähigkeiten, sondern insbesondere auf den fachbezogenen Selbstwert, wie er in anderen Fächern, zumindest auf der Basis der hier vorliegenden Aussagen, nicht in dieser Form in Frage gestellt wird.

Ein Thema, welches die Befragten von sich aus ansprechen, betrifft das Lernen bzw. die Dinge, die man gelernt hat. Auch diesbezüglich finden sich weitgehend positive Äußerungen, wenngleich einige Personen auch über ihre Schwierigkeiten berichten. So habe eine Befragte nicht gewusst, was sie machen sollte, als sie an der Tafel stand, und habe eine Weile gebraucht, die Inhalte zu verstehen. Die Hausaufgaben seien schon ein bisschen viel gewesen. Diese gründliche und kritische Bestandsaufnahme einer Schulzeit, welche etwa 35 bis 45 Jahre zurückliegt, bildet jedoch einen Einzelfall. Eine junge Frau erzählt von ihren Konzentrationsschwierigkeiten in Verbindung mit einem Aufmerksamkeits-Defizit-Syndrom. Manche betonen ganz allgemein, dass sie viel gelernt und auch geübt haben. Ein Mann beschreibt sich als »*nicht so gut im Rechnen*«, versichert aber, dass er »*weiter dranbleibt.*« Auch die Eltern als Unterstützer – vor allem bei den Hausaufgaben – finden Erwähnung.

Nur zwei Befragte beziehen sich auf das Thema Noten. Eine von ihnen begründet ihre Zu- bzw. Abneigung zu bestimmen Fächern mit den Noten, welche sie dort erhalten hatte. Eine Frau erzählt, dass sie, an einer integrativen Schule lernend, ihre LehrerInnen gefragt hat, welche Noten sie »*normalerweise*« bekommen würde, und zeigte sich zum einen ernüchtert über die Antwort (»*3–4*«), fand es zum anderen aber gut, einschätzen zu können, wo sie stehe. Zwei Befragte nur verweisen auf ihre Abschlüsse. Überhaupt wird das Thema der Schulabschlüsse weitgehend in Zusammenhang mit Abschlussfeiern behandelt und nur zweimal mit Bezug auf einen formalen Abschluss.

29 der 43 Personen, welche sich zu ihrer Schulzeit äußern, sprechen über ihre LehrerInnen, manchmal, indem sie einfach deren Namen aufzählen, häufiger, indem sie auch LehrerInnen charakterisieren und bewerten. Einige sprechen darüber, dass ihre ehemaligen LehrerInnen verstorben sind. Wenn die LehrerInnen näher bewertet werden, fallen die Aussagen in hohem Maße positiv aus. Doch auch hier gibt es Ausnahmen: Eine Frau, welche sich auch insgesamt zum Thema Schule eher verhalten äußert, formuliert etwas missverständlich: »*Am Anfang ging es, aber mittlerweile habe ich mich dran gewöhnt*«, eine Bemerkung, die hier vor dem Hintergrund des gesamten Interviews eine eher negative Wertung ausdrückt. Eine junge Frau ordnet die Beziehung zu den LehrerInnen als »*geht so*« ein, merkt aber selbstkritisch an, sie habe sich auch »*patzig*« verhalten. Ein Lehrer wiederum habe sich »*wichtigmachen wollen*«. Eine Frau berichtet von einem Lehrer, der – im Unterschied zu den anderen LehrerInnen– nicht besonders beliebt war. Ein junger Mann merkt an, dass ein Lehrer »*anstrengend*« war, ohne sich hier näher erklären zu wollen.

Solchen Bemerkungen gegenüber steht eine Fülle von positiven Aussagen über LehrerInnen, in einfachen Bemerkungen wie auch in ausführlichen Exkursen. 18 Personen erinnern sich an nette Lehrkräfte, erzählen, dass ihnen die Lehrerin oder der Lehrer geholfen hat, als sie geärgert wurden, oder sie versuchten, Situationen zu lösen, wenn die ErzählerInnen »gemobbt« wurden. Der Unterricht sei sehr gut gewesen, man würde sie vermissen und bitten, einen Gruß auszurichten. Alle LehrerInnen wären eigentlich gut gewesen, sagt eine Frau, aber ein Lehrer hätte besonders viel Humor gehabt. Sie habe »*tolle*« LehrerInnen gehabt, erinnert sich eine andere Befragte, ein Lehrer sei ein richtiger Freund gewesen und habe ihr geholfen, ein Praktikum zu finden. Manche mochten sie, manche nicht, überlegt eine junge Frau und kommt zu dem Schluss: »*Dank für die Lehrer*«.

Das im Allgemeinen positive Bild gilt auch für die Bewertung der MitschülerInnen und des Verhältnisses zu ihnen, wenngleich es hier mehr Einschränkungen als bei den LehrerInnen gibt. Diese beziehen sich vor allem auf Erfahrungen, welche mit dem Erleben, geärgert zu werden, mit physischen Aggressionen oder regelrechtem Mobbing einhergingen. Elf Personen berichten davon, dass sie mit ihrem Namen geärgert wurden, dass sie angegriffen und geschubst wurden oder dass man sie beim Sport nicht mitmachen ließ. Bei den meisten dieser Berichte scheint es sich um einmalige, spezifische Situationen zu handeln, aber dies wurde hier nicht systematisch exploriert. Insofern ist es auch gut möglich, dass die ErzählerInnen einzelne Ereignisse schildern, die aber repräsentativ für andere Erfahrungen stehen. In nur wenigen Situationen schildern die ErzählerInnen, dass sie sich wehren oder zumindest entfernen konnten.

21 Befragte berichten, dass sie unter ihren MitschülerInnen FreundInnen gefunden haben, dass sie sich mit ihnen gut verstanden haben. Man habe seine Mitschüler gemocht, man habe sich gut verstanden, alle waren »*supernett*« und sie, so eine Befragte, hatte »*1.000 Freunde*«. Andere berichten von spezifischen Freundschaften und charakterisieren hier die Freundin oder den Freund und die gemeinsamen Aktivitäten. Weitere Personen berichten von Freundschaften und Wiederbegegnungen mit ehemaligen MitschülerInnen, nachdem man sich aus den Augen verloren hatte, andere wünschen sich Kontakt zu diesen oder ein Klassentreffen.

Nur an wenigen Stellen werden die Schulen bzw. Schulformen reflektiert, von welchen die Rede ist. Eine Frau berichtet über ihre Schulzeit an einer integrativen Schule. Sie habe dort viel gelernt und habe auch »*für sich*« lernen können. Die Hausaufgaben habe sie geliebt. Allerdings habe sie keine FreundInnen gefunden und sich ausgeschlossen gefühlt. Dies belaste sie noch heute.

Ein Befragter charakterisiert die von ihm besuchte Förderschule als eine solche, in der Personen mit Behinderung und mit Down-Syndrom besser lernen können. Eine weitere Reflexion bezieht sich auf eine Waldorf-Förderschule, welche eine Befragte besuchte. Man sei dort richtig gefördert worden und habe Inhalte behandelt, die es »*in der normalen Schule nicht gibt*«. Das Schönste sei gewesen, dass man eine Auswahl gehabt habe. Die anderen Befragten erwähnen in der Mehrzahl Förderschulen, einige auch inklusive Grund- und Gesamtschulen, ohne diese Schulen als Schulform einer Bewertung zu unterziehen. Jedoch wurde diesbezüglich seitens der InterviewerInnen auch nicht nachgefragt.

Insgesamt ergibt sich aus den Äußerungen über die Schule ein tendenziell positives, aber zugleich differenziertes Bild. Die überwiegende Mehrheit fühlte sich an ihren Schulen wohl, kam gut mit ihren Mitschülerinnen zurecht und fühlte sich von ihren LehrerInnen unterstützt. Gleichwohl berichten viele Befragte auch von Situationen und Personen, welche sie als hinderlich, unliebsam und in manchen Fällen auch als bedrohlich wahrnahmen. Unter den Tätigkeiten sind es insbesondere die künstlerischen und handwerklichen, welche eine spürbare Resonanz in den Interviews zeigen. Ebenfalls finden Gemeinschaftserlebnisse wie Klassenfahrten, Abschlussfahrten und Klassenspiele häufig Erwähnung. Auch spezifische Schulfächer werden hervorgehoben und unterschiedlich bewertet. Die Fächer bzw. Kompetenzen, welche besonders als Barrieren erlebt werden, sind mit Mathematik und Deutsch gerade diejenigen, welche als zentrale Unterrichtsfächer die zumeist größte Bedeutung für Lernerfolg und Lernmisserfolg haben – und an denen sich die Zuschreibung von ›Lernbehinderung‹ am stärksten ausrichtet. Zudem aktualisieren sich die Probleme im Rechnen in den Schwierigkeiten, mit Geld umzugehen.

5.5   Ausbildung

29 der 45 Personen äußern sich zum Thema berufliche Bildung. Wenige der Befragten machen sich den Begriff ›Berufsausbildung‹ oder ›Beruf‹ zu eigen, die meisten beschreiben lediglich in einfachen Worten, welche Tätigkeiten sie ausübten. Meistens verweisen sie auf geleistete Praktika, wobei manche keine Unterscheidung zwischen Praktika und Ausbildung treffen. Nur eine Befragte benennt ausdrücklich die erworbene berufliche Qualifikation. Ein weiterer Gesprächspartner gibt an, dass er eine Ausbildung als Prüfer in Leichter Sprache habe. Bemerkenswert ist auch, dass nur zwei Befragte in Zusammenhang mit der Ausbildung berufliche Ziele benennen.

Einige (N=7) erinnern sich an unterschiedliche Phasen und Einzelheiten einer Ausbildung, aber nur drei der Befragten beschreiben einen Bildungsweg von der Schule über die Ausbildung zur beruflichen Tätigkeit. Insgesamt nehmen die Schilderungen zur Ausbildung einen vergleichsweise geringen Raum ein, wobei Praktika zumeist positiv bewertet werden. Deutliche Kritik am Ausbildungsweg wird dagegen von einer Gesprächspartnerin vorgebracht; sie beschreibt in anschaulicher Weise, inwiefern den Lernenden Filme statt Unterricht geboten wurde:

> I.: Das war schwie- total schwer?
> *Das gar nicht weil die ja die Berufsschullehrerinnen (Anm. an dieser Stelle zeigt sie mit beiden Händen Anführungsstriche in der Luft) die gar nicht gelernt haben mit uns allen, weil die alle dann immer in Kino gehen und dann was anderes machen wollen und so und so ja. .... Mhh hab ich ja auch einmal gesagt wieso müssen die Twilight gucken oder so*
> I.: Twilight?

> *Ja!*
> I.: ((lacht)) mein Gott.
> *Ehh im Unterricht. Wir haben auch den Fernseher aufgebaut Twilight reineschmissen und dann da haben wir das dann geguckt. (---) Ja.*

5.6 Arbeit

Fast alle der Befragten berichten über ihre derzeitige – manchmal auch vorherige – Berufstätigkeit. Von einer Person liegen keine Angaben zur Arbeit vor, ein weiterer Gesprächspartner gibt keine eindeutigen Auskünfte. Alle anderen benennen zumeist den Ort ihrer Arbeitsstelle, den Arbeitsbereich und den konkreten Arbeitsplatz, an dem sie tätig sind bzw. waren. Eine Aussage lässt Zweifel aufkommen: Der Gesprächspartner beschrieb sich selbst als »*Regisseur in den USA*«.
Etwa die Hälfte aller Interviewten spricht dieses Thema von sich aus an, die andere Hälfte antwortet auf entsprechende Fragen der InterviewerInnen. Nach der konkreten Tätigkeit gefragt, äußern sich 35 der Befragten, von diesen geht etwa ein Fünftel nicht in die Einzelheiten. Manche fassten sich eher kurz – »*ich bügele*« –, während andere ganze Abfolgen von verschiedenen Tätigkeiten beschreiben, den Verlauf eines Arbeitstages, die Arbeitszeiten und die Anreise. Hier ein Beispiel einer der detailliertesten Beschreibungen:

> *Und erstmal helfen wie Frühstück verteilen all- bekomme als erstes noch genug haben, und in da stell ich damit alle gut versorgt sind. Danach räum ich die schmutzige Geschirr auf den Wagen, stell die auf den Wagen drauf, und fahr den Wagen dann alles nach unten in die Küche. (-) Da wird unten gespült (-) und das dauert noch halbe Stunde bis das fertig wird (-) und dann:: geh ich wieder hoch und mache etwas schön sauber, erstmal und dann ist fertig auch gemacht hab ich durch meine ich meine stärte Aufgaben he Frau T. auch schon aufgeschrieben hat auf den Plan darauf das sind ja Griffe? Die Stühle, (--) die Schränke und die Schubläden. Und die Kühlschranke. Das ist meine stärkste Aufgabe ja auch noch sauber machen muss noch äh die Dinge. (-) Und dafür ich bin da fang ich erst meine Brötchen zu essen danach (-) und nach Essen mach ich die Flasche Runde? Danach brauch ich ein Wagen dafür wenn ich das machen muss wieder? Dann hol ich meinen Block raus mein Stift hol ich die Flaschen nach vorne hin in die Ecke immer? Und geh mit den Flaschen von Zimmer zu Zimmer den Flaschen zu verteilen. Genug zum Trinken haben alle. Und da ich meine Aufgabe. So. Und heute Mittag wische ich elf und zwanzig fang ich an einzudecken, für die Mittagessen. Weil zwischen zwölf kommt der Essenswagen hoch? Weil wir alle fertig haben bevor das hoch kommt erstmal und dann kann Mittagessen also auch sehr bekommen haben alle? (-) Gegessen haben, und die fertig sind dann komm ich wieder ab tue das auf den Wagen, fahr ich nachher runter wenn die ganze Arbeit fertig bin erstmal, bevor ich geh, (4,0) äh:: dann muss erstmal wischen nicht Tische nochmal und dann die Boden noch ein bisschen fegen weil ich nicht so viel mache kann, (--) ja das wars und dann geh ich ja hol ich mein Flasche und geh ich*

> runter und geh ich ... runter. Und danach geh ich ja nach Essen nochmal auf Toilette und dann geh ich danach nach Hause.

Nach einer persönlichen Einschätzung befragt, äußern sich die meisten InterviewpartnerInnen (N=28) positiv über ihren Arbeitsplatz und ihre Arbeit. Häufig erfolgt dies in knappen Bemerkungen wie »*läuft gut*« oder »*mach ich gern*«, aber einige (N=4) beschreiben ausführlich, warum ihnen die Arbeit gut gefällt:

> *Dass wir gemeinsam arbeiten können in Lebensraum und dass man dort das Geld verdient und dass wir auch alles machen können und das finde ich immer das Schöne an der Sache.*

Einer der Befragten beschreibt anschaulich, inwiefern seine positive Arbeitserfahrung mit dem Gefühl von Respekt durch die Außenwelt verbunden ist:

> *Und dort macht mir das sehr viel Spaß, weil da kommt Menschen, die ganz normalen Menschen dahin kommt, und das ist gut, dass ist dann ich meine, weil ich zu dir komme, und sage was wolle Sie bestellen. Dass ich dann, dass die mich respektiere wie ich bin.*

Mehr als ein Drittel der Befragten (N=17) macht deutlich, wie stolz es auf die von ihnen geleistete Arbeit ist, auf die zugewiesenen Aufgaben oder einen Verantwortungsbereich. Positive Rückmeldung von KollegInnen oder Vorgesetzten wie auch finanzielle Entlohnung tragen zu dieser positiven Selbsteinschätzung bei. Einer der Befragten berichtet, dass die von ihm produzierten handwerklichen Gegenstände auf dem offenen Markt nachgefragt werden, was seine Motivation bestärkt. Eine andere Gesprächspartnerin erlebte eine öffentliche Bestätigung durch ein Interview im Fernsehen, das sich auf ihre Arbeit bezog.

Drei der Befragten verweisen auf eine wirtschaftliche Bedeutung ihrer Arbeitsleistung insofern, als die hier entstehenden Produkte von KundInnen in Auftrag gegeben bzw. gekauft werden. Eine Befragte, welche einen inklusiven Arbeitsplatz innehat, weist diesem einen Modellcharakter für andere Personen (mit Behinderung oder Down-Syndrom) zu.

Zehn Befragte legten Wert darauf festzustellen, dass die von ihnen ausgeübte Berufstätigkeit auf ihre eigene Initiative bzw. Wahl zurückzuführen ist:

> *Da hat es mir nicht so gefallen, dann kam die Idee dass ich gerne bei der ... Stelle arbeiten gehe.*

Aus eigener Initiative brachten drei GesprächspartnerInnen Unsicherheiten rund um die Arbeitstätigkeit zum Ausdruck, entweder als Sorge, den Arbeitsplatz zu verlieren:

> *Und ich hoffe nicht, dass meine Arbeitgeber diese ähm (--), wie heißt das? ... Ja, Stelle, ähm (-) nicht kritisieren würde.... mich nicht rausschmeißt (--) ja.*

oder aber als schmerzliche Erinnerung an erlebte Arbeitslosigkeit:

> *[Früher] mal hab ich hier arbeitslos gewesen früher mal,*
> *Nicht so einfach für mich,*
> *Sehr hart gekämpft, der Arbeit, so nicht verliere. Meine Arbeit.*

Im Vergleich zu den positiven Bewertungen gibt es deutlich weniger negative Aussagen über die Arbeit oder die Arbeitsstelle (N=9). Diese stehen häufig in Verbindung mit einer Klage über Stress, in expliziter oder in umschreibender Form: »ach, das ist schwer«; »und ich krieg kein Schlaf. ...Weil ich immer an die Arbeit denke«.

Demgegenüber beklagt ein anderer Gesprächspartner den Umstand, dass es häufig nicht genug Arbeit zu tun gibt; er ist auch der einzige Teilnehmer, der eine allgemeinere Kritik an seinem Arbeitgeber äußert, die über das direkte Arbeitsverhältnis hinausgeht und organisatorische Missstände betrifft.

Einer der Befragten beklagt ausdrücklich einen Mangel an Respekt: »*Ich will immer respektiert werden und so weiter, Vertrauensding... Und das hab ich als Arbeit nicht*«. In anderen Stellungnahmen wird Arbeit eben hingenommen als eine Notwendigkeit, mit der man sich abfinden muss: »*Hab ich keine Lust drauf.* (- -) *aber muss man durch*«. oder auch: »*Also muss ja Geld verdienen*«.

In 14 Gesprächen ist eine Bewertung oder spezifische Einstellung zur Arbeit nicht erkennbar, meistens, weil hier nur wenig über die Arbeit gesagt wird.

Was Bewertungen von KollegInnen anbelangt, halten sich positive und negative Bemerkungen in etwa die Waage, mit einem leichten Übergewicht von negativen (N=12) gegenüber positiven (N=9) Urteilen. Unter den positiven Bewertungen taucht das Wort ›nett‹ als Qualifizierung mehr als einmal auf; auch ist bemerkenswert, dass wiederholt ArbeitskollegInnen mit FreundInnen gleichgesetzt werden. Kritische Bewertungen werden gelegentlich auf die Sprechenden selbst zurückbezogen: »*Ja mal komme ich nicht, nicht gut (-) zurecht*«. Meistens jedoch werden den KollegInnen unangenehme Verhaltensweisen zugeschrieben:

- *Und Kollege hat mich ein bisschen bedrängt... der hat mich ein bisschen bedrängt auch ein bisschen befummelt.*
- *[Der Kollege] war wieder (--) motzig.*
- *Ja dann haben sich andere auch gefreut dass ich nicht da war.*
- *Sie schubsen mich auch immer ... die schieben mich wie die wollen.*
- *Ist peinlich für mich... die machen mich vor und dann bin ich traurig.*

Nur sehr selten werden die Vorgesetzten bewertet. Dies geschieht, wie auch bei den MitarbeiterInnen, in knapper Form – die Vorgesetzten seien »nett«, in negativ konnotierten Bewertungen wird das Wort »streng« verwendet. Eine der GesprächspartnerInnen äußert sich verhältnismäßig ausgiebig und kritisch über ihre Vorgesetzten, von denen sie sich sehr schlecht behandelt fühlt:

> *Die Anleiter sind ein bisschen nervig also manchmal ein bisschen spießig also alles muss auch perfekt sein und alles toll und alles herrlich auf heile Welt ...also wie bei hab mich*

> *gefühlt der Stasi bei der Arbeit.*
> *Die sagen dann ich sei zu dumm, ich könnte gar nichts. Ich verbau mir meine Zukunft... Wenn ich weitermotze ist ja wohl klar dass ich keine Arbeitsstelle finde später... Ich bin nur da weil ich werde wie ein Werkzeug behandelt. Wie ein Werkzeug.*

Nach ihren Wünschen für die Zukunft befragt, sagen 13 der Befragten häufig mit Nachdruck, dass sie an ihrem derzeitigen Arbeitsplatz bleiben wollen. Zehn von ihnen wünschen sich Veränderungen: andere Tätigkeiten und Rollen – Kindergärtnerin, BeraterIn für Menschen mit Behinderung, FotografIn, ProgrammiererIn oder eine Arbeit im Service. Eine Person möchte am gegenwärtigen Arbeitsplatz so lange wie möglich verbleiben, aber wünscht sich langfristig, in einem Familienbetrieb zu arbeiten.

Einem Befragten war es wichtig, sich in Zukunft ehrenamtlich zu betätigen – aber auch, gleichzeitig, anderweitig gegen Entlohnung zu arbeiten, um der Anerkennung willen: »*Dass ich auch Geld verdiene? Ähm weil ich mir das gut gemacht habe*«.

Zwei GesprächsteilnehmerInnen erwähnten ausdrücklich den Wunsch nach Arbeiten, in denen sie selbständiger oder selbstbestimmter tätig sein können, beide möchten sich hier auf Menschen mit Behinderungen beziehen, sei es beratend: »*selbständig arbeiten, ein Büro öffnen... mein Traumberuf... eine Beratung für Menschen mit Behinderung... selbst die Beratung durchführen*«, oder fotografierend: »*Und ich würde gerne kann man sagen selbständiger fotografieren, ich mach ja auch bei ...* [Anm. nennt eine Initiative] *mit, (-) und dann würd ich auch mal Leute, die das Down-Syndrom haben, mal selbst so fotografieren*«.

Nur in einem Gespräch wird ein Bedürfnis nach Fort- und Weiterbildung vorgebracht:

> *Ich würde eigentlich auch gern mal ler::nen wa::s eigentlich solche Köche in Restaurant also die (--) Kollegin da die hat nämlich im B. in Marburg, das ist ein bekanntes Restaurant voll gearbeitet bevor die hier hin gekommen ist ...und da möcht ich eigentlich gern mal wissen (-) was die da gelernt hat und was ich na::ch so ner Aus(-)bi::ldung machen könnte.*

Einer der Befragten berichtet von Sanktionen, die ihm angedroht werden, wenn er nicht arbeiten möchte:

> *Meine ich hab mal gesagt ich will nicht arbeiten, ... denk an dein Eltern sonst kommst nicht nach Hause zu den Eltern.*
> *I.: Ja aber das passt ja nicht wenn man erwachsen ist geht man ja nicht zurück zu den Eltern ne,*
> *Doch schon, wenn man nicht arbeitet, sonst ist Fernsehabend gestrichen.*

Zusammenfassend lässt sich sagen, dass das Thema Arbeit eine bedeutende Rolle in den Interviews führt. Jede(r) Zweite spricht es von sich aus an, viele andere berichten auf Nachfrage. Die Bewertung der Arbeit ist positiv, dabei kommt der Wertschätzung durch das Umfeld und dem Bewusstsein der eigenen Leistungen ein großes

Gewicht zu. Die Zufriedenheit mit der Arbeit fällt ebenfalls hoch aus, wobei eine substantielle Zahl der Befragten sich Veränderungen wünscht. Im Hinblick auf den Wunsch nach Veränderungen überhaupt haben Veränderungen beruflicher Natur eine große Bedeutung. Ebenfalls bemerkenswert ist, dass einzelne Befragte Aussagen treffen, die möglicherweise in Verbindung mit Bevormundungserfahrungen stehen bzw. ein entsprechendes Selbstbild artikulieren. Dies lässt sich zumindest hypothetisch einzelnen Schilderungen über die Behandlung durch KollegInnen bzw. »strengen« Vorgesetzten entnehmen. Schließlich sei auf eine Leerstelle hingewiesen: Es fehlen in den Berichten fast vollständig Perspektiven zur Fort- und Weiterbildung. Dies fällt umso mehr ins Gewicht, als die Aussagen zum Thema Lernen und Entwicklung (vergleiche das Kapitel ›Lernen und Entwicklung‹, ▶ Kap. 5.14) ein hohes Interesse an Entwicklungs- und Lernmöglichkeiten deutlich machen.

Internationale Studien zur Arbeitssituation ergeben, dass Personen mit Down-Syndrom vergleichsweise häufig von Arbeitslosigkeit betroffen sind[156] und in Beschäftigungssituationen mit wenigen Wahlmöglichkeiten und geringerem Gehalt arbeiten.[157] In einer italienischen Studie aus dem Jahr 2011 waren laut Befragung der Eltern die Hälfe der Personen über 20 Jahre und 70 % derer über 40 Jahre ohne Arbeit; nur 42 % der Personen im Alter zwischen 25 und 30 waren in regelmäßige Tätigkeiten einbezogen, wenngleich nicht täglich.[158] Eine aktuellere Studie in den USA und den Niederlanden, ergab, dass im Alter von 31 Jahren 71 % der Erwachsenen in den USA und 65 % in den Niederlanden einer Arbeit nachgingen (in der Definition ihrer Eltern). 57 % der Erwachsenen mit Down-Syndrom in den USA gingen einer bezahlten Beschäftigung nach,[159] eine weitere Studie ergab, dass den Berichten der Eltern zufolge mehr als die Hälfte der Befragten mindestens sieben Tage im Monat arbeiten ging.[160]

Einer Arbeit nachgehen zu können, trägt zu Wohlbefinden und Autonomieerleben auch von Menschen mit Lernschwierigkeiten bei.[161] Eine aktuelle qualitative Studie mit acht Personen im Alter von 22 Jahren ergab als zentrales Thema das Erleben, eine Arbeit zu haben, die in Übereinstimmung mit den eigenen Interessen und Fähigkeiten steht und die Anforderungen der Arbeitsstelle zu beherrschen. Einige der Befragten streben eine Arbeit außerhalb geschützter Strukturen an.[162] Eine weitere qualitative Studie mit Personen mit Down-Syndrom zeigte, dass der Faktor Arbeit gemeinsam mit anderen – und im Gegensatz zum Faktor Down-Syndrom – ein wesentliches Element der Identität bildet.[163] Damit einher geht auch die Bedeutung der Arbeit für den Umgang des sozialen Umkreises.[164] Dies bestätigt sich in der hier vorliegenden Studie, wenn manche Befragte KollegInnen auch als Freunde bezeichneten. Die Bedeutung der Arbeit als ein zentrales Element von Lebensqua-

---

156 Bush & Tassé 2017.
157 Bertoli et al. 2011.
158 Bertoli et al. 2011.
159 De Graaf et al. 2019.
160 Matthews et al. 2018.
161 Robertson et al. 2019.
162 Jevne et al. 2022.
163 Brown & Dodd 2009.
164 Harrison et al. 2021.

lität zeigt sich auch in der Verbindung des Ausmaßes von Autonomie und einer als vergleichsweise positiver eingeschätzten Arbeitssituation.[165]

5.7 Wohnen

Knapp die Hälfte der GesprächspartnerInnen (N=22) lebt mit anderen zusammen in verschiedenen gemeinschaftlichen Wohnformen, die von ihnen selbst unterschiedlich bezeichnet werden; es handelt sich hier um Lebensgemeinschaften, Wohnheime oder Wohngruppen. Elf Befragte leben in Wohnungen im Rahmen des Betreuten Wohnens oder in Wohngemeinschaften. Zwölf geben an, bei den Eltern bzw. bestimmten Familienangehörigen »zu Hause« zu wohnen. Diese Informationen beziehen sich aus dem, was in den Interviews explizit benannt wird, aus diesen hervorgeht oder bekannt war. Eine weitergehende, differenzierte Analyse dieser Wohnformen, z. B. im Hinblick auf Größe einer Einrichtung, Struktur der Wohnsituation oder Anzahl der MitbewohnerInnen wurde nicht durchgeführt.

Bei der Beschreibung der konkreten Wohnsituation werden unterschiedliche Aspekte in den Vordergrund gerückt. MitbewohnerInnen und BetreuerInnen werden am häufigsten erwähnt, oft auf Anfrage der InterviewerInnen. Der zeitliche Rahmen wird ähnlich detailliert beschrieben, d. h. die Dauer an Jahren, in denen die Betroffenen am Ort gelebt haben, bzw. das genaue Einzugsdatum. Fast alle Gesprächsteilnehmerinnen haben in ihrem Leben Umzüge erlebt und haben klare Erinnerungen an frühere Wohnsituationen, häufig an das Zusammenleben mit den Eltern.

Wohnformen, die als Wohnheime, Wohngruppen oder Lebensgemeinschaften bezeichnet werden oder als solche aus dem Interview erkennbar sind bzw. bekannt waren, werden in der Mehrheit der Fälle von den GesprächspartnerInnen (N=5) positiv bewertet; nur eine Bewertung ist negativ, eine weitere Person beklagt einen spezifischen Aspekt, nämlich die hohe Fluktuation der MitarbeiterInnen. Die anderen Personen geben keine Bewertung ab. Hier einige Beispiele mit positiver Bewertung:

- Interviewer: Du wohnst da gerne? Und fühlst dich wohl?
  Befragte: Pudelwohl.
- Interviewer: Und jetzt, wenn du so über dein das Haus hier nachdenkst, wo do wohnst ... und die vielen Mitbewohner, wie findest du das?
  Befragte: Also, ich finda das gut.
  I.: Und wie is es denn mit den Mitarbeitern?
  B: *Sind alle nett.*
- *Ich fühl mich wohl hier im Haus.*

---

165 Matthews et al. 2018.

- *Befragter: Ah. I-Ich bleib in in Elfenborn.*
  Interviewerin: Ja gefällts [dir hier?]
  B: Ja.
  I.: Bist du hier zufrieden?
  B: Mhm.

Auch von den GesprächspartnerInnen, die in Wohngemeinschaften leben, wird überwiegend (N=9) eine allgemeine Bewertung ihrer Wohnsituation gegeben, wie nachfolgende Zitate dokumentieren:

- Also *kann man sagen mir gefällts jetzt sehr gut.*
- *Ja ich fühl mich da sehr gut wohl.*
- *Hier find ich total gut.*

Zwei GesprächsteilnehmerInnen erwähnen MitbewohnerInnen wohlwollend, fünf sprechen ausgesprochen positiv von den MitarbeiterInnen:

- *Ich mag alle Mitarbeiter sehr gerne.*
- *Mein Betreuer, der ist voll in Ordnung.*
- *Betreuer Stefan... Mein Liebling.*

Im Vergleich zu diesen Äußerungen gibt es weniger eindeutig negative Bewertungen. Insgesamt fünf GesprächsteilnehmerInnen geben solch negative Bewertungen ab, sei es über bestimmte einzelne Aspekte oder die Atmosphäre im Allgemeinen. Eine von ihnen beklagt die hohe Fluktuation von MitarbeiterInnen, die es ihr erschwere, wichtige Beziehungen zu knüpfen; eine andere klagt über einen Betreuer, insbesondere dessen direktives Verhalten.

Mich stört-bei mir stört das, wenn der Betreuer immer sagt: (---) »Mach mal das, mach mal dies, mach mal das.« Stört mich v- *tota::l vo::ll.

Ein Mann signalisiert deutlich, wie sehr er unter der Wohnsituation leidet:

Ich mag Zuhause nich. Ich mag Zuhause nich.... Zu laut in der Wohnung... wenn .... ich da wohne, gehts mir schlecht... Ne Wohngemeinschaft eh, eh, eh- ... is- ... is nix für mich.

Ein anderer Mann berichtet von der vorherigen Wohnsituation, die so konfliktreich war, dass ein Umzug nötig wurde. Berichte von derart problematischen Erfahrungen bilden die Ausnahme.

Auch die Gestaltung von sozialen Beziehungen innerhalb der Wohnsituation erscheint in den Darstellungen der Befragten eher positiv. Fünf TeilnehmerInnen berichten von Freundschaften oder engen Beziehungen entweder im gleichen Haus oder in der Wohnanlage. Dagegen berichtet der Mann, der zuletzt oben zitiert wird, dass er keine Freunde in der Wohngemeinschaft habe.

Nur zwei Teilnehmerinnen äußern sich kritisch hinsichtlich der sozialen Erwartungen, die an sie im Rahmen des Gemeinschaftslebens gestellt werden:

> *Ich muss jetzt die stille Abende mitmachen.*

Mehrfach betonen GesprächsteilnehmerInnen ihr Engagement in ihrer Wohnsituation in Form von Aufgaben, die sie verrichten oder für die sie verantwortlich sind:

> *Und wenn ich helfen kann dann äh helf ich wo ich kann... und ich mach noch sehr viel mehr als das.*

Andere verweisen im Gespräch auf ihre Selbständigkeit, auch im Rahmen von betreuten Wohnsituationen.

> - *Ich mach auch alleine den Haushalt, deshalb hab ich auch Unterstützung... durch Betreuung? Die Finanzen mach <u>ich</u>? ... Mit meinem Vater, und meinem Betreuer.*
> - *Aber sonst eigentlich schaff ich das eigentlich alles.*

Nur in drei Gesprächen wird die Beteiligung am Mitbewohnerbeirat zum Thema, wobei zwei der GesprächsteilnehmerInnen kein Interesse bekunden und nur ein Mann sich als aktives Mitglied ausgibt.

Emotionen in Bezug auf die Wohnsituation kommen relativ selten zur Sprache, und wenn, entspricht die Gefühlslage weithin den positiven Bewertungen. Vier GesprächsteilnehmerInnen erklären, sich in der Wohnsituation wohlzufühlen:

> *Ich fühl mich wohl hier im Haus.*

Eine von ihnen bekundet jedoch mit trauriger Stimme gleichzeitig, wie traurig sie darüber ist, nicht alleine wohnen zu können:

> *Kann ja nich- kann ja nicht alleine.*

Ein Mann erinnert sich der großen Trauer, mit der er vor einem Jahr in das Wohnheim gezogen ist:

> *Was ich noch sehr schwer fand haben meine Mama und ich also tierisch geweint.*

Deutlicher Unmut und Unzufriedenheit über die gegebene Situation zeigt sich – zusätzlich zu dem oben genannten Mann – bei zwei Frauen, von denen eine in einem Heim und die andere zu Hause lebt:

> - *Ich hab keine Lust mehr bei m-bei meine Familie zu wohnen... Weil die] machen mir so viele <u>Vorwürfe</u>.*

> - *Und Betreuer stört mich irgendwie <u>Gefühl</u> (-) für <u>mich</u> (-) gar nicht gut bin- finde, <u>Zähneputzen</u>... Ich putze <u>immer</u> Zähne... Und die denken ich putze nicht Zähne.*

Die letztgenannte Gesprächsteilnehmerin bringt auch am nachdrücklichsten zum Ausdruck, wie sehr sie sich nach einem Wegzug aus dem Haus erwünscht:

> *Ich hab irgendwie keine Lust mehr hier wohnen... ich will unbedingt hier wegziehen... Ich wollte mal a- alles alleine machen...Ich will keinen Betreuer, ich will nur für mich <u>ALLEINE</u>. Dreier-WG... Ne <u>Küche</u>:: will ich haben, Wohnzimmer, Schlafzimmer (-) komplett.*

Fünf GesprächsteilnehmerInnen geben klar zum Ausdruck, dass sie in der gegenwärtigen Wohnsituation verbleiben möchten:

> - *Ich bleib in in R. (Name der Einrichtung).*
> - *Ich wollte ja aber (-) Hause is viel besser...... Ja ich mer- ich merk weil es:: hier mein- mein Hause is meine Familie.*
> - *Das reicht mir aber dieses Wohnen.*

Dagegen wünscht sich ungefähr ein Drittel der Befragten (N=16) eine andere Wohnsituation. Einige von ihnen haben genaue Vorstellungen davon, wie diese aussehen sollte (z. B.: »*eine eigene Wohnung*«, »*im gleichen Haus*«), wobei fünf deutlich machen, gern »*allein wohnen*« zu wollen. Drei von ihnen geben explizit an, allein wohnen zu wollen, d. h. einziger Bewohner einer Wohnung zu sein, aber für zwei kann »*allein wohnen*« auch bedeuten, mit anderen in einer Wohngemeinschaft zu leben.

Wünsche nach einer anderen Wohnsituation werden zum einen von Personen geäußert, welche bei ihren Eltern wohnen, und andererseits von solchen, die in einer stationären Wohnform leben. Die Wünsche der letztgenannten Gruppe richten sich z. T. auf Veränderungen, welche sie aus dieser Wohnform herausführen, und auch auf Veränderungen im Rahmen dieser Wohnform.

Bemerkenswert ist hier, dass von den 16 Befragten, welche sich eine andere Wohnsituation wünschen, fünf positiv über ihre derzeitige Situation sprechen, eine Person sich negativ äußert und die anderen die Wohnsituation nicht von sich aus bewerten und auch nicht danach gefragt wurden. Daraus ergibt sich die Konsequenz, dass Bewertungen der aktuellen Wohnsituation und Wünsche differenziert betrachtet werden müssen.

Ebenfalls fällt auf, dass sich die Wünsche, insoweit sie hier geäußert werden, auf einem Kontinuum bewegen. Auf der einen Seite finden sich Wünsche, die eine konkrete Alternative benennen, und Voraussetzungen, welche entweder an äußere Faktoren (z. B. Zustimmung weiterer Personen) geknüpft sind und/oder an bestimmte Entwicklungsschritte der Person. Auf der anderen Seite finden sich Wünsche, welche als sehr voraussetzungsreich erscheinen, z. B. das Zusammenziehen mit einem Partner oder einer Partnerin (den/die man sich wünscht), Heirat und das gemeinsame Leben in einer eigenen Wohnung. Dieses Ergebnis bedeutet jedoch auch im Umkehrschluss, dass die auf das Wohnen bezogenen Wünsche eindeutig in eine Richtung weisen.

In Studien, welche das Wohnen mit einbeziehen, wird die Bedeutung eines sicheren und den eigenen Wünschen entsprechenden Lebensorts hervorgehoben, so in einer Studie mit acht Personen, von denen einige eine stärker unabhängige Wohnsituation anstreben, einige andere entschlossen sind, auch langfristig in ihrer Familie zu bleiben.[166] Eine weitere Studie mit 65 Personen ergab eine höhere Lebenszufriedenheit bei Personen mit Down-Syndrom, welche bei ihrer Familie wohnten. Die AutorInnen interpretieren dieses Ergebnis in Relation zu anderen Aussagen in der Studie dahingehend, dass möglicherweise im Rahmen dieser Wohnsituation stabilere und reichhaltigere soziale Beziehungen gewährleistet sind.[167]

5.8 Freizeit und Interessen

Alle GesprächsteilnehmerInnen äußern sich zu dem Thema Freizeit und ihrer eigenen persönlichen Freizeitgestaltung – häufig in sehr detaillierten Ausführungen. Aus den Interviews ergibt sich ein großer Umfang der Darstellungen mit einer weitgefächerten Variabilität an Interessengebieten und Freizeitaktivitäten. Dabei treten besonders häufig sowohl musische wie auch sportliche Interessen in den Vordergrund. 37 von 45 GesprächsteilnehmerInnen berichten, in irgendeiner Weise sportlich aktiv zu sein, und für insgesamt 39 Befragte spielt Musik eine Rolle in ihrem Leben.

Unter den klassischen Sportarten, welche erwähnt werden, finden sich Schwimmen, Reiten, Gymnastik, Tischtennis, Golf, Tennis, Fußball, Basketball, Leichtathletik, Fahrradfahren, Skifahren, Hockey und Tanzen im Verein. Hinzu kommen Aktivitäten wie Krafttraining, Spazierengehen, Walking, Wandern, Rücken- und Rehasport, Zirkeltraining und Zumba-Salsa-Tanzen. Viele der Befragten berichten von mehr als einem sportlichen Hobby; die am häufigsten genannte Sportart ist Schwimmen (N=11), vom Reiten und Spazierengehen sprechen jeweils sechs Befragte, Krafttraining im Fitnessstudio und Fahrradfahren nennen jeweils vier.

Bemerkenswert ist die hohe Anzahl von Musikbegeisterten. Zwölf der an Musik Interessierten berichten, gerne Musik zu hören, wobei Pop- und Schlagermusik eindeutig am beliebtesten sind. Singen (N=3) und Tanzen auf Festen oder in Discos (N=7) kommt ebenfalls zur Sprache, doch die häufigsten Nennungen (N=21) beziehen sich auf das Spielen von einem Instrument. Blockflöte und Klavier (bzw. Keyboard) sind die am meisten genannten Instrumente (N=6), drei Befragte spielen jeweils Schlagzeug, Gitarre und Trommel. Andere Musikinstrumente, die Erwäh-

---

166 Jevne et al. 2022.
167 Büssing et al. 2017.

nung finden, sind Klarinette, Geige, Bassgitarre, Trompete, Querflöte, Akkordeon und Saxophon. Neun GesprächsteilnehmerInnen bekommen regelmäßigen Musikunterricht, oft in einer Musikschule.

Viele Befragte sind aktiv in anderen kreativen oder künstlerischen Bereichen. Zehn von ihnen geben an, selbst zu schreiben, manchmal Tagebuch, manchmal auch Geschichten oder auch beides (bzw. wie in einem Fall ein Buch). Sechs Befragte sind Mitglied in einer Theatergruppe, ebenfalls sechs malen oder zeichnen gern. Handarbeit – Stricken und Weben – werden von fünf Befragten als Hobby genannt, zwei fotografieren. Lesen wird von drei Personen genannt.

Fernsehen bzw. das Anschauen von DVDs wird von 17 Befragten als Freizeittätigkeit aufgeführt. Dreizehn nennen ihr Interesse an Fußball und ihre Anhängerschaft für einen Verein als Hobby, fünf von ihnen gehen auch gelegentlich ins Stadion.

Mehr als ein Fünftel der Befragten zeigt sich in den Gesprächen politisch interessiert bzw. engagiert. Acht von ihnen berichten, sich über Nachrichten, Zeitung oder Radio zu informieren; einer Frau ist Umweltschutz besonders wichtig und ein Mann interessiert sich für Parteipolitik. Es ist vor allem eine Teilnehmerin, die sich nicht nur aktiv engagiert – mit Stricken von Lepradecken und Spendensammeln –, sondern die auch eine dezidiert politische Position bezieht:

Mhm. ((zustimmend)) Ich bin auf jeden Fall in Politik in-interessiert ... doch. (--) Vor allen Dingen wenn CDU und CSU sich mal wieder im Clinch liegen für irgend son (-) ((holt tief Luft)) Asylbewerber wenn-wenn die die aufnehmen äh und der eine der war-der will das nicht,
...
Meine Position is auf jeden Fall dass man den Leuten auch ne Chance gibt überhaupt äh in Deutschland zu leben. Das is auf jeden Fall mein-mein Ziel.

Gleichzeitig sind vier Befragte in gesellschaftliche Gruppierungen eingebunden, die unterschiedliche Formen des Engagements mit sich bringen. Hierzu gehören auch Vereinigungen mit inklusiven Zielsetzungen. Ein Mann engagiert sich als Prüfer für leichte Sprache, ein Drittel der Befragten sind auch als AutorInnen tätig geworden, z. B. in Zeitschriften oder Blogs.

Abgesehen von den oben erwähnten Kategorien an Freizeitbeschäftigungen erzählen die GesprächsteilnehmerInnen am häufigsten, dass sie sich in der Freizeit gern mit FreundInnen treffen (N=9) oder ausgehen (N=7). Gemeinsames Spielen wird auch benannt (N=8), wobei Spiele mit digitalen Medien etwas verbreiteter sind (N=5). Kochen und Backen sind ebenfalls eine beliebte Freizeitbeschäftigung (N=5), wie auch Kinobesuche (N=5). Darüber hinaus benennen die GesprächsteilnehmerInnen einzelne Interessengebiete oder Tätigkeiten, die sie gerne ausüben, wie z. B. Englisch, Büroarbeit, Bahn fahren oder Kirmesbesuch.

Häufig wird in den Gesprächen deutlich, dass Familienmitglieder – vor allem Vater oder Mutter – Freizeitbeschäftigungen unterstützen oder ermöglichen. Hier spielt besonders die Fahrt zu den Orten eine Rolle, an denen die Aktivitäten durchgeführt werden (N=6); darüber hinaus wird über die Eltern berichtet, dass sie den Zugang zu den Hobbies ermöglicht (N=2) oder »sich gekümmert« haben, z. B. um den Flötenunterricht, oder dass sie ihren Kindern eine Tätigkeit beigebracht haben (wie z. B. Stricken).

Die Ausübung vieler der genannten Hobbies bezieht andere Menschen mit ein. Neun Befragte machen mit anderen Musik, sei es in kleineren Gruppen, in einem Orchester oder einem Chor. Auch alle anderen Freizeitbeschäftigungen werden oft mit anderen unternommen, vor allem mit Familienmitgliedern oder FreundInnen sowie Gruppen, die sich zu diesem Zweck gebildet haben (»*Strickgruppe*«, »*Kochgruppe*«). Auch hier kommt den Eltern eine wichtige Rolle zu, indem sie ihre Kinder begleiten. Am häufigsten wird der Vater als Begleitung, vor allem bei Sportaktivitäten, genannt (N=10), die Mutter nicht viel seltener (N=7).

Selten werden in den Gesprächen Wünsche im Hinblick auf Freizeitgestaltung geäußert (N=9), in diesem Fall beziehen sich diese zumeist auf den musischen Bereich, wie z. B. auf den Wunsch nach einer eigenen Musik-Band (N=4).

In der Bewertung ihrer Freizeitbeschäftigungen sind die GesprächsteilnehmerInnen durchgehend positiv, wenn nicht gar überschwänglich. Hierzu einige Zitate:

Musik:	*Ja ich mag sehr gerne Musik... Macht mir eigentlich Spaß sowas*
Musikmachen mit Vater:	*Und wir spielen meistens mal gerne miteinander, und ja ich war auch auf ner Fortbildung gewesen das war schön... Hat auch voll Spaß gemacht weil ich auch <u>gerne</u> am E-Bass spiele weil es da auch mehr Spaß macht dass ich dann mehr zu (unv.) kann dass ich das dann ver<u>suche</u> irgendwie hinzubekommen.*
Klarinette Spielen:	*Ja. Das würd ich überhaupt nicht ver, ni::e verzichten wollen...weil ich will besser werden Klarinette ... das ist auch ein Teil (-) Ich liebe Klarinette spielen* ((lachend)).
Fotografieren:	*Mach ich sehr gerne, mein größtes Hobby.*
Schreiben:	*Genau. (--) Und ähm ich schreibe gerne ich äh schreibe gerne an=meine Computer und ich mach ja alles über ich ähm arbeite über mein Handy über mein Tablet hab wa-wa-was ich zuhause hab und dann wenn ich und dann schreib ich auch gerne Emails gerne und das macht mir auch Spaß.*
Mitarbeit Zeitschrift:	*Und ich bin glücklich, dass ich jetzt ähm in was Z. (Name einer Zeitschrift) bin? Dass ich meine meine Wörter mein Kopf sammeln, dass ich <u>raus</u> habe, und das auch schwarz auf weiß, habe ich was zu sagen.*

Diese Zitate stehen stellvertretend für sehr viele Äußerungen, in denen deutlich wird, dass die hier berichteten Freizeitaktivitäten eine bedeutende Rolle im Leben der GesprächspartnerInnen einnehmen und entsprechend geschätzt werden.

Für die Ausführung von Freizeitaktivitäten haben die vorhandenen Ressourcen (finanzielle Ressourcen, Persönlichkeitseigenschaften, soziale Ressourcen, materielle Ressourcen) eine große Bedeutung. Die Gewissheit, Freizeitangebote im Sozialraum nutzen zu können, verbürgt die eigene Stellung als anerkanntes Mitglied einer Gesellschaft.[168] Personen mit Beeinträchtigungen sind für die Nutzung von Freizeitangeboten auf Mobilität, Barrierefreiheit und Assistenz angewiesen.[169] Forschungsergebnisse und Statistiken zu Freizeitaktivitäten im deutschsprachigen Raum liegen nicht vor, zumal für Personen mit Down-Syndrom. Aus internationalen Forschungen ist bekannt, dass Freizeitaktivitäten mit größerer Lebensqualität, Gesundheit, seelischem Wohlbefinden und kognitiven Fähigkeiten einhergehen.[170] Eine Studie zum Freizeitverhalten von 44 Personen mit Down-Syndrom mittleren Alters anhand von Tagebüchern ergab eine mittlere Dauer von 35 Minuten täglich für physische Aktivitäten, 66 Minuten für soziale Aktivitäten, 85 Minuten für kognitiv stimulierende Aktivitäten und 150 Minuten für passive Freizeitaktivitäten. Zumeist wurden die Aktivitäten von den Befragten selbst initiiert, an zweiter Stelle kamen Familienmitglieder, oder wenn die Befragten in Institutionen lebten, deren MitarbeiterInnen.[171] Befragung an 140 Bezugspersonen von Erwachsenen mit Down-Syndrom über die bevorzugten körperlichen Freizeitaktivitäten ergab als Favoriten Tanzen, Spazierengehen und Videospielen.[172] Eine qualitative Befragung mit acht jungen Erwachsenen zeigte die Bedeutung einer aktiven *und sozialen* Freizeitgestaltung, auch hier wurde die Unterstützung der Familienmitglieder hervorgehoben,[173] während wiederum Bezugspersonen das Ziel für ihre erwachsenen Kinder formulieren, dass diese möglichst unabhängig ihren Freizeitaktivitäten nachgehen können.[174]

Die in unserer Studie aufgenommen Stimmen zum Thema Freizeit weisen auf eine Vielfalt von Aktivitäten hin, über die mit großer Zufriedenheit berichtet wird, seien sie unterstützt oder selbständig unternommen.

5.9 Urlaub

Insgesamt 37 der 45 GesprächsteilnehmerInnen äußern sich zum Thema Urlaub, die meisten von ihnen eher ausführlich. Nur bei zwei Befragten sind die Angaben so knapp, dass sie keine konkreten Rückschlüsse zulassen.

Urlaub erscheint in allen Gesprächen als etwas ausgesprochen Positives, eine Bereicherung, etwas, das man gern unternimmt. »Urlaub« kommt zur Sprache, wenn manche InterviewpartnerInnen befragt werden, was sie denn gern »Schönes« unternehmen oder wovon sie träumen:

---

168 Markowetz 2022.
169 a. a. O.
170 Mihaila et al. 2020.
171 Mihaila et al. 2020.
172 Oreskovic et al. 2022.
173 Jevne et al. 2022.
174 Santoro et al. 2022.

> Interviewer: Mhm, naja hast du ne Idee was möchtest du gerne mal machen, hast du einen Traum?
> Befragter: Ja. Äh::, Urlaub, kaum,
> I.: Urlaub?
> B: Mhm,
> I.: Und wo willst du gerne hinfahren.
> B: Ja mit dem:: Einkauf, Boot fahren.
>
> Interviewer: Gibt es etwas wovon Sie träumen?
> Befragte: ›Oh.‹
> I.: Was Sie gerne mal machen möchten?
> B: Urlaub fahren.
> I.: In den Urlaub fahren.
> B: Ja.
> I.: Und wo möchten Sie gerne hinfahren?
> B: Eifel.

Eine Gesprächsteilnehmerin wünscht sich eine unbestimmte Anzahl zukünftiger Reisen:

> Interviewer: Gibt es ein Land wo du mal noch gerne hin möchtest?
> Befragte: Da gibt es so viele – Ich weiß gar nicht welches Land.

Andere Befragte dagegen haben klare Vorstellungen davon, was sie gern in Zukunft als Urlaub unternehmen oder wohin sie gern reisen möchten: »am liebsten hier in Deutschland bleiben«; dahin fahren, »wo es Palmen gibt«, Wandern gehen, Ski-Urlaub in Österreich oder eine Reise mit dem Wohnmobil.

Die meisten Befragten haben konkrete und klare Erinnerungen an vergangene Urlaubsreisen. 21 von ihnen benennen Urlaubsziele, die sie besucht haben – und die Vielfalt der genannten Orte umfasst bekannte Urlaubsziele in Deutschland oder nahegelegenen europäischen Ländern, aber auch »exotischere« Orte wie Dubai oder die Mongolei. Ein buntes Bild an unterschiedlichsten Urlaubserfahrungen wird ergänzt durch eine entsprechende Vielfalt an beschriebenen Urlaubsaktivitäten. Viele GesprächsteilnehmerInnen beschreiben »Aktivitätsurlaube«, wie z. B. Urlaub am Meer (N=4), Radtouren (N=2), Reiten (N=2), Skifahren (N=2), und, darunter am häufigsten genannt, Wandern in den Bergen (N=4). Aber auch eher alltägliche Erlebnisse werden erwähnt im Zusammenhang mit Urlaub:

> - Da waren wir in Schleimünde, kleiner Hafen, Kaffee trinken gehen.
> - In Kappeln waren einkaufen, gibts einen Schmuckladen.
> - Und dann war ich auch noch in Wien, noch eine Sachertochte gegessen.
> - Ja ((atmet aus)) (–) eh rumgelaufen (-) zusammen Eis gegessen (6,9) Ich war im Schwimmbad gewesen.

Fünf der Befragten erzählten von einem Urlaub in Form von Besuchen bei Familienmitgliedern.

Auch wenn in den Interviews nicht ausdrücklich nachgefragt wurde, wird aus den Erzählungen ersichtlich, dass in den meisten Fällen (N=19) die Familien oder einzelne Familienmitglieder die BegleiterInnen auf diesen Reisen waren. Organisierte Reisen wie z. B. Klassenfahrten, Reisegruppen oder Freizeiten wurden von drei InterviewpartnerInnen erwähnt.

Wenn die InterviewpartnerInnen von ihren Urlauben erzählen, kommen im Verlauf der Erinnerungen fast ausschließlich positive Bewertungen zur Sprache. Eine Frau schwärmt geradezu von ihrem Lieblingsort:

> *Ich immer wieder träume Bornholm ist die *aller schönste Halbinsel Dänemarks allerschönste. Weißte wieso? Weil grade is immer nur flach und natürlich auch Berge aber deshalb liebe ich diese Tra- diese Bornholm weil da kann man Fahrradfahren ohne Ende.*

Ein Mann äußert sich positiv über einen Reiseveranstalter und die von ihm angebotenen Reisen:

> *Befragter: Da war ich. Das war auch sehr schön.*
> *Interviewer: War das ein Familienurlaub?*
> *Ne das ist kein Familienurlaub das war von Quertour Reisen,*
> *I.: Ja?*
> *B: Quertour Reisen sind äh für Menschen mit einer Behinderung,*
> *I.: Ja?*
> *B: Und da fahr ich immer gerne mit.*

Die meisten positiven Kommentare beziehen sich aber auf die vergangenen Urlaubserlebnisse mit der Familie. So kommentiert ein Mann die ausgiebigen Rad- und Zelttouren mit seinem Vater und Bruder, die er als Kind erlebt hat, mit den Worten: »*Hat mir hat mir immer riesig Spaß gemacht*«. Eine Frau bemerkt beim Anblick eines Bildes von einem Wohnmobil: »*Und mit mein Vater fahr ich auch gerne in den Urlaub*«. Solche positiven Kommentare werden in den Interviews oft von den Befragten selbst unaufgefordert eingebracht, z. B. in Beantwortung einer allgemeinen Frage danach, ob sie sich an etwas Schönes erinnern können, wie in den folgenden Beispielen:

- Interviewer: Gibt es Dinge an die du dich da gerne erinnerst?
  Befragte: Also woran ich mich erinnere ist, dass wir (--) halt viel auf Reisen waren.
- Interviewer: Gibt's da Dinge die Ihnen einfallen? Die Sie dort gemacht haben? (-) Schöne Erinnerungen zum Beispiel?
  Befragter: Ich war ähm häufig mein mi- mit meine Vater immer am Meer. Und das ha- und das hat haben wir uns gesagt ähm diese U- A- Urlaub Männerurlaub.
  I.: Mhm, mhm, Sie und ihr Vater
  B: Ja.
  I.: Sonst keiner.
  B: Sonst keiner.

> I.: =Nur die Männer.
> B: *Nur die ...*
> I.: (-) und das war cool ja?
> B: *Ja sehr cool war das.*
> I.: Das is eine schöne Erinnerung an ihre Kindheit. Mhm?
> B: *Ja.*
> - Interviewerin: Was war denn besonders schön? Wenn Du überlegst Deine Kindheit?
> *Befragte: Ja:: meine Kindheit] wa::r (- -) wir waren Urlaub gefahren, nach Bayern gefa::hren. Fahr gerne Fahrrad.*

Aus den Urlaubserzählungen der InterviewpartnerInnen geht häufig nicht eindeutig hervor, wie sie zeitlich in der Biografie einzuordnen sind. Doch scheint es sich überwiegend um vergangene Reisen, namentlich in der Kindheit, zu handeln. Einige schauen jedoch auch in die Zukunft und erwähnen anstehende Urlaubspläne, z. B. in organisierten Gruppen (N=3) oder Besuche bei Verwandten (N=3). Vier InterviewpartnerInnen sprechen von Familienurlauben, die fester Bestandteil ihres gegenwärtigen Lebens sind oder gerade anstehen; ein Mann beschreibt ausführlich die geplante dreiwöchige Reise mit den Eltern in die Toskana.

Die einzige Frau, die sich in ihrer Bewertung von Urlaub eher zurückhaltend zeigt, betont gleichzeitig die besondere Bedeutung von Familie in Bezug auf Urlaub:

> *Befragte: Und Freitag geh ich ja mit meiner Familien in ins Kino oder nar Urlaub fahren mit die,*
> Interviewer: Mhm, mit deiner Familie.
> B: *Genau.*
> I.: Reist du gerne?
> B: *Nich immer. Nur manchmal. Mit mein Fa- nur meine Familie nur.*
> I.: Mit denen reist du. Mhm,
> B: *Mit denen geht es ja.*
> I.: Mhm,
> B: *Wandern mach ich gerne.*
> I.: Wandern?
> B: *Hm.*
> I.: So im im Ahrtal oder wo wandert ihr.
> B: *In die Berge.*

Das Thema Urlaub wird somit von vielen Befragten und dies in eingehender Form behandelt und es ist in hohem Maße mit positiven Bildern und Gefühlen verbunden.

5.10 Mobilität

Aussagen in Verbindung mit Mobilität ergeben sich in den Gesprächen in unterschiedlichen Zusammenhängen. Manche Befragten erzählen etwa, wie sie früher zur Schule oder zu ihren Freizeitbeschäftigungen gekommen sind (N=5). Insgesamt wird das Thema in 18 Interviews angesprochen. Die meisten Erwähnungen handeln von *unabhängiger* Fortbewegung im öffentlichen Raum: Fahrten zur Arbeit, Besuche bei PartnerInnen und Eltern sowie Fahrten zu Freizeitbeschäftigungen (N=10). Häufig wird hier die Selbständigkeit betont, sei es, dass diese Fahrten kein Problem darstellen oder dass man gelernt hat, alleine mit dem Bus oder der Bahn zu fahren.

Wie elegant dies vor sich geht, betont etwa eine Gesprächsteilnehmerin über das von ihr verwendete Verb: »*Ich muss von Troisdorf mit der Bahn nach Siegburg sind nur einmal hüpfen Haltestelle und dann fahr ich mit dem Taxi dann*«. Eine Frau erzählt, dass sie gerne mit dem Linienbus fährt, und weist darauf hin, dass sie dies gelernt hat: »*Ich habe richtig gelernt. Jetzt weiß ich wie der-die Linienbussen fahren*«.

Auch ein junger Mann berichtet, wie er dank der Unterstützung seiner Mutter gelernt hat, unabhängig zu fahren:

> I.: Und sind Sie da ähm wie sind Sie denn dann hier her gekommen?
> *Befragter: Mitz- hmm erstmal mit meiner Mutter.*
> I.: Aha.
> *B: So einmal oder zweimal?*
> I.: Ja?
> *B: Und dann hab ich fast alles im im im Kopf?*
>
> *B: Und dann haben wir dann sagt okay dann sch- und dann schreibe wir auf wo du hin musst mit Bus vom W. nach Hennef Bahnhof,*
> I.: Mhm?
> *B: Dann mit Tro- n- äh nach Köll? N Köln nach Neumarkt.*
> I.: Oh das ist aber 'ne weite Tour.
> *Ja u- u- u- und das nach nach äh Arbeit wieder so.*

Das Umsteigen »*mache ihr gar nichts*«, erzählt eine Befragte, eine andere meint angesichts von anstehenden Veränderungen in ihrer Route: »*Ja. (3,0) Das schaff ich schon*« und eine weitere Frau bemerkt über eine Zugfahrt zu ihrer Schwester: »*Genau. Ich krieg das locker hin*«.

Einschränkend führt eine Frau an, dass ihre Fahrt zur Arbeit sehr lange dauert (»*Das ist nicht ohne*«). Eine andere Frau, die ebenfalls unabhängig unterwegs ist, erzählt von ihrer Angst vor Übergriffen.

Einige Befragte berichten, dass sie zur Arbeit oder zu Freizeitaktivitäten gebracht werden (N=5), eine Frau sagt deutlich, dass sie nicht alleine reisen könne:

> *Befragte: Zug.*
> Interviewerin: Mim Zug. Alleine?

> B: Ich kann nicht alleine. Mitderja Betreuer mit.
> I.: Der Betreuer fährt dann.

Drei GesprächspartnerInnen berichten, dass sie in manchen Situationen unabhängig unterwegs sind, in anderen von ihren Eltern gefahren werden. Das Thema Mobilität wird etwa in der Hälfe der Fälle von den Befragten, in der anderen Hälfte von den InterviewerInnen angesprochen. Das Thema »eigenständige Mobilität« sprechen sieben von zehn Personen an; diese betonen in der unterschiedlichsten Weise ihre Selbständigkeit (vgl. ▶ Kap. 5.14). So ist auch das Thema Mobilität, wie andere Themen, eng mit dem Thema Selbständigkeit verbunden.

Länderübergreifende Forschungsstudien in den USA, Italien und den Niederlanden ergeben Prozentsätze zwischen 19 % und 34 % der Personen in den Altersgruppen von 18 bis 35 Jahren, welche unabhängig den öffentlichen Nahverkehr nutzen können.[175] So wird in der Forschung das Thema Mobilität vor allem mit dem Thema Unabhängigkeit verbunden und damit weniger unter einer inklusiven, sondern eher unter einer individuumsbezogenen Perspektive behandelt.

5.11 FreundInnen

Das Thema FreundInnen und Freundschaft wird in den meisten Interviews angesprochen (N=38). Dies geschieht häufig in Verbindung mit Passagen, in denen die GesprächspartnerInnen nach ihrer Schulzeit und dann nach Freundschaften gefragt werden. Jedoch spricht ein Drittel der Befragten das Thema von sich aus an; hier überwiegen dann Berichte über gegenwärtige Freundschaften. Eine Aufgabe bezüglich der Analyse dieses Themas ergibt sich dadurch, dass der Begriff Freundschaft für gewöhnlich in mehrere Richtungen abzugrenzen ist. Zum einen in Richtung »Partnerschaft«, was auch dadurch erschwert ist, dass mit den Worten Freund und Freundin beide Begriffe gemeint sein können. Auf der anderen Seite können auch ArbeitskollegInnen oder MitbewohnerInnen als »FreundInnen« verstanden werden, insofern man sich mit ihnen gut versteht. Im Rahmen der Interviewführung wurde mit den Befragten, wie bei anderen Themen auch, keine definitorische Klärung vorgenommen, sodass man hier mit der Mehrdeutigkeit von Aussagen rechnen muss.

Dies ist jedoch nicht in allen Fällen so. So differenziert eine Frau in der Erinnerung ihre MitschülerInnen, die sie mochte, und die Freundinnen.

> *Also eigenlich mocht ich alle total gerne, aber haupt- die Hauptleute waren halt einfach die Dorte und die Sylvia, aus meiner Klasse.*

---

175 De Graaf et al. 2019; Bertoli et al. 2011.

Die Erzählerin gewichtet auch die Stärke unterschiedlicher Freundschaften. Eine andere Befragte antwortet, dass sie »*sogar zwei*« Freundinnen in der Schulzeit gehabt habe. Ein Mann verweist darauf, dass er zwar Arbeitskollegen, aber keine Freunde habe, eine Frau berichtet, dass sie eine Freundin bereits seit 20 Jahren habe.

Ein spezifisches Konzept von Freundschaft zeigt sich bei manchen Befragten auch durch die Nennung gemeinsamer Aktivitäten. So berichtet eine Frau, dass sie mit ihrer Freundin in die Stadt zum Einkaufen gehe, ein Mann spricht über gemeinsames Reden und Kaffeetrinken. Auch Wünsche und Enttäuschungen verweisen auf ein umschriebenes Konzept: Zwei Befragte wünschen, mehr Freunde zu haben bzw. eine Wohnsituation, die es ihnen ermögliche, Freunde zu finden. Eine Befragte berichtet über vergebliche Versuche in der Schule, Freunde zu finden. Weitere Hinweise auf einen starken Freundschaftsbegriff geben Bemerkungen auf die Qualität von Freundschaftsbeziehungen oder eben der FreundInnen. So sagt ein Mann:

> *Befragter: Dirk ist eigentlich auch mein Freund,*
> Interviewer: Mhm,
> *B: Und fast auch wie ein wie so ein Bruder.*

Eine Frau würdigt die Unterstützung, die sie durch eine Freundin erfahren habe. Andere Aussagen betreffen »Leistungen« von Freundschaft wie die »*Hilfe bei Kummer*« oder die Hilfe dabei, sich in der Schule zu konzentrieren.

Auf der anderen Seite werden als FreundInnen Personen benannt, die (auch) eine andere Rolle im Leben der Befragten einnehmen. Hierzu gehören der Geschäftsführer einer Einrichtung, LehrerInnen, MitarbeiterInnen von Einrichtungen, KollegInnen auf der Arbeit sowie MitbewohnerInnen, die häufig nicht näher beschrieben und bewertet werden. Dagegen finden sich Bemerkungen wie »*1.000 Schulfreunde*« oder, in mehreren Aussagen, »*viele Freunde.*«

Im Gegensatz dazu wird die Verbindung der Freundschaftsrolle und einer anderen Rolle und damit auch die Spezifizität des Freundschaftsbegriffs in Aussagen wie der folgenden markiert:

> ›*Boah*‹ *meine Arbeitkollegin ist auch beste Freundinnen sonst.*

Auf die Frage nach Freundschaften äußern sich nahezu alle Befragten positiv. Einige verbinden positive und negative Antworten, insofern sie hier bezüglich Institutionen, Lebensbereichen oder Lebensphasen differenzieren. Nur zwei Personen äußern sich nicht positiv zu FreundInnen: Ein Befragter nennt stattdessen Arbeitskollegen, eine Frau verneint die Frage nach Freunden explizit im Hinblick auf drei Lebensbereiche und fügt dann noch ein »*noch nicht*« hinzu. Auch hier könnte man sich fragen, ob Interviewerin und Interviewte über das gleiche sprechen. Einschränkend ist im Hinblick auf die positiven Äußerungen zu bemerken, dass in mehreren Gesprächen geschlossene Fragen gestellt wurden (»Hatten Sie Freunde in der Schule?«), sodass hier die Wirksamkeit einer Zustimmungstendenz in Betracht gezogen werden muss.

Freundschaften werden für die Gegenwart wie für die Vergangenheit, hier besonders in der Schulzeit, bestätigt. Eine Ausnahme macht eine Befragte, welche über ihre Zeit an einer Integrativen Gesamtschule spricht. Sie habe hier keine Freunde gefunden, sei dagegen von ihren MitschülerInnen gemobbt worden.

> *...aber die M-Mitschüler waren wirklich nicht so ohne die haben mich gemobbt haben mich geärgert und so, ich wollt eigentlich mit den auch Freundschaften schließen. Ging gar nicht und ich habe auch viel Streit gehabt und Stress mit denen.*

Später, auf einer Förderschule, habe sie dann doch Freundschaften geschlossen.

Weitere Hinweise auf Freundschaften im engeren Sinne geben etwa die Klage einer jungen Frau darüber, dass die Eltern einer Freundin den Kontakt unterbunden haben; die Aussage einer Frau über ihre Schüchternheit, welche es ihr in der Schulzeit erschwerte, den Kontakt zu potenziellen Freundinnen aufzunehmen, und die Aussage, welche von vergeblichen Kontaktversuchen berichtet.

Die anderen Befragten sprechen über ein gutes Verhältnis zu ihren MitschülerInnen und über Freundschaften. Hier ist bemerkenswert, dass einige Befragte entweder beklagen, keinen Kontakt mehr zu ihren früheren FreundInnen zu haben, andere wiederum auf die Kontinuität von Freundschaften verweisen, die bis in die Gegenwart reichen (N=11). Daraus ergibt sich, dass eine beträchtliche Anzahl von Befragten entweder weiterhin mit früheren MitschülerInnen verbunden ist oder sich dies wünscht. Dabei handelt es sich vorwiegend um SchülerInnen aus Förderschulen. So berichten Befragte von langjährigen Freundschaften, von Kontakten und von Verabredungen über die sozialen Netzwerke, über den Wunsch, in die Nähe einer alten Freundin zu ziehen, um mit ihr gemeinsam zur Arbeit zu fahren, oder über das gemeinsame Musizieren in dem Ehemaligen-Orchester einer Schule.

Als Quintessenz ergibt sich hier, mit den oben erwähnten Vorbehalten, ein z. T. weites Konzept von Freundschaft bei den Befragten und eine häufige Zuordnung von anderen Personengruppen zu den FreundInnen. Dies müsste beachtet werden, wenn es darum geht, soziale Netzwerke von Personen im Rahmen von Hilfeplangesprächen aufzustellen sowie auch soziale Wünsche von Personen, etwa im Rahmen von Hilfeplangesprächen, zu verstehen. Zudem liegt es nahe, von einer Beschränkung sozialer Kontakte durch spezialisierte Bildungsinstitutionen und gesonderte Lebensformen auszugehen. Aus den Aussagen zum Thema Freundschaft, aber auch zu anderen Themen, wie z. B. Wohnen, ergibt sich ferner eine Verschmelzung sozialer Bezüge, in deren Folge der Status von »MitbewohnerInnen« und der Status von »FreundInnen« ineinander übergehen. Nun lassen sich hier bekanntlich unterschiedliche Interpretationen und Bewertungen dieses Sachverhaltes anstellen. Urs Häberlin etwa vertritt die Ansicht, dass diese Personen mit Lernschwierigkeiten (auch) in späteren Lebensphasen ebensolche Personen als FreundInnen und PartnerInnen bevorzugen.[176] Man könnte die hier beschriebene Kontinuität von Freundschaften als Beleg für diese These werten. Aber ob dies auch in gesellschaftlichen Verhältnissen so bleibt, welche stärker von Inklusion und He-

---

176 Haeberlin 2011.

terogenität geprägt sind, die Frage also, wie stark im Hinblick auf Freundschaften das sprachlich-kognitive Leistungsvermögen wirkt, muss hier offenbleiben.

Freundschaften werden definiert als eine emotionale Verbindung zwischen zwei Individuen, charakterisiert durch gegenseitige Präferenz, gemeinsame Freude und geteilten Interaktionen und darüber hinaus stabil über die Zeit.[177] Forschungen über die ›sozialen Netzwerke‹ von Menschen mit intellektueller Beeinträchtigung (»intellectual disability«) ergeben wiederholt den Befund weniger und weniger naher Freundschaften und Netzwerke mit einem geringeren Umfang.[178] Entsprechende Ergebnisse zeitigen auch Forschungen mit (und vor allem über) Personen mit Down-Syndrom.[179] Bei Befragungen von Eltern in unterschiedlichen Ländern gaben in den Niederlanden 61% an, dass ihre Kinder ab dem Alter von 31 Jahren mit FreundInnen ausgehen; in den USA hingegen 25%, wobei hier vermutlich diverse Konstrukte vorliegen (Freundschaft, romantische Beziehung)[180], in einer italienischen Studie 20% (im Alter von 31–35 Jahren),[181] in einer weiteren Studie in den USA waren es 32%.[182]

Eine qualitative Studie mit 22 adoleszenten Jugendlichen fand drei typische Muster sozialer Interaktionen: die häusliche Familie, den Peer-Group-Zusammenhang und das Muster arrangierter Gemeinschaft. Das Freundschaftskonzept umfasse ›Bekannte‹, ›beste FreundInnen‹ und ›Sweethearts‹.[183] In einer aktuellen Studie wurden 37 Personen nach ihrem sozialen Netzwerk befragt, wobei die Situation jeder Person auch durch eine ihr gut bekannte, nahe stehende Person bewertet wurde. Hierbei ergab sich, dass die Größe der Netzwerke denen ›neurotypischer‹ Personen entsprach. Dabei war die Wahrscheinlichkeit gering, dass die als FreundInnen benannten Personen selbst eine Beeinträchtigung hatten. Die sozialen Netzwerke wurden über Fragen erhoben wie: Mit wem besprichst Du wichtige Dinge? Mit wem verbringst Du gerne Zeit? Wer hilft Dir, wenn Du Dich schlecht fühlst? Des Weiteren wurde dann der Grad der Nähe erhoben. Die Hälfte dieser FreundInnen waren Familienmitglieder, wobei zu berücksichtigen ist, dass die Studie während der Corona-Lockdowns durchgeführt wurde.[184] Dieses im Hinblick auf FreundInnen positive Ergebnis entspricht auch einer früheren Studie, in der Personen mit Down-Syndrom angaben, wenig Mühe zu haben, FreundInnen zu finden.[185]

Auch in unserer Befragung ergab sich ein positives Bild hinsichtlich der Freundschaften – wobei wie bei anderen Themen auch nicht alle Personen umfänglich befragt wurden. Ebenfalls verwendete eine Vielzahl der Befragten einen extensiven Freundschaftsbegriff.

---

177 Howes 1983.
178 Dolva, Kollstad & Kleiven 2019; Harrison et al. 2021.
179 Takataya et al. 2022; Dolva et al. 2014.
180 De Graaf et al. 2018.
181 Bertoli et al. 2011.
182 Matthews et al. 2018.
183 Dolva, Kollstad & Kleiven 2019.
184 Skotko et al. 2023.
185 Skotko, Levine & Goldstein 2011c.

5.12 Partnerschaft

Das Thema Partnerschaft nimmt einen bedeutenden Raum in den Interviews ein. 33 Personen äußern sich hierüber, 18 Personen auf eigene Initiative hin. Wie auch in anderen Interviews differiert der Umfang dieser Äußerungen erheblich. Manche machen eine oder zwei Bemerkungen, doch die Mehrheit der Befragten äußert sich umfassender. Hinzu kommt, dass dieses Thema bei nahezu allen GesprächspartnerInnen mit Wünschen und Zielen in Verbindung steht.

Inhaltlich ergibt sich eine große Vielfalt: Die Befragten sprechen in offener Weise über ihre ehemaligen und derzeitigen PartnerInnen, darüber, wie und wo man sich kennen gelernt hat, über gemeinsame Aktivitäten, über Probleme und nah oder ferner liegende Schritte. Dabei bilden Äußerungen, die einen positiven Charakter haben, die Mehrheit.

18 Personen sprechen über derzeitige Partnerschaften, sechs über frühere Partnerschaften, bei zwei Befragten wird die Situation nicht ganz deutlich. Acht Personen geben an, gegenwärtig keine Partnerin oder keinen Partner zu haben, und vier von ihnen machen zugleich deutlich, dass sie sich hier eine Veränderung wünschen und dies mit Nachdruck, wie etwa in der folgenden Aussage einer Frau:

> I.: Mhm. ... Und wenn Sie sich jetzt was wünschen könnten für Ihre Zukunft? Wie sollte die dann sein?
> *Oh, ... ((lachend)) einen schönen Mann suchen ... schlank ... blond ... mit Brille
> I.: (-) Aber Sie würden sich wünschen Sie würden jemanden kennenlernen?
> Ja, das mach ich.

Ein junger Mann wünscht sich ebenfalls eine Freundin:

> I.: Hast du ne Freundin?
> Nee, hab ich nicht ... Hab ich nicht gefunden (...) Drück mir die Daumen, damit ich ne Freundin bekomme.

Ein anderer Mann findet es nicht leicht, eine Freundin zu finden. Er sei schon alt und es dauere schon viel zu lange:

> Interviewer: [Mhm ,] (--) mhm,... (--) mh, (-) hast du ne Freundin?
> Befragter: Nee (...) Ja ich ((stotternd)) (-) ich bin ja schon alt. (3,0) ... ich müsste eigentlich... (4,0) Dauert viel zu lange. ›Dauert viel zu lange‹(...) Ja n-ne ((stockend)) Freundin zu kriegen, (-) des s-s-s ((stotternd)) irgendwie nicht so einfach.

Niemand unter den Befragten weist ausdrücklich eine Partnerschaft von sich. Manche erinnern sich an ehemalige PartnerInnen, von denen sie sich getrennt haben, oder an eine Beziehung, die nicht mehr besteht, wie etwa bei den folgenden beiden Gesprächspartnerinnen:

> - ((Stöhnt)) *Ich war mal früher mal zusammen, is nich mein Typ einlich*
>   I.: Also Sie hatten mal einen Freund, aber- das ist jetzt nicht mehr?
>   *Nee nicht [mehr.] (…) Ich bin froh.*
> - I.: Haben Sie n Freund?
>   *Hat ich mal gehabt, (-) jetzt nicht mehr.*
>   I.: Jetzt nicht mehr – Sie hatten jemanden als Freund in der Werkstatt auch, haben Sie gesagt?
>   *Ja, sowa ((unverständlich)) vorher auch.*
>   I.: Davor auch, das ging dann auseinander
>   *Genau.*
>   I.: Das war nicht
>   ((unterbricht)) *Beide, beidseitig.*

Eine Frau hofft darauf, dass ihr ehemaliger Partner zurückkommt. Sie sei traurig und hoffe auf eine neue Chance:

> *Ich hätte mal n Freund gehabt, (---) ist jetzt leider auch schon wieder vorbei, aber ich warte bis er zu mir zurückkommt, weil ich ihn noch liebe (…).*
> *Ja und bin auch ziemlich traurig … Und, ich-ich hoffe dass er sich doch, … nochmal mir noch eine Chance geben könnte. ((bedrückt))*

Im Folgenden berichtet sie darüber, dass sie mit ihren Ex-Partnern weiter befreundet sei. Sie schaffe es, mit diesen »*auch nur so leichten Kontakt zu haben*«, wobei sie dies wenig später, bei einem anderen Mann, doch in Frage stellt: »*dass wir Freunde sein können aber das kann ich irgendwie nicht, zu schalten.*« Manchmal gebe es »*richtig Krieg zwischen uns*«.

Unter denen, welche von einer Partnerin oder einem Partner berichten, finden sich auch einige wenige, bei denen diese Partnerschaft noch eher im Bereich des Gewünschten zu liegen scheint – so bei einem Mann, der von einer Frau berichtet, die er im Urlaub kennen gelernt hat und die weit weg wohnt.

Eine Ausnahmestellung nimmt eine Frau Mitte 20 ein, die von einer Beziehung berichtet, die seit einem Jahr bestehe. Ihr Freund habe nur Augen für sie. Er habe allerdings viel zu tun und müsse noch wichtige Filme drehen. Allmählich wird deutlich, dass es sich um einen Schauspieler handelt, in den sich die Frau verliebt hat und den sie »*auf einer DVD kennen gelernt*« hat. Die anderen hingegen veranschaulichen ihre Partnerschaft mit Berichten über gemeinsame Tätigkeiten und eingehend konkrete Beschreibungen der Bedeutung füreinander.

Hindernisse

Einige wenige der Befragten berichten von Hindernissen oder Beschränkungen, in der Vergangenheit oder der Gegenwart. Eine junge Frau erzählt, dass ihre Eltern sich (früher) gegen körperliche Beziehungen ausgesprochen haben. Eine andere Frau berichtet, dass ihre Eltern eine Partnerschaft unterbindet hätten, als sie jung war. Ein Mann erzählt, dass seine Freundin noch dagegen sei, zusammenzuziehen. Er wolle dies gerne »*von jetzt auf gleich*«, aber das möge seine Freundin nicht. Eine Frau wurde auf der Arbeit verwarnt, in Zusammenhang mit Beziehungsangelegenheiten: Sie solle Privates und Berufliches auseinanderhalten. Ein Mann wiederum muss seine Freundin bremsen; außerdem sei eine Familiengründung in der Einrichtung nicht möglich:

> *Sie hat sehr viele Vorschläge sie will erstmal verloben dann verheiraten,*
> *Und ä::h sie will alles nur in Schnelligkeit, (...)*
> *[Und] ähm ich musste sie bisschen bremsen in diesem FALL ((beide lachen)) ja und da ((Schluckgeräusche)) naja:: eine Familie dürfen wir hier am Hof nicht ...*

Wünsche nach Heirat

Eine große Bedeutung hat der Wunsch, zu heiraten – oder sich zu verloben –, der in den unterschiedlichsten Beschreibungen von 15 Personen geäußert wird. Hier finden sich sehr differenzierte Äußerungen, in denen auch Voraussetzungen formuliert werden:

> *Mit meiner Freundin zusammen. Und wenn alles gut klappt dann werden wir bald in eigene Wohnung wohnen, und dann wenn wir vielleicht in fünf sechs s-sieben Jahren dann wollen wir auch gern dann bald heiraten.*

Eine weitere junge Frau macht den Stellenwert ihrer Beziehung deutlich und den Wunsch, später zusammenzuziehen und zu heiraten:

> *Interviewer: (...) was sind wich- die wichtigsten Ereignisse in deinem Leben?*
> *Befragte: Ja auf jeden Fall natürlich die Beziehung? Dass die Beziehung auch gut geht? Und das auch wenn man alleine wohnt. Oder w- wenn der Freund jetzt mal dazu kommt und wir zusammen schlafen, dann muss das ja auch gut gehen im Bett. (...) Und das steht so im Gang und auch-ist auch so in Planung.*

Eine Frau berichtet, dass sie verlobt sei und einen Heiratsantrag angenommen habe:

> *In Freiburg und das ist passiert und den Heiratsantrag gemacht hat (--)(...) Da war ich erst (-) überrascht (3,0) ja und dann hat er denn nochmal gemacht und dann habe ich ja gesagt.*

In manchen Erzählungen finden sich Begriffe in Verbindung mit ›Traum‹, wie Traumhochzeit, Traumprinz oder auch: eine Heirat wäre mein Traum. Auch ein Mann greift dieses Wort auf, stellt aber zugleich klar, dass es um mehr als dies geht:

> *Dass ich Sophie- dass ich die heim- ((heirate?)) träum (...) Das is für mich auch real.*

Sieben Personen äußern ihren Wunsch, zusammen zu ziehen, wobei drei von ihnen nicht über Heirat gesprochen haben. Mithin formulieren 18 Personen ihren Wunsch nach einer dauerhaften Lebensgemeinschaft. Drei Personen sprechen in Zusammenhang mit Partnerschaft über Kinder: Zwei (evtl. drei) Männer wünschen sich Kinder, eine Frau wünscht eine »Heirat ohne Kinder«, eine weitere berichtet von einer Trennung aus dem Grund, dass der ehemalige Partner »zu schnell war und Kinder wollte.« Man kann dieses Ergebnis auch in anderer Weise formulieren: Von den Befragten lebt niemand in einer partnerschaftlichen Gemeinschaft, wenngleich sehr viele dies wünschen.

Körperliche Nähe

Abgesehen davon, dass mit Heirat und Zusammenziehen auch eine stärkere körperliche Nähe impliziert ist, wird in acht Gesprächen das Thema körperliche Nähe in den unterschiedlichsten Facetten angesprochen – so berichtet, wie bereits erwähnt, eine Frau, dass ihre Eltern körperliche Begegnungen nicht gewollt haben. Andere Befragte berichten von ihren Erfahrungen wie ihren Wünschen, zusammenzuziehen und zusammen zu schlafen, in einem Bett zu schlafen und zu kuscheln, sich in den Arm zu nehmen, sich zu lieben. Einige Beispiele unter anderen:

- *Ich will einfach jemanden für mich haben. Da-der für mich da ist haben. (...) Zum Beispiel wie meinen Freund. (...) Dann hab ich auch mal Zeit und Lust mit meinem Freund zu kuscheln.*
- *Mein Schatz kommt manchmal hier hin und quatschen und schläft auch hier, Wochenende ... ja Wochenende mal, kommt er auch mal hier hi::n.*
- *Mit Peter war ich [früher], (...) Da war ich (-) haben wir auf Arm genommen hab.*
- *Dass ich Sophie – dass ich die heim- ((heirate?)) träum (...) Das ist für mich auch real. Im Mai (...) ich hab halt die Richtige. Also ungefähr ich vertraue ihr also- Und ich finde- es- ich hoffes z- auch mit ihr Sex.*
- *I.: Und was wünschen Sie sich für Ihre Zukunft?*
  Heiraten. (...) Ja. Ohne Kind... Und wir- und wir könne sehr gut beide Kuschel- .. Körper kontakt.

Charakterisierung der PartnerInnen

Wenn vom Partner oder der Partnerin die Rede ist, dann nennen die Befragten u. a. das Alter, den Namen und die Anzahl der Jahre des Zusammenseins. Manche der Befragten geben ausführliche Beschreibungen über berufliche Tätigkeiten und vor allem Eigenschaften. Themen wie Down-Syndrom oder Behinderung tauchen nur bei zwei Personen auf. Ein junger Mann erwähnt, dass seine Freundin auch das Down-Syndrom habe; eine Frau erzählt, dass ihr Freund »auch geistig behindert« sei und korrigiert sich dann: »also minimal geistig behindert«. Im Zentrum aber steht die Schilderung von Persönlichkeit und Charakter.
Ein Mann etwa zeichnet das folgende Bild seiner Freundin:

- *Doch also sie ist so so so charmant, und wie eine Königin würde ich mal sagen... Ja und ähm dann hat Sie so hübsche Augen und die ist einfach so sexy würde ich mal*

> sagen. Und ähm das gefällt mir. ((Lacht)) (…) Ja und und ich find das sie einfach so hübsch… ein schöner Name find ich ist auch voll hübsch.

Eine Frau mittleren Alters berichtet, dass sie Angst um ihren Partner habe, wenn dieser sich einer Zahnoperation unterziehen müsse. Sie kümmere sich auch um ihn, wenn er unruhig werde, und sei die Einzige, die ihn beruhigen könne:

> Ja ich bin einzige ähm (3,0) zu ihm kommt, auf die Schultern, sag Schatz beruhig dich bitte? (-) und dann hat er auch aufgehört und mich in den Arm genommen. ((unverständlich)) und hat mich dann geküsst (3,0).

Eine weitere Frau erzählt, dass sie ihrem Partner dabei helfe, ein gesundes Leben zu führen. Sie sei es gewesen, die ihn »angebaggert« habe. Doch müsse er auf seine Ernährung und seine Gesundheit achten, wobei sie ihm helfe:

> Ja ich will ihm ja helfen (…) Na indem wir einfach viel Sport machen auch mal Schwimmen geht.

Sie wolle mit ihm zusammenbleiben:

> Ich will einfach jemanden für mich haben. Da-der für mich da ist haben. (…) Zum Beispiel wie meinen Freund.

Eine Frau berichtet über die Trauer ihres Partners. Er habe seine Mutter verloren – und sie helfe ihm: Sie sei wie eine Pflegemutter.

> Es war schwierig der Tod, der- (-) nicht so einfach für ihn (…)
> Das …ist besser, dass ich für ihn da bin. (…)
> ….Ich bin wie eine Pflegemutter
> Christoph(-) Dass ich immer ihn liebe.

Ein Mann erzählt von seiner Partnerin. Sie fehle ihm, wenn sie im Urlaub sei. Und wenn sie da sei, dann »hilft es ihm immer besser«.

> Für meine Frau weil die (ist) nicht so hart sag ich mal.' Eher so lieblich. Oder manchmal: harte Schale weicher Kern sag ich mal. Und die hat trotzdem hat die ein weichen Kern? Die liebt mich immer noch. Aber die nimmt mich ja, wie ich bin. ((Klopft auf tisch)) Dann bin ich ja- sehr gut.

Seine Partnerin sei sein Ein und Alles: »ich hab halt die Richtige. Also ungefähr ich vertraue ihr also«.

Auch eine Frau würdigt ihren Partner in ausführlicher Weise. Bis dahin, bei zwei »lockeren Beziehungen«, habe sie immer Pech mit Männern gehabt. Aber ihr jetziger Partner sei »sehr wichtig für mich«, sie habe »da echt jemand gefunden«, »der einzige der … wirklich Ahnung hat von einer Beziehung.« Ihn wolle sie nicht mehr verlieren. Sie haben sich viel unterhalten über »*seine wichtigen Sachen.*« Und er sei sehr witzig. Die Anbahnung ihrer Beziehung, auf dem gemeinsamen Arbeitsplatz, schildert sie im Detail:

> *Ja (-) und dabei sind wir uns nahe gekommen und dann (-) einmal hat uns eine Arbeitskollegin zusammen getan äh also zusammengebracht (-) weil der sich immer verstecken musste vor mir da der wollte schon damals was von mir also der war echt in mich verliebt ((holt Luft)) und ähm (--) das hat ich nicht mehr ausgehalten [((lacht))].*

Bei den Gesprächen über die Herkunft ihres Partners seien sie sich »*gut nahe gekommen*«. Erst habe es mit den beiden nicht geklappt, und, mit einem Wechsel von der Vergangenheits- in die Gegenwartsform: »*Irgendwann später haben wir dann noch mal versucht und jetzt hat's echt geklappt*«.

Wie bei vielen anderen Themen finden sich in der Forschungsliteratur kaum Studien zu diesem Thema, insbesondere nicht auf der Basis von Befragungen der Personen selbst. Die Forschungsliteratur bezieht sich vor allem auf Personen mit Beeinträchtigungen der Intelligenz (intellectual disability). Aufgrund von Befunden eines insgesamt geringeren sozialen Umkreises würden die betreffenden Personen weniger Gelegenheit haben, Menschen kennenzulernen.[186] Hinzu kommt, dass Eltern ihren Kindern in diesem Bereich verhältnismäßig wenig Autonomie zugestehen,[187] was nach Ansicht mancher ForscherInnen dazu führt, dass die Gefahr von Übergriffen und Ausbeutung steigt.[188] Studien in Verbindung mit Personen mit Down-Syndrom schildern die Ergebnisse von Elternbefragungen, so die bereits oben schon erwähnte internationale Studie, nach Auskunft der Eltern 25 % bis 61 % der Erwachsenen im Alter von 31 Jahren ausgehen.[189] In einer weiteren Befragung von 408 Bezugspersonen von Personen mit einem Durchschnittsalter von 17,9 Jahren wurde unter den wichtigsten noch zu erreichenden Zielen Sicherheit und Schutz vor sexuellem Missbrauch benannt.[190]

Die hier befragten Personen mit Down-Syndrom berichten z.T. sehr offen und vor allem angesichts der Fülle von Themen im Rahmen der Interviews, die im Durchschnitt weniger als eine Stunde dauern, sehr differenziert über den Bereich der Partnerschaft. Es handelt sich hier bei vielen Befragten um ein sehr zentrales Thema – wie bei Personen ohne Down-Syndrom auch.

---

186 Cheak-Zamora et al. 2019.
187 Walker-Hirsch 2007.
188 Baines et al. 2018.
189 De Graaf et al. 2019.
190 Santoro et al. 2022.

5.13 Konflikte

Insgesamt 25 GesprächsteilnehmerInnen (i. e. über die Hälfte) benennen und beschreiben Konfliktsituationen aus ihrem Leben. Von diesen bringen elf Befragte dabei einen einzelnen Konflikt zur Sprache, 14 sprechen über mehrere Konflikte.
   Konfliktinhalte spiegeln die Lebenswirklichkeiten der Beteiligten wider und die Menschen, mit denen sie zu tun haben. Am häufigsten werden Konflikte mit Familienmitgliedern benannt (N=13), nämlich mit Eltern (N=9) und mit Geschwistern (N=4). Die zweithäufigsten Nennungen betreffen Konflikte im Arbeitsbereich, mit AnleiterInnen oder BetreuerInnen (N=8) sowie in der Schule mit MitschülerInnen (N=8). Des Weiteren werden als KonfliktpartnerInnen KollegInnen (N=5) sowie MitbewohnerInnen benannt (N=4).
   Bei der überwiegenden Mehrzahl der benannten Konfliktsituationen (N=21) handelt es sich um wiederkehrende Situationen bzw. um dauerhaft wirksame Gegebenheiten. Nur in sechs Fällen ist von einmaligen Vorkommnissen die Rede. Zwei Drittel der GesprächspartnerInnen, die über Konflikte sprechen, beschreiben Situationen, an denen sie direkt beteiligt sind. Seltener kommt es vor, dass Erzählende sich nicht an dem Konflikt beteiligt, sondern in der Beobachterrolle sehen (N=6). Daneben werden auch Konflikte benannt, an denen die Befragten möglicherweise nicht direkt beteiligt, aber doch von den Auswirkungen betroffen sind, wie etwa bei einer von Streitigkeiten belasteten Atmosphäre in der Wohngruppe.

Bewertung

Wenn es um eine Bewertung von Konfliktsituationen geht, fallen viele relativierende oder einschränkende Kommentare auf, welche in die Richtung gehen, das Geschehen als wenig gravierend zu charakterisieren. Es scheint sich häufig um verhältnismäßig geringfügige Streitereien zu handeln, zumal sie bereits »*vorbei*« sind oder eben zum Alltag dazugehören: »*Ab und zu mal ja meistens mal Zickenkrieg immer aber wir vertragen uns immer auch immer sehr schnell*«.
   Ein Mann beschreibt die Beziehung mit seinem Bruder in der Kindheit in verschiedenen Schattierungen: »*Mein Bruder hat mich auch ganz schecht g-ge-gehandelt*« – aber auch: »*Ähm, ganz früher hat er ganz viel gemacht*«. Seltener kommt es vor, dass eine Erinnerung an eine frühere Konfliktsituation nach wie vor als eindeutig negativ beschrieben wird:

> *Aber die Mitschüler waren wirklich nicht so ohne die haben mich gemobbt haben mich geärgert und so, ich wollt eigentlich mit den auch Freundschaften schließn. Ging gar nicht und ich hat auch viel Streit gehabt und Stress mit den.*

Bei drei Frauen dagegen kommen Konflikte zur Sprache, die zwar vergangen sind, aber damals ernsthafte Konsequenzen hatten und deswegen selbst in der Erinnerung als schwerwiegend erkannt werden, wie z. B. eine Versetzung vom Arbeitsplatz.

Unterschiedliche, manchmal auch widersprüchliche Haltungen kommen zum Ausdruck, wenn die Betroffenen von ihren Erfahrungen berichten und von der Wirkung, welche diese auf sie selbst hatten. Manchmal wird eine schwierige Situation mit Humor betrachtet, etwa wenn die Erzählende mit Lachen und Verständnis das unschöne Verhalten der Freundin beschreibt und kommentiert (»*Sie weiß nicht dass ich zu schwach war*«), aber gleichzeitig einräumt: »*Da war ich lange wütend*«. In ähnlicher Weise berichtet ein Mann, unter Lachen, wie die Verbindung zu der Freundin von deren Vater unterbunden worden ist, aber räumt dann beim näheren Nachfragen ein, darüber »*enttäuscht*« und »*traurig*« zu sein. Der Mann, der von dem Rechtsstreit zwischen seiner Tante und der Familie erzählt und sich selbst eine Versöhnung in der Familie herbeiwünscht, bringt die zwiespältigen Empfindungen wie folgt zu Wort: »*Ich hätte den an-, auch verhaften lassen. …Ich, ich brauche (-) mein Tante. Ich brauche, ich brauche meine Tante*«.

Seltener sind Berichte von Erzählenden, die selbstbewusst auf ihrem Standpunkt bzw. ihrer Perspektive des Konflikts bestehen:

- *Für mich ist es nicht richtig.(-) Für meine Erlebnis.*
- I.: *Kannst du das verstehen?*
  Nä! Kann ich nicht.
  I.: *Findste nicht in Ordnung?*
  B: Ne. Find ich nicht.
- *Die übertreibt meine Mutter übertreibt. (--) so ich hab immer gesagt Du übertreibst total.*

Mindestens ebenso häufig erklären andere Befragte, sich lieber aus Situationen zurückzuziehen als einen Konflikt zu riskieren; man »*hält sich raus*« (7) oder verlässt den Verein, anstatt eine Konfrontation herbeizuführen; »*manchmal gibt es Situationen, wo man ähm manchmal aufgibt*«.

Manche machen klar, dass ihnen Auseinandersetzungen und Streit unangenehm sind (N=3): »*Weil ich mag nicht wenn die Leute sich gegenseitig anbrüllen*«. Ein anderer Mann macht deutlich, dass er Darstellungen von Aggressionen, selbst fiktive, nicht mag, genauso wenig wie öffentliche Menschenansammlungen mit dem ihnen innewohnenden Potenzial von Aggressivität. Häufig wird das Wort »*traurig*« benutzt, wenn die GesprächspartnerInnen erzählen, wie ihnen angesichts einer schlechten Behandlung durch andere zumute war; zwar kommen auch Gefühle von Wut zur Sprache, aber sehr viel seltener. Einer Frau kommen wiederholt die Tränen, als sie über Konflikte aus ihrer Schulzeit berichtet.

Ursachen und Konsequenzen

Als Ursachen von Konflikten werden drei Felder benannt: mangelndes Einverständnis mit den Eltern insgesamt, des Weiteren unterschiedliche Auffassungen zwischen den GesprächspartnerInnen und ihren Eltern, vor allem hinsichtlich des Umgangs mit partnerschaftlichen Beziehungen, und schließlich Arbeitsabläufe oder

Arbeitsbedingungen, die als nicht nachvollziehbar oder akzeptabel empfunden werden.
Viele GesprächspartnerInnen ziehen Erkenntnisse oder Lehren für das eigene Verhalten aus den erlebten Konfliktsituationen. Diese können durchaus mit Selbstkritik verbunden sein, wie aus der nachfolgenden Beschreibung von Auseinandersetzungen zur Schulzeit hervorgeht:

> *Äh wo's auch ziemlich schnell zickig und so wie n halt Mädels so sind, äh ... war ich auch mal gewesen... Mmh, ja und auch mal an einem Mädchen die Haare rausgez- äh, wie heißt des, rausgerissen quasi... hat auch einige, äh Klassenkameraden gehabt oder Schulfreunden gehabt und auch die jenigen die ich nicht leiden konnte oder ge-, äh gehasst habe und (-) und dann auch irgendwie gezeigt ne, äh wie man sich hasst und so und, ja.*

Eine andere Frau beschreibt die Notwendigkeit, ihre eigene Emotionalität zu regulieren, wenn es Ärger gibt:

> *Interviewer: Und was machst du wenn du dich aufregst?*
> *Befragte: Dann muss ichn runterfahren.*

Eine andere Gesprächsteilnehmerin betont ihren verträglichen Umgang mit Meinungsverschiedenheiten: »*Aber ich mach das nich indem ich äh die Leute anbrülle sondern äh:: mit mir kann man ähm:: mit mir kann man reden*«.
Befragte erkennen die Konsequenzen des eigenen Verhaltens, z. B., wenn eine andere Person nach einer Beschwerde von Vorgesetzten bestraft worden ist. Umgekehrt kann auch erfahren werden, dass man selbst negative Konsequenzen auf sich zieht, wenn man sich zur Wehr setzt: »*Und dann gabs glaub ich Ärger... Und dann is er immer stinkig auf mich*«.
Viele der Befragten zeigen Verständnis für die Ursache von Konflikten oder von Ausgangsbedingungen, welche Konflikte nach sich ziehen können. Eine Frau erzählt von der Anfälligkeit für Konflikte bei Freundinnen, infolge der kürzlich erfolgten Trennung von ihren jeweiligen Partnern: »*Aber sind beide grade auf nem wackelt weil wir beide die Trennung haben*«. Eine andere benennt die unterschiedlichen Prioritäten und Interessen zwischen ihr und der Schwester als Auslöser der gegenwärtigen Unstimmigkeiten:

> *Ich sag ja auch Lily ja ich kanns verstehen, dass Du traurig bist, aber musst auch mal mitfühlen, dass ich auch n Freund habe und auch viel lieber mit meinem Freund was mache, sag aber jetzt nich, dass äh nichts mehr mit Lily zu tun habe... Ich hab gern was mit Lily gern zu tun, aber die macht halt, macht kaum w- macht kaum was mit mir. Die geht gern in Zoo, außer ich nich, die mag Tier, ich nich ... die guckt keine, geht nich ins Kino, geht nich shoppen... So wie ich mir das immer wünsche.*

Ein Mann nimmt an, dass Neid oder Eifersucht dem problematischen Verhalten eines Kollegen zugrunde liegt: »*Und mich auch aber er is sauer um Theater warum schon ma äh wie ich bin so immer beliebt und so... Wahrscheinlich is der ei-:: der is schon eifersüchtig«.*

Umgang mit Konflikten

Eine Frau beschreibt eine Situation, in der sie auf ihrem Standpunkt beharrte und damit auch Erfolg hatte. Eine andere behauptete sich klar und eindeutig gegenüber ungewollten Annäherungsversuchen: »*Da sagt er sagt er zu mir ja willst du zu mir kommen, ich so nein danke*«. Hierbei handelt es sich jedoch um Ausnahmen. In den meisten Fällen berichten die Befragten davon, zu resignieren und sich aus der konfliktbeladenen Situation zurückzuziehen.

- *Wenn meine Eltern gestritten haben bin ich da weg hier.*
- *Und aber die Leute warn nich so also eine Person eine Kollegin halt die ist (-) schon recht streng also die führt sich auf wie eine Chefin die ist aber keine Chefin... und das war mir dann äh *zu viel und bin dann (-) äm ((kurzes Schnalzen)) nach Hersel in die Küche gegangen und bin ich jetzt geblieben ...*
- *Und da hab ich gesagt »Nö. So nich.« ... ich b- ich hau ab... Bin abgehauen, und da fühl ich mich jetzt besser.*

Nur ein Mann beschreibt den eigenen Rückzug aus einer schwierigen Situation als eine bewusste Entscheidung, eine andere Einstellung bei sich selbst zu bewirken, die es ihm ermöglicht, den Konflikt zu lösen:

Un::d (---) wenn es ahm wenn es so ist dass wir Streit habe? Ähm geh ich dann fünf Nute weg, und dann komm ich zurück und dann kri- Esuldigung und das tut mir leid.

Sieben GesprächspartnerInnen erwähnen Situationen, in denen sie um Hilfe anderer, meistens von Autoritätspersonen, wie z.B. LehrerInnen oder Eltern, gebeten haben, um die Situation zu beseitigen.
In den meisten genannten Fällen scheint solches Eingreifen Anderer Erfolg gezeigt zu haben:

- *Und der und der Sport- eh Sportlehrer Herr König heißt der ne? Der hatte- hatte geschimpft und hatte eh *gestra::ft.*
- *Weißt du ich hab, ich hab immer alles erzählt... Dann Mama und ich sind ga::nz schnell, da sind wir schnell zur Werkstatt gefahren...Und hat sie ä::h geschimpft...So nicht.*
- *Gibt Tage, ist es okay es gibt Tage da ist es nicht okay, da geh ich einfach zu meinem Hausbetreuer.*

Zusammenfassend ersteht der Eindruck, dass die GesprächspartnerInnen Konflikten gegenüber eine reflektierende Haltung einnehmen und sich bemühen, deren Ursprung zu verstehen. Auch die eigene Person wird hier mit einbezogen. Ebenfalls deutlich wird die Tendenz, Konflikte nicht ›überzubewerten‹ und sich um verträgliche Lösungen zu bemühen. Hierbei scheint Rückzug die vorherrschende Tendenz zu sein. Dies gilt jedoch nicht unbedingt für die verhältnismäßig zahlreichen Konflikte im familiären Feld, vor allem mit den Eltern. Diese scheinen sich auf der Achse von Autonomie und Abhängigkeit zu bewegen und gehen möglicherweise mit einer entsprechenden inneren Konfliktspannung einher. Den Beschreibungen nach handelt es sich hier um Konflikte, welche üblicherweise mit den Entwicklungsaufgaben der Adoleszenz in Verbindung stehen. Eine weitere Gruppe von Konflikten resultiert aus Erfahrungen von Bevormundung oder auch von Übergriffen anderer Personen. Nur in sehr seltenen Fällen beschreiben sich die Befragten selbst als Auslöser der Konflikte.

5.14 Selbst

Aussehen

Etwa ein Viertel der Befragten (N=11) spricht über ihr Aussehen, einige Male in Zusammenhang mit der Kindheit, z. B. beim gemeinsamen Blick auf ein Foto, sonst im Hinblick auf die Gegenwart. Es handelt sich zumeist um verhältnismäßig kurze Ausführungen, manchmal einige Sätze lang.

Dieses Thema wird allein von den GesprächspartnerInnen vorgebracht, manchmal nehmen diese Bezug auf Äußerungen anderer Personen, vorwiegend der Eltern. Manche Aussagen enthalten Bewertungen, andere bleiben auf einer sachlich-beschreibenden Ebene.

Ein Mann beschreibt sich in sachlicher Form mit Körpergröße und Augenfarbe, als das Gespräch von der Kindheit auf die Gegenwart kommt und als Antwort auf die Phrase, er sei ja nun »*groß*«. Ein anderer spricht über seinen »*Vollbart*«, was die Interviewerin so nicht stehen lassen möchte (»eher ein dünner Vollbart«).

In einer Situation ergibt sich hierüber ein Missverständnis. So beklagt sich ein Mann, der in einer Einrichtung lebt, über die Kritik der Betreuer:

> *Aber das muss ich äh, das sagen die Betreuer, (4,0) es sieht nich aus. ›Es sieht nich aus‹.*
> I.: Ja ja, okay. Der Betreuer sagen zu dir: »hey wie siehst du denn aus?«
> *Ja die kommen in Zimmer wie ich (-) es muss hier gepflegt sein.*
> I.: Ja, siehst du das auch so, dass du gepflegt sein (-) möchtest du gepflegt sein
> *Ja natürlich.*
> I.: Das schon.
> *Das muss ich auch.*

Der Interviewer überhört oder missversteht das unpersönliche Pronomen, welches eher auf das Zimmer schließen lässt als auf den Mann selbst. Gleichwohl übernimmt der Befragte die Deutung, oder aber beide reden kontinuierlich aneinander vorbei.

5.14 Selbst

Ein wiederkehrendes Thema betrifft Gestalt und Körpergröße. Eine Gesprächsteilnehmerin spricht über ihre relativ geringe Körpergröße, betont aber zugleich, dass sie ausgewachsen sei.

> *Bin eher klein.*
> I.: Mhm,
> *Für meine Grö- für meine Größe bin ich eher ausgewachsen [aber-].*

Eine andere bemerkt, dass sie »in die Breite« gegangen sei, zumal sie nach einer Hüftoperation weniger beweglich geworden sei.

> *Paar Bilder noch von der Kindheit, das ich jetzt bin ich ein bisschen breiter geworden, merk ich grade, ((lacht))*
> I.: Ja du meinst hier, seitdem Du größer geworden bist, ja::
> *Genau, bin ich früher immer größer geworden, bin ich jetzt immer breiter geworden. Und als kleines Kind war ich ziemlich dünn, hab mich viel bewegt, und jetzt bin ich nicht mehr so beweglich, seit ich ja auch die Hüft-OP habe ich hat die Hüft-OP hinter mir.*

Später vergleicht sie sich mit ihren Geschwistern.

> I.: Ja, Du [bist die ältest,]
> *Die Kleinste.*
> I.: Die Kleinste?
> *Ja, ich bin klein.*

Zwei Befragte bewerten ihr Aussehen als Kinder, wie es sich auf den Fotos zeigt, die während des Interviews betrachtet werden.
Eine Frau äußert sich hier sehr kritisch:

> I.: ((gluckst)) Ja, irgendwie anders als jetzt ne (3,6) ((Blättert in einem Buch))
> *Ziemlich schlimm seh ich aus.*

Viele Befragte hingegen äußern sich positiv: so etwa eine Frau, die sich auf ihr Aussehen als Kind bezieht.

> *Ja. Ich war auch sehr nettes Baby war ich sehr schön anzusehn und so ja.*

Eine Frau erinnert sich an die Aussage ihrer Mutter, die ihr einen Rat gab, was sie im Rahmen einer Aufgabe über sich schreiben solle, und es hat den Anschein, als würde sie hier zustimmen:

> *Sonst eigentlich nichts, also ich musste einmal (-) üba mich was schreibn (-) da hat meine Mutter gesacht schreib doch einfach ich bin klein und süß. [((lacht laut))].*

Ein Mann spricht eingehend über die blonden Haare, die er als Kind hatte. Er erinnert sich daran, wie dies für ihn war:

> *Ähm da war ich klein da hab ich schon hm ähm leichtere Haare ((lacht)),*
> *I.: ((lacht))*
> *Und dann äh wurde das me::hr, und dann habe ich blonde Haare gekriegt...Und weiche Haare.*
> *I.: Ja?*
> *Ja, und das war toll das Gefühl.*

Den Haaren kommt eine zentrale Bedeutung zu. Später kommt der Befragte noch einmal darauf zu sprechen. Er erinnere sich nicht mehr an vieles, aber daran schon:

> *Ä::hm ich weiß nur ganz wenig davon.((Lacht)) Weil ähm ja kann man sagen ich hab jeden Fall blonden Haaren gehabt.*

Andere Äußerungen richten sich auf die Gegenwart. Auf die Frage, was ihr Freund besonders an ihr schätzt, antwortet eine junge Frau:

> *I.: (...) Aber ähm ich probier mal was wenn man jetzt zum Beispiel deinen Freund fragt, was findest du toll an der Stefanie. Was wird der wohl sagen.*
> *Befragte: Ja das-das die Figur allein auch gut aussieht.*

Eine Frau spricht in ihrer Selbstcharakterisierung über ihre Augen, nachdem sie von der Interviewerin gefragt wird, wie sie sich selber beschreiben würde, wie sie sich selber sehe. Während diese Frage im auf das Selbstbild der Persönlichkeit intendiert ist, versteht die Befragte dies eher im Hinblick auf ihr Aussehen, sie fragt nach, ob es um den Gesichtsausdruck gehe, und spricht dann über ihre Physiognomie:

> *...ich hab auch echte Katzenaugen, wenn man das bei mir wirklich sieht] und die haben und die haben das ja nicht so ganz rund die haben das so (-) so oval? Oval meine Pupillen sind auch-sind auch anders und die Katzen haben das genau::so bin ich eine Katze MIAU MIA::U hihi [Interviewerin lacht] deshalb mag ich dieses hinten dieses die-die dies hier wenn mich da einer krault oh:: mhm:: das mag ich echt gerne.*

Ihre verhältnismäßig ovalen Pupillen – sie betont deren Andersartigkeit – vergleicht sie in positiver Weise mit Katzenaugen und identifiziert sich mit einer Katze, zumal sie es ja auch gerne hat, wenn man sie an einer bestimmten Stelle krault. Es ist fraglich, ob hier implizit eine Referenz auf physiognomische Merkmale in Zusammenhang mit dem Down-Syndrom vorgenommen und zugleich mit dem Katzenvergleich gleichsam überblendet wird.

Ein Mann wiederum verweist auf seine Muskeln. Die habe er von seinem Großvater.

> *Und von ihm hab ich das hier. (--) {/hebt seinen Arm und zeigt auf die Muskeln am Oberarm}/ Mei Muskeln.*

Zusammenfassend lässt sich festhalten, dass diese Äußerungen entweder beschreibend sind oder in Richtung einer positiven Wertung gehen, welche auf der verbalen wie der nonverbalen Ebene erscheinen. Wenige Äußerungen haben eine negative Tendenz. Bis auf (möglicherweise) eine Äußerung bezieht sich keiner der GesprächspartnerInnen auf physiognomische Merkmale in Verbindung mit dem Down-Syndrom. Die Bemerkungen sind tendenziell beschreibend und wo Bewertungen vorgenommen werden, erfolgt dies mit einer positiven Betonung. Diese Ergebnisse befinden sich im Einklang mit einer älteren Studie zu Identität von älteren Personen mit Down-Syndrom. Hier bezogen sich die Selbstbeschreibungen auf soziale Rollen oder Geschlecht, nicht jedoch auf das Down-Syndrom und damit in Verbindung gebrachte Aspekte wie Beeinträchtigungen.[191]

Eigenschaften und Fähigkeiten

32 Personen äußern sich über ihre eigene Persönlichkeit im Hinblick auf Eigenschaften, Fähigkeiten, Beeinträchtigungen und Interessen. Es überrascht nicht, dass die unterschiedlichsten Eigenschaften benannt werden.

Legt man das Persönlichkeits-Modell der Big Five[192] zugrunde, so finden sich die meisten Äußerungen zur Dimension *Verträglichkeit*, mit einem eindeutigen Akzent auf eine positive Ausprägung. Die hier verwendeten Ausdrücke sind etwa »*freundlich*«, »*verträglich*«, »*hilfsbereit*«, »*eine gute Seele*«, »*grundsätzlich mit Menschen klarkommend*«, »*viele Freunde habend*«, »*höflich*«, »*will keinen Ärger machen*« – 13 Personen äußern sich in diese Richtung.

Weitere Eigenschaften lassen sich der Dimension *Extraversion* zuordnen, wobei sich hier eine differenziertere Verteilung ergibt. Die Mehrzahl bezeichnet sich eher als extravertiert, mit Begriffen wie »*mutig*«, »*humorvoll*«, »*lebenslustig*«, »*rede viel*«, »*eher gesellig*« oder »*kann Kontakt zu Menschen aufnehmen*«. Dies betrifft ebenfalls 13 Personen, vier Personen beschreiben sich als »*eher ruhig*«, »*manchmal still*« oder »*schüchtern*«. Zwei Personen benennen Eigenschaften, die zur Dimension der *Offenheit* zählen, wie »*weltoffen*« oder »*neugierig*«, fünf Personen benennen Eigenschaften, welche zur Dimension *Neurotizismus* gehören (»*ärgerlich*«, »*patzig*«, »*ausgeglichen*«), wenn man hier die Begriffe »*ruhig*« und »*unruhig*« miteinbezieht, die allerdings mehrdeutig sind. Ebenfalls eine sehr geringe Zahl von Befragten benennt Eigenschaften wie »*diszipliniert*« und »*zuverlässig*« (Dimension *Gewissenhaftigkeit*).

Die meisten Befragten nennen zwei oder mehrere Eigenschaften. Die weitaus meisten Eigenschaften können als positiv bzw. als sozial akzeptiert gelten.

Bei den Interessen und Vorlieben werden Aktivitäten wie Theaterspielen, Musik, Kunst und Sport häufiger benannt (▶ Kap. 5.8). Manche Interessen fallen aus der Reihe und werden, auch im Spiegel von Kommentaren, reflektiert:

> *Spiel auch außer Pokemon auch was anderes.* ((gemeinsames Lachen))
> I.: Mhm,

---

191 Brown, Dodd & Vetere 2010.
192 McCrae & Costa 1997.

> *Aber Pokemon mag ich so gern.* ((Kindlicher Tonfall))
> I.: Ja.
> *Zum ist einfach meine Welt*
> I.: Ja,
> *Das zu machen. Viele sagen das ist Kinderkram. Aber für mich ist das nicht.*

Hinsichtlich der Fähigkeiten, die sich die Befragten zuschreiben, fallen zum einen Kulturtechniken auf (Schreiben, Rechnen) und zum anderen Tätigkeiten, welche zu einer selbständigen Haushaltsführung gehören: lebenspraktische Tätigkeiten und Haushaltstätigkeiten wie Bügeln, Waschen oder Kochen (N=10). Durch die Benennung dieser Tätigkeiten wie auch in entsprechenden Kommentaren laufen diese Beschreibungen auf das übergreifende Thema der *Selbständigkeit* zu. Auch Defizite kommen zur Sprache: Diese bilden den Spiegel der Fähigkeiten, insofern auch hier von haushaltsbezogenen und lebenspraktischen Tätigkeiten die Rede ist (N=4) sowie von Kulturtechniken (N=5). Nur an zwei Stellen des gesamten Korpus finden sich soziale Vergleiche, so der in der Literatur häufig angesprochene »Abwärtsvergleich« bei einer Frau mittleren Alters, die sich mit MitbewohnerInnen vergleicht, welche pflegebedürftiger als sie sind:

> *Mit verschiedenen Bewohnern die auch ähm pflegebedürftig sind (--) mit waschen, anziehen und das ganze weil ich kann das ja,*
> I.: Das- du bist ja nicht pflegebedürftig ne,
> *Ne ich nicht.*

Eine andere Frau weist darauf hin, dass sie bei der Arbeit im Vergleich zu anderen langsamer arbeitet:

> *Ja weil die Küche immer zack zack Tempo brauchen muss und ich bin ja langsam ich kann ja nicht so schnell wie die Anderen arbeiten.*

Der Hinweis auf Fähigkeiten wie auf Schwächen wird häufig mit dem Thema Lernen verbunden: sei es, dass jemand noch lernen muss, früh aufzustehen o. Ä., sei es, dass man auf eine Fähigkeit verweist, die man erworben hat.

Darüber hinaus finden sich auch sehr individuelle Beschreibungen von Fähigkeiten und Defiziten: Ein Mann gibt an, dass er länger brauche, »*um zu verstehen*«; eine Frau berichtet davon, dass sie ihre Gefühle nicht abschalten könne, eine andere, dass es ihr manchmal schwerfalle, ihre Grenzen zu wahren und sie ferner einen Hang zur Übertreibung habe. Ein Mann erzählt, er könne zwar austeilen, aber nicht einstecken, ein anderer findet, er müsse noch lernen, Filme anschauen zu können, die »*nicht so schön*« sind. Manche Beschreibungen lesen sich beinahe wie ein Motto: »*ich bin ein absoluter Frauentyp*« oder »*ich bin weltoffen für alles*«. Bemerkenswert ist auch die Bemerkung einer Frau, sie sei »*stolz auf ihre anderen Gedanken*« oder die folgende Aussage eines Mannes: »*Mein Kopf ist nicht in Ordnung, dort stimmt etwas nicht.*« Eine andere Frau denkt zurück und erinnert sich an ein äußerst hartes Urteil, das sie über sich selbst gefällt hat:

5.14 Selbst

> *Als ich sag so ich hab so zu mir ich sei eine Missgeburt ich könnte gar nichts. Eine Missgeburt und (-)*
> I.: Äh du sagt Missgeburt,
> *Ja zu mir selber. [...] Abhab ich mal früher gesagt früher, jetzt eher nicht mehr.*

Manche Aussagen, en passant gegeben, bleiben rätselhaft, wenn der Interviewer nicht nachfragt:

> I.: Ja? Und hm? Wenn du (4,0) wie wie würdest du sagen wie bist du als Mensch? *Ich bin ein Mensch (-) äh großgezogen (-) weil ich ganz anderes gestrickt bin. Ich bin ja (-) nicht mehr Kleinkind mehr ich bin erwachsen jetzt.*

Klar ist hier, dass es um das Erwachsensein geht, aber was meint die Gesprächspartnerin, wenn sie von sich behauptet, sie sei »anders gestrickt«?

Manches wirkt wie mit einem Augenzwinkern versehen, etwa die Aussage einer jungen Frau, sie sei ein »*cooles Mädchen und ein Powergirl*« oder die abschließende Aussage einer Frau über zukünftige Perspektiven: »*Wünsche mir in der Zukunft, eine kleine Heilige zu werden.*« Vielleicht aber ist dies auch ganz ernst gemeint.

So individuell die Aussagen sind, sie zeigen wie viele andere eine Haltung von Selbstreflexion und auch Selbstkritik. Ein Schwerpunkt liegt deutlich auf Eigenschaften, die in Richtung Offenheit und soziale Orientierung geben. Dies stimmt mit den Aussagen überein, die sich mit dem Umgang mit Konflikten befassen (▶ Kap. 5.13). Außerdem weisen viele Selbstcharakterisierungen eine humorvolle Note auf.

Emotionen

22 Personen, also knapp die Hälfte der Befragten, thematisieren im Verlauf der Gespräche Emotionen, bei ihnen und bei anderen Menschen – Emotionen, welche sie derzeit beschäftigen, und solche, die sie in der Vergangenheit erlebten. Mit der Ausnahme von zwei Personen geht die Initiative hierzu von den Befragten selbst aus. Von diesen sind 16 weiblich und sechs männlich. 17 Personen benennen Emotionen, die sie gegenwärtig erleben, zehn von ihnen beziehen sich auf Gefühle in der Vergangenheit. 19 Personen thematisieren Gefühle, die sie selbst erleben, sechs sprechen über die Gefühle anderer Menschen und drei über gemeinsam erlebte Gefühle.

Wie viele unterschiedliche Emotionen werden thematisiert? Elf Befragte sprechen über zwei oder mehr Emotionen, vier Personen sprechen eine Emotion wie z.B. Trauer an, aber in unterschiedlichen Kontexten (Trauer über den Verlust einer Partnerschaft, Trauer über den Tod eines Familienangehörigen), und sieben Befragte sprechen von einer Emotion in einem Kontext.

Welche Emotionen werden thematisiert? Als zentrales Gefühl sticht die Trauer hervor, sie wird von 15 Personen benannt. Diese berichten über eigene Trauer wie über die Trauer ihrer Bezugspersonen. Der häufigste Anlass ist der Tod einer geliebten Person, eines Elternteils, einer Tante oder Großmutter, einer Bezugsperson im Rahmen von Einrichtungen oder Diensten. Ebenfalls Anlass zur Trauer geben Krankheiten und Situationen, die als frustrierend erlebt werden, wie z. B. das Besuchsverbot bei einer Freundin, von deren Vater verhängt, die Trennung von einem Partner, das Erleben von deprimierenden und abwertenden Verhaltensweisen von Kollegen, aber auch das Erleben der negativen Behandlung einer Politikerin im Radio. Die Erfahrungen von Trauer stehen mithin ganz im Zeichen von sozialen Beziehungen. In manchen Sequenzen werden die Gefühle der Trauer mit ihrer Manifestation, den Tränen, verbunden. Trauer entsteht auch über den unerfüllten Kinderwunsch. Trauerreaktionen werden darüber hinaus in Zusammenhang mit dem Thema Down-Syndrom beschrieben. Eine Frau berichtet von der Trauer ihrer Eltern angesichts des Down-Syndrom: »*Also meine Eltern haben ja haben ja geweint wegen mir wegen Down-Syndrom, und das fanden (meine Eltern sehr zusammengezogen)) sehr sehr schade...*«

Zwei weitere Gefühle werden jeweils von fünf bzw. vier Personen benannt: Angst und Wut bzw. Aggressivität. Ängste entstanden vor Operationen und Krankenhausaufenthalten, aus der Sorge um einen Partner bzw. auch vor Krankheiten oder dem Tod von Verwandten. Wut wird berichtet in Zusammenhang mit Mobbingerfahrungen, mit dem unerfüllten Kinderwunsch, mit dem Verlassenwerden von einem Partner und mit Beschädigungen des Eigentums. Eine ganze Reihe von weiteren Emotionen wird ein- oder zweimal genannt, wie Schmerz, Freude, Liebeskummer, das Gefühl von Peinlichkeit, Rührung, Abneigung, Unwohlsein, Erleichterung/Trost, Schock, Nervosität, Bedauern, Sehnsucht, Lampenfieber u. ä. Auch hier dominieren Gefühle in Verbindung mit Beziehungen: Unwohlsein wegen eines fehlenden Kontaktes zu einer Bezugsperson, Stress durch das Überwachtwerden bei der Arbeit – und positiver Stress angesichts des nahenden Geburtstags. Weitere Emotionen stehen in Zusammenhang mit Einsamkeit bei der Arbeit, der Sehnsucht nach dem verstorbenen Vater, dem »*Nicht-Klarkommen*« mit der Trennung der Eltern, der Erfahrung, nach dem Tod des Großvaters getröstet worden zu sein, den Sorgen wegen eines Krankenhausaufenthalts der Mutter, dem Schock darüber, dass Briefe nicht erwidert werden, und der Freude über den nahenden Auszug von Zuhause. Im Zentrum stehen hier die Motive der Sorge und des Schmerzes in Verbindung mit Bezugspersonen.

Hervorzuheben sind ebenfalls Passagen, in denen über die Gefühle anderer Menschen berichtet wird und die ErzählerInnen signalisieren, hier Verständnis und Mitgefühl zu haben, wie etwa die Frau, die über die Beerdigung ihres Onkels spricht:

> I.: Dann waren da viele Menschen da gewesen?
> *Ja. Ganz viele äh traurig sind, ja. Mein Vater auch. Ich kann auch verstehen eigentlich.*

Schließlich seien Beschreibungen erwähnt, in denen die Befragten von gemeinsam geteilten Gefühlen berichten: etwa den mit anderen Familienmitgliedern erlebten Schmerz über den Tod des Vaters (N=2) oder die Wehmut, die bei der Schul-Abschlussfeier von der Erzählerin und ihrer Mutter erlebt wird:

5.14 Selbst

> *Ja. Das war auch sehr schön, und dann das der der Entlassensfeier war das war als sehr berührend,*
> *I.: Abschied nehmen?*
> *Ja. Das war für mich so schwer (lacht) Und ich hing an meine Schülern und den Lehrern und ich hab angefangen zu <u>wei</u>nen. ((lacht)) Und meine Mama auch. ((lacht))*
> *I.: Und du hast sie gesehen wie die du hast deine [Mama gesehen wie sie geweint hat?]*
> *Da Lücke noch frei gehabt von meiner Lehrern*
> *I.: Lücke dass du sie sehen konntest, du standest in der zweiten Reihe ((lacht))]*
> *oder so du konntest durch die Lücke durch sehen und du hast deine Mutter gesehen,*
> *Dass sie geweint hat. Und ich hab auch geweint dann dabei ((lacht)) genau.*

Dieser in hohem Maße stimmige und präzise Bericht wird durch das Lachen der Erzählerin begleitet; sie rahmt hier die Erzählung ihrer damaligen Rührung mit ihrer gegenwärtigen Fröhlichkeit.

Nicht wenige ErzählerInnen schaffen eine Kontinuität zwischen einer damaligen Empfindung, in beinahe allen Fällen einer Trauer, zu dem gegenwärtig noch immer wirksamen Gefühl:

> *Und dann hab ja seine Schwester is gestorben. Und war ich er so was ist das denn jetzt ne? (---) Ja. Da war ich erst so aufgeplischen, und hab angefangen zu weinen. Das ist immer noch bei mir in Herzen das tut mir auch wieder weh wenn ich jetzt wieder spreche.*

Neben der eindeutig sozialen, genauer: prosozialen Orientierung der berichteten Emotionen fällt ihre Klarheit ins Auge und der Umstand, dass die Erwähnung eines Gefühls verbunden wird mit einer Beschreibung seiner Einbettung in eine Situation wie auch seiner körperlichen Manifestation. Vor dem Hintergrund der Mentalisierungstheorie erscheinen diese Beschreibungen als Beispiele einer eindeutigen emotionalen Selbstwahrnehmung und des damit verbundenen Verständnisses seiner selbst.

Einige Beispiele hierfür: Eine Frau berichtet von ihrer Angst vor einer Operation:

> *Und meine Mama hat gesagt äh »ich hab ziemlich« ich hab immer gesagt »ich hab ziemlich Angst, was in OP ist«, hab ich so zur gesagt »Könnt Ihr das bitte betäuben, weil ich will überhaupt nichts spüren.« (---) Und dann hab ich Mamas Hand gehalten, und dann ziemlich fest, weil ich so ziemlich Angst hatte, als ich ins Zimmer gekommen bin, da hab ich nur noch gebrüllt. Meine Schwester ist dann reingekommen, hat mich schreien hören und ist dann wieder rausgerannt, weil sie ziemlich Angst hatte, dass ich gebrüllt hatte wie ein Tiger.*

Eine andere Frau berichtet über ihre Gefühle gegenüber ihrer ehemaligen Bezugsbetreuerin:

> *Mir gehts innerlich auch nicht so ganz gut weil ich Carmen sehr sehr doll vermisse weil die war meine erste allererste Ansprechpartnerin, meine Bezugsperson kann man da doch so sagen.*

Eine Frau erzählt von der Krankheit ihrer Mutter:

> *Ja, mich macht das so ziemlich traurig, (-) weiß ich nicht äh damals gemacht ha::ben und Mama hat so viel gemacht mit mir, sehr viel gemacht ja. Mhm ((bestätigend)) ((atmet tief durch)).*

Auch Ambivalenzen werden auf den Punkt gebracht, wie etwa die Gefühle angesichts der Trennung der Eltern:

> *Hatte eine schöne Familienzeit gehabt, und dass (-) meine Eltern jetzt leider auch jetzt getrennt sind, ... [Und] das tut mir auch ziemlich weh. (--) Aber bin eigentlich schon da darüber weg, und deswegen auch (ingen?) wir bald aus.*

Eine Gesprächspartnerin berichtet über ihr Verhältnis zu ihren Gefühlen, die sich eben nicht »abschalten« ließen:

> *Aber mal schauen. Wir wollten es irgendwie abgrenzen befreundet zu bleiben, aber das kann ich nicht. Ich muss irgendwie meine Gefühle abschalten irgendwie. [Interviewerin: Mhm,] Das schaff ich nicht.*

Ein Mann berichtet über seine Trauer in Verbindung mit seinen Kollegen, die ihn »nachmachen«:

> *Ja genau. Und ich mag nicht wenn meine Kollegen auch (so machen?) ist peinlich für mich...*
> *Mag ich nicht wenn dann ein Kollege: »Ey Tom«, {/ legt seine Hände vor das Gesicht}/*
> *I.: Ach so die machen Sie nach und äh, ...*
> *Und die machen mich vor und dann bin ich traurig.*

Sorgen und Ängste

Zehn von 45 Befragten äußern sich zu dem Thema »Sorgen« und »Ängste«, wobei alle, bis auf einen, das Thema von sich aus ansprechen. Die Kategorie wurde vergeben, wenn einer der beiden Begriffe von den Befragten verwendet wurde. Wenn das Thema Sorgen und Ängste in einem Gespräch angesprochen wird, bleibt es häufig bei einer Bemerkung. Nur in einem Interview stehen die mit Sorgen und Ängsten verbundenen Aussagen im Vordergrund.

Die benannten Sorgen und Ängste beziehen sich vor allem auf drei Felder: Die Sorgen um die Bezugspersonen betreffen Krankheiten, Krankenhausaufenthalte oder die Situation in Verbindung mit hohem Alter; im Hintergrund steht die Angst vor dem Verlust der geliebten Person. Die auf die eigene Person bezogenen Sorgen und Ängste handeln von Mobbing, der Angst vor körperlichen Angriffen, einer Operation und negativer Fremdwahrnehmung sowie der Angst vor dem Verlust des Arbeitsplatzes. Die politisch oder gesellschaftlich orientierten Sorgen richten sich auf die Situation von Menschen, die in Armut oder in unsicheren gesellschaftlichen Verhältnissen in anderen Ländern leben, eine Befragte fürchtet sich ausdrücklich »*vor den Nachrichten.*« Ein junger Mann spricht von dem Gegensatz von Armut und Reichtum in manchen Ländern und davon, dass man den Armen helfen müsse:

> *Das macht mir Sorgen.*
> I.: Mhm.
> *Weil da sind mir ja- manche sind arm, manchmal sind die reich. Die Armen müssen geholfen werden, die Reichen nicht.*
> I.: Mhm, Moment we- äh bei den Fußballern? Oder.
> *Nee, wieder wenn ich in einem Land bin, ne?*
> I.: In einem Land, mhm,
> *Dann muss man die Armen helfen.*
> I.: Richtig, mhm, mhm,
> *Aber wenn man in ein reiches Land ist, dann nicht.*
> I.: Mhm, mhm,
> *Muss man eigentlich nicht helfen.*

Auch die Angst selbst wird zum Gegenstand: So äußert dieselbe Person den Wunsch, keine Angst empfinden zu wollen.

> I.: Also Sicherheit ist schon was ganz Wichtiges sonst (-) haben wir ja auch Angst.
> *Ja und das is schlecht.*
> I.: Mhm.
> *Wir wollen keine Angst haben.*

Eine Befragte mach sich Sorgen über Kinder, die mit verschiedenen Trisomien geboren werden, und äußerte den Wunsch, dass diese überleben und auch selbständig werden können, so wie »wir«, die Personen mit Trisomie 21.

> *Und ich hatte Sorge, dass das zu einer Trisomie hinzufügt? Dass die ab einer gewissen Trisomie da drunter sterben. Zum Beispiel 13 oder 18 die gibt es ja auch.*
> I.: Ja,
> *Ja und das wär so mein Wunsch, dass die nicht einfach so sterben und- sondern die Geburt einfach überleben so wie wir.*
> I.: Und gesund auf die Welt kommen.
> *Ja.*
> I.: Mhm? Und leben können.
> *Genau. Und auch selbständig werden. (---) Ja das wär so aus meinem Leben.*

Eine Befragte macht deutlich, dass Berichte in den Medien, z.B. von Übergriffen durch Geflüchtete, bei ihr Ängste auslösen, auch selbst zum Opfer zu werden.

> *Also generell ... da hab ich echt Angst. Ich mein so ein Flüchtling eine Waffe weg ich dagegen halt oder so oder irgendjemand der so aussieht als ob der Flüchtling oder:: (–) der aussieht wie ein Flüchtling oder:: der eh irgendwas Böses will von mir oder so dass der wirklich eine Waffe oder ein Messer mir entgegenhält da hab ich echt Angst.*

Diese Situation weiterdenkend, sieht sie keine aktive Möglichkeit, sich zur Wehr zu setzen: »[...] *und da in der Zeit wo ich da in dem Bus sitze hab ich echt Angst ich kauer mich da (ängstlich)) ernsthaft in meinem Sitz zusammen.*«

Eine weitere Befragte betont, wie wichtig es ist, sich fit zu halten, damit sie weglaufen könnte, wenn sie in Gefahr ist. Aus einigen Interviews spricht, wie am obigen Beispiel, eine hohe Sensibilität gegenüber (negativen) Nachrichten in den diversen Medien.

Diese Äußerungen, in denen es um das Bedürfnis nach Sicherheit und Schutz sowie die Angst vor Übergriffen geht, bestätigen die Ergebnisse von Befragungen von Angehörigen, welche sich um diese Gefahren sorgen, spezifisch im Hinblick auf sexuelle Übergriffe.[193]

Zu den Stereotypien in Verbindung mit Personen mit Down-Syndrom gehört die Behauptung, sie seien fröhlich, gesellig und zufrieden.[194] Demgegenüber berichten Forschungen über Beeinträchtigungen in der psychosozialen Gesundheit bei Jugendlichen und eine verhältnismäßig höhere Ausprägungen von internalisierenden Symptomen verglichen mit Personen ohne Down-Syndrom.[195] In einer Studie zur Lebensqualität von Jugendlichen im Alter von 13 bis 21 Jahren, anhand von Befragungen von 211 Eltern, bewerteten diese das emotionale Wohlbefinden ihrer Kinder als beeinträchtigt. Dabei ist besonders bemerkenswert, dass dieser Bereich unter acht Dimensionen von Lebensqualität als der schlechteste eingeschätzt wurde.[196]

Zusammenfassend fällt eine hohe Kohärenz von Situationsbeschreibung und den benannten Gefühlen auf, sowie ein eindeutiger auch nonverbal verstärkter Ausdruck der Schilderung. Den Schwerpunkt bilden soziale Beziehungen und Ereignisse in Zusammenhang mit ihnen. Oft sind es Gefühle, die entstehen, wenn menschliche Gemeinschaft auseinandergerissen wird oder wenn die Befragten über negative Erfahrungen berichten. In der expliziten Darstellung von eigenen Gefühlen ist keine Dominanz positiver Emotionen erkennbar; es gibt eine Vielzahl von Berichten über negative Emotionen. Dies bezieht sich jedoch auf die Würdigung und Reflexion von Gefühlen als solche, nicht auf die vorherrschende Stimmung und Atmosphäre der Lebensgeschichten.

Selbständigkeit

Das Thema Selbständigkeit kann als ein Querschnittsthema betrachtet werden, welches eine Fülle von Lebensbereichen betrifft. So wird es z. B. auch im Zusam-

---

193 Santoro et al. 2022.
194 Grieco et al. 2015.
195 Grieco et al. 2015; Van Gameren Oosterom et al. 2013.
196 Lee et al. 2021.

menhang mit Themen wie Wohnen, Partnerschaft und Mobilität angesprochen. Ferner handelt es sich hier um ein Thema, welches in den biografischen Erzählungen und Gesprächen besonders prominent ist. Knapp die Hälfte (N=22) sprechen darüber und die meisten von diesen Befragten aus eigener Initiative (N=19) und unter Verwendung auch dieses Begriffs, in wenigen Fällen auch mit den Begriffen »alleine«, »ganz alleine«, »alleine, ich« oder »selbst«. Selbständigkeit erscheint als ein Leitziel, welches die Befragten verbindet.

Fast alle (N=21) betonen die eigene Selbständigkeit, welche sie erreicht haben, indem sie auf die Bereiche eigenständigen Handelns und Lebens verweisen, und sieben äußern den Wunsch, im Allgemeinen selbständig zu werden oder ihre Selbständigkeit zu erweitern; hier steht das Ziel, in einer eigenen Wohnung zu leben, im Vordergrund (N=4) (▶ Kap. 5.7). Ein weiterer Wunsch bezieht sich auf eine selbständigere Form zu arbeiten:

> *Das ist ja auch mein Lebenstraum. Mein Lebenstraum ist dass ich ähm ähm selbständiger arbeiten will ich möchte gerne in-en eigenen Büro zu öffnen das wär auch was Schönes für mich und das wi- das ist mein großer Traum.*

Eine junge Frau überträgt das Thema auf ihren Kinderwunsch: Sie möchte, dass ihre Kinder später selbständig werden.

Wenn die GesprächspartnerInnen auf Bereiche bereits erworbener Selbständigkeit hinweisen, dann benennen sie das Leben in der eigenen Wohnung, hauswirtschaftliche Tätigkeiten wie Kochen und Putzen, eine eigenständige Freizeitgestaltung, selbständiges Einkaufen, die Fähigkeit zur Hygiene und nicht zuletzt die Nutzung von öffentlichen Verkehrsmitteln bzw. das unabhängige Reisen sowie die Mitbestimmung im Rahmen eines Theaterprojektes. Die entsprechenden Äußerungen erfolgen mit einigem Nachdruck:

> - *Also ich krieg das sehr gut alleine hin.*
> - *[Ich schaffs] alleine.*
> - *Genau. Ich krieg das locker hin (...).*

Doch neben diesen Konkretisierungen wird auch häufig der Begriff in seiner allgemeinen Bedeutung verwendet. Bemerkenswert sind Entschiedenheit und Kraft in den Formulierungen:

> *Ich will keinen Be*treuer, ich will nur für mich <u>ALLEINE</u>. Dreier-WG.*

Ebenfalls sehr beeindruckend ist eine Passage, in welcher der Gesprächspartner einen Abschnitt seiner Lebenserzählung beginnt und das Thema in die Position eines biografischen Leitmotives rückt:

> *Ja ich ähm, (-) ich (-) neunzehnhundertdreiundachtzig bin ich geboren. Vierundzwanzigsten vierten. (-)-April. ((flüsternd)) ehm ja ich, (--) ich bin aufgewachsen, (--) selbständig s-sein ((stockend)). ›Selbständig sein‹ ((leise)).*

Manche der GesprächpartnerInnen zählen Domänen der Selbständigkeit auf und formulieren ein Fernziel, ohne die Defizite zu verschweigen:

> *Ich äh bei meine ä::hm (-) ich kann auch äh kann man sagen kochen kann ich nicht so gut (-) aber ich kann mir selbst die Brote schmieren kann ich alleine, (-) und kann man sagen ich kann mich zieh mich auch alleine an ich kann selbständiger duschen, (-) und irgendwann würd ich mal gern selbständig irgendwo wohnen, das wär mein Traum.*

Weitere Beispiele beziehen sich auf die eigene Entscheidungsmacht, z. B. bei der Wahl des Arbeitsplatzes, die Entscheidung, eine Patenschaft zu übernehmen, aber auch der allgemeine Wunsch, über das eigene Leben zu entscheiden.

Manche Befragte reflektieren auf die Selbständigkeit, die sie in der Kindheit oder Jugend erworben haben. So weist ein junger Mann darauf hin, dass er als Jugendlicher – mit der Hilfe der LehrerInnen – gelernt hat, sich selbst um das Essen zu kümmern, wenn er großen Hunger hatte.

Eine Frau erzählt, dass sie »*ja alleine gerne*« ihren Schulweg gegangen ist. Ein Mann denkt über die Veränderungen in seinem Leben nach, die ihn in die Selbständigkeit geführt haben:

> *Hm?:: (-) Hm?:: Mal nachdenken ja mein Leben hat sich ja geändert (---) (--) ja mein Leben hat sich ja eh geändert ich bin jetzt selbständiger geworden und (---) Moment ›was sagt man jetzt‹ (--) Also ich bin selbständig geworden, und ich weiß was Verantwortung bedeutet, ich bin nicht so mehr wie in der Vergangenheit, wo ich mal (-) eh bei meinen Eltern wo ich da noch gewohnt habe, (-) hab ich nie in der Küche geholfen ich hab nur Essen gegessen und direkt in mein Zimmer gegangen...*

Ein Viertel derer, die das Thema ansprechen, beschreiben es auch im Gegensatz zu Situationen von Abhängigkeit, als einen Zustand, indem man »*keinen Betreuer mehr hat*« oder »*nicht so viel Unterstützung durch den Betreuer braucht*« oder die Eigenständigkeit dadurch demonstriert, dass man nicht mehr zu seinen Eltern fährt und diese besucht.

Manche nehmen Relativierungen vor: So wird die eigene Selbständigkeit beschrieben *trotz* des weiteren Wohnens bei der Familie oder sie wird der größeren Hilfsbedürftigkeit anderer Betreuter gegenübergestellt:

> I.: Okay (---) Ja und mit wem wohnste da?
> *Mit verschiedenen Bewohnern die auch ähm pflegebedürftig sind] (--) mit waschen, anziehen und das ganze] weil ich kann das ja.*

Ambivalente Positionen werden deutlich, wenn etwa ein Mann infrage stellt, ob sich sein Ziel, unabhängig zu wohnen, realisieren lasse. Eine sehr ausgeprägte Behandlung des Themas nimmt eine junge Frau vor, welche wiederholt davon spricht, über ihr Leben zu entscheiden, unabhängig zu sein, sich »*besser von ihrer Familie zu trennen.*« Gleichzeitig erzählt sie, dass ihre Mutter »*meinen Lebenslauf geplant*« und einen Arbeitsplatz für sie gesucht habe. Jedoch habe sie sich auch für diesen entschieden. Einige Auszüge aus diesem Gespräch:

- *Selbst erteilen wie ich richtig ich wie ein Mensch wie ich bin. Ich versuche besser zu verstehen mehr aus mein Gefühle erlebe ich die Geschichte selber zu erzählen. Wie es ist? Wie mein Zukunft abläuft.*
- *Selbst entscheiden darf aber nicht meine Familien. Die dürfen nicht entscheiden. Aber nicht gegen mir.*
- *Weil meine Mutter meine äh Leben-lauf geplant hat und dann sagt mein Arbeit abgeklappert hat. Alles.*
- *Interviewer: Und hast du auch entschieden, ob du da arbeiten willst Befragte: [Ja] das hab ich.*

Hier, wie auch in anderen Fällen, erscheint das Thema in seiner Ambivalenz und auch Prozessualität. Dies betont etwa ein Mann, der davon spricht, dass der Weg zu Selbständigkeit ein Entwicklungsweg sei. Eine junge Frau wünscht sich, zu heiraten, und überlegt, ein erster Schritt wäre das Leben in einer eigenen Wohnung. Eine andere versichert: »Ja. Ich will selbständig werden. Ich versuch das.« Die Passagen über die erworbene Selbständigkeit und die zukünftigen Ziele werden häufig bezogen auf Personen, von denen man Unterstützung bekommen hat, oder Situationen, in denen dies geschah oder geschieht, Situationen, in denen man noch nicht so weit war, wie man es heute ist. Alle Darstellungen, wo immer sie auch angesiedelt sind, durchzieht das Entwicklungsmotiv. Deutlich wird auch bei diesem Thema, dass das Erreichen von Selbständigkeit in ihren zahlreichen Facetten als Bedingung der Möglichkeit eines unabhängigen Wohnens betrachtet wird.

In der Literatur wird Unabhängigkeit oder Autonomie als ein komplexes Konstrukt behandelt, welches »die Fähigkeit beinhaltet, Handlungen zur Gestaltung der eigenen Angelegenheiten auszuführen und für sich selbst zu sorgen, indem man sich auf die eigenen Versuche, Ressourcen, Fähigkeiten und das Urteilsvermögen verlassen kann, ohne Unterstützung von anderen zu bedürfen.«[197] In Forschungsstudien wird Unabhängigkeit auf diverse Lebensbereiche und Aktivitäten bezogen, wie soziale Aktivitäten, Freizeitaktivitäten, lebenspraktische Tätigkeiten, Selbstversorgung, Arbeit und Kommunikation, politische Partizipation.[198] Forschungen in diesem Bereich beziehen sich vielfach auf eine Gruppe mit »intellektuellen Beeinträchtigungen« (intellectual disabilities). Dabei gilt auch noch immer der Befund, dass für diese Gruppe Wahlmöglichkeiten zu wenig anerkannt bzw. zur Verfügung gestellt werden.[199] Barrieren entstehen ferner durch begrenzte Ressourcen und Informationen, fehlende Transportmöglichkeiten und Finanzen und negative Einstellungen wichtiger Bezugspersonen.[200] Personen mit Lernschwierigkeiten mit einem vergleichsweise höheren Grad an Unabhängigkeit berichten von einer besseren Gesundheitssituation und Lebensqualität, einer besseren Arbeitssituation und

---

197 Sandjojo et al. 2019.
198 Santoro et al. 2022; Matthews et al. 2018.
199 Johnson & Bagatell 2020; Björnsdóttir et al. 2015.
200 Carey 2020.

einer unabhängigen Wohnsituation.[201] Eine aktuelle Studie an 544 Personen mit Down-Syndrom zwischen 0 und 62 Jahren (Durchschnittsalter: 22 Jahre) im Rahmen eines Allgemeinkrankenhauses in den USA ergab als wichtigste, noch zu erreichende Fähigkeiten aus der Perspektive der Betroffenen und deren Bezugspersonen das Wissen über gesunde Ernährung, die Fähigkeit, Mahlzeiten zuzubereiten und die nötigen persönlichen und krankheitsbezogenen Informationen im Gespräch mit Ärzten vermitteln zu können.[202]

Eine qualitative Studie zum Thema Wahlmöglichkeiten mit 12 Befragten konnte als ein wesentliches Thema die »Sorge um die Kontrolle in Umgebungen, welche ihrerseits Kontrolle ausüben« herausarbeiten. In vielen Situationen berichten die Befragten von fortwährenden Aushandlungen auf einem Kontinuum zwischen Situationen völliger Selbstbestimmung und völliger Fremdbestimmung, wobei diese Extreme selbst nicht vorkommen. Eher handelt es sich um einen dynamischen Gleichgewichtsprozess.[203]

Hinsichtlich der Personen mit Down-Syndrom findet sich auch im Erwachsenenalter eine sehr unterschiedliche Ausprägung verschiedener kognitiver und praktischer Fähigkeiten, welche für eine weitgehend unabhängige Lebensführung von Bedeutung sind.[204] Faktoren für eine unabhängige Lebensführung sind der Gesundheitszustand sowie weitere Faktoren.[205] Hierzu gehören das Ausmaß einer intellektuellen Beeinträchtigung, Sprachfähigkeit und Training sowie Selbstmanagement.[206]

In einer Befragung von 408 Bezugspersonen von Personen mit Down-Syndrom mit einem Durchschnittsalter von 17,9 Jahren wurden als wichtige, noch zu erreichende Ziele solche in folgenden Bereichen genannt: Sicherheit und Schutz vor sexuellem Missbrauch, kommunikative Fähigkeiten, um die eigenen Bedürfnisse auszudrücken, Selbstversorgung, Kulturtechniken, unabhängige oder teilweise unabhängige Lebensführung und Freizeitgestaltung. Weniger bedeutend war für die Bezugspersonen das Thema der selbständigen Mobilität. Insgesamt wurde Selbständigkeit als ein wesentliches Thema betrachtet. 88% der Befragten äußerten den Wunsch, dass ihr Kind so unabhängig wie möglich leben könnte.[207] Damit stimmen Personen mit Down-Syndrom und ihre Angehörigen in diesem Ziel überein.

Auch in der hier vorliegenden Studie kommt das Entwicklungsziel ›Unabhängigkeit‹ deutlich zum Ausdruck, mit einem Schwerpunkt auf der angestrebten Wohnsituation. Doch auch andere Bereiche werden genannt. Zugleich bildet das Bewusstsein eigener Entwicklungsschritte einen wesentlichen Teil der eigenen Identität und bekommt einen zentralen Platz in der Lebensgeschichte vieler Befragter.

Dabei wird deutlich, dass in der Deutung der Befragten spezifische Teilhabechancen in hohem Maße an das Niveau bestimmter Fähigkeiten geknüpft werden.

---

201 Alonso-Sardón et al. 2019.
202 Krell et al. 2021.
203 Carey 2020.
204 Matthews et al. 2019.
205 Carr 2000.
206 Hendriks et al. 2021.
207 Santoro et al. 2022.

Die Befragten, welche zu diesem Thema Stellung nehmen, charakterisieren sich als Personen mit einem Entwicklungsbedarf, dessen erfolgreiche Bearbeitung als die Voraussetzung von biografischen Schritten gilt. Dies könnte unter verschiedenen Perspektiven weiter interpretiert werden: etwa als Ausdruck einer biografischen Orientierung des Lernens und der Weiterentwicklung, oder auch als die Übernahme von Diskursen und Praktiken im Rahmen eines dominanten Defizitmodells von Behinderung, das im Gegensatz zu einem menschenrechtlichen Verständnis von gesellschaftlicher Teilhabe steht. Letzteres würde Verwirklichungschancen nicht an Fähigkeiten und Entwicklungsstufen knüpfen. Hier fließen dann persönliche Erfahrungen wie auch die sie begleitenden Diskurse ein, welche in den hier zitierten Stellen übernommen und nicht in Frage gestellt werden.

Betrachtet man noch einmal das Bedeutungsfeld Autonomie/Selbstbestimmung, wie es in der inklusionspädagogischen Literatur diskutiert wird, so erstrecken sich die Lesarten von dem Kantschen Autonomiebegriff bis hin zum Konzept der »Basalen Selbstbestimmung«, welches u. a. auch eine Erfahrung eigener Wirksamkeit umfasst.[208] Weitere Konzepte zielen auf die *Regiekompetenz* bei der Gestaltung von Handlungen und Geschehnisse in der Lebenswelt ab oder auf die politische Stellvertretung (advocacy).[209]

Die Aussagen unserer Befragten sprechen eine Vielfalt von Bedeutungen von Selbständigkeit an:

- in den alltäglichen *Handlungsvollzügen* wie die Nutzung von öffentlicher Verkehrsmittel und lebenspraktische Tätigkeiten. Hier ermöglicht der Erwerb von Fähigkeit Teilhabe,
- im Hinblick auf zentrale übergreifende *Lebensfelder*, wie ein stärker selbständiges Arbeiten oder ein selbständiges bzw. selbständigeres Wohnen,
- als *Abwesenheit von Fremdbestimmung* durch Fachpersonen oder Bezugspersonen,
- als ein übergreifendes *biografisches Leitbild*,
- in der *Aneignung der eigenen*.

Die Äußerungen zur Selbständigkeit stehen im Kontext der Anerkennung sozialer Beziehungen, die z. T. auch als unterstützend oder als ehemals unterstützend wahrgenommen werden. Der Wunsch nach Autonomie geht häufig – aber nicht in allen Fällen – mit dem Hinweis auf die eigene, gegenwärtige oder ehemalige Bedürftigkeit einher. Dies entspricht einem Konzept von Autonomie, das jüngst von Beate Rösler beschrieben wurde. In diesem wird Autonomie als ein graduelles, nicht allein rational konstituiertes, sozial eingebettetes und mit Bedürftigkeit einhergehendes Vermögen beschrieben.[210]

---

208 Hierdeis 2017
209 Schuppener 2022.
210 Rössler 2017.

Hilfebedarf

12 von 45 GesprächspartnerInnen äußern sich zum Thema Hilfe- und Unterstützungsbedarf. Nur zwei von ihnen formulieren einen allgemeinen Hilfebedarf, wie eine junge Frau:

> *Öh:: meine Familie [I.: Ja,] die helfen mir jetzt.*
> I.: *Die helfen dir.*
> *Genau. Aber ich allein kann ich net.*

In ähnlicher Weise äußert sich eine Frau, indem sie die Frage nach einer unabhängigen Wohnsituation beantwortet:

> I.: *Oder möchtest du vielleicht nochmal umziehen in ein anderes Haus oder in eine andere Wohnung?*
> *(--) Kann ja nicht- kann ja nicht-nicht-nicht-nicht alleine ((traurige Stimme)).*

Die übrigen benennen Felder der Unterstützung: Einkaufen und den Umgang mit Geld (N=3), Unterstützung bei Haushaltstätigkeiten wie Kochen und Wäschepflege (N=2) bzw. beim Wohnen im Allgemeinen (s. o.) (N=2). Ebenfalls werden seelische Formen der Unterstützung benannt (N=2), und hierzu im Speziellen die Hilfe dabei, die »eigenen Grenzen zu wahren«, der Umgang mit körperlichen Schmerzen, Hilfe dabei, Termine einzuhalten, und die Unterstützung bei Reisen mit der Bahn. Der Unterstützungsbedarf wird hier erwähnt, aber nicht ausgeführt und auch nicht weiter kommentiert. Aus der präzisen Beschreibung einzelner Bereiche wird gleichsam implizit deutlich, dass andere Bereiche eben *nicht* betroffen sind. Einige GesprächspartnerInnen machen dies auch unmissverständlich klar:

> Interviewerin: Und kannst du ganz ohne Hilfe-gibts denn auch n paar Sachen, wo du sagst: »Ah ja das geht noch nicht so gut alleine? Da brauch ich noch ein bisschen Unterstützung?«.
> Befragte: [Ja] bei der Wäsche.
> I.: Ah ja.
> *Aber sonst eigentlich schaff ich das eigentlich alles.*

Eine Gesprächspartnerin zählt eine Reihe von Tätigkeiten auf, die sie ohne Hilfe ausführt, um dann – nach einigem Nachdenken— auf einen Lernbedarf hinzuweisen:

> *((unverständliches Stottern)) Wäsche waschen, Staubsaugen in meinem Zimmer.*
> I.: *In deinem Zimmer ne?*
> *Mhm. ...Kochen auch immer lernen.*

Ein junger Mann spricht von sich aus die Unterstützung durch seinen Betreuer an, um sie im Anschluss an die Nachfrage dann in das rechte Maß zu rücken:

5.14 Selbst

> I.: Mhm? Und dann bekommen Sie Unterstützung von dem von dem Betreuer. *Ja aber ich brauch nicht so viel* – (und an einer späteren Stelle): *Ja. Und ähm alles aber ab und zu Mal brauch auch Unterstützung.*

Als UnterstützerInnen werden Eltern bzw. Familie (N=4) sowie BetreuerInnen (N=5) benannt. Aus den Aussagen geht hervor, dass diese notwendige Unterstützung auch tatsächlich geleistet wird. Ein Mann bewertet im Rückblick die Unterstützung seiner Eltern.

> *Ja, (-) meine Mama und mein Papa, *l di::e (-) haben mir geholfen von wo sie konnten ((erkennend))] (-) ((atmet tief aus).*

Es findet sich nur eine junge Frau, welche einen Unterstützungsbedarf signalisiert, der zur Zeit der Äußerung noch nicht geleistet worden war.

Ansonsten entsteht der Eindruck, dass die Befragten diejenige Hilfe bekommen, die sie brauchen. Zwei Personen bemerken eigens, dass sie zu ihrem Unterstützungsbedarf »stehen«, zwei weitere auch, dass sie ihren Bedarf äußern, wobei eine wiederum sich hier ambivalent äußert, insofern sie von Unterstützung berichtet, aber auch davon, dass sie sich »*Fürsorge*« wünscht in Situationen, in denen sie etwas nicht kann. Aber es falle ihr nicht leicht, dies immer zu äußern:

> *Mhm irgendwie tu ich mich da ein bisschen schwer mit das stimmt.*
> I.: Da tust du dich schwer mit.
> *Ja da tu ich mich n bisschen schwer damit doch.*

Bei dieser Frau wird deutlich, dass sie das Thema Hilfsbedürftigkeit stärker exploriert. So verweist sie auch darauf, dass ihr Betreuer ihr »*gerne*« Unterstützung gibt, und betont an anderer Stelle, dass wiederum sie selbst Personen mit einem größeren Unterstützungsbedarf hilft. Wie auch die meisten anderen Befragten gibt sie einen sehr spezifischen Unterstützungsbedarf an (Hilfe beim Haarewaschen).

Die Verschränkung von Hilfe und Unabhängigkeit bringt auch ein junger Mann zum Ausdruck, der in einer eigenen Wohnung lebt und, wie er sagt, aus diesem Grund Unterstützung bekommt:

> *(---) Wie ich wohne? (-) Ich mach auch alleine den Haushalt, deshalb hab ich auch Unterstützung, (--) durch Betreuung? Die Finanzen mach ich? (-) Mit meinem Vater, und meinem Betreuer.*

Damit wird das Thema Hilfebedürftigkeit im Kontext oder in der Bezugnahme auf das Thema von Selbständigkeit und Unabhängigkeit dargestellt, z. T. auch mit einer Entwicklungsperspektive verbunden. Es finden sich keine Aussagen, welche eine von außen erfolgte Zuschreibung von Hilfsbedürftigkeit abwehren, keine Aussagen, welche von einem Hilfebedarf handeln, dem nicht entsprochen wird, oder solche, in denen mit der eigenen Situation gehadert würde. Bis auf drei Befragte sprechen alle (N=9) dieses Thema von sich aus an. Viele Stellen benennen einen Bedarf, ohne ihn weiter zu kommentieren, viele Stellen geben Auskunft über die Unterstützung durch Familie und BetreuerInnen. Doch es findet sich ebenfalls eine Reihe von Aussagen, in denen deutlich wird, dass hier ein heikles Thema angesprochen wird, welches im Gegensatz oder im Kontext zum Thema Selbständigkeit behandelt wird und welches eine große Bedeutung für die eigene Lebensform hat.

Lernen und Entwicklung

Das Thema *Lernen und Entwicklung*, welches bereits beim Thema Selbständigkeit anklingt, wird in insgesamt 28 Interviews thematisiert. Dabei bringen die meisten, nämlich 24 Personen, das Thema selbständig in das Gespräch ein. Die Aussagen der Befragten beziehen sich auf Lernerfahrungen oder Lernaufgaben in der Vergangenheit (N=16), in der Gegenwart (N=8) und in der Zukunft (N=18). Die Aussagen über zukünftiges Lernen stehen im Zeichen des Wunsches, sich weiterzuentwickeln.

Gegenwärtiges Lernen bezieht sich auf das Erlernen eines Instruments, auf die persönliche Weiterentwicklung hinsichtlich des Arbeitsplatzes und auf das Erlernen bestimmter Fähigkeiten, wobei hier vor allem das Rechnen benannt wird.

Lernerfahrungen in der Vergangenheit thematisieren zumeist die Schulzeit und hier einzelne Fächer, insbesondere Mathematik/Rechnen und Lesen/Schreiben. Wenn diese Nennungen mit Bewertungen verbunden werden, dann fallen diese mit großer Mehrheit positiv aus (siehe hierzu auch ▶ Kap. 5.4).

Die auf die Zukunft gerichteten Wünsche (siehe auch ▶ Kap. 5.20) handeln häufig von dem Bestreben nach Autonomie und Selbständigkeit, wobei hier wiederum der Schwerpunkt auf dem selbständigen Wohnen liegt und dem Erwerb von lebenspraktischen Fähigkeiten. Diese Fähigkeiten werden als eine wichtige Voraussetzung für die Realisierung des Wunsches nach Autonomie angesehen.

Exemplarisch wird dies deutlich im Interview mit einer Frau; als diese von der Interviewerin aufgefordert wird, zu berichten, wie ihr der aktuelle Wohnort in einer Einrichtung gefällt, äußert sie ihr Unbehagen über zu viel Kontrolle durch die BetreuerInnen:

> *Ähm (-) mich stört-bei mir stört das, wenn der Betreuer immer sagt: (---) »Mach mal das, mach mal dies, mach mal das.« Stört mich v- *tota::l vo::l l. und äh (-) Taschengeld gibts meistens am Wochenende 21 Euro immer und Betreuer stört mich irgendwie Gefü::hl (-) für mi::ch (-) gar nicht gut bin – finde, Zähneputzen. Ich putze immer Zähne. Und die denken ich putze nicht Zähne.*

Hieran unmittelbar anschließend äußert sie den Wunsch, sich – in Bezug auf lebenspraktische Tätigkeiten – weiterzuentwickeln:

> *Ich will gerne weiterwickeln, will gerne mal kochen lernen, weiterlernen und ähm Wäsche weitermachen und so.*

Diese Fähigkeiten scheinen für sie die Voraussetzung dafür darzustellen, die von ihr negativ bewertete Wohnsituation zu verändern, denn kurz darauf äußert sie mit

Nachdruck den Wunsch, selbständig in einer Dreier-WG zu wohnen, in der sie dann »*alles alleine machen*« kann:

> *Ja::, d-drei:: ä::h (- -) WG, drei WG wollt ich, [...] Ich wollte mal a- alles alleine machen. [...] Ich will keinen Be*treuer, ich will nur für mich ALLEINE. Dreier-WG. [...] Ist mein Ernst.*

Ein anderes Beispiel für den Wunsch nach Selbständigkeit findet sich im Interview mit einem Mann, der den Wunsch äußert, alleine zu wohnen, jedoch auch in Frage stellt, ob dieser Wunsch realisierbar ist. Daraufhin nennt er dann lebenspraktische Tätigkeiten, die er beherrscht bzw. nicht beherrscht und die damit ebenfalls eine Voraussetzung für selbständiges Wohnen sind.

> *[...] Ich kann auch äh kann man sagen kochen kann ich nicht so gut,* [I.: Mhm ((bestätigend)).] *(-) aber ich kann mir selbst die Brote schmieren* [I.: Mhm ((bestätigend))] *kann ich alleine, (-) und kann man sagen ich kann mich zieh mich auch alleine an,* [I.: Mhm ((bestätigend)).] *ich kann selbständiger duschen,* [I.: Mhm ((bestätigend))] *(-) und irgendwann würd ich mal gern selbständig irgendwo wohnen.*

Ansonsten werden als lebenspraktische Tätigkeiten, die die Interviewten lernen möchten, z. B. frühes und selbständiges Aufstehen, der Umgang mit Geld, Kochen, Waschen, der selbständig absolvierte Weg zur Arbeit oder das Einhalten von Terminen genannt.

Einen anderen Bereich von Lern- und Entwicklungswünschen haben persönliche Eigenschaften und soziale Verhältnisse zum Gegenstand. Im Hinblick auf ihre Persönlichkeit wünschen sich die Befragten empathischer, kompromissbereiter und weniger »*trotzig*« zu sein. Weitere Veränderungsziele betreffen den Bereich der Kommunikation: anderen Menschen zuhören und zu lernen, sie nicht zu unterbrechen, andere besser zu verstehen und mit ihnen in ein Gespräch zu kommen, auch wenn sie einem zunächst nicht sympathisch sind. Exemplarisch dafür sei eine Stelle aus dem Interview mit einer Frau angeführt:

> *Äh meine Einstellung zu:: Leuten wenn ich jemanden nicht mag das man auch darüber reden kann. (–)*
> I.: *Das würdest du (-) ändern?*
> *Das würde ich ändern ja.*

Zwei Personen äußern den Wunsch nach einem weniger konfliktbelasteten Umgang innerhalb der Familie, dessen Erfüllung von der eigenen persönlichen Entwicklung abzuhängen scheint. Eine junge Frau hegt den Wunsch, sich besser mit ihrer Familie zu vertragen, und nennt als Voraussetzung, selbst kompromissbereiter zu werden. Ein Mann berichtet, dass er immer den Streit zwischen seinen Eltern mitbekommt und sich wünscht zu verstehen, warum seine Eltern sich streiten.

Ein weiterer Bereich von Lern- und Entwicklungszielen gilt bestimmten Fähigkeiten: das Beherrschen einer Fremdsprache, eines Musikinstruments oder besser Lesen oder Rechnen zu lernen.

Betrachtet man die Haltung der Befragten zum Thema Lernen und Entwicklung, so erscheint diese bei den meisten (N=16) in einem durchweg positiven Licht. Dies kommt in unterschiedlicher Weise zum Ausdruck, etwa wenn das in der Schule oder später Gelernte wertgeschätzt wird. Einige Befragte zeigen ihre Identifikation mit dem Lernen dadurch, dass sie sich als jemand beschreiben, der oder die stets lernfähig und motiviert ist. Eine dritte Gruppe von Befragten unterstreicht, dass sie auch angesichts von Schwierigkeiten motiviert sind zu lernen. Im Folgenden werden Beispiele für diese drei Gruppen angeführt, zunächst das in der Schule oder später Gelernte betreffend:

Was ich sehr gut dran fand an der Schule dass ich ehm sehr vi::el gelernt hab? =dass ich auch für mich lernen konnte ich hab es geliebt Hausaufgaben zu machen und auch(-) zu lernen weil ich echt da äh daheim war und dann für mich lernen konnte und ich hab dann, dann im Endeffekt hab ich dann den Förderabschluss gemacht?

Die folgende Passage steht exemplarisch für die Selbstzuschreibung als Lernende:

I.: Okay gut gut. Aha. Da-da denkst du eigentlich da könnte ich noch mehr- Mehr lernen. (-) Also ich meine es gibt ja Menschen die 50 sind und die nicht mehr denken sie müssten noch viel lernen aber du bist jemand der – (--)
Ich lerne immer dazu.
I.: Du lernst eigentlich immer dazu. Erstens lernst du ähm hier bei N. (-) an bestimmten Projekten und Themen,
Richtig.
I.: =Zweitens lernst du ähm an der Flöte, und da muss man auch immer wieder sich ähm überwinden.
Na ich überwinde mich nicht ich spiel einfach.
I.: Ach so dann nich. (-) Mhm. Und du möchtest aber noch lernen (3,0) deine Persönlichkeit weiter zu entwickeln (-) wenn man das so sagen kann.
Richtig.

Von dem Lernen trotz Widerständen handelt die folgende Aussage:

Ähm gerechnet haben wir auch, aber ich bin nicht so gut im Rechnen, ((lacht))
I.: Mhm?
Bin es immer noch nicht,
I. und B. ((lachen))
Aber ich bin immer weiter dran,
I.: Ja?
[Ja].

5.14 Selbst

Eine auffallende, tiefgründige und auch positive Reflexion über das Thema Lernen findet sich im Interview mit einem Mann. Dieser reflektiert im Gespräch über seine Wohngruppe, dass er durch Konflikte mit seinen MitbewohnerInnen sowie durch den Verlust von Freunden, seines Vaters und seiner Tante gelernt hat, selbstständiger zu sein und auch mit seinem Down-Syndrom besser umzugehen:

> *Die andere Seite sagt mir (-) manchmal gibts auch Zoff,*
> I.: Mhm ((bestätigend)). Wo so viele Leute zusammenkommen ((lachend)) Das ist wirklich wahr, ja.
> *Und ich würd sagen (- -) manchmal gibt es Situationen, wo man ähm manchmal aufgibt. (-) Die Situationen gibt es immer wieder*
> I.: (- -) Joa::,wenn so viele (-) zusammenleben, dann gibts auch immer wieder Neues zu lernen, oder mit so vielen Menschen,
> *((atmet tief ein)) U::nd dadurch (-) bin ich auch mit dem Down-Syndrom, was ich habe (-) fällt mir jetzt nicht mehr grad so schwer.*
> I.: Mhm ((erkennend)). Seit Du hier wohnst, fällts Dir nicht mehr so schwer?
> **Nein.*
> I.: *A:ha::. Wie wie kommt das? Was glaubst Du woran liegt das, dass Dir das nicht mehr so schwerfällt?
> *Weil ich hab gelernt (-) ich hab Freunde verloren (- -) meinen Papa, meine Tante verloren (- -) das schweißt zusammen.*
> I.: Mhm ((erkennend)). (-) Mit wem jetzt?
> *Ja, ich meinte jetzt ähm (-) zusammen so Sachen dadurch hab ich gelernt selbständiger zu sein*
> I.: Je::tzt versteh ich dich. Mhm, Mhm, dass man dann auch lernt es gibt schwere Zeiten im Leben, aber die durch] schreitet man auch und dann kommen wieder bessere Zeiten
> *Mhm.*

Aber auch Schwierigkeiten und Einschränkungen des Lernens werden beschrieben. So erklärt eine junge Frau, dass sie sich gewünscht hätte, in der Berufsschule mehr gefordert worden zu sein und in Vorbereitung auf ihren Beruf mehr gelernt zu haben. Eine weitere beklagt, dass sie gerne gewisse lebenspraktische Tätigkeiten lernen würde, aber von ihrem Betreuer daran gehindert werde. Eine weitere Befragte äußert, dass sie es nicht gelernt habe, mit Werkzeug zu arbeiten, und begründet dies damit, dass sie sich dies gar nicht traue. Ein Mann bejaht die Frage, ob es in der Schule Dinge gegeben habe, die anfangs schwierig waren. Doch durch Übung habe er diese dann doch gelernt.

Zusammenfassend kommt eine reflektierte und weitgehend positive Haltung gegenüber dem Thema Lernen und Entwicklung zum Ausdruck, was umso mehr imponiert, als sich hier eine Gruppe von Personen äußert, welche als »lernbehindert« oder als »geistig behindert« klassifiziert wurde und die häufig erlebt hat, dass sie Tätigkeiten nicht oder nicht gut ausführen kann. Man könnte dies auch als Übernahme pädagogisierender oder diskriminierender Diskurse und Praktiken deuten – wobei sich eine solche Lesart nicht aus den Wortlauten entnehmen lässt. Dies aber wäre noch kein Gegenargument.

Eine beträchtliche Zahl der Befragten formuliert Entwicklungsziele, die in Verbindung mit einem größeren Maß an prosozialem Verhalten stehen. Problematische soziale Situationen werden mit eigenen Unzulänglichkeiten in Verbindung gebracht. Das hervorstechendste Ergebnis aber betrifft die Verbindung von erwünschten Lebenszielen, insbesondere dem Ziel, alleine oder in einer Wohngemeinschaft zu wohnen, mit einem bestimmten Maß an lebenspraktischer Selbständigkeit. Den Befragten scheint vermittelt worden zu sein und sie scheinen dies verinnerlicht zu haben, dass bestimmte Fähigkeiten die Bedingung dafür darstellen, in der von ihnen bevorzugten Weise zu leben.

Behinderung

Einige Personen (N=3) beziehen sich in ihrer Erzählung nicht auf den Begriff Down-Syndrom, sondern auf den Begriff Behinderung. So erzählt eine Frau im Alter von 50 Jahren, dass sie in einer Werkstatt arbeite:

> I.: Mhm (--) Ä::hm bist du ähm auch (3,0) tätig in der Arbeit?
> *Ja das bin ich. In K. haben wir eine Werkstatt? Für Lernbehinderte und schwach Behinderte, und denen wird auch geholfen dann wenn sie Hilfe brauchen, da bin ich auch mit dabei zum Helfen (-) das macht Spaß doch.*

Die Erzählerin benennt die Personen, welche in der Werkstatt arbeiten, als »*Lernbehinderte*« und »*schwach Behinderte.*« Ihnen, so führt sie weiter aus, wird geholfen, wenn sie Hilfe brauchen. Ihre eigene Rolle jedoch scheint außerhalb dieses Personenkreises zu liegen. Ihre Aufgabe ist es, diesen Personen zu helfen, und dies mache ihr Spaß. Von der eigentlichen Werkstatttätigkeit, welche sie ausführt, spricht die Erzählerin nicht. In dieser Sequenz distanziert sie sich von ihren Kolleginnen und Kollegen – oder von manchen – insofern, als diese offenbar einen größeren Hilfsbedarf haben als sie – oder überhaupt hilfsbedürftig sind. Somit beschreibt sie sich zugleich als Mitarbeiterin in der Werkstatt und als eine Person, welche sich erstens in ihrer Hilfsbedürftigkeit von den anderen unterscheidet und zweitens diesen gerne hilft.

Den Begriff Behinderung verwendet die Befragte noch ein weiteres Mal, als sie nach ihrer Schulzeit gefragt wird. Sie nennt daraufhin den Namen der Schule und fügt die Konkretisierung »*für Lernbehinderte*« hinzu. In ihren weiteren Ausführungen lässt sie keinen Zweifel daran, dass sie in diversen Situationen sowohl Hilfe gibt als auch Hilfe empfängt. Als sie nach ihrer Lebenssituation gefragt wird, berichtet die Frau:

> *Mit verschiedenen Bewohnern die auch ähm pflegebedürftig sind (--) mit waschen, anziehen und das ganze, weil ich kann das ja.*

Auch hier charakterisiert sie die MitbewohnerInnen als hilfsbedürftig, genauer, als pflegebedürftig und exemplifiziert dies anhand von zwei Beispielen aus dem Bereich der Lebenspraxis und wendet die Beschreibung dann noch ins Allgemeine: Die MitbewohnerInnen sind auch insgesamt (»*das ganze*«) pflegebedürftig. Auch hier grenzt sich die Erzählerin von diesen ab, indem sie auf ihre diesbezüglichen Fähigkeiten hinweist: »*Weil ich kann das ja*«, wobei die Konjunktion »*weil*« hier nicht erfüllt wird, eher scheint hier ein Anschluss im Sinne von »während/wogegen« gemeint zu sein, im Sinne einer Gegenüberstellung. Später erfolgt eine gewisse Relativierung insofern, als die Erzählerin eine Situation benennt, in der sie selbst Hilfe braucht, beim Haarewaschen. Darauf weist sie noch ein weiteres Mal hin und es wird deutlich, dass sie hier Unterstützung erhält. Das Thema der Hilfsbedürftigkeit, des Hilfegebens und Hilfeempfangens durchzieht diese Erzählung, was auch an einer prominenten Stelle sichtbar wird: Auf die Frage, was sie sich für ihre Zukunft wünscht, was sie noch lernen möchte, antwortet sie:

> *Ein bisschen ... Fürsorge wenn ich irgendwas nicht kann dass man mir dann auch dann helfen kann.*

Auf der anderen Seite zeigt sich die Befragte besorgt um Kinder und Erwachsene, die vergeblich Asyl beantragen, und um Menschen und Tiere in anderen Ländern, die in Not sind. Aus den verschiedenen Aussagen entsteht das Bild vielfältiger sozialer Beziehungen, die durch gegenseitige Hilfestellung getragen werden. Das Thema Behinderung steht im Hintergrund, es wird erwähnt, aber auch relativiert, insofern die Erzählerin sich als jemand beschreibt, die Unterstützung braucht, aber auch fraglos Unterstützung gibt.

Ein anderer Befragter weist im Laufe des Gesprächs nur einmal kurz auf seine »*Behinderung*« hin.

> *Ja. Ist aber auch gut so. Ach ja und ich (-) ich kann nichts dafür aber ich aber das ist meine Behinderung {/legt seine Hände vor das Gesicht}/.*

Behinderung steht hier für das, was dem eigenen Zugriff entzogen ist und auch nicht kontrolliert oder verändert werden kann:

> *Das kann ich äh nicht machen- Äh ich kann nur schaukel oder (-) das hier, Schaukel heißt (-) mich so entspannt gelesen, und das hier is äh:: (-) mag ich gerne das meine (--) auch (-) meine Behinderung.*

Zur Behinderung gehören offenbar auch bestimmte Verhaltensweisen, wie z.B. das Schaukeln oder die Neigung, die Hände vor das Gesicht zu nehmen.

Eine junge Frau verwendet ebenfalls den Begriff »*Behinderung*« im Zusammenhang mit der Beschreibung ihrer Kindheit. Gleich zu Beginn des Interviews stellt sie klar, dass sie es in ihrer Kindheit gut hatte:

Nur sehr lustig, mein Kindheit.... Ja, mein Kindheit ist so schön und lustig (-), weil (-) weil das so richtig Spaß macht und (--) und die Papa hatte mich umarmt...
I.: Er hat dich umarmt als du ein kleines Kind warst?
Genau. Weil hab sche eine Schnur in meiner Nase, weil mir ging es überhaupt gar nicht gut für mein Geburt, weil da hab ich nämlich dann Scharlach gekriegt und Windpocken.
I.: Okay.
Ja, da bin ich sch-schon raus und da bin Sonja nur genannt, ich bin schon behindert.
I.: Mhm, also hab ich das richtig verstanden, dass du gesundheitliche Probleme hattest als Kind, dass du ähm (-) Windpocken hattest und Scharlach und auch eine-
Weil da hab ich dann irgend so Schlauch in der Nase gehabt.
I.: Ah ja, ja zum Atmen?
Genau.
I.: Das heißt das war gar nicht so einfach, die ersten Monate oder Jahre.
Genau, deswegen hab ich so gedacht ich will nicht wenn ich sterbe, weil ich hab nämlich ähm (-) no eine so dumme in mir nicht reinpasst, weil ich hab nämlich Lungenentzündung gehabt.
I.: Okay.
Und das nervt. Und dann hab ich ja immer noch diese Erinnerung, diese Leute ähm, jemand ähm, die ähm Lungenentzündung gestorben ist.
I.: Davon hast du gehört und dann denkst du da dran und dir fällt ein wie du früher auch eine Lungenentzündung hattest. Mhm, mhm.
Weil das nervt und dann war ich total traurig gehabt.

Die Erzählerin beginnt mit schönen Beschreibungen: Sie hatte Spaß in ihrer Kindheit, es war schön und lustig. Die Haltung ihres Vaters ihr gegenüber kommt in seiner liebevollen Geste zum Ausdruck. An dieser Stelle, verbunden durch die Konjunktion, thematisiert sie den Schatten, der auf ihrer Kindheit lag: Verschiedene Krankheiten haben sie belastet, beginnend mit ihrer Geburt (»*für meine Geburt*«), Windpocken und Scharlach, eine Lungenentzündung, Atemnot, sodass ein Schlauch in der Nase eingeführt wurde. Diese Krankheiten waren auch lebensbedrohlich. Die Äußerung, die sich auf die Lebensgefahr bezieht, ist nicht ganz eindeutig (»*deswegen hab ich so gedacht ich will nicht wenn ich sterbe*«), könnte aber verstanden werden als die Feststellung einer Lebensgefahr und der Bekundung des Willens, nicht sterben zu wollen, angesichts des Wissens, dass Lungenentzündungen tödlich verlaufen können (hier bezogen auf »*jemand*« und »*einige Leute*«). Die Erzählerin verweist auf ihre Erinnerung an diese Zeit, ihre Gedanken, Gefühle (»*total traurig*«) und Erfahrungen. Anzunehmen wäre hier auch, dass sie das Wissen über ihre Kindheit (auch) über Erzählungen bezieht und sich mit diesen Äußerungen in ihr kindliches Selbst versetzt. Die Erzählung wird jedenfalls durch einen starken Kontrast getragen, in dem die lebensbedrohlichen Erkrankungen in eine familiäre Atmosphäre der Wärme und Freude einbrechen. Hier steht die väterliche Umarmung wohl auch pars pro toto für die Sorge und Zuwendung der Eltern in diesen schweren Zeiten. Bemerkenswert ist die Äußerung: »*Ja, da bin ich sch-schon raus und da bin Sonja nur genannt, ich bin schon behindert.*« Die Befragte erläutert nicht, wo sie »*schon raus*« kam. Möglich wäre natürlich eine konkrete Lesart: dass hier das Krankenhaus gemeint ist. Ebenfalls denkbar wäre, dass die Erzählerin hier meint, dass sie aus den Krankheiten »heraus«, im Sinne von durch die Krankheiten gekommen ist. Die Verbindung mit der übernächsten Phrase, »*ich bin schon behindert*« würde dann nahelegen, dass hier die Behinderung als Folge der Krankheiten erscheint. Eine dritte Interpretation würde besagen, dass sie hier ihre Geburt beschreibt. Dies würde plausibel durch die folgende Phrase, die ihre Namensgebung behandelt, welche üblicherweise der Geburt folgt. Ihren Namen führt die Erzählerin bereits vor der hier zitierten Passage ein, indem sie eingehend schildert, dass ihr Name in Verbindung mit der Vorliebe ihrer Mutter für eine Sängerin steht. Auf diese Weise sind beide Eltern eingeführt, im Hinblick auf ihre Zuneigung zu ihrer Tochter. Denn so wie der Vater sie umarmt, überträgt die Mutter mittels des Namens ihre Liebe zu einer berühmten Musikerin, die sie verehrt, auf die kleine Tochter. In dieser dritten Interpretation würde diese Äußerung ihre Geburt, ihren Namen und die Behinderung in einer Reihung bringen, wobei das »schon« nicht zeitlich, sondern im Sinne eines Eingeständnisses gelesen werden kann, im Sinne von: »Es ist schon so, dass ich …«. All diesen Deutungsmöglichkeiten gemein ist, dass die Behinderung in kürzester Form angesprochen, aber nicht erläutert wird. Doch rückt hier die Behinderung in die Nähe zu schweren, gar lebensbedrohlichen Krankheiten, womit die existenzielle Verwundbarkeit im Vordergrund steht. Diesen starken Belastungen wird in wenigen, aber kräftigen Strichen die familiäre Atmosphäre entgegengesetzt, die Zuneigung ihrer Eltern, wie sie sich in der Namensgebung manifestiert und in einer Geste, die nicht nur Zuneigung, sondern auch Halt-Geben verkörpert.

Der Begriff ›Behinderung‹ steht auch in anderen qualitativen Studien, in denen Personen mit Down-Syndrom über sich sprechen, nicht im Vordergrund.[211] Damit ist jedoch nicht die Reflexion über diverse Beeinträchtigungen oder Probleme angesprochen, sondern der Sammelbegriff und zugleich die Zuschreibung ›Behinderung‹.

Gesundheit und Krankheit

Auch das Thema Gesundheit und Krankheit war nicht Gegenstand des Leitfadens. Wenn die Befragten über Gesundheitsthemen sprachen, so geschah dies auf eigene Initiative. Hierunter wurden Berichte über organische Krankheiten, Unfälle und allgemeinere Beschwerden ebenso subsumiert wie Hinweise auf die Beachtung der eigenen Gesundheit.

29 Personen berichten über eigene gesundheitsbezogene Erfahrungen. 20 Personen sprechen über die gesundheitsbezogenen Erfahrungen anderer Personen, von diesen sprechen acht Personen ausschließlich über gesundheitsbezogene Erfahrungen anderer Menschen. Bei den Nennungen spezifischer Krankheiten überwiegen Krankheiten des Herz- und Kreislauf-Systems.

Wenn die GesprächspartnerInnen von sich aus Krankheiten anderer Menschen zur Sprache bringen, geschieht dies meistens im Hinblick auf die engsten Ver-

---

211 Brown, Dodd & Vetere 2010; Cunningham & Glenn 2004.

wandten – Mutter, Vater, Großeltern. Nicht selten rufen diese Erinnerungen Trauer und Tränen hervor.

Insgesamt sieben GesprächspartnerInnen betonen einen Zusammenhang zwischen Lebensstil und Gesundheit, mit besonderer Betonung von gesunder Ernährung und körperlicher Ertüchtigung als wichtige Bestandteile eines gesunden Lebensstils.

> *Ich muss auch immer viel trinken,*
> *I.: Ja,*
> *Wegen auch meine Thrombosegefahr.*

Sie verweisen auf gesundheitliche Probleme oder eine gesundheitliche Gefährdung, die sie dazu veranlasst, bestimmte Maßnahmen zu ergreifen oder auf bestimmte Nahrungsmittel zu verzichten.

> *Mein Krankheit is Bezitis.*
> *I.: Das hab ich jetzt nicht verstanden. (3,0)*
> *((Flüsternde Laute)) Krankheit. ((Andere Person wirft ein: »Diabetes.«))*
> *I.: Diabetes ah okay.*
> *Genau. Ja ((unverständlich)) darf nicht zu viel rohe Zucker essen.*

Es wird auch deutlich, dass die gesundheitlichen Ausgangsbedingungen bei manchen zu einer besonderen Verletzlichkeit führen, wie bei einer Frau, die bemerkt, dass man sie wegen ihres Herzfehlers nicht erschrecken dürfe:

> *Das darf man nicht eher- eher nicht bei mir das eher verboten mich zu erschrecken*
> *I.: Ja klar*
> *Wegen dem Herzfehler [I.: Ja natürlich.] den ich hab ich hatte auch einen ((unverständlich)) auch Krankheiten gehabt in der Schule ich hatte mal in der in der Klasse konnte nicht mehr hochgehen die Treppe hochgehen ich hatte dann meinen zweiten Herzfehler gehabt.*

Eine andere Befragte berichtet, dass sie Kreislaufprobleme bekommt, wenn sie nicht ausreichend isst:

> *Ja. Da hab ich morgens nicht gefrühstückt, und nichts getrunken,*
> *I.: Zu Hause nicht,*
> *Zu Hause, dann bin ich dann zum Arbeite-de-de gekommen,*
> *I.: Öh und warst [B: und,] warst nicht gut dran?*
> *Genau, und dann war ich ... Dann ging's in der Küche los, [...] Und dann anfangen zu arbeiten. Und dann hat ich ja ein Wasser mit nicht nicht da mit zum verschlucken, und auch kein Wasser was zu trinken, u::nd dann war ich SOS daneben mein Kopf mein Augen waren zum fallen zu schwarz.*

Andere berichten von der regelmäßigen Einnahme von Medikamenten, um Kreislaufproblemen vorzubeugen, oder davon, dass man ihnen rät, genügend zu trinken:

> *Mh. (2,0) Aber Leuten sagen ich soll mehr trinken (-) weil ich nied- niedrigen Blutdruck hab aber ich trink ja viel aber trinken (--) liegt das ja nicht dran (---) weil ich nix dafür kann und ich habs immer mit dem Gleichgewicht zu tun hab und wacklig in den Beinen.*

Krankheiten oder Schädigungen sind auch die Ursache dafür, dass bestimmte Freizeittätigkeiten nicht (mehr) möglich sind oder dass Urlaube abgesagt werden mussten. Sie werden als darüber hinaus als ernsthafte Gefahr wahrgenommen:

> *Genau, deswegen hab ich so gedacht ich will nicht wenn ich sterbe, weil ich hab nämlich ähm (-) no eine so dumme in mir nicht ((sehr undeutlich)) reinpasst, weil ich hab nämlich Lungenentzündung gehabt.*
> *I.: Okay.*
> *Und das nervt. Und dann hab ich ja immer noch diese Erinnerung, diese Leute ähm, jemand ähm, die ähm Lungenentzündung gestorben ist.*

Die Befragten äußern sich häufig retrospektiv über die organischen Schädigungen und Krankheiten in ihrer Kindheit und berichten über die medizinischen Eingriffe. Die Bewältigung von Krisen und der Umgang mit ernsthaften chronischen Krankheiten begleitet sie seit ihrer Kindheit und sie sind sich dessen sehr bewusst. Dies betrifft auch das Wissen um die Bedeutung eines gesunden Lebensstiles.

Der Umgang mit Gesundheitsproblemen und ihre Wirkung auf Tätigkeiten und Teilhabe betrifft eine große Zahl von Personen mit Down-Syndrom. Eine gute Gesundheit steht in eindeutiger Verbindung zu größerer Unabhängigkeit und mehr sozialen Beziehungen.[212] Ebenso berichten Personen mit einem höheren Grad an Unabhängigkeit in Verbindung mit familiärer und institutioneller Unterstützung über eine bessere Gesundheit und eine höhere Lebensqualität.[213]

Aus der Perspektive von Eltern von Personen mit Down-Syndrom von der Geburt bis in das 40. Lebensjahr stehen jedoch Gesundheitsprobleme nicht in Verbindungen zu Erziehungsproblemen.[214] In der frühesten Kindheit aber gibt es einen Zusammenhang zwischen der Anpassung von Müttern bzw. Eltern an die Situation mit einem Kind mit Down-Syndrom und dem Auftreten von Gesundheitsproblemen.[215]

Eine bereits mehrfach erwähnte qualitative Studie erwies die Bedeutung der gegebenen (physischen) Gesundheit für das Selbstbild der Befragten.[216] Den Stellenwert von Gesundheit und einem gesunden Lebensstil vermitteln auch die Berichte der Befragten in der vorliegenden Studie. Ebenfalls einen großen Raum nimmt das Nachdenken über gesundheitliche Probleme nahe stehender Personen ein, gewis-

---

212 Matthews et al. 2018.
213 Alonso-Sardon et al. 2019.
214 De Graaf et al. 2019.
215 Nelson Goff et al. 2013.
216 Brown, Dodd & Vetere 2010.

sermaßen als eine Weiterführung der Aussagen zu Familie und Freundschaft ein Ausdruck von Mitgefühl und Sorge.

Zufriedenheit mit der eigenen Person

Unter den Aussagen, welche sich auf das Selbst beziehen, finden sich auch solche, die allgemeiner Natur sind. Manche von ihnen erfolgen spontan, andere auf Nachfrage. Insgesamt liegen fünf solcher Aussagen vor, von denen eine negativ ausgerichtet ist. Alle diese allgemeinen Aussagen stehen in Übereinstimmung mit der Gesamtheit der in dem Interview getroffenen, spezifischen Aussagen und bilden gleichsam ihr Fazit. So verhält es sich auch bei einer jungen Frau, die eine Reihe von problematischen Situationen schildert und zusammenfassend bilanziert:

> *Ich fühl mich irgendwie nicht so wohl.*

Die übrigen Aussagen sind positiver Natur. Manche schließen an die zentrale Aussage noch eine Erläuterung oder ein Beispiel an, so wie die Frau, die hier auf ihre Rolle als Gründungsmitglied einer partizipativen Forschungsgruppe zu sprechen kommt:

> *(--) Also ich bin so wie ich jetzt bin sehr sehr zufrieden also ich also mit dass ich die erste Forscherin auch bin (...).*

Manche GesprächsteilnehmerInnen antworten auf eine entsprechende Frage, wobei diese eine Zusammenfassung des im Laufe des Interview Gesagten darstellen soll – und sich aus den vorherigen Äußerungen ergibt:

> I.: Und (--) ich hab das Gefühl du du kannst sagen du bist mit dir zufrieden. *Mhm.*

Ähnlich verhält es sich bei einer Frau, welche die Antwort mit einem Adverb ergänzt:

> I.: Und würdest du sagen du bist jemand bis- bist du mit dir selbst zufrieden? Befragte: *Ich bin hier sehr (-) zufrieden.*

Und schließlich eine Frau mittleren Alters, die mit Freude über ihre Partnerschaft und ihre Hobbies berichtet:

> I.: Versteh ich. Ja. Ja. Ja. Aber, ist es nicht auch so dass du zufrieden mit dir bist? *Ja bin ich.*

Es ist möglich, dass gerade diese letzte Antwort Ergebnis einer Zustimmungsneigung darstellt. Doch ist zu bedenken, dass sie im Einklang mit den spezifischen

Aussagen über das Selbst in dem Interview stehen und auch im Nachhören der Audioaufnahme authentisch erscheinen.

Empirische Studien ergeben ebenfalls ein hohes Maß an Zufriedenheit mit der eigenen Person und mit dem Leben. Eine Studie an 266 Personen mit Down-Syndrom im Alter von 12 bis 40 Jahren aus dem Jahr 2011 ergab, dass ein überragend hoher Prozentsatz (96–99 %) sich als mit ihrem Leben glücklich bezeichneten, zufrieden mit dem Leben, das sie führen, und mit ihrer eigenen Persönlichkeit.[217] Diese Ergebnisse wurden in einer aktuellen japanischen Studie bestätigt, in der 300 Personen befragt wurden, in der gleichen Altersgruppe. 97 % gaben an, mit ihrem Leben zufrieden zu sein, 96 % gaben sich mit ihrem Aussehen zufrieden und 94 % gaben an, sich selbst zu mögen.[218] Nicht nur die Aussagen über das eigene Selbst, sondern auch über das Leben im allgemeinen werden in der hier vorliegenden Studie bestätigt, wie der nächste Abschnitt zeigt.

Zufriedenheit mit dem eigenen Leben

In einer Reihe von Gesprächen treffen die Interviewten Aussagen über ihr Leben als solches. Dies geschieht aus eigener Initiative, aber auch häufig auf entsprechende Nachfragen der InterviewerInnen. Von den zehn Personen, welche sich zu diesem Thema äußern, sprechen sechs Personen es selbst an, sieben antworten auf entsprechende Fragen der InterviewerInnen, wobei diese die Frage eher gegen Ende des Interviews stellten, im Sinne einer zusammenfassenden Bewertung.

Alle GesprächsteilnehmerInnen – mit einer Ausnahme – äußern sich, mit mehr oder weniger Emphase, zufrieden mit ihrem Leben. Bemerkenswert sind die Formulierungen, gerade auch bei denen, die nach ihrer Zufriedenheit mit ihrem Leben befragt werden und hier nur selten einfach mit »ja« antworten, sondern der Form ihrer Antwort eine eigene Prägung und damit auch Authentizität verleihen. Einige der Befragten belassen es nicht bei der Antwort, sondern begründen oder illustrieren diese mit Erläuterungen.

Zwei Personen antworten auf die Frage, ob sie insgesamt mit sich und ihrem Leben zufrieden sind, schlicht mit »richtig« oder »mhm«, wobei sie im Verlauf des Interviews ihre Zufriedenheit mit einigen Aspekten ihres Lebens, wie ihrer Arbeit und ihren Beziehungen, schon Ausdruck verliehen hatten.

Manche Befragte antworten auf die entsprechende Frage, geben ihrer Antwort jedoch einen eigenen Akzent:

> I.: Kann man sagen, dass du mit deinem Leben sehr zufrieden bist?
> *Total mega.*

Die GesprächspartnerInnen, welche das Thema von sich aus ansprechen, äußern sich in vielfältiger Form.

---

217 Skotko, Levine & Goldstein 2011c.
218 Wakai et al. 2020.

- *Ja also mein Leben ist gut für mich?*
- *Ich bin hier sehr (-) befrieden.*

Manche bekräftigen und erläutern Ihre Aussage:

Hm, ((Rascheln in der Pause)) Ja. (-) Mein Leben ist ganz okay?
I.: Mhm.
Hm::, mein Leben ist gu::t, ähm (---) Ja Moment, ich habs gleich. (- -) Also ich freu mich schon (-) für mein Leben (-) find ich gut, (- -) weil ich mich zurück*halten kann. (---) Bisschen entspannt, (--) berufstätig. (---) Ja. (---) Ja, freut mich. (---) Ja. (---) Ja. (-) zu-zufrieden.

Und an einer späteren Stelle ergänzt der Interviewte:

I.: Mhm. Gibt es einen Ort, an dem du dich sehr gerne aufhältst? Wo du dich ganz wohlfühlst?
(--) Ort. ((nachdenklich))
I.: Ein Platz, (-) ein Ort, wo du-wo du sehr gerne bist,
Mhm:: Ich ähm fühl mich wohl.
I.: Du fühlst dich wohl. Und wo fühlst du dich besonders wohl?
Mhm:: Ich bin schon aufgeho::ben.

Ein junger Mann bringt es folgendermaßen auf den Punkt:

Ja. Und ähm ich ich liebe ich liebe ich liebe mein Leben (---) ... circle of life.
Oder in einer anderen Formulierung:
Ähm, ich (--) ich, genieße das, (-) das Leben, eh einfach alles. Einfach viele und andere (-) schönere Sachen. Die ich schön mag.

Eine junge Frau sagt:

Ich bin noch zufrieden und bin eigentlich auch wunschlos glücklich.

Und abschließend, ebenfalls eine Frau:

Und ich liebe meine Familie einfach, äh bin auch in meinem Leben so verliebt.

Wenngleich die Befragten insgesamt »wenig Worte« machen, so fallen ihre Aussagen so deutlich wie kräftig aus. Sie beziehen durchweg eine positive Haltung gegenüber ihrem Leben, was aber nicht bedeutet, dass sie alles durch eine rosa Brille sähen: Die meisten derjenigen, die hier aufgeführt werden, benennen auch schwierige Situationen, Probleme und Wünsche, die nicht in Erfüllung gegangen sind.

Die in den Interviews zum Ausdruck kommende Positivität und Lebenszufriedenheit wird auch von einer Studie an 65 erwachsenen Personen mit Down-Syndrom bestätigt. Die Befragten gaben einen durchschnittlichen Wert von 4.3 auf einer Skala mit fünf Stufen an. Die Lebenszufriedenheit stand in keinem Zusammenhang mit Geschlecht, Alter oder dem Grad an Autonomie (i. S. von Selbständigkeit). Allerdings gaben diejenigen höhere Zufriedenheitswerte an, welche bei ihren Eltern wohnten.[219]

5.15 Teilhabebarrieren

Möglichkeiten und Barrieren von Teilhabe werden an vielen Stellen der Gespräche thematisiert und in den entsprechenden Kapiteln dieses Forschungsberichts referiert: Arbeit, Freizeit, Wohnen, soziale Beziehungen, Behinderung, Mobilität und andere. Hier werden die Beschränkungen oder Barrieren häufig als Konsequenz eigener Defizite beschrieben. An einigen Stellen gehen die GesprächspartnerInnen auf Möglichkeiten, besonders aber Hindernisse oder Grenzen der Teilhabe in expliziter Form ein. Im Zentrum stehen hier die politische Teilhabe und die Teilhabe durch Arbeit.

Die Ausführungen, welche die Arbeit betreffen, beziehen sich zum einen auf berufsbezogene Wünsche, die nicht in Erfüllung gehen oder gehen können. Eine junge Frau beklagt, aufgrund ihrer Behinderung und der damit verbundenen verwehrten Schulabschlüsse ihren Traumberuf als Lehrerin nicht ausführen zu können:

> *Ja ich wollte eigentlich Lehrerin werden (…) Aber das klappt leider nicht.*
> *Wegen meiner Behinderung die ich habe?*
> *Wegen der braucht man was anderes braucht man ja ein Abitur und einen vernünftigen Schulabschluss zu machen weil das habe ich nicht in der Schule. Und der eine verstehen der schafft das ich eher nicht so? Und nicht hier das und ich anders bin als die alle…*

Mehrere GesprächspartnerInnen betonen, wie gut sie es finden, dass sie an einem regulären Arbeitsplatz tätig sein können, wie etwa ein Mann, der in einem Café tätig ist und sich dort anerkannt fühlt:

> *Und ich arbeite in eine ähm Café, mit äh Menschen die ähm das Down-Syndrom habt, und auch Behinderungen. (-) Und dort macht mir das sehr viel Spaß, weil ähm da kommt Menschen, die ähm ganz normalen Menschen da hin kommt, und das ist ähm gut ist das ist dann ich meine weil ich zu dir komme, und sage, was wollen Sie bestellen. Das i- dass ich dann dass die mich respektieren wie ich bin (3,0) ja.*

Auch zwei Frauen betonen, wie viel ihnen die Arbeit im Rahmen eines pädagogischen Arbeitsfeldes Freude macht. Dennoch sind sie nicht ganz zufrieden: Eine

---

219 Büssing et al. 2017.

würde gerne häufiger dort arbeiten, eine weitere wünscht sich, mehr Aufgaben – und damit mehr Verantwortung – zu bekommen.

Das zweite Thema, welches in den Vordergrund gerückt wird, betrifft die politische Partizipation. Einige Befragte betonen ihr politisches Interesse, wie es durch Aufnehmen von Nachrichten und durch Wählen zum Ausdruck gebracht wird. Als eine bedeutende Barriere wird hier das Fehlen von Informationen in leichter Sprache benannt. Dazu ein Beispiel aus dem Gespräch mit einem Mann:

> *Und ich nich, aber ähm (3,0) es gibt auch ... Nachrichte? Die nicht ähm (-) in Fachsprache jetzt das hört. Und für mich ist das schwierig dass ich das ähm höre und was das bedeutet. Und dann gibt es auf Handys Apps. Und dann hat man Apps dann Nachrichten in leichter Spra::che.*
> *I.: =Okay*
> *[Die das] dann die Leute wie ich das auch verstehen kann. Ja.*

Die Verfügbarkeit von leichter Sprache wird mit der Möglichkeit zur Mitbestimmung verbunden:

> *Aber ich kann auch jetzt ähm sch- mirse paarsachationen? Da ha- und das äh Spra- in leichte Sprache ist das Mitbestimmung. Ja.*

Dieses Bedürfnis erstreckt sich auch auf andere, alltägliche Situationen:

> *Ich habe ich habe immer gesagt, bitte? In leise Sp- leise Sprache. Ihm wenn was Uni rede und das was a- kommuniziert wird, ne bitte. Red mal mit in leichter Sprache... Ja. Sonst ey bitte. Ich ich hab das Down-Syndrom. I- ich verstehe nicht ähm (-) ne Wörter wenn eh wenn äus ehm reden und normal, und ich versteht euch nicht? Dann bitte mal leichte Sprache reden. Weil das mir das so anstrengend ist, wenn ich ha-ich ich habe..... das getestet.*

In diesem Beispiel wird deutlich, was schon bei den Aussagen über die Arbeit anklingt. Die Forderung nach dem Abbau von Barrieren geschieht nicht voraussetzungslos. Wer so spricht, hat Prinzip und Leistungsfähigkeit Leichter Sprache kennengelernt. Eine weitere Voraussetzung liegt in der Persönlichkeit und dem Erfahrungshintergrund: Der Sprecher exponiert sich in seiner Bedürftigkeit und fordert die Verwendung einer veränderten Sprache ein. Dies unterstreicht auch eine weitere Passage aus diesem Interview:

> *Ähm weil ähm e- es war in diese Jahr ähm (-) äh- Wahl.*
> *I.: Ja?*
> *Da hab ich ähm gesagt zu meinen Eltern, Mama Papa? Es ((ich)) sitze hier, und höre... was die öhm Wahlkämpfe sagen.*
> *I.: Mhm?*
> *Da hab ich gesagt nee, ich geh nicht am Computer, ich will das hören. Ich möcht das auch verstehen.*

In der nächsten Sequenz wird diese Position auf die Bedürfnisse von Personen mit Down-Syndrom verallgemeinert:

> *I- ich kann nur sagen dass ähm Men- Men- ähm wie du? Ähm wenn mehrere Leute- ähm Menschen mit das Down-Syndrom besser in leichte Spra::che reden.*
> *I.: Mhm?*
> *Dass die Menschen weiß was du sagst.*

Das Engagement für die Anliegen aller (oder sehr vieler) Menschen mit Down-Syndrom zeigt auch eine Gesprächspartnerin, die sich ebenfalls mit dem Thema Leichter Sprache befasst.

> *Ja auch Politik ist au-auch sehr interessant und äh das ist aber in schwieriger Sprache ähm ja eigentlich und ich bieg mir das so ein bisschen selbst bei indem ich manchmal meine Eltern ... frag. ... auch Zeitung lese oder so aber das haben die in einer komplizierteren eh Sprache verfasst und da möcht ich gern eigentlich mal auf leichter Sprache haben.*
> *Und ich glaub da wären jetzt hier glaub ich auch andere Menschen mit Down-Syndrom auch auch mir recht geben dass die auch Politik auch gern mal in leichter Sprache hätten dann könnten die vielleicht auch sagen:: äh dann können die besser auch wählen und also wenn die wenn die die wollen-die haben ja ja auch ein Recht (-) mitzubestimmen im Land.*

Die beiden letztgenannten Personen artikulieren hier nicht nur ihre Zugehörigkeit zu einer Gruppe von Betroffenen, sondern verstehen erstens ihr Anliegen nicht mehr nur als ein persönliches, sondern vielmehr als repräsentativ für andere Menschen mit Down-Syndrom und zweitens als ein Anliegen, das mit einer »Teilgabe«, ihrem Beitrag *für* die Gesellschaft, einhergeht.

5.16 Werte

Über die Werthaltungen der Befragten geben deren Äußerungen zu unterschiedlichen Themen Aufschluss. Als Beispiel können hier die Aussagen zum Thema Familie genommen werden, aus denen hervorgeht, welchen hohen Stellenwert die Beziehungen etwa zu den Eltern, den Geschwistern, den Neffen und Nichten haben. Die Interviewsequenzen zum Thema Eigenschaften zeigen, welche Eigenschaften, an einem selbst oder überhaupt, besonders geschätzt werden. Dies ließe sich fortsetzen bei den Themen Entwicklung und Lernen, Umgang mit Konflikten, Wünsche und Ziele, um einige zu nennen. Die Aussagen zu diesen Kategorien enthalten oftmals implizite Hinweise auf zugrunde liegende Wertvorstellungen. In einigen Gesprächen finden sich jedoch auch Äußerungen, in denen Werte als solche thematisiert werden. Dies geschieht nicht selten auf eine Frage, nach dem, »was ihnen im Leben besonders wichtig ist.« Die Antworten auf diese Frage und die spontanen Äußerungen benennen unterschiedliche Werte. Ein Mann etwa weist darauf hin, dass in den sozialen Abläufen Ordnung walten muss, ein anderer betont die Bedeutung von Pünktlichkeit. Einige GesprächspartnerInnen formulieren biografische Ziele; eine junge Frau gibt auf die Frage, was für sie im Leben wirklich wichtig ist, Ziele für ihr Leben an: Sie möchte umziehen und heiraten. Eine andere möchte glücklich sein, keine Probleme mehr (!) haben und ihr Leben genießen:

> I.: Ähm was würdest du sagen ist im Leben besonders wichtig.
> *Also mein Leben ist wichtig glücklich sein, keine Probleme mehr haben und einfach (--) gut genießen in mein Leben. (---).*

Einige Befragte weisen auf die Bedeutung von Selbständigkeit und Selbstbestimmung hin (vgl. ▶ Kap. 5.14). Zwei Befragte betonen die Bedeutung von Religion und Kirche in ihrem Leben: »*Religion hat einen wirklich guten Stellenwert*«. Eine andere Frau sagt:

> *[Das is mir] ... sehr wichtig (-) ›ja‹. Unter dem ich kur *z (-) unter dem Segen Gotte *s dann in die neue Woche zu gehen.*

Doch bei aller Vielfalt ergeben sich eindeutig thematische Schwerpunkte, welche sich auf soziale Beziehungen richten. So heben einige Befragte die Bedeutung der Familie hervor, worin sich die Interpretation der familienbezogenen Aussagen bestätigt. Eine Befragte bringt dies auf den Punkt:

> *Familie ähm ist für mich auf jeden Fall an erster Stelle. (--) Auf jeden Fall. Da lass ich nix drauf kommen.*

Ein anderer Befragter sagt:

> *[Und der] Freunden und der Familie.*
> I.: Mhm?
> *Ja. (--) Die geben mir immer auch (-) ist meine Top 1. In meiner Liste.*
> I.: Ah Top 1 hab ich grade nicht richtig verstanden erst. Jetzt hab [ich verstanden.]
> *Top One auf jeden Fall.*

Eine noch größere Gruppe (N=10) von Äußerungen thematisiert Werte, welche man als soziale oder prosoziale Werte bezeichnen kann. Hierzu gehören etwa Freundlichkeit, Friedfertigkeit oder gewaltfreie Konfliktlösung und gegenseitiges Verständnis und Dialog:

> I.: Mhm (7,0) Was ist eigentlich (3,0) besonders wichtig im Leben?
> *Dass man sich gut versteht, (-) und dass man mit denjenigen auch reden kann.*

Eine andere Frau antwortet auf diese Frage »*meine Beziehung*«, ein Mann antwortet schlicht:

> *Ja Liebe. Liebe ist ein Gefühl, (-) dass man auch Menschen liebe die man auch Hilfe braucht...*

Andere sprechen über Höflichkeit, Freundlichkeit und Rücksichtnahme oder über Ehrlichkeit:

> *[Eh] meine Eltern haben mich zu Ehrlichkeit erzogen.*

Eine junge Frau formuliert das Ideal, in der Urteilsbildung flexibel zu bleiben und keine festen Urteile auszubilden:

> *Ich will auch mit meiner Meinung auch flexibel sein.*

In diese Richtung verweist auch eine Äußerung, welche sich kritisch mit negativen sozialen Haltungen auseinandersetzt:

> *Ja, so Neid oder Eifersucht ist generell an sich kein, wie heißt das, schönes Geschenk Gottes, überhaupt, so. Ja.*

Später betont sie die Bedeutung von Dankbarkeit. Eine weitere Befragte spricht über die Bedeutung, sich in einer Gemeinschaft zu befinden.

Eine dritte Gruppe von Befragten widmet sich gesellschaftlichen und politischen Aufgabenstellungen. Eine Gesprächsteilnehmerin fordert, dass man Menschen in Not, z. B. Geflüchteten, helfen muss.

> *Meine Position is auf jeden Fall dass man den Leuten auch eine Chance gibt überhaupt äh in Deutschland zu leben. Das ist auf jeden Fall mein-mein Ziel. Dies gilt besonders für Kinder oder kleine Säuglinge.*

Einige GesprächspartnerInnen geben gesellschaftliche und politische Ziele an. Eine junge Frau wünscht sich, dass die gesellschaftliche Inklusion weitergeführt wird:

> *Ich will einfach, ich will, dass einfach Inklusion mehr weitergebildet wird.*

Auch eine weitere Befragte betont die Weiterentwicklung gesellschaftlicher Inklusion und namentlich politischer Partizipation. Eine junge Frau spricht über die Notwendigkeit von Tierschutz und Umweltschutz.

Bei aller Vielfalt der Äußerungen dominieren hier klar die gemeinschaftsbezogenen Werte, die auf unterschiedlichen Ebenen angesiedelt sind: die familiäre Gemeinschaft, das soziale Zusammensein in Freundschaften, Gruppen oder der Gemeinde, und schließlich eine gesellschaftlich orientierte, prosoziale und gerechtigkeitsbezogene Werthaltung.

5.17 Religion und Spiritualität

In einem Drittel der Gespräche (N=15) wird über Religion gesprochen, sechs der GesprächspartnerInnen bringen dieses Thema selbst ein. Dies geschieht einige Male in der Erwähnung der eigenen Taufe oder beim Durchgehen von Fotoalben. Häufig wird ein Bezug auf die religiöse Praxis in der eigenen Familie genommen, etwa der gemeinsamen Taufe mit dem Bruder oder dem Kirchgang mit dem Vater oder den Eltern. Dies bedeutet aber nicht, dass die Befragten nicht eigene Positionen bezögen. So erläutert eine Befragte, dass sie sich in der Kirche nicht wohlfühlt. Alle diejenigen, die sich zu dem Thema äußern, bestätigen einen religiösen Bezug und häufig eine religiöse Praxis. Ein Mann fasst dies pointiert zusammen.

> *Und katholisch. Und Christ. Und gläubig. (---)*

Auch wenn manche mit einer geschlossenen Frage angesprochen werden, wirken die Antworten authentisch und scheinen mehr als eine bloße Bestätigung zu sein.

> I.: Mhm. [zustimmend] (-) Und würdest du sagen dass (--) also Religion auch n St- großen Stellenwert in deinem Leben hat?
> *Das hat wirklich guten Stellenwert.*
> I.: Ja?(-)
> *Mhm* [zustimmend] *(---) Doch.*

Oder:

> I.: Mhm. (---) Und bist du auch religiös?
> *Religiös. Ja. (7,5) Bin ich schon.*

Sechs der Befragten berichten von regelmäßigem Kirchgang, manchmal gemeinsam mit Familienmitgliedern. Einige erzählen, dass sie Rituale z. B. in einer Einrichtung denen der Kirche vorzögen. Einige partizipieren an der Gestaltung von religiösen Feiern, in deren Vorbereitung oder als Messdiener. Die GesprächspartnerInnen sprechen auch über ihre religiösen Erfahrungen, sie heben das gemeinsame Singen hervor, den Besuch einer Gruppe, in der auch eine religiöse Unterweisung stattfindet.
In sehr unterschiedlicher Weise beschreiben sie, was ihnen an religiösen Aktivitäten wichtig ist.

> *Weil hier die Morgenfeier ist für mich ja auch so Art wie so eine wie so eine Kirche, kann man das auch so sagen so eine Art und das tut mir auch gut für meine Seele daher.*

Eine junge Frau bezieht sich in ihrer Antwort auf die Sakramente:

5.17 Religion und Spiritualität

> *Ja an den Gott finde ich gut und ich war ja auch den heiligen Geist empfangen, u::nd die Taufe finde ich, hab ich auch erfahren und heil=ge Kommunion hab ich auch noch.*

Eine Befragte stellt die Verbindung zu ihren familiären Traditionen her und artikuliert das Gefühl von Geborgenheit:

> - *Und auch, äh haben auch unserer, wie heißt das, äh Familientraditionen gefeiert. Ja, so zum Beispiel Advent, ah ja Ad-, wie heißt das Advent, Nikolaus, Weihnachten, Ostern, also alles was unter äh Religion besteht.*
> - *Und ich hoffe dass es, äh, also s- sag mal in Gott, in ja, Gottes Hand, möge es so bleiben.*

Später dann bezieht sich die Erzählerin auf ihre verstorbene Großmutter, mit der sie sich verbunden und in deren Nachfolge sie sich fühlt. Eine weitere Frau berichtet von ihrer Anbindung an eine Gemeinde und insbesondere einer Jugendgruppe. Der regelmäßige Kirchgang sei ihr »sehr wichtig«, die Erfahrung im Gottesdienst sehr konkret:

> *Das ist mir sehr wichtig (-) ›ja‹. Unter dem ich kur *z (-) unter dem Segen Gotte *s dann in die neue Woche zu gehen.*

Zusammenfassend geben diejenigen, welche sich zum Thema Religion äußern, ein positives Bild von Religion und von ihrem Bezug hierzu ab. Häufig ist die religiöse Erfahrung in Gemeinschaftserfahrungen eingebettet, sei es im Rahmen des eigenen, zumeist familiären Umfelds oder in der Gemeinschaftserfahrung religiöser Rituale und hier besonders der Sakramente. Die Äußerungen haben insgesamt einen eindeutigen Charakter, auch da, wo Abgrenzungen vorgenommen werden.

Die Bedeutung sozialer Erfahrungen, auch im Hinblick auf eine spirituelle Dimension, wurde auch in einer umfangreichen Studie zur Spiritualität von Personen mit Down-Syndrom hervorgehoben.[220] 65 Personen (Durchschnittsalter 28.8 Jahre) wurden mit Hilfe eines Fragebogens befragt. Dieser erfasste nicht nur die kognitiv zugänglichen Aspekte von Spiritualität, sondern auch affektive und soziale Aspekte. Die AutorInnen folgten einem Konzept von Spiritualität als »Verbundenheit mit und Zuwendung zu Anderen, Bewusstheit, Gefühle von Dankbarkeit und Staunen, sowie religiöse Themen.« Die hohe allgemeine Lebenszufriedenheit der Befragten korrelierte mit dem Gefühl, dass »Gott auf meiner Seite ist«. Die Befragten waren sich positiver und guter Erfahrungen in ihrem Leben bewusst und waren in hohem Maße dankbar dafür. Die auf soziale Beziehungen bezogenen Bedürfnisse hatten einen sehr hohen Stellenwert. Religiöse Praktiken im engeren Sinne wurden in geringerem Maße angegeben.[221]

---

[220] Büssing et al. 2017.
[221] a.a.O.

5.18 Tod und Verlust

23 Personen, mithin die Hälfte aller Befragten, sprechen von sich aus das Thema ›Tod‹ an, manche von ihnen in knapper Form, doch der größte Teil in Gestalt längerer Ausführungen. Hier geht es mit großer Mehrheit um Menschen aus der Familie, die verstorben sind. Aber auch anderen wird gedacht: MitschülerInnen und LehrerInnen, Bekannten und ArbeitskollegInnen. Bei den Familienangehörigen wird oft aufgezählt, wer verstorben ist, sie nennen die Todesursachen auch im Detail, mit der Entwicklung der Krankheiten und häufig auch ein exaktes Datum, mindestens aber die Jahreszahl. Sie erwähnen die medizinischen Details, die Probleme mit dem Herzen, den Stant, die Anfälle, das Herz, das aufhört zu schlagen.

Manchmal beschreiben sie Situationen in Krankenzimmern, häufiger erzählen sie von Beerdigungen, von Trauergemeinschaften, von ihrem Schmerz und von denen, welche ihnen Trost gespendet haben. Zwei der Befragten sprechen die Tatsache kurz an und erklären dann, dass sie nicht weiter darüber sprechen möchten:

- *Da habe ich noch einen Bruder, noch einen Bruder und ja,*
  I.: Ist der jünger oder ist der älter ?
  Der ist mindestens drei Jahre älter als ich.
  I.: Und habt ihr auch zusammen gespielt ?
  Als Kind? Ja....als Erwachsene nicht mehr. Und jetzt hab ich keinen mehr.
  ...der hatte jetzt ähm jetzt lebt nicht mehr ((tiefe Stimmlage))
  I.: ...das ist ja traurig.
  Ja, deswegen werde ich das auch nicht weiter vertiefen.
- *I.: Und was macht dich traurig wenn du über deine Zukunft nachdenkst?*
  Ich denke oft an ((stockend)) meinen an meinen Opa. (3,3) Beispiel.
  I.: Möchtest du ein bisschen erzählen von deinem Opa?
  Ja. (---) Als er, als er starb. (2,5) und das, und das mö-mö-mö-möchte i eigentlich ned reden.
  I.: Du möchtest eigentlich nicht darüber reden.
  Richtig.

Einigen fällt es schwer, zu erzählen oder die Erzählung fortzusetzen. Das Transkript verzeichnet ›tiefes Ausatmen‹, ›Ausatmen‹, ›Stimme wird brüchig‹, ›schluchzt‹, ›Schneuzen‹, zwei Befragten kommen die Tränen. Viele andere sprechen über ihre Trauer, damals wie auch heute noch, hier einige Stimmen:

- *Das ist immer noch bei mir in Herzen ((klatschen)) das tut mir auch wieder weh wenn ich je-jetzt wieder spreche.*
- *An der Trauer find ich nicht so zufrieden.*
- *Ja, aber es jetzt alle ((räuspert sich kurz)) alle alle (-) traurig.*
- *Ich bin immer noch ziemlich traurig, dass die Oma gestorben ist.*
- *Ganz viele äh traurig sind, ja.*

5.18 Tod und Verlust

- *Dass wussten wir voher gar nicht dass sie (---) nicht mehr wir wussten dass die schon im Krankenhaus nach einer OP sterben sollte das haben wir nicht erfahren. Das war für mich schrecklich.*
- *…Von der Beerdigung meine Mama und dann später in dem Jahr Zweitausendneunzehn war auch mein Papa gestorben.…Das war dann das schlimmste Jahr für mich.…Da ging es mir ganz und gar nicht.*

Nicht allein diese Bemerkungen, auch die Form der kleinen Erzählungen bezeugen die starke Verbindung und der schwere Verlust, der auch nach vielen Jahren, manchmal auch Jahrzehnten schmerzlich empfunden wird.

- *…und paar Jahre ist mein papa schon lange gestorben, schon lange her, ((räuspert sich)) so lange, dass er richtig Probleme mit dem Herzen gehabt nur…Naja und jetzt auf einmal so plötzlich schnell en, war ging nicht mehr…d war war der P. dabei und L. und D. und die Eltern von ihr waren dabei. (2,4) Von daher war das nicht schön für mich nicht. (-) war wirklich sehr sehr schwer gewesen. Für mich jetzt.*
- *Die sind nur leider verstorben. Ich hab ich hab geheult*
I.: Ja
Ja.
I.: Denkst du noch manchmal an deine Großelten?
Absolut. Es tut mir weh.
Ist schmerzhaft.
I.: Mhm.
Das ist immer noch schmerzhaft. Meine Großmutter zum Beispiel. Das ist in der Wohnung passiert
I.: Dass sie verstorben ist.
Ja.
Großvater im Bett.
I.: Mhm,
Ah,::(3,5) Katastrophe war es dann.
I.: Ja
Mhm Ich konnte nicht mehr.
I.: Mmh.
Ich brauche Großeltern
I.: Ja
Ich weiß nicht was ich machen soll.
…
I.: Und dein Vater ?
Ich habe keinen Vater
Der ist verstorben. ›Viel zu früh.‹ ((flüsternd)).(--) Mit achtundvierzig.
I.: Ohhe.,
Das (--) ist ist wirklich
I.: Ach,
Das ist bewusstlos.
I.: Er ist bewusstlos geworden

> ...*Ja...*
> I.: das ist aber sehr traurig
> *Ich kann es auch nicht verstehen.*
> ...
> *Viel (-) zu früh (--)fand ich nicht (-)das fand ich (-) war nicht begeistert. Ne (8,0) nein. ((hörbares Einatmen und tiefes Seufzen))*

Diese letzte Sequenz zeigt, wie mit wenig Worten vieles ausgesagt wird, gerade auch im Prozess. Solche Sequenzen finden sich häufig, wenn die Befragten über ihre Verluste sprechen. Mal steht, wie hier, die eigene Reaktion und das eigene Erleben im Vordergrund; mal sind es Beschreibungen eines Krankheitsverlaufs oder eine längere Darstellung einer Beerdigung, die Überlegung, was der Verlust des Vaters für einen Freund bedeutet: Das Thema wird über eine längere Sequenz, mit Pausen, hin entwickelt, auch im Vergleich mit der Dauer, in der über andere Themen berichtet wird. Man gewinnt den Eindruck, dass die ErzählerInnen noch einmal erleben, worüber sie sprechen. Worte und nonverbaler Ausdruck stehen im Einklang, zudem erscheinen die Aussagen einfach und zugleich sehr prägnant und klar. Einige andere Befragte erwähnen das Thema nur kurz, führen eher im Sinne knappen Berichtes an, wer verstorben ist und wen man ›nicht mehr hat‹. Einige, wie bereits geschildert, möchten das Thema nicht besprechen. Die starke Betroffenheit über den Verlust und die Verbundenheit mit den Angehörigen jedoch verbindet diese drei Gruppen. Ein Befragter berichtet sogar, dass der Verlust seines Onkels und seines Vaters innerhalb einer Woche ihm selbst den Lebensmut zu nehmen drohte:

> *Weißt du wann der allerschwerste Zeitpunkt war? (-) Als in einer Woche (-) mein Onkel und mein Papa gestorben war, (- -) Ja (-) das das war ne schwere Zeit, sehr schwer...ich hab gedacht ich wollte nicht mehr leben.*

Manche sprechen über gemeinsame Aktivitäten mit den Verstorbenen, als sie Kinder waren. Doch wird auch mehrere Male der Großeltern gedacht, welche die ErzählerInnen selbst nicht kennengelernt hatten.

Auch andere Menschen werden in die Erzählungen über den Verlust eines nahe stehenden Menschen einbezogen, wie z. B. ein Freund, der seine Mutter verloren hat und der des Trostes bedarf:

> *Ach aber Paul- Mutter lebt nicht- n- nicht mehr.*
> I.: Aha okay.
> *Ist ja gestorben. Lungenkrebs. Gestorben. Es war schwieriger Tod, der-(-) nicht so einfach für ihn. Das war schwer. Mutter ver-weil zu verlieren. Das habe- ist besser für ihn da bin. Besser ich bin – ich bin wie – ich bin wie eine Pflegemutter. Paul. Dass ich immer ihn liebe.*

Häufig betonen die Befragten, dass sie und ihre Familien sich den Verstorbenen nahe fühlen.

> - ((kurzes Schnauben)) (-) *Ja ist unsren Herzen drin für uns [eigentlich,]*
> - *Dass man die Trauer vergessen, und dass dass mir meine Tante in meinem Herzen bleibt.*

Für die Verarbeitung oder den Umgang mit den schmerzlichen Situationen ist die geteilte Trauer mit anderen Menschen wichtig:

> *Die beiden die beiden waren mit mir in der Grundschule. Und der eine äh Kumpel von meine Schwester, der ist auch da gewesen. (2,0) Und ich war ziemlich froh, als meine Oma gestorben ist:, haben die mich getröstet.*

Eine andere Erzählerin berichtet, dass die Familie gemeinsam Filme mit dem früh verstorbenen Bruder anschaut und gemeinsam das Grab pflegt. Manche berichten, wie sie von anderen getröstet wurden.

Sorge und Befürchtungen richten sich auch auf andere Personen. Eine Frau fürchtet um das Überleben von Neugeborenen mit einer Trisomie 13 oder 18. Weitere Personen sprechen über ihre älteren Angehörigen und die Sorge, dass diese sterben könnten. Eine Befragte erzählt von einem Tier, mit dem sie sehr verbunden war. Auch ein Popstar findet Erwähnung: Er lebt in seiner Musik weiter.

Als ein letzter Aspekt sei auf die Darstellung der Präsenz der Verstorbenen hingewiesen. Sie sind den ErzählerInnen in der Erinnerung lebendig, einige von ihnen sprechen das auch aus: Der Opa, die Mutter, sie leben weiter in ihrem Herzen. Darüber hinaus sagen fünf weitere, dass die Verstorbenen auch gleichsam für sich weiter leben, »von oben herunterschauend« oder einfach: »im Himmel«.

So schließen sich die Ergebnisse dieser Untersuchung an die Forschung von Arndt Büssing und seinen KollegInnen über das Thema *Spiritualität bei Down-Syndrom* an und bilden eine Ergänzung der Aussagen zum Thema Spiritualität und Religion. Die zentrale Kategorie, welche beide Themen gemein haben, ist die der Verbundenheit, auch über Zeit und Raum hinweg. Dies bestätigen auch die Ergebnisse einer Studie, die hier schon mehrfach erwähnt wurde: Bei der Befragung von sechs älteren Personen mit Down-Syndrom im Alter von 50 bis 65 Jahren, welche über eine lange Zeit in Institutionen gelebt hatten, hatte das Thema des Verlustes von verstorbenen Angehörigen und ihre Trauer darüber eine große Bedeutung.[222]

---

222 Brown et al. 2010.

5.19 Down-Syndrom

Studien zum Selbstbild

Der auffallendste Befund bei Studien, in denen Personen mit Down-Syndrom über das Down-Syndrom befragt werden, betrifft den Mangel derselben.

Eine Studie zum Selbstkonzept von Personen mit Down-Syndrom richtete sich in Form einer Experimentalstudie an Kinder und Jugendliche im Alter zwischen 4 und 17 Jahren. Im Rahmen inszenierter Spielsituationen mit unterschiedlichen Puppen, auch solchen, die phänotypische Merkmale des Down-Syndroms aufwiesen, zeigten die ProbandInnen eine Präferenz für die in ›typischer‹ Weise gestalteten Puppen. Diese Puppen wurden auch mit positiveren Eigenschaften belegt. Die Kinder betrachteten sich auch ähnlich diesen Puppen. Die älteren Kinder waren in der Lage, sich im Spiegel zu erkennen und auch zwischen den beiden Puppentypen zu unterscheiden. Insgesamt bevorzugten die Kinder und Jugendlichen diejenigen Puppen, die ihnen *nicht* ähnlich waren. Die AutorInnen werten die Studie dahingehend aus, dass bereits Kinder und Jugendliche ein zumindest in den Anfängen sich entwickelndes *negatives* Selbst-Bild in Verbindung mit dem Down-Syndrom aufweisen.[223] In einer qualitativen biografischen Studie mit sechs älteren Personen mit Down-Syndrom, welche über eine lange Zeit in Institutionen gelebt hatten, bezeichnete sich keiner der Befragten von sich aus als ›behindert‹ oder stellte eine Verbindung zum ›Down-Syndrom‹ her. Die Identität wurde primär über das Geschlecht und die soziale Rolle vermittelt.[224] Eine ebenfalls qualitative Studie mit acht Befragten mit Down-Syndrom fand heraus, dass sich fünf von ihnen dieses Merkmal zuschrieben, drei jedoch nicht. Die erstgenannte Gruppe ist sich des negativen gesellschaftlichen Bildes des Down-Syndroms bewusst und charakterisiert das Down-Syndrom als chronischen Zustand, der biologisch ›falsch‹ sei, begrenzend, beschädigend, abweichend und negativ. Die Existenz des Pränataltests und die Möglichkeit der Beendigung der Schwangerschaft deutet sie als eine gesellschaftliche Absage, von der sie selbst sich auch betroffen fühlt. Gleichzeitig betonen diese Befragten dasjenige, was sie im Leben erreicht haben, Aspekte, die sie an sich selbst schätzen, und heben ihre Familie und ihre FreundInnen hervor, welche sie wertschätzen und annehmen.[225] Es ist bemerkenswert, dass diese Studie gleichsam einen Riss im Selbstbild offenbart, insofern die Befragten eigene Eigenschaften und Leistungen positiv, sich selbst als Träger des »Down-Syndroms« im gesellschaftlichen Diskurs aber als negativ bewerten.

Eine Studie an 266 Personen mit Down-Syndrom im Alter von 12 bis 40 Jahren ergab, dass ein überragend hoher Prozentsatz (96–99 %) sich als mit ihrem Leben als glücklich bezeichneten, zufrieden mit dem Leben, das sie führen, und mit ihrer eigenen Persönlichkeit.[226] Die Ergebnisse dieser Studie von Skotko, Levine und

---

223 Saha et al. 2014.
224 Brown et al. 2010
225 Barter et al. 2017.
226 Skotko et al. 2011c.

Goldstein im Jahr 2011 aus den USA wurden in einer japanischen Studie im Jahr 2020 bestätigt, in der 300 Personen mit Down-Syndrom befragt wurden (12 bis < 40 Jahre). 97 % gaben an, mit ihrem Leben zufrieden zu sein, 96 % gaben sich mit ihrem Aussehen zufrieden und 94 % gaben an, sich selbst zu mögen.[227]

Studien zur Bewertung von Pränataltests

Einer verhältnismäßig großen Zahl von Studien mit Eltern in verschiedenen Ländern, werdenden Müttern und Frauen, die sich für eine Beendigung der Schwangerschaft nach einem positiven Test auf Trisomie 21 entschieden haben,[228] steht eine äußerst geringe Zahl von Studien gegenüber, in denen Personen mit Trisomie 21 befragt werden. Die Stimmen von Personen mit Down-Syndrom, so Barbara Barter, eine der Forscherinnen zu diesem Thema, sind in der Forschung abwesend.[229] Eine Metastudie aus dem Jahr 2022 identifiziert sieben internationale Studien, beginnend mit dem Jahr 1998, in denen Personen mit Beeinträchtigungen in Verbindung mit genetischer Diversität befragt werden. Darunter befinden sich vier ausschließlich qualitative Studien mit insgesamt 23 TeilnehmerInnen, von denen 13 das Down-Syndrom haben. Die anderen Studien beziehen sich nicht auf Personen mit Williams Syndrom und solche mit Intellektueller Beeinträchtigung. Insgesamt zeigen die Befragten ein breites Spektrum von Meinungen, wie sie in der allgemeinen Bevölkerung ebenfalls anzutreffen sind. Im Allgemeinen unterstützten die Befragten die Freiheit, einen solchen Test durchzuführen, da dies auch helfen könne, sich auf ein besonderes Kind vorzubereiten. Manche Befragte nahmen nicht nur den hypothetischen Standpunkt der werdenden Eltern an, sondern auch einen möglichen Standpunkt des betroffenen Kindes. Für manche Befragten war es schwer, über die Option eines Testes in Verbindung mit intellektueller Beeinträchtigung zu sprechen.[230]

Eine der in der Metastudie zusammengefasste Studie stammt aus dem Jahr 2017 und befragte acht Personen mit Down-Syndrom im Alter von 24 bis 49 Jahren. Auch sie befürworten das Recht auf einen Pränataltest, bezweifeln aber, dass künftige Eltern genug über das Down-Syndrom informiert sind. Dieses fehlende Wissen betrifft auch die Gesellschaft insgesamt. Einige Äußerungen deuten an, dass die Eltern (zunächst) über die Tatsache des Down-Syndroms schockiert sein können. Zwei der Befragten sahen in dem Test eine Möglichkeit, sich vorzubereiten. Die Befragten unterschieden sich darin, ob sie in ihren Aussagen sich selbst das Down-Syndrom zuschreiben. Diejenigen aber, die es taten, beziehen die Möglichkeit des Tests mit den Konsequenzen einer Beendigung der Schwangerschaft auf ihre eigene Situation, Träger einer Bezeichnung zu sein, die mit Abwertung verbunden ist, und letztlich auch zu einer Gruppe zu gehören, die gesellschaftlich nicht gewollt ist. Diese Befragten verbinden das Down-Syndrom mit Begriffen, die etwas Chroni-

---

227 Wakai et al. 2018.
228 z. B. Nov-Klaiman et al. 2022; Nov-Klaiman et al. 2019; Sangstar et al. 2022; How et al. 2019; Robinette et al. 2022; Pop-Tudose, Armean & Pop 2021.
229 Barter et al. 2017.
230 Strnadová et al. 2022.

sches, Negatives und Einschränkendes bezeichnen. Andererseits beschreiben die befragten Personen auch Aspekte an sich, die sie wertschätzen, und sie artikulieren die Erfahrung, von ihren Familien geschätzt und gewünscht zu sein. In Ermangelung von Studien mit Personen von Down-Syndrom sei hier noch auf eine umfassende qualitativen Interviewstudie mit 25 Personen mit einer pränatal diagnostizierbaren Auffälligkeit, jedoch nicht Trisomie 21, verwiesen. Weitgehend sahen die Befragten die Pränataldiagnostik kritisch. Sie bewerten ihre Behinderung als positiv und sehen in der Pränataldiagnostik den »Versuch, unnötigerweise vermeintliches Leid zu vermeiden«, wobei gleichzeitig ein Großteil der Befragten das Selbstbestimmungsrecht der Schwangeren hevorhebt.[231]

Down-Syndrom und ›Behinderung‹ – Ergebnisse der Studie

Im Rahmen des vorliegenden Projekts äußern sich 19 von 45 Personen in den Interviews zum Thema Down-Syndrom und Behinderung, wobei 16 Personen das Down-Syndrom ansprechen und drei Personen das Thema Behinderung ohne Erwähnung des Down-Syndroms thematisieren.

Alle Befragten sprechen diese Themen von sich aus an, denn sie waren nicht Bestandteil des Interview-Leitfadens. Es war den Befragten demnach ein Anliegen, das Down-Syndrom bzw. die Behinderung anzusprechen. Da die einzelnen Personen sich durchaus in verschiedenen Hinsichten zum Thema äußern, ergeben sich folgende Unterthemen:

1. Auswirkungen des Down-Syndroms für die Betroffenen (Nachteile, Vorteile, Auswirkungen ohne Bewertung, Hilfeleistung)
2. Auswirkungen des Down-Syndroms auf die Familie bzw. das Umfeld
3. Identität/Selbstkonzepte in Verbindung mit dem Down-Syndrom (positives und negatives Selbstkonzept, Umgang mit dem Down-Syndrom aus der Perspektive der Betroffenen)
4. Fremdwahrnehmung (positive und negative Fremdwahrnehmung, Down-Syndrom im Spiegel der Gesellschaft)
5. Down-Syndrom und Inklusion
6. Allgemeine Reflexionen zum Down-Syndrom
7. Diverse Themen

Bleibt man auf der Ebene der Aussagen insgesamt in Verbindung mit dem Down-Syndrom, so fällt auf, dass zum einen zwölf Nennungen von Problemen oder Nachteilen einer Nennung von Vorteilen und einer Nennung von Auswirkungen ohne Bewertung gegenüberstehen. Hier scheint das Down-Syndrom vor allem in Verbindung mit Schwierigkeiten gesehen zu werden.

Was jedoch das Selbstkonzept in Verbindung mit dem Down-Syndrom angeht, so stehen neun Nennungen mit einem positiven Selbstkonzept in Verbindung mit dem Down-Syndrom nur einer einzigen Nennung eines negativen Selbstkonzepts im

---

231 Gerdts 2009, 373.

Verhältnis zum Down-Syndrom gegenüber. Auf der Ebene der Äußerungen selbst steht damit das Down-Syndrom als ein Phänomen, das mit erheblichen Nachteilen verbunden ist, das jedoch im Rahmen eines allgemeinen positiven Selbstkonzepts integriert worden ist.

Im Folgenden werden die Äußerungen zum Thema Down-Syndrom bzw. zum Thema Behinderung auf der Ebene der Personen analysiert. Diese äußerten sich in kürzeren oder längeren Passagen im Rahmen ihrer biografischen Erzählung. In der Regel haben die Interviewten das Thema nicht weiter exploriert, vor allem dann nicht, wenn die Befragten ihrerseits zu einem weiteren Thema übergingen und das Thema damit eher en passant ansprachen.

Der Umgang mit der Diagnose und die Bewertung des Down-Syndroms

Eine Frau, Anfang 30, wird nach »schwierigen Momenten« in Ihrer Kindheit gefragt. Sie antwortet hierauf, indem sie auf die Situation zu sprechen kommt, in der ihre Eltern gewahrten, dass sie das Down-Syndrom hat.

> I.: Ähm gibt's was, wo du dich zurück erinnerst, was ein schwieriger Moment war in deiner Kindheit?
> *Dass ich ein Down-Syndrom habe. Das wusste man vorher nicht, dass ich das Down-Syndrom hatte und so, und jetzt haben wir erfahren da- ae da hatten wir [unverständlich] noch erfahren, dass ich das Down-Syndrom habe und so, und dann haben die sich gefreut meine Eltern.*

Durch die Frage wird die Zurkenntnisnahme der Diagnose und damit auch die Tatsache des Vorliegens eines Down-Syndroms als schwierig klassifiziert – umso mehr, als nicht, der Frage entsprechend, ein Ereignis *in* der Kindheit berichtet wird, sondern ein Ereignis, das am Beginn der Kindheit steht, gewissermaßen die Kindheit in entscheidender Weise prägt, bedingt oder bestimmt. Die Erzählerin bemerkt, dass »*man*« vorher, d. h. vor der Geburt, nicht vom Down-Syndrom wusste. Dieses fehlende Wissen betrifft nicht nur die betroffene Familie, sondern wohl auch die ÄrztInnen. Dass ein Down-Syndrom vorliegt, bedeutet einen Einbruch in den erwarteten Gang der Dinge, hier markiert durch den Wechsel des Plusquamperfekts in das Perfekt, verbunden mit dem »*jetzt*«, das diesen Moment in die unvermittelte Gegenwärtigkeit eines problematischen, möglicherweise schockierenden Erlebens führt. Durch das »*und so*« wird nicht nur das Down-Syndrom als solches angesprochen, sondern auch all das klingt an, was damit an möglicherweise körperlichen und anderen Konsequenzen verbunden ist. Die Personen, welche diese Nachricht zu verarbeiten haben, benennt die Erzählerin zweimal mit »*wir*«. Es sind mithin nicht nur die Eltern, die hier angesprochen sind, sondern mindestens die Erzählerin und ihre Eltern, vielleicht noch weitere Angehörige. Damit wird eine gemeinsame Perspektive eingenommen, in der die Erzählerin selbst mit einbezogen ist. Auch sie erfährt, dass sie das Down-Syndrom hat, wenngleich dies tatsächlich erst im Laufe ihrer Kindheit erfolgt ist. Doch antwortet diese Sequenz ja auf eine Frage nach einem schwierigen Moment in der Kindheit. Möglicherweise gibt die Erzählerin hier auch indirekt zu verstehen, dass es für sie nicht einfach war, zu verstehen und anzuerkennen, dass sie das Down-Syndrom hat.

Alternativ, oder auch ergänzend, kann diese Stelle auch so gelesen werden, dass hier ein gemeinsames familiäres Bewusstsein angesprochen wird, welches sich mit der Situation auseinandersetzen muss. Die Tatsache, *ein* bzw. *das* Down-Syndrom zu haben, wird in dieser kurzen Sequenz bemerkenswerterweise dreimal angesprochen. Auf diese Weise wird die Erfahrung nicht nur benannt, sie wird in ein prozessuales Erleben geführt, das auf der Ebene des Satzes die Zeit repräsentiert, die auf der Ebene der Biografie den Prozess von »Verarbeitung« und »Akzeptanz« ausmacht oder, weniger interpretierend, die Zeit, mit dieser Diagnose als eine schwierige Situation zu leben. Die Passage endet jedoch auf einer überraschenden Note. Die Erzählerin geht von dem »*wir*« über zu »*meinen Eltern*«, welche sich »*dann*«, also nach einer gewissen Zeit, »*gefreut*« haben. Mit diesem Schluss ergibt sich eine Struktur dieser Sequenz, in der Anfang und Ende im Gegensatz zueinanderstehen. Man könnte dies so verstehen, als wollte die Erzählerin den sich ergebenden Eindruck nicht stehen lassen, sie nimmt daher eine abrupte Wendung vor, um ein positives Bild an das Ende ihrer kleinen Erzählung zu setzen. Möglich und vielleicht plausibler ist, dass hier eine Geschichte erzählt wird, an deren Beginn eine Diagnose steht, welche zunächst als schwierig erlebt wird, die aber im Laufe der Zeit – hier vermittelt durch die dreimalige Nennung – unter einer veränderten Perspektive betrachtet wird. Dem Wortlaut folgend, könnte man annehmen, dass sich die Eltern nun tatsächlich über die Diagnose freuen. Eine andere und womöglich treffendere Lesart könnte zu dem Schluss kommen, dass sich die Eltern darüber freuen, dass sie die Erzählerin zur Tochter haben, dass sie sich an der Erzählerin freuen – zu der auch gehört, dass sie das Down-Syndrom hat. Diese letztere Lesart wird durch weitere Aussagen im Laufe des Interviews gestützt, welche die Erzählerin im Einklang und in vielen positiven Interaktionen mit ihrer Familie ebenso zeigen, die Zeugnis eines durchweg positiven Selbstwertes ablegen. Wie immer man diese Passage liest, bemerkenswert ist allemal, wie es der Erzählerin gelingt, gleichsam in wenigen Strichen und auf engstem Raum ein sehr komplexes und bedeutungsreiches Bild des Umgangs mit der Diagnose des Down-Syndroms zu zeichnen.

Auch eine weitere Befragte, eine junge Frau, erzählt über die Reaktion auf die Diagnose. Sie erzählt dies, ohne direkt danach gefragt zu werden. Vielmehr richtet sich die Frage auf »etwas, das sie aus ihrem Leben erzählen möchte«.

> I.: Ja was möchtest du erzählen, aus deinem Leben.
> *Also meine Eltern haben ja gen- haben ja geweint wegen mir wegen Down-Syndrom, und das fanden meine Eltern sehr, sehr schade, weil ich wurde früh am Kopf, ähm nee, da wollte jemand Arm spritzen, wegen mein Blut, warn bisschen dickflüssig mein Blut.*
> I.: Ja,
> *Das war nicht so gut und dann haben die dann es am Kopf reingelegt, das fand ich nicht sehr super?*
> I.: Da wurde was reingelegt im Kopf?
> *Nee boah, die haben da rein gespritzt in meinen Kopf.*
> I.: Etwas gespritzt in den Kopf.

> *Ja, weil mein Blut war im Arm so dickflüssig, haben die das im Kopf eingelegt.*
> I.: *Das Blut am Arm war dickflüssig.*
> *Ja, genau. Da ging, musste auch, durfte keiner an meinen Kopf gehen, keiner also keine von den Personen.*
> I.: *Mhm,*
> *Das konnt ich leiden. Dann wurde ich größer? Kam ich halt in die Schule?*

Auch für diese Gesprächspartnerin scheint das Thema Down-Syndrom ein – oder das zentrale – biografisches Thema zu sein. Sie schildert die Trauer ihrer Eltern, welche durch ihren Ausdruck (Tränen) besonders anschaulich gemacht wird. Die Trauer bzw. die Tränen beziehen sich jedoch nicht nur auf das Down-Syndrom. Davor noch steht die Trauer »*wegen mir*«, also wegen der Erzählerin selbst. Die Trauer betrifft mithin nicht nur eine Eigenschaft, sondern die Person als Ganze und dann, im zweiten Schritt, wegen ihres Down-Syndroms. Diese Aussage wird noch einmal unterstrichen durch die Bemerkung, dass die Eltern das (Down-Syndrom) »*sehr, sehr schade*« fanden. Hier wird, ebenfalls in sehr verdichteter Form, die Tatsache des Down-Syndroms mehrfach problematisiert und an einer zentralen Stelle für die Bewertung der Erzählerin gerückt. Bemerkenswert ist dann die Schilderung der Gründe für diese Bewertung, welche eher als ein misslungener Versuch einer Begründung erscheint. Sie erstreckt sich auf die Benennung von medizinischen Fakten oder Prozeduren, welche aber kein kohärentes Bild ergeben. Der erste Versuch, in dem es um einen Vorgang oder einen Befund im Zusammenhang mit dem Kopf geht, wird abgebrochen, die Erzählerin hebt von Neuem an, in dem sie von einer Spritze bzw. von dem Willen, eine Spritze zu verabreichen, berichtet, der mit der Konsistenz des Blutes in Verbindung stehe, was aber nicht möglich sei, sodass *etwas* »*in meinen Kopf*« »*eingelegt*« wurde.

Der Bezug zum Down-Syndrom als solchem bleibt hier verborgen. Sicher ist, dass diese Prozedur(en) für die Erzählerin nicht angenehm waren (»*konnt ich nicht leiden*«) und dass die Situation selbst mit einer erhöhten Verwundbarkeit einher ging (»*durfte auch keine an meinen Kopf gehen*«). Die Sequenz endet damit, dass die Erzählerin dann auf weitere Stationen ihres Lebens zu sprechen kommt. Sie spricht eine Reihe problematischer Situationen an, ohne dass diese in eine kohärente Struktur gebracht werden. Dies betrifft die Ebene der Ereignisse ebenso wie die Ebene der betroffenen Personen. Der Bezug zwischen der Bewertung der Eltern und der medizinischen Maßnahmen bleibt offen. Man könnte hier die Vermutung anstellen, dass die medizinischen Probleme repräsentativ für die Probleme stehen, welche mit dem Down-Syndrom als solchem einhergehen, oder dass ihnen eine Beispielfunktion zukommt. Anders als in dem vorhergehenden Beispiel wird die narrative Struktur nicht zu einer kohärenten Gestalt geformt, die Aussagen bleiben unverbunden. Man kann dies als einen Hinweis darauf verstehen, dass die Erzählerin aufgrund ihrer kognitiven und sprachlichen Ausgangsbedingungen nicht in der Lage ist, kohärente Narrative zu schildern, oder dass hier eine möglicherweise traumatische Situation nicht in das Gesamt einer Lebenserzählung integriert werden kann, wie dies etwa die Bindungsforschung gezeigt hat.[232] Auch sollte bedacht werden, dass die Fähigkeit, kohärente Narrative zu entwickeln, im Verlauf der Adoleszenz erst ausgebildet wird, worauf etwa Dan McAdams und Tilman Habermas hingewiesen haben.[233] Die Betrachtung weiterer Stellen in diesem Interview in Verbindung mit dem Thema Down-Syndrom, aber auch mit dem Thema Behinderung, weisen in Richtung unverarbeiteter und aktuell noch bedrängender Erlebnisse und ihrer Frustration über die Beschränkungen, die sich aus ihrer »Behinderung« ergeben. So konnte sie keinen »*vernünftigen*« Schulabschluss machen, in der Schule sei es so, dass »*der eine verstehen der schafft das, ich eher nicht so?*« Mindestens eine Zeitlang hatte sie ein sehr äußerst negatives Selbstbild:

> *Als ich sag so ich hab so zu mir [gesagt], ich sei eine Missgeburt, ich könnte gar nichts. Eine Missgeburt und (-)*
> I.: Äh, du sagst Missgeburt,
> *Ja zu mir selber.*
> I.: Mhm.
> *Ah, hab ich mal früher gesagt, früher, jetzt eher nicht mehr.*
> I.: Mhm, das hast du überwunden.
> *Ja, das hab ich überwunden [lacht].*

Aus dem Gespräch wird nicht deutlich, wie die Interviewte auf diesen Begriff, der eine maximale Selbst-Abwertung bezeichnet, kommt – und wie sie dazu gelangt ist, das damit verbundene Gefühl zu überwinden; sie wird auch hiernach auch nicht befragt.

Down-Syndrom als Teil der Identität

Auch ein Mann Anfang 30 beginnt seine Erzählung mit einem Verweis auf das Down-Syndrom.

> *Wenn man so lebt ne, (-)*
> I.: Genau.
> *Mit Down-Syndrom (--) wie ich.*

Der Erzähler weist hier auf ein Leben mit dem Down-Syndrom hin und spezifiziert später, worum es sich hier handelt.

> *Das weiß ich noch, (---) also:: Sie arbeiten ja auch mit Leuten mit Down-Syndrom, ne?*
> I.: Mhm,
> *Das weiß ich? Die haben genauso wie wir 47 und 46. Aber die haben ja Demenz.*
> I.: Die haben Demenz? Weil-
> *Wir nicht.*

---

232 Gloger Tippelt 2012.
233 Köber et al. 2015; McAdams 2013.

Das Down-Syndrom wird hier in zweifacher Weise beschrieben: zum einen, gleichsam in der denkbar neutralsten Weise, in biologischer Hinsicht, zum anderen durch einen Abwärtsvergleich mit der Demenz, wodurch das Down-Syndrom in einem verhältnismäßig positiven Licht erscheint. Auch an einer späteren Stelle verweist der Erzähler auf die Arbeit in einer Theatergruppe, in der u. a. Personen mitspielen, »*die haben das gleiche wie ich...das Chromosom*«. Das Down-Syndrom erscheint in diesen Passagen ein Teil der personalen Identität zu sein, oder auch: Der Erzähler sieht sich als Teil einer Gruppe von Personen, die nüchtern beschrieben werden. Es mag sein, dass diese Identität auch mit Problemen verbunden ist. Im Verlauf des Gesprächs berichtet der Erzähler über einige Schwierigkeiten oder Defizite, ohne sie noch einmal expressis verbis mit dem Down-Syndrom in Verbindung zu bringen. Darüber hinaus wird das Down-Syndrom in einen Kontext von Problemen gerückt, welche gravierender sind. Doch einen größeren Teil des Interviews, das in Text wie Ton eine positive Ausstrahlung hat, nehmen Beschreibungen von Fähigkeiten, Aktivitäten und Vorlieben ein.

Verstehen, dass man das Down-Syndrom hat

Ein Mann Mitte 50 berichtet aus seiner Kindheit:

> *Ja, (-) meine Mama und mein Papa, die (-) haben mir geholfen, von wo sie konnten (-) ((atmet tief aus)). Mit dem Down-Syndrom hab ich erst viel, viel später erfahren. Wann genau, weiß ich nicht. ((räuspern)) (- - -) ((räuspern)) (- -) Aber als ich begriffen hab, dass ich so was habe, muss ich mich erstmal abfinden, dass ich so was habe.*

Der Erzähler beginnt mit einer Würdigung seiner Eltern, welche sich nach Kräften für ihn eingesetzt haben. Damit wird das nun folgende Thema des Down-Syndroms in den Kontext von Hilfsbedürftigkeit gerückt. Die Notwendigkeit der Unterstützung begann lange bevor sich das Bewusstsein für das Vorhandensein des Down-Syndroms bildete. Down-Syndrom kann hier in zweifacher Weise verstanden werden: als Bezeichnung, als Etikettierung und/oder als eine Verfassung oder Lage, die mit bestimmten Phänomenen einhergeht. Man kann sich hier vorstellen, dass der Erzähler auf das Kind schaut, welches sein Sosein in der gleichen Weise wie jedes andere Kind erlebt und nicht hinterfragt – bis zu dem Moment, wo dieses Selbsterleben mit bestimmten Begriffen verbunden wird. Dass dieser Moment oder mehrere Momente sich »*viel, viel später*« ereigneten, kann darauf verweisen, dass hier eine Irritation oder ein Einbruch in eine bereits etablierte Existenzerfahrung erfolgt. Genau bestimmen kann der Erzähler diesen Moment nicht – vielleicht handelt es sich auch um eine Art von Erfahrung, die allmählich zu Bewusstsein kommt. Der folgende Satz verdichtet in bemerkenswerter Weise die Auseinandersetzung mit dem Down-Syndrom: Diese verläuft in einer Stufenfolge von dem Erleben von Hilfsbedürftigkeit über das »Erfahren«, dann das »Begreifen« bis hin zum »*Sich Abfinden*« – doch womit? An die Stelle des Begriffs Down-Syndrom tritt das »*so was*«, wodurch das Phänomen in eine weitere Distanz gerückt wird. »*So was*« ist etwas, das noch keine begriffliche Bestimmung erfahren hat, wodurch vielleicht auch deutlich wird, dass der Begriff Down-Syndrom eben ein Name oder eine Bezeichnung ist, die als solche eine Zuordnung gibt, aber nichts erklärt oder verständlich macht. In jedem Fall ist »so was« nichts, das man haben möchte. Und die beste Form der Integration in die eigene Identität ist das »Sich Abfinden«, ein Hinnehmen eher als ein Annehmen. Unmittelbar daran anschließend, nachdem der Interviewer sein Verständnis zu signalisieren versucht, erzählt der Interviewte von dem schwersten Moment in seinem Leben, die Woche, in der sein Vater und seine Tante gestorben sind.

> I.: Das kann ich mir vorstellen, dass man dann auch wahrscheinlich viel drüber nachdenkt ne? [*Befragter: Se::hr viel.*] Mhm ((bestätigend)).
> ((*atmet tief ein*)) (- -) *Weißt du, wann der allerschwerste Zeitpunkt war? (-) Als in einer Woche (-) meine Tante und mein Papa gestorben war.*

So stehen das Hinnehmen der ›Diagnose‹ und das Erleben des traumatischen Verlustes in unmittelbarer Nachbarschaft. Wenig später, anstatt auf eine Frage nach den Spielen in der Kindheit zu antworten, wiederholt er die Äußerung über das Down-Syndrom:

> *U::nd irgendwann hab ich gehört, dass ich das Down-Syndrom habe. Hab ich mich erstmal (unv.) (- -) Und ich muss irgendwann, musst ich damit abfinden, dass ich das habe.*

Der Erzähler wechselt hier die Tempi, wobei er möglicherweise das »*Sich Abfinden*« als eine noch zu leistende Aufgabe oder Notwendigkeit (»*muss*«) bestimmt, die in der Zukunft liegt, aber nicht in absehbarer Zeit: »*irgendwann*«.

Das Gespräch wendet sich dann der Schul- und der Kindergartenzeit zu, woraufhin der Erzähler eine zeitliche Bestimmung seiner Kenntnisnahme des Down-Syndroms vornimmt.

> *Also (-) und dann zwischen die (-) Kindergarten und Schule und hier hab ich irgendwann erfahren, dass ich das Down.*

Wenig später heißt es dann, dass hier ein Gewöhnungsprozess erfolgt ist, wobei dieser durch das »*man*« noch relativ fern verortet wird:

> *Schreiben war auch super, aber wegen mit dem Down-Syndrom, gewöhnt man auch.*

Doch in dem Nachdenken über die Bedeutung des Down-Syndroms kommt ein weiterer Aspekt hinzu: Wer hier betroffen ist, hat es schwerer (als andere), Schicksalsschläge zu verarbeiten, oder genauer, den Verlust von Bezugspersonen, wie hier den Tod von Vater und Tante, der eine Katastrophe bedeutete:

5.19 Down-Syndrom

Das war für mich eine Katastrophe,
I.: Das ist ja auch wirklich schwer, wenn die...
Ja und vor allem mit dem Down-Syndrom, was ich da hatte, war das noch viel schwerer.

Noch ein weiteres Mal kommt der Befragte im Verlauf des Gesprächs auf das Down-Syndrom zu sprechen, wobei er dem Thema hier eine Art Wendung gibt. Zunächst spricht er über das Leben in einer Einrichtung – ein gravierender Einschnitt und ein großer Schritt, auch wenn der Kontakt zur Mutter intensiv gepflegt wird:

Ja. Ich ruf die auch jeden Mal jeden Abend an. Da war das auch n großer Schritt, nochmal auszuziehen.

Man könne sagen, dass es ihm in der Einrichtung »ganz gut« gefalle, auch wenn es – andererseits – manchmal »Zoff« gebe. Manchmal gebe es Situationen, »wo man (manchmal) aufgebe«. Diese Situationen gebe es immer wieder.

Und ich würd sagen, (- -) manchmal gibt es Situationen, wo man ähm manchmal aufgibt. (-) Die Situationen gibt es immer wieder.
I.: (- -) Joa::, wenn so viele (-) zusammenleben, dann gibts auch immer wieder Neues zu lernen, oder mit so vielen Menschen,
((atmet tief ein)) U::nd dadurch (-) bin ich auch mit dem Down-Syndrom, was ich habe, (-) fällt mir jetzt nicht mehr grad so schwer.
I.: Mhm ((erkennend)). Seit Du hier wohnst, fällts Dir nicht mehr so schwer?
Nein.
I.: A:ha::. Wie, wie kommt das? Was glaubst Du, woran liegt das, dass Dir das nicht mehr so schwer fällt?
Weil ich hab gelernt, (-) ich hab Freunde verloren, (- -) meinen Papa, meine Tante verloren, (- -) das schweißt zusammen.
I.: Mhm ((erkennend)). (-) Mit wem jetzt?
Ja, ich meinte jetzt ähm (-) zusammen so Sachen, dadurch hab ich gelernt, selbständiger zu sein.

Der Erzähler schildert hier eine Entwicklung, in deren Verlauf er stärker, selbständiger geworden ist. Der Verlust seiner Bezugspersonen und der Verlust von Freunden, so schwer sie waren, haben dazu beigetragen. Er hat daraus gelernt. An seiner Seite stehen andere Menschen, welche möglicherweise ähnliche oder andere schwere Erfahrungen durchlebt haben, was sie alle miteinander verbunden (»zusammengeschweißt«) hat. Durch diese Schritte scheint auch die Tatsache, das Down-Syndrom zu haben, nicht mehr so schwer zu wiegen wie vorher, zumindest gegenwärtig: Durch die Hinzufügung zweier den Augenblick markierenden Adverbien (»jetzt«, »gerade«) führt der Erzähler hier eine starke Relativierung ein, die eine eher vorsichtige Perspektive anzeigt. Offen bleibt, worauf genau hier sich das »dadurch« bezieht. Denn die Bemerkung der Interviewerin, es gebe »mit so vielen Menschen« stets Neues zu lernen, stellt keine Wiedergabe des von dem Erzähler ausgeführten dar, sondern einen Gedanken, den die Interviewerin hier selbst einbringt – auch wenn dieser von dem Erzähler unmittelbar, noch während sie weiterspricht, bestätigt wird. Außerdem wird die Äußerung – »*U::nd dadurch(-) bin ich auch mit dem Down-Syndrom, was ich habe*« – abgebrochen, der Sprecher setzt neu an: »*Fällt mir jetzt nicht mehr grad so schwer*«. Möglich sind hier mindestens zwei Lesarten: Schwierige Situationen fallen ihm – trotz des Down-Syndroms – nicht mehr so schwer. Oder die Tatsache selbst, das Down-Syndrom zu haben, fällt ihm nicht mehr so schwer. Beide Interpretationen würden aber dahin münden, dass die Erfahrungen der vergangenen Jahre sich positiv auf die Situation mit dem Down-Syndrom ausgewirkt haben.

Man bedenke hier, dass der Erzähler das Thema Down-Syndrom aus eigener Initiative nicht nur anspricht, sondern auch im Laufe des Gesprächs bearbeitet, insofern er einen Entwicklungsweg skizziert oder wenigstens andeutet, der in Richtung einer Integration dessen verläuft, was als »Down-Syndrom« erst nach und nach gleichsam in das Leben eintritt und eine Bewältigung erfordert.

Kinderwunsch und Abtreibung

Eine junge Frau verbindet das Thema Down-Syndrom mit ihrem Wunsch nach eigenen Kindern. Diese würden dann auch das Down-Syndrom haben:

> *(…) und ja was ich in der Zukunft wünsche ist, ich möchte gerne Kinder haben? Die auch das Down-Syndrom haben. Und die auch großziehen ((lacht leise, verlegen)).*

Doch sieht sie die Gefahr, dass die Kinder eine lebensbedrohliche Krankheit bekommen könnten:

> *Und ich hatte Sorge, dass das zu einer Trisomie hinzufügt? Dass die ab einer gewissen Trisomie da drunter sterben. Zum Beispiel 13 oder 18, die gibt es ja auch.*
> I.: *Ja,*
> *Ja und das wär so mein Wunsch, dass die nicht einfach so sterben und-, sondern die Geburt einfach überleben, so wie wir.*

Die Bedrohung des Lebens führt die Erzählerin zum Thema Abtreibung beim Vorliegen eines Down-Syndroms. Sie bezieht sich dabei auf einem Film, in dem die Situation eines Paars geschildert wird, das ein Kind erwartet, von dem die werdenden Eltern wissen, dass es das Down-Syndrom haben wird. Die schließlich getroffene Entscheidung, das Kind nicht zu bekommen, bewertet die Erzählerin als ein Töten.

> *Da gehts halt um ein Paar,*
> I.: *Ja?*
> *Was ein Kind mit Down-Syndrom erwarten, die es aber töten.*
> I.: *Ja?*
> *Und die haben eine Tochter ohne Down-Syndrom?*
> I.: *Ja.*
> *Das erwartete Kind hat es aber*

> I.: Ja,
> *Und die wollen es dann abtreiben. Und der-der (-) Bjarne Mädel ist da so der Vater, der das Kind haben will und natürlich auch beschützen will, und die Mutter es aber töten will. Die will das Kind nicht. Die hat Angst vor uns.*

Die Erzählerin erzählt die Konstellation, die im Film geschildert wird, und den Konflikt zwischen den Eltern. Die Erzählerin sieht hier den Embryo als Kind, welches beschützt werden müsste und das doch »*getötet*« wird, von der Mutter. Die Erzählerin versetzt sich in die Perspektiven der handelnden Personen: Die Mutter wolle das Kind nicht, sie habe Angst. Als Objekt der Angst erscheint aber nicht das Kind, sondern »wir«. Die Erzählerin nimmt hier die Personen mit Down-Syndrom zusammen, als eine Gruppe, mit der sie sich identifiziert. Diese werden aus der Perspektive der Mutter als Bedrohung geschildert, vor der sie sich fürchtet. Damit ist die Konstellation einer wechselseitigen Bedrohung beschrieben: Das Kind, das geschützt werden sollte, wird getötet, weil es als Bedrohung gesehen wird. Doch in der Verallgemeinerung wird diese Bedrohung auf die bereits geborenen Personen mit Down-Syndrom übertragen und man könnte schlussfolgern, dass auch diese in gewisser Hinsicht bedroht sind. Trotz ihrer Betroffenheit fährt die Erzählerin fort, die Perspektive der Mutter zu explorieren und die Ängste von dieser genauer zu bestimmen:

> I.: Ja.
> *Die schafft das nicht.*
> I.: Ja.
> *Da steht- ist so die große Sorge, dass die das nicht hinkriegt.*
> I.: Ja, ja.
> *Ja und da bin ich halt betroffen. Genau. So war das auch.*

Die Befragte macht hier deutlich, dass es hier um die Angst vor Überforderung geht, die durchaus als Bedrohung wahrgenommen werden kann. Gleichzeitig zieht sie eine Verbindung zu ihrer eigenen Situation: Sie fühlt sich durch die schließlich getroffene Entscheidung selbst getroffen und erläutert dies auch mit der Darstellung ihrer Reaktionen beim Schauen des Films:

> *Ja also wo man in der 24. Woche ist? Dazu sagt man ist Spätabtreibung. Und da hat man auch gehört, ((atmet aus)) wie das, (-) wie das (Oh Gott?) wie das zum Tod gekommen ist danach. (---) Das fand ich jetzt nicht so ein gutes Thema, ich hab geheult.*
> I.: Mhm, das kann ich verstehen.
> *Ja. (---) Da hab ich einfach gesagt warum, warum äh warum wird (unv.) in Deutschland abgetrieben. Ist doch Quatsch. Wir tun doch nix.*

Nach der Erläuterung des Begriffs »*Spätabtreibung*« geht die Erzählerin zu einer Beschreibung der eigentlichen Handlung über, in der Form eines szenischen Erzählens. Über die dreimalige Nennung des »*wie das*« wird auch die Bezeichnung eine Schilderung des Vorgangs selbst, der erfahrbar wird, wie man ihn als Zuschauer des

5 Analyse zentraler Themen

Films tatsächlich wahrnehmen konnte (»*auch gehört*«), begleitet von Anzeichen emotionaler Betroffenheit der Erzählerin (Ausatmen; »*Oh Gott*«). So genau, so dicht diese Beschreibung ist, das »*Kind*« selbst wird nicht mehr erwähnt, die Sprecherin endet mit dem bestimmten Artikel, möglicherweise auch, weil es für sie ein unaussprechliches Geschehen darstellt; auf diese Weise auch Distanz schaffend, wie mit der im Vergleich zum ›Töten‹ allgemeineren und intransitiven Wendung »*zu Tode kommen*«. Die junge Frau schafft es, diese Passage noch mit einem zusammenfassenden Satz abzuschließen und von ihrer emotionalen Reaktion zu berichten. Die ganze Sequenz endet damit, dass sie das Thema auf eine allgemeine, politische Ebene hebt, indem sie eine Frage stellt, die sie nicht beantwortet – wobei sie die Antwort implizit in der Beschreibung der Situation der Mutter gegeben hat. Doch macht sie klar, dass sie dies nicht akzeptieren kann, dass dies für sie ein sinnloses Vorgehen ist (»*Quatsch*«). Mit ihrer Quintessenz greift sie den schon oben benannten Gedanken wieder auf: Die Abtreibung legitimiert sich aus einer angenommenen Bedrohung oder Überforderung (»*die schafft das nicht*«). Aber diese Ansicht ist falsch.

Alltägliche Herausforderungen

Im weiteren Verlauf des Gesprächs berührt die Erzählerin das Thema noch von einer anderen Seite. Sie spricht über die Notwendigkeit, auf die Ernährung zu achten.

> *Ja ne, ich mach das ja für mich alleine, muss immer drauf achten, dass das auch gesunde Sachen sind.*
> I.: Die gekauft werden,
> *Genau. Und dass man jetzt nicht so Übergewicht wird.*
> I.: Ah, es geht um Süßigkeiten?
> *Genau, das ist so unser Problem beim Essen.*
> I.: »Unser«, euer aller oder deins.
> *Mein Problem ›natürlich‹. Ne, von manchen mit dem Down-Syndrom.*
> I.: Ach so, ah ja du hast unser schon gemeint du hast gemeint »Wir Menschen mit Down-Syndrom wir haben das Problem.« Ne?
> *Genau.*

Das Thema Ernährung wird hier differenziert entwickelt. Sie beginnt bei ihrer eigenen Person und verallgemeinert das Problem auf »*uns*«, die Personen mit Down-Syndrom, in deren »*wir*« sich die Erzählerin auch bei diesem Thema einbettet.

Ein drittes Mal thematisiert die Gesprächspartnerin das Down-Syndrom, als ihr die Frage gestellt wird, ob sie mit sich zufrieden sei und wie sie sich beschreiben würde.

> I.: Mhm? Ähm würdest du sagen, dass du mit dir zufrieden bist?
> *Ja. ((lacht kurz))*
> I.: Und wenn man jetzt die Menschen fragt die dich gut kennen, was würden die über dich erzählen? Was würden die über dich sagen,
> *Ja, also ich bin erstmal ne tolle Frau sozusagen? Auch natürlich mit dem Down-Syn-*

> *drom? Dass ich auch nicht nur die Einzige bin?*
> I.: *Mhm?*
> *Und die-der Rest hat es eben nicht. Damit komme ich schon sehr gut klar.*

Ihre Aussagen auf diese Fragen fallen denkbar klar aus. Sie bezeichnet sich als eine tolle Frau. Das Down-Syndrom bekommt hier den Status einer Eigenschaft, welche miteinbezogen werden muss – natürlicherweise, was, auch wenn es wohl nicht intendiert ist, in einem doppelten Sinn verstanden werden kann. Auch hier stellt sie eine Verbindung her mit den anderen Personen, mit denen sie das Down-Syndrom gemein hat. Der kräftige Akzent auf ihre Individualität wird komplementiert durch einen Akzent auf die ›Community‹. Diese wiederum wird in Bezug auf die Gesellschaft gesetzt: Andere haben es nicht. Das ist in Ordnung. Nach dem Blick auf die eigene Person, die Gruppe der Personen mit Down-Syndrom und die Gesellschaft kehrt die Erzählerin zurück zu sich: Mit dieser Situation komme sie schon sehr gut klar, wobei die sie mit Hilfe der Adverbien diese Aussage sehr betont.

Das Erleben, von den Eltern nicht gewollt zu werden

Auch eine weitere Frau, Anfang 20, verbindet ihre Lebenserzählung mit Verweis auf das Down-Syndrom und den elterlichen Umgang damit. Beiläufig hatte sie schon erwähnt, in einer zweiten Familie zu sein.
Auf die Frage, wie sie in ihre Familie gekommen ist, antwortet sie wie folgt:

> *[Ich weiß,] ich kann schon noch n bisschen dran erinnern, ein bisschen. (2,0) fast keiner kann das, eigentlich nur ich .*
> *Äf ((lachen)) ich weiß auch gar nicht genau wie das wa::r ähm ab- ich weiß nur, dass ich als kleines Kind (---) ich bin in Holland gekommen, meine Großeltern haben mich bei meine leiblichen Eltern abgegeben, weil die gesagt haben wir sind zu Alt äh die sind zu alt, mich zu haben, und dann haben die gesagt, ja okay , dann (-) geb ich das meine richtige Eltern also und die meine richtigen Eltern konnten das auch nicht wissen- also gut äh mit Down-Syndrom umgehen, haben gesagt, ja wir geben dich ab, weil äh das (---) ist:: schon ein Schritt zu viel ein Kind mit Down-Syndrom aufzunehmen, da ist ja ganz viel Arbeit dran, (-) und das Kind kostet ja auch ganz viel Geld, dann müssen die ja auch ganz viel mit m Essen und n Trinken, und alles können (-) Aber ich war fit drauf.*

Es ist nicht einfach, die Chronologie der Ereignisse hier nachzuverfolgen. Auch die Erzählerin selbst bekennt einleitend, »*sie wisse nicht genau, wie das war*«, wobei das »*auch*« die Möglichkeit eröffnet, dass hier auch andere, vielleicht ihre Adoptivfamilie, nicht oder nicht ganz im Bilde sind. Die Erzählerin jedenfalls betont, dass sie sich noch etwas an diese Situation erinnern könne, und zugleich, dass eigentlich nur sie das könne. Damit wird die Situation hinter einen Schleier gerückt: Nur sie kann sich erinnern, allerdings nur noch ein bisschen. Man erfährt nicht, wie alt das Mädchen war, als es zu den neuen Eltern kam, aber es ist zumindest gut möglich, dass dies zu einer Zeit geschah, an die sie faktisch keine Erinnerungen hat. Die Qualität der Erinnerung wird von ihr dreimal relativiert (»*ein bisschen*«, »*weiß auch gar nicht genau«, »weiß nur, dass...«)*. Auch der Gang der Dinge bleibt undeutlich. Der erste Versuch, die Schilderung zu beginnen, wird abgebrochen, der zweite Satz, »*ich bin in Holland gekommen*«, ist grammatikalisch nicht korrekt und könnte etwa bedeuten, dass sie in Holland zur Welt gekommen ist, oder dass sie nach Holland gekommen ist. Im nächsten Anlauf versucht sie, ihren eigenen Weg zu rekonstruieren: Beteiligt sind die »*leiblichen Eltern*«, die »*richtigen Eltern*« und die Großeltern. Es steht zu vermuten, dass die »*leiblichen Eltern*« ihre Adoptiveltern sind, während mit den »*richtigen Eltern*« ihre biologischen Eltern gemeint sind. Wenn dies so richtig interpretiert ist, dann kam die junge Frau als Mädchen erst von den Eltern zu den Großeltern und von dort zu der Adoptivfamilie. Die Eltern wie die Großeltern waren überfordert. Die Großeltern waren zu alt, was die Erzählerin zweimal, in direkter und in indirekter Rede, betont. Daraufhin sei sie zu den »*richtigen Eltern*« gekommen, wobei in dieser Äußerung mehreres auffällt: Auch diese Entscheidung wird in direkter Rede erzählt, womit eine szenisch-lebendige Wirkung erzeugt wird. Des Weiteren fällt auf, dass diese Entscheidung in lapidarer Sprache mitgeteilt wird: Wer eine Ansicht, gar eine Entscheidung mit »*okay*« einleitet, ist für gewöhnlich nicht in hohem Maße engagiert, eher liegt die Tendenz vor, etwas eher leicht zu nehmen. Drittens erscheint hier die Person, um die es geht, die ja identisch mit der Erzählerin ist, in der Form des »*das*«, was ebenfalls einen stark abwertenden Gestus zeigt. Ein »*das*« wäre am ehesten eine Sache, wobei sich ein starker Kontrast zwischen »*das*« mit dem direkt folgenden »*meine Eltern*« entsteht. Auf der Ebene der hier erzählten Handlungen wird erst der Übergang von den Großeltern zu den Adoptiveltern, dann wird ein Übergang von den Großeltern zu den biologischen Eltern beschrieben, was in hohem Maße unwahrscheinlich ist. Doch auf diese Weise kann sie diese Sequenz bei ihren biologischen Eltern enden lassen und deren Situation akzentuieren. Über diese wird manches gesagt.

Auch hier wird der erste Versuch abgebrochen; vermutlich wird hier ein Satz begonnen, im Sinne von: Meine Eltern konnten das auch nicht wissen. Was hatten sie nicht wissen können? Möglicherweise, dass das Mädchen mit einem Down-Syndrom geboren werden würde. Eine andere Möglichkeit würde dahin gehen, dass die Eltern nicht wissen konnten, wie man mit einem Kind mit Down-Syndrom umgeht. Für diesen Gedanken wird sprachlich eine andere Form gefunden, sodass man diesen Satz als Verbesserung/Reparatur des ersten Satzes, in seiner zweiten Bedeutung, lesen könnte. Sicher ist, dass der erste, abgebrochene Satz die Aussage einer objektiven Überforderungssituation andeutet, für die die Eltern selbst nichts konnten. Sie wären hier also entschuldigt. In diesem Sinne finden sich in autobiografischen Erzählungen von Personen, die nicht bei ihren Ursprungseltern bleiben konnten, nicht selten Aussagen, welche diese in Schutz zu nehmen scheinen. Der zweite Satz beschreibt klar ein Defizit. Die Eltern konnten nicht gut mit dem Down-Syndrom umgehen: Es war damit die Eigenschaft oder der Aspekt des Down-Syndroms, der hier den Ausschlag gegeben hat. Dieser führte letztlich zum Ausschluss. Im nächsten Satz wechselt die Erzählerin wieder in die direkte Rede, mit dem entsprechenden Effekt, der noch dadurch verstärkt wird, dass sich diese direkte Rede an das Kind wendet: Dieses erfährt hier, gleichsam von den Eltern selbst, dass es abgegeben wird, was dieser Situation eine besondere Härte verleiht, wie auch oben schon die Bemerkung über »*das*«. Das hier angesprochene Kind erfährt auch eine

Begründung, womit die Erzählerin ihre Interpretation der Ereignisse offenbart. Es ist schon »*ein Schritt zu viel*«, ein Kind mit Down-Syndrom aufzunehmen. Man wundert sich über diese Formulierung. Welcher Schritt lag vor dem Schritt, der einer zu viel wäre? Die Geburt überhaupt? Die Erzählerin wird möglicherweise wissen, dass die meisten Embryos mit Down-Syndrom nicht geboren werden. Ob dies hier im Hintergrund steht, bleibt jedoch spekulativ. Anders verhält es sich mit den Gründen. Es werden drei genannt: an einem Kind mit Down-Syndrom »*ist ganz viel Arbeit dran*«, als würde die Arbeit (der Anderen) an dem Kind bzw. an dessen Syndrom haften. Zweitens kostet das Kind ganz viel Geld. Drittens setzt der Umgang oder die Versorgung der Kinder mit Down-Syndrom besondere Fähigkeiten voraus. Hier ist wohl die Begleitung beim Essen und Trinken gemeint, sie steht stellvertretend für noch vieles mehr: für alles, was hier zu tun und zu leisten ist. Angesichts dieser inhaltlich und formal hoch belasteten Sequenz muss ihr Abschluss nun überraschen. Denn all diesen Problemen und Überforderungen, oder vielmehr all den Vorstellungen von Problemen, setzt die Erzählerin mit einem einfachen »*Aber*« entgegen, dass sie »*fit drauf war*«.

Bis zu dieser Stelle handelt es sich um eine Erzählung, der es an inhaltlicher Kohärenz mangelt, die formal z. T. fragmentarisch ist und in ihrer Gesamtformung nur annähernd vermag, die Situation zu schildern. In der Darstellung eines sehr schmerzhaften Vorgangs erscheint diese Erzählung eher nüchtern oder kühl, die hier verwendeten Ausdrücke mögen dazu dienen, die eingewobenen Gefühle auf Distanz zu halten. Gleichzeitig ist diese Sequenz Ausdruck einer bemerkenswerten Leistung, aus einer möglicherweise unübersichtlichen und vielleicht nur in Teilen verstandenen Situation eine geordnete, für den Zuhörer nachzuvollziehende Struktur zu schaffen, in der die einzelnen Handlungen deutlich und die Akteure erkennbar werden können. Die Erzählerin versucht, verständlich zu machen, was man ihr selbst vielleicht nicht hat vermitteln können. Sie vermag auf engstem Raum äußere Handlungen und zugrunde liegende Motive von vier Akteuren zu schildern, wobei sie selbst, in ihrer existenziellen Betroffenheit und ihren Gefühlen, eher indirekt in Erscheinung tritt. Doch dies geschieht umso mehr in dem letzten Satz, der dem Ganzen eine Wendung verleiht, die Selbstgewissheit und Hoffnung ausdrückt.

5.20 Wünsche und Ziele

Fast alle der Befragten waren in der Lage und dazu bereit, Wünsche und Zielvorstellungen zum Ausdruck zu bringen, häufig in Wiederholungen, als wollten sie dies besonders hervorheben. Eine quantitative Analyse der Antworten soll nicht darüber hinwegtäuschen, dass sich die Befragten deutlich unterscheiden in Hinsicht auf Alter, Herkunft, Geschlecht, Biografie, Ausdrucksvermögen, Temperament u. a. Angesichts dessen ist es umso bemerkenswerter und aufschlussreich, welche Themenbereiche – und Wünsche – wiederholt in den Gesprächen genannt und von den Befragten aus eigener Initiative vorgebracht werden. Der nachfolgende Überblick konzentriert sich deshalb vor allem auf Tendenzen und Ähnlichkeiten, die in den 45 Gesprächen zum Vorschein treten. Die Themen, auf welche sich die meisten Wünsche beziehen, sind Partnerschaft, Beruf und Wohnen.

Wünsche, die der großen Mehrheit der Befragten am Herz liegen, betreffen *Partnerschaft und Ehe.* Insgesamt 31 der GesprächspartnerInnen geben ihre Sehnsucht nach einer Partnerschaft zum Ausdruck oder nach bestimmten Aspekten von Partnerschaft. Der von allen am häufigsten genannte Wunsch – ausdrücklich so von 12 der Befragten geäußert – ist der Wunsch nach Hochzeit bzw. Heirat; im Hinblick auf die Tatsache als solche oder aber hinsichtlich des festlichen Anlasses, wird dies von vielen als besonders wichtig erachtet. Im Vergleich zu den häufigen Verweisen auf eine enge Beziehung in Partnerschaft oder Ehe gibt es nur sehr wenige – insgesamt vier –, die sich Kontakte bzw. Freundschaften *im Allgemeinen* erwünschen.

Ein anderer Themenbereich, ein Anliegen für fast 40 % der Befragten, ist ihre *berufliche Situation.* Hierbei ist als bemerkenswert festzuhalten, dass die überwiegende Mehrheit der GesprächspartnerInnen sich eine Veränderung ihrer Berufswirklichkeit wünschen. Konkrete Berufsalternativen werden von sieben Befragten vorgebracht (z. B. Polizist, Sekretärin, Kindergärtnerin, Journalist, Fotograf), bei fünf von ihnen gibt es allgemein den Wunsch nach einer anderen Art von Berufstätigkeit. Zwei Befragte geben ausdrücklich an, am gegebenen Arbeitsplatz verbleiben zu wollen – aber für eine der beiden gilt das nur mittelfristig, denn auf lange Sicht wünscht sie sich eine große Veränderung.

Ungefähr ein Drittel der Gesprächspartner und Gesprächspartnerinnen (N=14) wünscht sich eine andere *Wohnsituation.* Einige von ihnen haben genaue Vorstellungen davon, wie diese andere Wohnform aussehen sollte (z. B.: »*eine eigene Wohnung*«, »*im gleichen Haus*«), wobei fünf von ihnen zum Ausdruck bringen, gern »*allein wohnen*« zu wollen. Drei von ihnen möchten eindeutig allein, d. h. einziger Bewohner einer Wohnung zu sein, aber für zwei kann »*alleine wohnen*« möglicherweise auch bedeuten, mit anderen in einer Wohngemeinschaft zu leben.

Weitere Wünsche, die wiederholt genannt wurden, betreffen *Freizeitgestaltung* und das Bedürfnis nach *Selbständigkeit und Anerkennung.* 13 der Befragten wünschen sich mehr Teilnahme an künstlerischen Tätigkeiten, mit einem eindeutigen Schwerpunkt auf Musik, u. a. »*in einer Band spielen*«, »*Gitarre spielen*«, »*Sängerin sein*«, »*ins Konzert gehen*«. Fast ebenso viele Wünsche beziehen sich allgemein auf Freizeitgestaltung – häufig in der Form allgemein gehaltener Wünsche z. B. »*neue Dinge erleben*«, »*schöne Dinge erleben*«, »*in den Urlaub fahren*«. Nur ein Wunsch bezieht sich auf eine konkrete sportliche Aktivität.

Wünsche nach größerer *Selbständigkeit, Normalität und Anerkennung* werden von insgesamt zwölf Befragten vorgebracht. Diese äußern, gerne mehr »*selbständig*« oder »*eigenständig*« zu sein, zu arbeiten oder entscheiden zu können. Dieses Bedürfnis wird von anderen auch beschrieben als Wunsch, »*nicht als kleines Kind behandelt zu werden*«, »*keinen Betreuer*« zu haben bzw. »*dass meine Eltern mich einfach mal so respektieren, wie ich bin.*« Einige der Befragten nehmen mit den nachfolgend genannten Beispielen ausdrücklich Bezug auf das Down-Syndrom, wenn sie mehr Inklusion für Menschen mit Down-Syndrom wünschen oder Anerkennung der Fähigkeiten von Menschen mit Down-Syndrom oder eben: »*Und dass auch Menschen mit Down-Syndrom auch mal richtig leben können] (-) nicht nur ... jetzt in Heim oder*

Werkstatt...«. In diesem Zusammenhang fällt auch auf, dass der Wunsch nach mehr Hilfe und Unterstützung nur von zwei Befragten geäußert wird, und in dem einen Fall sogar noch mit der Einschränkung, dass es nur so viel Unterstützung sein solle, wie nötig ist.

Der hier vorgenommene Überblick über die vorgebrachten Wünsche und Ziele soll auch berücksichtigen, welche Themenbereiche kaum angesprochen werden. Wünsche mit Bezug auf den Körper und/oder die Gesundheit werden nur von drei Beteiligten geäußert, wobei der ausdrückliche Wunsch, die Wechseljahre zu erreichen, die einzig eindeutige geschlechtsspezifische Äußerung darstellt.

Ebenfalls bemerkenswert ist ein weiterer Umstand. 13 der Befragten äußern sich – meistens rückblickend – auf Wünsche, die *nicht* in Erfüllung gegangen sind oder nicht in erfüllbar sind, ohne dass sie hierzu befragt wurden, häufig im Rahmen der Beantwortung der offenen Frage nach Wünschen. So äußern die Befragten etwa Bedauern darüber, nicht allein wohnen und keine Kinder haben zu können. Dies kam jeweils zwei Mal zur Sprache. Häufiger reflektiert wurden Berufswünsche, die nicht in Erfüllung gegangen sind. Allgemein wurde der Kinderwunsch von fünf GesprächspartnerInnen erwähnt (und von einem Gesprächspartner ausdrücklich nicht erwünscht).

6 Analyse einzelner Gespräche

Während die Untersuchung von Aussagen zu einzelnen Themen als eine Querschnittanalyse angelegt war, richtet sich der Blick in diesem Kapitel auf einzelne Interviews in ihrem Gesamtzusammenhang. Diese wurden sowohl inhaltlich wie im Hinblick auf die Struktur des Gesprächs untersucht. Alle der hier dargestellten Interviews wurden zu den besprochenen Themen ebenso untersucht wie daraufhin, welche Themen von den Interviewten eingebracht wurden und wie sich der Verlauf des Interviews im Durchgang durch die Themen entfaltete. Lassen sich zentrale Themen identifizieren und vor allem: Auf welche Weise erarbeiten die Interviewten die Themen? Wie gestaltet sich die Interaktion, insbesondere angesichts der Tatsache, dass die meisten Interviews nicht von längeren Erzählungen getragen wurden, sondern eher Gespräche waren, welche durch Fragen und andere Interventionen der InterviewerInnen maßgeblich gelenkt wurden? Im Folgenden werden sieben Interviews auf diese Fragen hin untersucht. Sie unterscheiden sich in ihrer Länge, in der Fülle der besprochenen Themen, hinsichtlich des Alters und Geschlechts der Befragten und deren Wohnsituation. Ein Schwerpunkt wurde hier auf Interviews gelegt, in denen der dialogische Charakter verhältnismäßig stark ausgeprägt war. Anders als bei der Analyse der Aussage zu den Themen als solchen wurde hier die ursprüngliche Transkription weitestgehend übernommen. Alle Namen und Bezeichnungen wurden anonymisiert.

6.1 Frau Mayring

Frau Mayring ist 45 Jahre alt und lebt in einer Lebensgemeinschaft, die zugleich eine Einrichtung der Behindertenhilfe ist. Auf die Eingangsfrage hin bildet Frau Mayring eine Erzählung, welche drei Minuten dauert. Anschließend beantwortet sie die Fragen der Interviewerin mit Ausführungen, die bis zu einer Minute dauern, sowie in kurzen Sätzen oder mit einzelnen Worten. Sie erzählt von ihrer Kindheit und Jugend, ihrer Familie, FreundInnen sowie ihrer derzeitigen Lebens- und Arbeitssituation. Das Gespräch dauert knapp über eine halbe Stunde.

Sozialer Einbezug – die Bedeutung der anderen Menschen

Bei biografischen Erzählungen spielen andere Personen eine tragende Rolle – Eltern, Geschwister, PartnerInnen, KollegInnen, FreundInnen. Bei Frau Mayring bildet der soziale Umkreis das Zentrum ihrer Erzählung. Jede biografische Station oder Situation, so knapp sie auch beschrieben wird, greift Frau Mayrings Umkreis mit auf und dies häufig an erster Stelle und mit größerem Umfang als etwa die Beschreibung von Tätigkeiten oder Ereignissen. Auf die Frage nach einer Freundin in der Schule antwortet sie mehrfach »*viele*«, die Beschreibung ihrer Wohnsituation verbindet sie mit der ausführlichen Nennung ihrer MitbewohnerInnen, so auch bei der Beschreibung der Arbeitssituation.

Mentalisierung

Ihren Bezug zu anderen Menschen macht Frau Mayring auch durch empathische oder mentalisierende Äußerungen deutlich. Der Umzug einer Mitbewohnerin wird dahingehend kommentiert, dass die bestehende Situation »*für sie gar nichts gewesen sei*«, sie habe nicht mehr gewollt. Frau Mayring beschreibt, wie ihre MitbewohnerInnen sie sehen. Sie schildert die Trauer ihrer Angehörigen beim Tod ihres Vaters und kann sich auch in ihre eigene Situation damals einfühlen.

Beziehung zum Vater

Die häufigste Erwähnung im Interview findet Frau Mayrings Vater. Frau Mayring kommt im Laufe des Interviews fünf Mal auf ihn zu sprechen, wobei es hier in drei Erwähnungen um ein Thema geht: das erste Mal nach vier Minuten. Die Interviewerin fragt sie an dieser Stelle, ob es auch etwas in ihrer Kindheit gab, das »*nicht so schön*« war. Sie antwortet darauf:

> *Och kann i ni mehr also d- also wir hatten uns dams uns nich gestritten, gar nich. Hatten wir nich. (-) Ne, hatten wir nich. Gehabt nich. Und ehm dann hatten wir damals auch, an da da hat mein Papa noch gelebt noch.*

Mit der ersten, abgebrochenen Aussage, so kann man vermuten, will Frau Mayring zunächst die Beantwortung der Frage mit Verweis auf fehlende Erinnerung ablehnen. Mit dem »*also*« markiert sie eine Überlegung, in der sich den Begriff »nicht so schön« mit ›Streit‹ verbindet. Sie beginnt damit, die Frage zu beantworten, indem sie berichtet, dass es in ihrer Familie keinen Streit gegeben habe, wobei sie dies viermal unterstreicht. Damit scheint sie mit ihrer Antwort die Richtung der Frage umzukehren und dann das Thema zu wechseln, in dem sie von ihrem Vater spricht, wobei sie das Adverb hier wiederholt, was ihm und der damit verbundenen Aussagen ein noch größeres Gewicht gibt. Im Folgenden wird deutlich, dass Frau Mayring nun eine Antwort auf die ursprünglich gestellte Frage gibt, denn der Verlust des Vaters war – dem Interview zufolge – für sie das schlimmste Ereignis ihrer Kindheit. Bemerkenswert aber ist, wie sie diese Antwort mit zwei vorbereitenden Phrasen einführt, von denen die eine Abwehr signalisiert und die andere deutlich macht, in welch harmonischer Situation der Tod des Vaters auftrifft. So ist diese Passage nicht nur inhaltlich, sondern auch formal höchst bemerkenswert, denn Frau Mayring beantwortet nicht nur eine Frage, sondern baut aus wenigen Elementen, z. T. auch Wiederholungen, eine Szene auf, in der die Bedeutung des Vaters für sie umso deutlicher erscheint. Dies wird dann in der folgenden Sequenz illustriert:

> (---) das weiß ich noch, da h::at Papa ja mit dem (-) Moped noch gefahren und ich hinten drauf, das war auch sehr ja::, bin immer mitgefahren, n eigenen Helm hatt ich gehabt. Hat Innerung muss ich Mama heute mal fragen ob die d ob ich da, (--) kriegen kann (--) so al Innerungsstück.

Frau Mayring erzählt von den gemeinsamen Mopedfahrten, erwähnt ihren Helm und kommentiert zugleich, dass sie sich hier erinnert, oder spricht die Erinnerung als solche an, was sie auf die Idee bringt, ihre Mutter nach ihrem Helm zu fragen, als »Innerungsstück«, zur Befestigung oder Anregung ihres Denkens an die gemeinsame Zeit. Sie erwähnt dann weiter das gemeinsame Tandemfahren, beides verbunden durch die Anordnung: »Und hinten drauf sitzen und Papa vorne«, führt die Erzählung weiter und schließt sie in guter Stimmung ab:

> war gut? Ja, (-) war klasse. Wir hatten ganz ganz viel Sachen wir hatten auch viele (-) Tiere gehabt früher, Ja. Merken (-) sich viel gehabt ka- äh- narien (unv.), Vögel, hatten wa gehabt, auch viele (-) und dann hatte die auch schon weg und (--) haben fünf (--) (2,5) Hühner gehabt, gan ganz früher gehabt (--) hatten wa auch gehabt aber ein einzigsten der Hahn der hat immer am schlimmsten Ja so war das gewesen. Das war echt irre.

Die zweite Erinnerung an den Vater, gemeinsam mit der Mutter, erfolgt in Zusammenhang mit einer Schulabschlussfeier, bei der beide anwesend waren, und kurz darauf mit einem Verweis auf eine bauliche Tätigkeit des Vaters im gemeinsamen Haus.
  Die dritte Erwähnung des Vaters erfolgt in Zusammenhang mit einer Frage nach Frau Mayrings Wochenendgestaltung.

> Am Wochenende bin ich meistens hier, oder auch bei bei meiner Mama auch und, paar Jahre ist mein Papa schon lange gestorben, schon lange schon her, so lange, dass er richtig Probleme mit dem Herzen gehabt nur, mitnuter e- Stants gekriegt damals hatte. Naja und jetzt auf einmal so plötzlich schnell ne, war ging nich mehr, da war war der Dirk dabei und Sabrina war dabei und Christina und die Eltern von ihr war dabei. (--) Mhm, (2,4) Von daher war das nicht schön für mich nich. (-) war wirklich sehr sehr schwer gewesen. Für mich jetz.

Nun wird der Tod des Vaters explizit benannt. Dreimal verwendet Frau Mayring die Formulierung »schon lange« bzw. »so lange«, womit zunächst gesagt ist, dass dieses Ereignis bereits viele Jahre zurückliegt, jedoch liegt hier auch die Hypothese nahe, dass zusätzlich ausgesprochen sein könnte, wie lange sie ihren Vater schon vermisst. Mit der grammatikalisch außergewöhnlichen Form: »*paar Jahre ist schon lange gestorben*« gelingt Frau Mayring die Verbindung von vergangenem Geschehen und gegenwärtiger Wirkung. Nach der zeitlichen erfolgt die ursächliche Bestimmung dieses Ereignisses, die Herzkrankheit des Vaters, in Verbindung mit den dagegen getroffenen Maßnahmen. Die Erzählung wandelt sich dann, eingeleitet durch den Marker »*Naja*«, zu einer szenischen Schilderung des eigentlichen Ereignisses, das in der Phrase »*ging nicht mehr*« seinen Ausdruck findet. Dabei wird das dreifache »*schon lange*« mit ebenfalls mehrfach vorgebrachten Adverbien kontrastiert, welche den plötzlichen Einbruch des Ereignisses schildern: »*und jetzt*«, »*auf einmal*«, »*so plötzlich schnell*«. Auch hier, wie in anderen Situationsschilderungen, benennt Frau Mayring die Mitanwesenden und legt dann eine Pause von über zwei Sekunden ein, die erste und einzige Pause dieser Länge in dem gesamten Interview. Dann wendet sie sich der Schilderung der Bedeutung und Wirkung dieses Ereignisses für sie zu, wozu sie wieder dreimal anhebt, das »*nicht schön*« in ein »*sehr sehr schwer*« führt, und beides verdoppelt (»*nicht nich*«; »*sehr sehr*«) und in der letzten Phrase aus der Vergangenheit in die Gegenwart wechselt und hier auch abschließt.

Frau Mayring gelingt hier auf knappem Raum und mit wenigen Worten eine dichte, perspektivenreiche und berührende Erzählung über den Verlust ihres Vaters. Im darauf folgenden Abschnitt, eingeleitet durch die Frage der Interviewerin, wer sie getröstet habe, schildert sie dann, dass *alle* Familienmitglieder kamen, zählt diese auch einzeln auf und beschreibt deren Trauer: »*da waren alle traurig*«, »*komplett alle*«, und benennt auch ihre Verfassung noch einmal »*das war für mich (-) gar nicht schön*«, führt sie mit denen der anderen zusammen »*also das war, (-) das war nicht schön für uns*«, über den Kreis der Familie hinaus: »*alle nicht ganze Familie und die anderen natürlich auch die kannten die mein Papa ja auch schon lange, der hat ja ja früher eigentlich gebaut für mein Zimmer, bein dritten Umzug, also, (-) bin schon dreimal umgezogen*«. Frau Mayring beendet diese Passage und auch die Schilderung dieses Ereignisses mit einer abschließenden Würdigung ihres Vaters als den Erbauer ihres Zimmers.

Positivität

Die Menschen, denen Frau Mayring in ihrem Leben begegnet ist, werden in einem positiven Licht beschrieben, so ihre MitbewohnerInnen und die MitarbeiterInnen: Die habe sie »*alle gerne*«. Ihre Familie charakterisiert sie mehrfach mit der Aussage, man habe sich nicht gestritten. Mit der Frage, wen von ihren Großeltern sie lieber habe, kann sie nichts anfangen und antwortet »*beide, beide*«. Und anlässlich einer Frage zu Urlaubsreisen betont Frau Mayring mehrere Male, wie sehr ihr eine Freundin bei einem Urlaub in Berlin geholfen habe.

Bei aller Positivität den Menschen ihres Lebens gegenüber zeigt sich Frau Mayring durchaus differenziert: Sie merkt an, dass ihre MitbewohnerInnen zwar alle nett seien, es aber manchmal Streit gebe.

Nicht nur die Beschreibung der sozialen Umwelt, auch die Bewertung von Situationen und Phasen des Lebenslaufes werden in positiver Weise geschildert. Aus der Schule und von zu Hause werden Aktivitäten berichtet, die Frau Mayring gefallen haben – »*klasse*«; »*irre*« –, die sie »*auch*« gerne gemacht hat oder von denen es heißt: »*wir konnten machen wollten*«. Auch ihre Wohnsituation und ihre Arbeit werden positiv bewertet, was sich auch daran zeigt, dass sie ihre Wohnsituation nicht ändern möchte. Diese Neigung zur Positivität zeigt sich auch auf der Ebene des Diskurses: Mehrere Fragen nach negativen Aspekten werden umgedeutet oder abgelehnt. Auf die Frage, ob es in der Schule auch ein Fach gab, das sie nicht gerne mochte, antwortet Frau Mayring: »*Doch doch doch hab ich *gern gemacht all immer immer jeden Fach gehabt zum mit dem mit eh (--) Schiffchen gehabt so kleinere da hatten wa gehabt*«, und bleibt bei dieser Position auch nach dem zweiten Versuch der Interviewerin:

> I.: Gabs denn in der Schule auch was was nich so schön war?
> *Ne also sowas hatten wir nich (-) ne ne ((räuspert sich))*.

Ähnlich antwortet sie in Bezug auf die Arbeit:

> I.: Gibts denn auch eine Arbeit die du gar nicht gerne machst?
> *Doch ich machs immernoch*
> I.: Du machst immer gerne?
> *Ja immer noch. Das macht mir sehr Spa::ß dort.*

In den folgenden Äußerungen unterstreicht Frau Mayring dies noch einige Male. Gleichwohl finden sich auch Äußerungen, in denen Frau Mayring sich abgrenzt oder negative Wertungen gibt. So erzählt sie, dass ein bestimmter Arbeitsplatz für sie nicht gut gewesen sei und nicht zu ihr gepasst habe. Sie räumt ein, dass es in der Wohngruppe gelegentlich Streit gibt, und erwähnt eine Freizeitbeschäftigung, die sie »*mal manchmal nicht so gerne*« gehabt habe. Ebenfalls zeigt sie sich verhalten kritisch gegenüber einigen Ritualen in der Einrichtung. Wenngleich negative Bewertungen im Hinblick auf die sprachlichen Mittel eher vorsichtig gefasst werden – wie auch negative Emotionen –, so zeigen diese Passagen, dass Frau Mayring keine undifferenzierte ›Positivität‹ in ihrer biografischen Erzählung an den Tag legt. Vielmehr erscheint das Gesamtbild ihrer Äußerungen klar konturiert.

Klarheit und Kohärenz

Frau Mayrings Erzählungen sind klar und kohärent. Es wird deutlich, dass sie sich *in ihrem Leben wohl fühlt*, ohne die schmerzlichen Aspekte zu verleugnen, dass sie ein positives Bild über ihr Umfeld hat, zugleich aber problematische Dinge in den Blick nimmt. Sie zeichnet sich durchweg in Harmonie mit ihrer Umgebung: ihrer Familie, den MitarbeiterInnen der Einrichtung, den anderen BewohnerInnen, den KollegInnen. Mehr noch, in vielen Passagen bringt sie Wertschätzung zum Ausdruck.

Mehrfach betont sie Handlungen, in denen sie ihrem eigenen Willen folgte. So beruht ihre Wohn- wie ihre Arbeitssituation auf eigenen Entscheidungen. In ihrer

Selbstbeschreibung ist sie auf inhaltliche Vorgaben der Interviewerin angewiesen, wobei sie eine offene Frage nicht in erwarteter, aber vielleicht doch charakteristischer Weise beantwortet:

> I.: Und wenn ich dich jetzt fragen würde, wie wer bist du? Was würdest du über dich erzählen.
> *Alles so.*

Ihre Antworten auf spezifische, geschlossene Fragen, wie z.B. ob sie ein stiller Mensch sei, fallen differenziert aus: Sie sei manchmal still, aber manchmal erzähle sie auch viel; sie ärgere sich manchmal, aber dann »*nich so doll*«. Ähnlich differenziert zeigt sie sich auch im Hinblick auf positive und negative Bewertungen im Allgemeinen.

Wünsche, die nicht in Erfüllung gingen

Die Frage, was sie in ihrem Leben noch gerne machen möchte, ob sie einen Plan für die Zukunft habe, verneint Frau Mayring. Konkret nach Veränderungen der Wohnsituation oder der Arbeit gefragt, zeigt sie sich deutlich zufrieden mit der gegenwärtigen Lage. Als die Interviewerin insistiert und nach Dingen fragt, die Frau Mayring eventuell noch lernen möchte, antwortet sie:

> *Hm. Das bräucht ich nich dafür nich ne das hab ich nich ne, ne hab nich mehr also früher wollt ich (---) Hetärin werden, aber, (-) das wär nichts.*

Es wird nicht zwar deutlich, worauf sich Frau Mayring in ihren mehrfach abgebrochenen Äußerungen bezieht, aber klar ist, dass sie von Begrenzungen oder Beschränkungen spricht und dass sie schließlich, nach zukünftigen Wünschen befragt, auf vergangene Wünsche eingeht und sich daran erinnert, dass sie früher Sekretärin werden wollte – wobei wiederum offenbleibt, ob dies aus heutiger Perspektive nichts für sie wäre (so der Wortlaut), ob dies nicht möglich wäre oder ob damals nichts daraus wurde. In jedem Fall löst die Frage nach zukünftigen Wünschen die Erinnerung an einen Wunsch aus, der in der Vergangenheit nicht in Erfüllung ging. Man könnte hier vermuten, dass das Thema ›Wünsche‹ eher mit negativen als positiven Assoziationen verbunden ist. Diese stünden dann in Beziehung zu möglicherweise zahlreichen oder auch gravierenden Erlebnissen der Versagung oder des Misslingens von Wünschen. Falls diese Deutung zutrifft, so findet diese biografische Erfahrung im Rahmen des Gesprächs keinen expliziten Eintrag in die erzählte Lebensgeschichte.

Erinnerung

Frau Mayring bezieht sich im Laufe des halbstündigen Interviews mehrmals auf ihre Erinnerungsfähigkeit. Von ihrer Kindheit berichtend, kommentiert sie das Gesagte darauf verweisend, dass sie sich auch noch erinnere. Wenig später antwortet sie zunächst, dass sie es nicht mehr wisse, korrigiert sich aber unmittelbar danach: »*Das weiß ich jet a ni mehr,* doch *doch. Auch hatten wir auch ja*«. Es ist möglich, dass der Verweis auf die Erinnerung auch vor der Beantwortung der Fragen schützt, die Frau Mayring nicht versteht – denn sie hat die folgende Frage bereits implizit im Laufe des Interviews beantwortet oder wird sie noch einmal beantworten:

> I.: Und gibt es denn auch Menschen die nich in B. [Anm. Name der Einrichtung] wei- eh wohnen die für dich wichtig sind?
> *Oh das weiß ich jetzt nich mehr so, (--) dat weiß ich jet nich mehr, ›is voll lange her‹.*

Der Verweis auf die fehlende Erinnerung scheint auch eine konventionalisierte Wendung zu sein, denn an einer weiteren Stelle geht Frau Mayring unmittelbar nach dieser Phrase dazu über, die Frage zu beantworten.

> I.: =Ja. Und als die Schule zu Ende war, was hast du denn dann gemacht.
> *Das weiß ich dann nicht mehr so richtig. Das weiß ich (-) nicht mehr so. (-) Da bin i- hergekommen, erstmal ne Probewohnen gemacht hier, da hab ich die Einzimmer von Sefan gehabt noch, in dem Zimmer, wo ich jetzt ab jetzt bin ich (-) in dem. Hab ich gewohnt. Weil ich ein Probewohnen gemacht habe. (---) Danach, (-) da kam Alisa am 18., kam die noch dazu, (---) un:: (-) bin 92 gekommen und Alisa 93 gekommen.*

Zur Konstruktion des Gesprächs

Nach Frau Mayrings Eingangserzählung wird das Gespräch in hohem Maße durch die Fragen der Interviewerin impulsiert, wobei dies häufig über offene Fragen verläuft, nach bestimmten Lebensphasen oder Situationen. In diesem ihr gegebenen Rahmen bringt Frau Mayring dann eigene Themen ein, wobei, wie beschrieben, die Erzählungen in Zusammenhang mit ihrem Vater das emotionale Zentrum des Interviews bilden. Frau Mayring beantwortet viele Fragen der Interviewerin, wie sie gestellt wurden, doch bei manchen Antworten setzt Frau Mayring eigene Akzente: Sie antwortet nicht oder nicht unmittelbar auf Fragen nach negativen Ereignissen oder Bewertungen, sondern schildert, das Thema wahrend, eher positive Aspekte oder Perspektiven.

In ähnlicher Weise antwortet Frau Mayring auf die Frage nach einer Arbeit, welche sie nicht gerne mag. Eine weitere Frage, die sie nicht in der Weise beantworten will, wie die Interviewerin sie stellt, fordert ihr eine vergleichende Bewertung ihrer Großeltern ab. Sie wurde oben im Zusammenhang mit dem Thema Positivität bereits inhaltsbezogen ausgewertet und zeigt zugleich in formaler Hinsicht, wie sie eine suggestive Tendenz abwehrt.

> I.: =Und welche Oma war lieber?
> *Beide, beide.*

Es gibt eine Reihe von Fragen, die Frau Mayring verneint:

> I.: Gabs denn in der Schule auch was was nich so schön war?
> *Ne also sowas hatten wir nich (-) ne ne.*

Manchmal antwortet sie auch zunächst in eine Richtung, bricht die Äußerung ab und wechselt dann zu ihrer offenbar tatsächlichen Position oder führt die Aussage in eine andere Richtung weiter.

> I.: Gabs denn hier im E. auch mal was was ganz traurig war?
> *Ne eigentlich nicht weiter, aber neu- beripomande (unv.) (-) hat auch mal (-) die (-) die auch plötzlich ge- gestorben im im Krankenkaus.*

Ein weiteres Beispiel hierfür:

> I.: Und kannst du dich auch hier an etwas erinnern, was ganz besonders is was du so richtig gerne machst?
> *Alles so. Also mir macht alles, (--) als einmal also ich (-) mal manchmal nicht so gerne, also doch hatt ich mal gehabt, bei Gesa Sommer rübergemalt hab ich mal, ein Bild gemacht für meine Schwester gemalt.*

In dieser Sequenz bricht Frau Mayring zweimal ab und es scheint, als seien ihre Gedanken an dieser Stelle so differenziert und vielleicht auch ambivalent, dass es ihr nicht gelingt oder sie nicht dazu bereit ist, sie auszuführen. Es wird hier nicht klar, ob sie das Malen nun mochte oder nicht, oder vielleicht einmal, als sie ein Bild für ihre Schwester angefertigt hat. Die Interviewerin fragt hier nicht nach.
Ein anderes Beispiel hierfür:

> I.: Und warst du denn da traurig, als die Mitarbeiter gewechselt haben?
> *E ne also traurig war ich nich, aber (-) es war aber so (-) locker gewesen damals ja ja, (-) genau da war das gewesen damals ja.*

Auch hier bleibt der Sinn der Aussage bestenfalls zu erahnen.

Es liegt nahe, dass diese Stellen mit Unterstützung hätten weiter exploriert werden können. Unabhängig davon, wie man dies im Einzelfall beurteilen kann, wird deutlich: An manchen Stellen verdichten sich Aussagekerne in hohem Maße, ohne jedoch expliziert zu werden. Man weiß nicht, ob dies auch im Sinne der Erzählerin ist, doch liegt es nahe, dass es zumindest in manchen Fällen der Unterstützung der InterviewerInnen bedürfte, das Gemeinte in seiner möglichen Vielschichtigkeit zu entfalten.

Davon abgesehen wird deutlich, welche Themen Frau Mayring ein besonderes Anliegen sind, sei es, dass sie diese von sich aus wiederholt anspricht, länger ausführt oder mit besonderer Emphase behandelt. Dazu gehört die Erinnerung an ihren verstorbenen Vater, aber auch an eine Mitarbeiterin, die mittlerweile verstorben ist. Ihre Erwähnung veranlasst Frau Mayring zu einer Reflexion über den Tod: »*das können wir ja alle ne*«.

Nach einer halben Stunde fragt die Interviewerin, ob Frau Mayring noch mehr erzählen möchte. Sie antwortet, grammatikalisch zwar unvollständig, doch nicht minder deutlich: »=*Ne eigentlich nichs worter ich hab ich es alles komplett alles*«.

6.2 Herr Sacher

Auch das Interview mit Herrn Sacher wird stark von Interviewerin gelenkt. Herr Sacher antwortet häufig auf Fragen der Interviewerin und dies oft in kurzen Wendungen, in denen Elemente der Frage wiederholt werden oder in nur einzelnen Worten. Gelegentlich äußert sich Herr Sacher auch in längeren Passagen. Der Kontrast zwischen diesen Polen ist bemerkenswert. In einer der längeren und grammatikalisch komplexen Passagen beschreibt Herr Sacher die allgemeine Wohnsituation in seiner Einrichtung:

> *Es wohnen auch hier andere Menschen gegenüber wohnt Axel? Und drüber wohnt Marcel und der Dirk der ist auch nicht mehr da jetzt im Moment ((atmet tief ein)) ich nehme an dass die Frau eh (-) Strohmann noch Dirk noch abholt ab morgen und das Krankenhaus wenn er entlassen wird.*

Bereits in der Reaktion auf die ersten Fragen äußert sich Herr Sacher mit einer deutlichen Ausatmung, als ob ihre Beantwortung ihm Mühe bereitet. Da seine kurzen Antworten die Interviewerin in die Situation bringen, weitere und insgesamt dann eine große Zahl von Fragen zu stellen, versucht sie, ihn zugleich bei seinen Antworten eingehend zu unterstützen und eine nach Möglichkeit entspannte Gesprächsatmosphäre herzustellen.

Wohnsituation

Auf die Frage, ob er »alleine oder mit anderen zusammen« wohnt, antwortet er, dass er in seinem Zimmer alleine wohne – und begründet dies, mit einem entsprechenden Bedürfnis: »*Hier muss ich meine Ruhe haben*«. Ob er einmal woanders wohnen will? »*Ne. Das klappt so wie es ist*«. Dabei lacht er über das ganze Gesicht. Allenfalls kann er sich einen Wechsel in der Gruppe vorstellen, wie er ab und zu vorkommt.

Arbeit

Herr Sacher betont, dass er pünktlich zur Arbeit kommt, aber auch selbst an der Uhr abliest, wann Feierabend ist. Er betont, dass es wichtig ist, die Arbeit richtig auszuführen, was auch bedeutet, hier entsprechend urteilsfähig zu sein. Ebenfalls legt er Wert darauf hinzuweisen, dass die Arbeit von AuftraggeberInnen nachgefragt und bezahlt wird und daher auch mit großer Gewissenhaftigkeit oder Zuverlässigkeit ausgeführt werden muss. Seine Identifikation mit der Arbeit ist fraglos. Mögliche Alternativen zur jetzigen Arbeit interessieren ihn nicht: Er möchte bei dem bleiben, was er macht.

Partnerschaft und Freundschaft

Seine Antwort auf die Frage nach einem guten Freund oder einer Freundin fällt uneindeutig aus. Eine Freundin habe er nicht, aber – und hier wiederholt er die Frage der Interviewerin – er hätte gerne eine, doch eine, die zu ihm passe. Wenig später dann führt er aus, dass er diese gefunden habe, nennt Namen wie Wohnort und erzählt, dass sie beide tanzen gewesen seien.

Kindheit und Jugend

Die Interviewerin fragt Herrn Sacher, ob er von seiner Kindheit erzählen möchte. Seine Antwort besteht in einer Gegenfrage, vielleicht auch einer Frage, die er sich selbst stellt: »*Mein Kindheit, möcht ich das noch erzählen?*«

Die Interviewerin verhält sich an dieser Stelle wenig freilassend: Das fände sie schön, sagt sie, worauf Herr Sacher beginnt. Es bleibt offen, ob er, wenn sie anders reagiert hätte, sich dafür entschieden hätte, *nicht* zu erzählen. Wie dem auch sei, Herr Sacher erzählt von sich aus auf die Frage, ob er bei seinen Eltern gewohnt habe, von einer Situation, in der die Nachbarn oder Nachbarskinder ihn zum Fußballspielen einladen. Auch diese Begebenheit bekommt verhältnismäßig viel Raum und wird teilweise in eine szenische Erzählform gefasst:

> *Erstmal ja. Und äh ich hab das (--) die Nachbarn ham immer gef-gefragt »Wo ist denn der Herr Sacher?« ob ich die mitnehme zum Fußballspiel einladen ob es ginge? A-Also das a-angesprochen hab g-geklärt gehabt? Und mein Mutter hat gesagt »Joa von mir aus gerne«. »Ja aber ausnahmsweise«.*
> I.: Ausnahmsweise
> *Mhm da war ich-da war ich dann mitgegangen da war ich Eis essen eingeladen.*

Im Verlauf steuert Herr Sacher weitere Begebenheiten bei, die allesamt positiv sind. Die Frage hingegen, ob er (im Kindergarten) denn mal geärgert wurde, weist er entschieden von sich. Später, als es um die Schule geht, benennt er durchaus einen Mitschüler, der ihm Probleme bereitete.

Gesundheit

Ein Thema, welches Herr Sacher von sich aus einbringt und diesem viel Raum gibt, betrifft seine Gesundheit. Im Besonderen erzählt er von einer wohl schweren und mit Schmerzen verbundenen Krankheit, in deren Verlauf er zur Genesung zu seinen Eltern ging, nachdem jemand in der Einrichtung ein »*Machtwort*« gesprochen hatte, und vielleicht auch in eine Kur. Auch berichtet er von Ärzten, welche »*nichts taugten*«, sowie davon, dass er »*kaputtgeimpft*« worden sei, wobei hier, wie auch an anderen Stellen, die Situation im Einzelnen nicht deutlich wird.

Eine traumatische Erfahrung

Gegen Ende des Interviews berichtet Herr Sacher von einer offenbar bedrückenden Erfahrung, die er jedoch nicht klar beschreiben kann und die auch nicht durch entsprechende Nachfragen der Interviewerin expliziert wird. In jedem Fall steht sie in Beziehung zu einer Treibjagd auf Wildschweine, wohl in der Nähe der Einrichtung, und zu einer Erfahrung des Eingeschlossen-Seins. Herr Sacher leitet die Erzählung mit einer für dieses Gespräch ungewöhnlichen Figur ein, indem er die Interviewerin fragt: »*Jetzt sag doch mal bitte und äh (--) und das was hier mein Treiberjagd ist*«.

Im Folgenden erzählt er, immer wieder ins Präsens wechselnd, davon, dass Wildschweine [später dann Hausschweine] von Jägern verfolgt an den Häusern [der Einrichtung?] vorbeigekommen sind. Die Jagd scheint in Verbindung mit der Schweinepest gestanden zu haben. Er habe heraus gewollt, aber die Türen seien zu gewesen, verschlossen von den Schlachtern. Er habe sich vor Schreck den Magen verdorben. Er habe um Hilfe gerufen, aber es sei niemand gekommen. Man habe ihn aus Versehen eingeschlossen. Sein Vater habe sich Sorgen und auch der Einrichtung (?) Vorwürfe gemacht. Aus dieser Sequenz wird auch deutlich, dass sein Vater sich für ihn einsetzte.

> *Mein Vater der hat sich Sorgen gemacht, der hat sich bei Frau Strohmann erkundigt bei Dieter »Was soll das, ihr könnt doch nicht einfach da so sitzen lassen beim Schlachter (--) und bitte was zu stellen beim Abendbrot«, keiner äh wusste was hier- wo ich bin, dann sind die mit der-ham se doch später geschaltet ne.*

Dann habe man ihn doch befreit und er habe sich übergeben müssen. Wenngleich diese Erzählung unvollständig oder lückenhaft wirkt, handelt es sich um eine über mehr als fünf Minuten währende Darstellung, deren Bogen aufrecht gehalten wird, die einen eindeutigen Anfang und einen Schluss hat – wobei Herr Sacher in einzelnen Sätzen spricht, die jeweils von der Interviewerin wiederholt, kommentiert oder befragt werden. Es ist deutlich, dass diese Fragen dazu dienen, den Strom der Erzählung aufrecht zu erhalten.

Soziale Strukturen und Praxen in der Einrichtung

Einen Schwerpunkt in den Erzählungen aus Herrn Sachers Leben bilden Hinweise auf Personen und Ereignisse in der Einrichtung und bei der Arbeit. Dabei schildert er häufig soziale Positionierungen im Hinblick auf den sozialen Status und Konflikte.

In der Beschreibung der in der Einrichtung lebenden und arbeitenden Personen verwendet Herr Sacher den Begriff »*Vorgesetzte*« für diejenigen, welche »*das Sagen haben*«, wie er auf Nachfrage erläutert und dies auch einige Male wiederholt. Das Sagen bezieht sich auf das, »*was wichtig ist*« bzw. »*was wichtig ist für mich*«.

Das Thema der sozialen Hierarchie wird auch bei der Beschreibung der Arbeitssituation angesprochen, wo Herr Sachers Chef ihm verbietet, Holz zu spalten. Dieses Verbot, so wird im Weiteren klar, dient aber seiner Gesundheit und er stimmt hier zu: »*Das gefährlich. Will ich nich ins Krankenhaus wandern*«. Auch das Essen bekomme er hier.

Das Thema von Fürsorge und Fremdbestimmung betrifft aber auch Personen, um die sich wiederum Herr Sacher zu kümmern versucht. Als Beispiel bezieht er sich auf die Straße, offenbar in der Nähe der Einrichtung, die zu überqueren gefährlich sei. Eine Betreute, so berichtet er, bleibe da nicht stehen, auch wenn er sie zwanzig Mal auffordere. Er müsse dann laut werden und zu den MitarbeiterInnen gehen. Die Wechselseitigkeit von Bestimmen und Bestimmt Werden kommt auch an anderer Stelle zum Ausdruck, wenn Herr Sacher bezüglich seiner Arbeit ausführt, dass er bei der Verteilung von Arbeit durchaus mitbestimmen (»*Wir haben beide das Sagen*«) und beurteilen kann, was die anderen »*da verkehrt machen und was nicht*«. Andererseits wird Herr Sacher auch in seinen Handlungen eingeschränkt, wie der Austausch über eine mögliche Kandidatur für den Werkstattrat zeigt:

> *Gewählt ham wers auch. Die die Frau Frau Lindner äh jetzt ham se mich ausgefragt, ob ich Beirat werden will, sag ich nein, das kommt überhaupt nicht in Frage.*
> I.: Nicht? Warum nicht?
> *Ich habe es nämlich abgesagt gehabt, weil Ursula war immer dagegen, sie möchte nicht dass ich gewählt-gewählt werde,*
> I.: Ah ja,
> *Se war immer dagegen gewesen, und ähm und jetzt will ich auch nicht mehr.*

Es scheint hier, als habe der Widerstand oder die Ablehnung seiner Kollegin ihn daran gehindert, zur Wahl anzutreten. Auch beklagt sich Herr Sacher, dass man ihn bei einer Besprechung der Falschaussage bezichtigt hat. Dies bringt ihn an die Grenzen:

> *Aber mein- ich würde Falschaussage machen, und äh es ist-ich habe gesagt ich mache hier keine falsche Aussage, sondern ich mach ne richtige Aussage hier. Ich bin der Mann hier, der in-in E. Sonst muss ich mit Gewalt einsetzen,*
> I.: Gewalt, das klingt ja richtig gefährlich,
> *Da muss ich runtergehen und-und-und Bescheid sagen.*

Auch distanziert sich Herr Sacher von einer Mitarbeiterin, welche ihm offenbar ins Wort fällt und auch sonst »*Streit macht*«: »*Die sagt immer was dazu, was ich-ich-was ich sage ich find es nicht korrekt*«. Seine weiteren Aussagen lassen den Schluss zu, dass diese Mitarbeiterin die Einrichtung verlassen hat. Damit war für ihn die Sache wieder in Ordnung.

> *Deswegen wieder Frieden geschlossen. Und dann war halt immer ein <u>Machtwort</u> gesprochen.*

In dieser Passage kommt der Leitungsentscheidung qua Machtwort eine befriedende Wirkung zu. In dem von Herrn Sacher beschriebenen sozialen Kosmos sind die Hierarchien klar: So kann es vorkommen, dass der Einrichtungsleiter oder der Vorgesetzte in der Werkstatt »*schimpfen*«, und wer hier nicht zuhört, bekommt zur Strafe Überstunden, oder der Fernsehabend wird gestrichen. Herr Sacher findet dies nicht verkehrt, denn: »*Muss man schon manchmal Grenzen bilden*«. Diese Bemerkungen werden mehrfach mit dem Hinweis auf die Ernsthaftigkeit der Arbeit verbunden, auf die Erwartungen der – zahlenden – Kunden und den mit ihnen getroffenen Vereinbarungen.

Gelegentlich wird deutlich, dass für Herrn Sacher autoritativ geführte Situationen eine Schutzwirkung haben: Ein Mitschüler damals, der sich »*schlimm*« und »*wie ein Flegel*« verhalten und ihn häufig geärgert und wohl auch bedroht hat, musste »*an die Zügel genommen werden*«. Und weiter: Als Herr Sacher einmal in seiner Kindheit erkrankt war, sprach ein Betreuer »*ein Machtwort*«, sodass Herr Sacher nach Hause kam und sich dort erholen konnte. Vorgaben sind auch hinsichtlich der Kleidung für den nächsten Tag die Regel: »*Denn lass ich mir was rauslegen von Mitarbeiter*«. Auf die Frage nach Konferenzen bescheidet Herr Sacher lapidar, dass diese nur die MitarbeiterInnen machen würden.

Herr Sachers Darstellungen vermitteln zugleich den Eindruck, dass er sich insgesamt gut aufgehoben fühlt, sowohl bei seinen Eltern als auch in der Schule und bei den Personen in der Einrichtung, in der er lebt. Dies wird besonders deutlich bei einer umfassenden Schilderung einer Krankheitssituation, in der Herr Sacher gut versorgt und getröstet wurde – und dass sich sein Umfeld darum bemüht, dass Herr Sacher die ärztliche Hilfe bekommt, die er braucht bzw. zu den Ärzten kommt, welche ihm tatsächlich helfen können.

Dabei zeigt sich Herr Sacher in seinen Bewertungen von MitarbeiterInnen oder BetreuerInnen differenziert: Zwar beantwortet er die Frage, ob er diese alle gerne mag, mit »*ja doch*«, geht aber auf die Nachfrage, welche präzisiert, dass es ja »*manchmal auch Mitarbeiter gebe, die man nicht so mag*« sofort ein, indem er diese gleich benennt: »*Das-das sind die alten Mitarbeiter*«. Später erläutert er seine Kritik dahingehend, dass diese in gesundheitlicher Hinsicht nicht genug auf ihn aufgepasst haben.

Das Thema von sozialer Positionierung und machtvollem bzw. ohnmächtigem Handeln durchzieht die Darstellungen von Herrn Sacher. Seine Lebens- wie seine Arbeitssituation werden u. a. durch ihre hierarchische Struktur kenntlich gemacht, welche Herr Sacher nicht in Frage zu stellen scheint. Seine Darstellung reflektiert eine soziale Struktur, welche Henrik Trescher als »gouvernementale Praxis« analysiert hat.[234] Diese verbindet die Elemente von Fremdbestimmung und Fürsorglichkeit. Die von Herr Sacher beschriebenen sozialen Beziehungen sind auf die Wohneinrichtung und die Arbeit bezogen, wobei BetreuerInnen und Vorgesetzte

---

234 Trescher 2017.

einen hohen Stellenwert bekommen und in der Beschreibung von Interaktionen mit MitwohnerInnen oder KollegInnen Konflikte zu dominieren scheinen. Welche Stellung MitarbeiterInnen in seinem Leben haben, bekundet Herr Sacher auch durch seine Antwort auf die Frage, was ihm in seinem Leben viel Freude gemacht habe: »*Da kannt ich viele Mit-Mit-Mitarbeiter alle*«.

Herr Sachers Lebensentwurf erscheint durch diese Situation begrenzt, auch was mögliche Veränderungen betrifft. Die soziale Hierarchie steht für Herrn Sacher außer Frage, wichtig ist für ihn, dass er hier eine Position innehat, welche zwischen ›oben‹ und ›unten‹ steht, insofern er in manchen Situationen auch bestimmt oder mitbestimmt. Gleichwohl bleibt seine Darstellung häufig auf diese Struktur bezogen. An einzelnen Sequenzen wird deutlich, dass diese Struktur ihm vor allem Schutz und Unterstützung gibt bzw. dafür bürgt, dass die von ihm vertretenen Werte Geltung behalten, im Hinblick auf sein Verständnis von Arbeit oder in Auseinandersetzungen mit MitbewohnerInnen und KollegInnen. Bei dieser Interpretation ist einschränkend zu bedenken, dass die Gesprächssituation in hohem Maße durch eine engmaschige Frage-Antwort-Struktur geprägt ist und die Interviewerin Fragen zur Mitbestimmung (Werkstattrat) und zu sozialen Positionen stellt.

Kohärenz und Konsistenz der Darstellung

Wenngleich Herr Sacher häufig in kurzen Phrasen antwortet, entsteht ein Bild über seine Lebenssituation und deren Bewertung sowie über eine Reihe von Themen, mit denen er sich auseinandersetzt.

In vielen Aspekten sind seine Äußerungen konsistent und ergeben ein klares Bild. Widersprüche ergeben sich nur bei seinen Aussagen zur Partnerschaft. Jedoch bleiben einige von Herrn Sacher geschilderte Begebenheiten diffus, so z.B. die Begebenheit, in deren Verlauf er eingesperrt war, oder seine länger andauernde Krankheit. Bei einer detaillierten Betrachtung wird deutlich, dass auch weitere Situationen z.T. fragmentarisch geschildert werden und dadurch Fragen offenbleiben. Dabei muss berücksichtigt werden, dass der Anteil der Interviewerin an der Gestalt des Gesprächs sehr hoch ist.

Zur Konstruktion des Gesprächs

Die Interviewerin wiederholt häufig Aussagen Herr Sachers, um seinen Äußerungsprozess zu unterstützen. Darüber hinaus expliziert sie gelegentlich Äußerungen, wohl auch um zu prüfen, ob sie diese richtig verstanden hat. Bejahende oder wiederholende Antworten von Herr Sacher wiederum werden als Bestätigung aufgenommen. So wird dann deutlich, dass Herr Sacher die Schultüte als Bedingung für den Eintritt in die Schule versteht.

> *Das war hinterher wo ich eingeschult worden bin. Mein Papa musste ehm (-) Schultüte haben ne,*
> I.: Ne Schultüte ja klar,

> *Sonst gehts nicht.*
> I.: Ne:: ohne Schultüte kann man ja nicht mit der Schule anfangen.
> *Sonst kann ich nicht mit der Schule anfangen.*

Auch an anderen Stellen bemerkt man Versuche der Interviewerin, ein gemeinsames Verständnis herzustellen, was aber voraussetzt, das eigene Missverstehen zu erkennen. In einer Passage, in der Herr Sacher über Mitbestimmung und Auftraggeberschaft bei der Arbeit spricht, kommt die Interviewerin offenbar zu dem Schluss, dass Herr Sacher eine Situation nicht ganz ernsthaft beschreibt, indem er die MitarbeiterInnen als seine »*Jungs und Mädels*« bezeichnet, was sie mit wie folgt kommentiert:

> I.: Du bist ja ein Schlingel. ((lacht))
> *Das ist hier so ich bin kein Schlingel.*
> I.: Sondern?
> *Das-das ist leider so.*
> I.: Ja? Dann musst du mir das nochmal erklären. Also das ist-du meinst jetzt deine Arbeitsstelle?

Die Interviewerin merkt hier spätestens an dem Wort »*leider*«, dass es Herr Sacher in dieser Sache ernst meint, und beginnt dann noch einmal damit, einen gemeinsamen Verständnishorizont aufzubauen. Nach einigen Nachfragen, die Herr Sacher dann bejaht, macht sie ihr Missverstehen explizit – doch *erst*, nachdem sie den Eindruck gewonnen hat, Herrn Sacher nunmehr zu verstehen – was dieser bestätigt.

> I.: Ah jetzt hab ich dich verstanden ich glaub ich hab dich eben falsch verstanden. Ich hab verstanden, dass du die Mitarbeiter, die Betreuer, dass du denen die Arbeit einteilst. Aber du meinst deine Mitarbeiter die Kollegen?
> *Ja genau.*
> I.: Jetzt hab Entschuldigung jetzt hab ich das richtig verstanden.
> *Das-das mein ich damit.*

Zudem versucht die Interviewerin, gerade angesichts ihrer starken Führung mittels der Fragen und im Bewusstsein von Antwortneigungen in Interviews insbesondere bei Personen mit Assistenzbedarf, Antworten durch Frageergänzungen zu validieren:

> *Da kannt ich viele Mit-Mit-Mitarbeiter alle.*
> I.: Das fandst du gut?
> *Ja das fand ich gut.*
> I.: Mach die magst du alle gerne,
> *Ja doch,*
> I.: Ah ja oh das ist doch schön. Manchmal gibts ja auch Mitarbeiter die man nicht so mag,
> *Das-das sind die alten Mitarbeiter.*
> I.: Die alten die magst du-magst du nicht so?

Die Interviewerin wird sich hier vermutlich bewusst, dass sie eine Suggestivfrage stellt und fügt dieser eine gegenteilige Aussage an, die als Aufforderung zur Antwort verstanden werden kann und auch so verstanden wird.

Oben wurde bereits geschildert, dass Herr Sacher eine Reihe von Begebenheiten unvollständig und fragmentarisch schildert, sowie häufig in seinen Antworten Elemente der Frage oder diese in ihrer Gesamtheit wiederholt. Im Verlauf des Interviews bleiben daher viele Punkte ungeklärt, sowohl auf der Ebene des Rahmens und Hintergrundes der Situationen wie auch in Bezug auf Einzelheiten.

Die Interviewerin steht hier kontinuierlich vor der Frage, wo sie nachfragt und Klärungen herbeizuführen versucht und wo sie die Dinge offen lässt. Hierzu ein Beispiel unter vielen:

> *Da wo ich- wo ich krank wurde.*
> I.: Da warst du krank was- wo bist du denn da krank geworden, hattest du da Bauchweh oder Fieber?
> *Das auch,*
> I.: Auch ja, und wer hat dich gepflegt?

Es ist offensichtlich, dass hier die Frage nach den Symptomen offen bleibt, da die Interviewerin nicht nachfragt, sondern zu einer weiteren Frage übergeht. In der Analyse des Interviewverlaufs fällt auf, dass die Interviewerin vergleichsweise unmittelbar reagiert, wodurch eine Gesprächsstruktur entsteht, in der die (ja häufig kurzen) Beiträge von Herr Sacher und die bestätigenden Wiederholungen der Interviewerin und ihre Fragen in hoher Frequenz aufeinander folgen. An dieser Stelle wird eine grundsätzliche strategische Entscheidungsmöglichkeit deutlich, nämlich im Hinblick darauf, wie viel Zeit dem Gesprächspartner grundsätzlich eingeräumt wird, seine Darstellungen zu entfalten.

Des Weiteren entsteht möglicherweise ein Konflikt da, wo Personen fragmentarisch oder auch sehr assoziativ antworten, während die Interviewerin den Anspruch in das Gespräch einbringt, einen Leitfaden von Fragen abzuarbeiten. Würde sie hier eingehend explorieren, wäre die Gefahr gegeben, dass einige Themen nicht behandelt werden können. Zudem kann man davon ausgehen, dass ein intensives Nachfragen auf einzelne Aussagen als Stress erlebt wird. Dies gilt besonders bei Personen wie Herr Sacher, für den diese Form der Interviewsituation auch mit Mühe verbunden ist.

Doch nicht nur die Interviewerin, auch Herr Sacher bemüht sich darum, dass der gemeinsame Fokus erhalten bleibt. So korrigiert er Missverständnisse der Interviewerin:

> *Bei Frau Kramer, Ich hab immer selbstgemachte Pommes gemacht. Oooh:: da sah ich hinterher so schwarz wie Neger.*
> I.: So schwarz sind die geworden?
> *Ich, Mhm ((bejahend))*
> I.: Ach du liebe Zeit ((lacht)).

Herr Sacher räumt auch im weiteren Verlauf entschieden mit Missverständnissen auf:

> *Die haben noch nicht mal aufgepasst.*
> *I.: Ah:: ich dachte erst vielleicht waren die zu streng-*
> *=Nein nein nein. Streng auch aber die haben nicht genug aufgepasst.*

Darüber hinaus fordert er die Interviewerin anlässlich einer Frage auf, sich doch selbst Gedanken zu machen, hält dann die Spannung aber nicht lange aufrecht und beantwortet die Frage dann selbst:

> *I.: Ja, warum mochtest du denn die alten Mitarbeiter nicht so gerne, was haben die denn gemacht?*
> *Jetzt überleg mal. Für meine gesundheitlich her.*

Zudem weist Herr Sacher auch Zuschreibungen von sich, wenn sie ihm nicht passen, wie oben bereits erwähnt:

> *I.: Du bist ja ein Schlingel.*
> *Das ist hier so ich bin kein Schlingel.*

Gleichzeitig antwortet Herr Sacher vor dem Horizont dessen, was er als Erwartung bei der Interviewerin vermutet. Dies illustriert eine Passage, in der Herr Sacher gefragt wird, ob er im Kindergarten geärgert worden sei:

> *I.: Laterne, ah ja und hat dich denn da auch mal jemand geärgert im ...*
> *Nein ((sehr bestimmt)) e-e ((verneinend)) geärgert haben die mich nicht*
> *I.: Ach das ist ja schön da haste ja Glück gehabt. Gut, und bist du denn da auch in die Schule gegangen? Bei dem Kindergarten, oder hinterher?*

Denn, nachdem er die Frage verneint hat, fügt er noch ein »*keine Sorge*« an und impliziert damit, dass eine gegenteilige Antwort von der Interviewerin als problematisch gewährt wurde. Es fragt sich hier, ob die grundsätzlich positive Tendenz in den Bewertungen und Berichten (bei einigen Ausnahmen) auch einer Erwartungsannahme-Bias bezüglich der Interviewerin geschuldet ist.

6.3 Frau Pehl

Das Gespräch mit Frau Pehl wird von den Fragen der Interviewerin getragen und strukturiert. Frau Pehl antwortet in kurzen Sätzen oder Wendungen, häufig begleitet mit einem Lachen. Mit 19 Minuten gehört es zu den verhältnismäßig kurzen

Interviews. Doch ihre erste Äußerung auf die Eingangsfrage der Interviewerin besteht aus mehreren Sätzen, unterbrochen durch lange Pausen, und spricht ein schmerzvolles Thema an.

Trauer um den Verlust der Eltern

Auf die Frage nach ihrem Lebensanfang kommt Frau Pehl unmittelbar in die Gegenwart und auf den Tod der Eltern zu sprechen.

> I.: Wo sind Sie denn geboren? Wo haben Sie denn gelebt?
> *Ich hab gelebt äh früher (3,0) Früher hab ich bei meinen Eltern gewohnt?*
> *(–) jetzt nicht mehr= sind ja alle gestorben? (5,0) Mein Papa war im Mai gestorben? (-)*
> *Meine Mama war im April gestorben.*
> I.: Dieses Jahr?
> *Ja, ((unv.)) war der Todestag der Beiden. (3,0) Kommt mir die Tränen.*
> I.: Mhm, ›das glaub ich‹.

Diese Passage ist inhaltlich wie formal hervorhebenswert. Inhaltlich geht Frau Pehl von der Erwähnung ihres Wohnens im Elternhaus zum Tod der Eltern und von der Vergangenheit in die Gegenwart. Formal ist zu bemerken, dass diese Passage die längste im gesamten Interview ist. Frau Pehl fügt hier fünf Sätze aneinander, in denen sie über den Verlust ihrer Eltern spricht.

Erinnerung und Gegenwart

Frau Pehl geht häufig über in eine Beschreibung gegenwärtiger Verhältnisse, auch wenn die Interviewerin nach der Vergangenheit fragt. Da die Interviewerin hier nicht insistiert, bleibt offen, ob Frau Pehl lieber über gegenwärtige Themen spricht oder ob sie sich nicht erinnern kann bzw. will.

> I.: Woran erinnern Sie sich da, wenn Sie an (-) früher, an Zuhause denken mit Ihren Brüdern? Fällt Ihnen da ne Geschichte ein?
> *[((unv.))] Heilichabend bin i da hin. Heilichabend.*
> I.: Nochmal bitte,
> *A-An Heilichabend ((unv.)) mein Bruder wieder.*
> I.: Ach, Heiligabend fahren Sie zu Ihrem Bruder?
> *Ja::.*

In manchen Passagen führt ein bestimmtes Wort zu einem Missverständnis. So berichtet Frau Pehl über ihren Geburtstag, der auf den Weihnachtstag fällt, und es entfaltet sich ein Gespräch über diese Koinzidenz:

> I.: ((lacht)) Sie sind Heiligabend geboren?
> *Ja, fünfundertsieben, morgens (3,0) ((unv.)) nich schön?*
> I.: Das ist aber wirklich schön.

> *Ja:::.*
> I.: N richtiges Christkind.
> *Da bin ich auch. (---) Ja::, ((lachend))*
> I.: Ja dann ist das bestimmt immer besonders gefeiert worden oder?
> *[Jo::,] haste Recht, (---)*
> I.: Und wie ging das? So mit Geburtstag und Weihnachten
> *In einem.*
> I.: Alles in Einem. Wie haben Sie das denn gemacht?
> *Joa:: ((lachend)) Geschenke auspacken ((gemeinsames Lachen))*
> I.: Hat die Familie dann n Lied gesungen für Sie? (--) Oder nur Weihnachtslieder gesungen?
> *Haben alle n Ständchen gebracht für mich.*
> I.: Mhm. Schö::n.

Nachdem Frau Pehl über die Weihnachtsfeierlichkeiten berichtet hat, geht die Interviewerin zum Thema »Geburtstag« über, das sie mit dem Begriff »Kindergeburtstag« anspricht. Dadurch aber entsteht ein Missverständnis:

> *Ja::, ((lacht)) (--) ›ja::‹.*
> I.: Und wie war das dann (-) mit Kindergeburtstag feiern?
> *Geh ich nischt hin.*
> I.: Da-das ging nämlich gar nicht dann Heiligabend wahrscheinlich, oder?
> *Ne, geht echt gar nich.*
> I.: das ist n bisschen gemein dann an dem Tach, ne (-) Kann man gar nicht Kindegeburtstag feiern, weil alle Weihnachten feiern
> *alt jenoch, ((lacht))*
> I.: Nee::, jetzt, jetzt feiern Sie keinen Kindergeburtstag mehr, jetzt sind Sie erwachsen ne?
> *Ne, ich bin jetzt °ge wachsen.*

Das Wort »Kindergeburtstag« bringt Frau Pehl von der Vergangenheit in die Gegenwart und führt eine Distanzierung herbei, mit der sie betont, ja kein Kind, sondern erwachsen zu sein.

Auch in einer anderen Passage missversteht sie vermutlich die Fragen der Interviewerin, wie etwa die Frage nach ihrem Alter im Verhältnis zu ihren Brüdern als eine Frage nach ihrem Alter als solchem.

> I.: Gabs da auch Geschwister
> *Geschwister hab ich nur drei,*
> I.: Sie haben drei Geschwister,
> *Ja.*
> I.: Hm,
> *((lacht))*
> I.: Brüder oder Schwestern?
> *((unv.)) nur Brudern.*

> I.: Sind das alle Brüder? Alle drei?
> *Alle drei, ja::,*
> I.: =Alle drei sind Brüder (--) Sie sind die einzige Schwester,
> *Ja, genau. ((lachend)) Rischtig. (3,0) Mhm, (--)*
> I.: Sind Sie denn (-) die Jüngste oder sind Sie die Älteste? Oder Mittendrin?
> *Ich bin jünger?*
> I.: Bitte?
> *=bisschen jung bin ich noch.*
> I.: Bisschen jung sind Sie noch, auf jeden Fall.
> *Mhm.*

Markierung von Positionen und Bewertungen

Wenngleich Frau Pehl von sich aus nur einige Themen anspricht, werden ihre Setzungen deutlich. Auf die Frage nach dem, was sie in der Schule besonders gerne mochte, nennt sie einige Tätigkeiten und zieht dann eine Gesamtbilanz. Allerdings bildet der Eingang dieser Passage eine geschlossene Frage mit suggestiver Tendenz:

> I.: Sind Sie gerne in die Schule gegangen?
> *Ja::, früher,*
> I.: Ja?
> *Mhm. (-).*

Im Hören dieser Passage fällt auf, dass Frau Pehl das »Ja« mit starker Betonung, einer fröhlich wirkenden Stimme und in gedehnter Form spricht, sodass der Eindruck von Validität dieser Aussage entsteht. Ebenfalls betont und damit markiert wird der Hinweis »*früher*«, der im Einklang mit anderen Stellen steht und in dem Frau Pehl in der Wiedergabe von Erinnerungen deren Unterschied zur gegenwärtigen Situation hervorhebt. Die folgende Frage beantwortet sie ohne Verzögerung und ebenfalls in engagierter und positiv getönter Weise.

> I.: Was mochten Sie denn da besonders gerne?
> *Oh ich mocht gern Einmaleins (--) Rechnen (--) und Sreiben, (-) alles.*

Jedoch zeigt sie keine etwaige Tendenz zu undifferenziert positiven Antworten:

> I.: Ne::? Mochten se denn irgendwelche Lehrer besonders gerne?
> *Ich mocht gerne den Herr ((unv.)) so gerne.*
> I.: Wie hieß der?
> *Herr *Milkejum.*

Außerdem werden nicht alle Fragen auf eine bestätigende Weise beantwortet, wobei Frau Pehl ihre Position mehrfach und auf unterschiedliche Weise zum Ausdruck bringt.

> I.: Und gabs da auch blöde Lehrer?
> *Nö::, keine blöde.*
> I.: Ne::?
> *Ganz liebe.*
> I.: Okay, waren liebe Lehrer da, (--)
> *Genau.*

Frau Pehl nimmt Bewertungen auch dadurch vor, dass sie den Fokus von Fragen erweitert:

> I.: Erzählen Sie mir denn noch was nach der Schule kam? Was dann mit der Arbeit war? Sie gehen doch wahrscheinlich arbeiten oder wie sieht es aus?
> *Ich geh gerne arbeiten.*

Die Geltung dieser Aussage wird ebenfalls durch deren Betonung verstärkt, wie auch durch die im Interview nur wenige Male anzutreffende Form des ganzen Satzes. Die folgenden Bemerkungen, welche sich auf die Qualität der Arbeit beziehen, erhellen deren Wert – es handelt sich um eine schwere Arbeit, es gibt viel zu arbeiten – und Frau Pehl ist dieser gewachsen:

> I.: Ist das eine gute Arbeit?
> *Ne ist sehr, (-) bissen schwer is aber geht.*
> I.: Ah,:: schwierige Arbeit aber Sie bekommen die hin.
> *Bekomme gut hin.*

An dieser Passage fällt auf, dass Frau Pehl der Frage der Interviewerin widerspricht (»*Ne ist sehr...*«) und in ihrer Antwort durch die Wandlung des Adjektivs in ein Adverb den Inhalt der Aussage in Richtung ihrer Bewältigung der Arbeit verschiebt.

Ihre deutlich positive Haltung gegenüber ihrer Arbeit kommt auch anlässlich eines Missverständnisses zum Ausdruck.

> I.: Frau P., was machen Sie denn wenn Sie nicht arbeiten gehen?
> *Ich geh ge::rne arbeiten.*

Auch hier fallen die Klarheit der Aussage, ihre nonverbale Verstärkung und die grammatische Form zusammen.

In einer weiteren Passage wird dann deutlich, dass Frau Pehl positive Suggestionen auch unmittelbar abwehrt oder ausdifferenziert.

> I.: Und Ihre-Ihre Kollegen da? Mögen Sie die (-) auf der Arbeit?
> *((unv.)) Alle ((unv.)) so::.*
> I.: Bitte?
> *Alle waren da.*
> I.: Sind alle da?
> *Mhm,*
> I.: Und die mögen Sie gerne? (4,0)

> *((Unv.)) regen mis auf. Is ganz liebe,*
> I.: Ne ganz nette und liebe?
> *Ja,::*
> I.: Mhm. (--)
> *Die Frau Schmitz.*

Hier allerdings greift die Interviewerin die Aussage zu »regen mis auf« nicht auf und bezieht sich stattdessen auf den zweiten Teil der Äußerung und arbeitet diesen mit Frau Pehl weiter aus.

Ein weiterer Beleg dafür, dass Frau Pehl keine generelle Zustimmungstendenz zeigt, findet sich in der folgenden Passage:

> I.: Schö::n. (-) Hatten Sie denn früher da wo Sie früher gewohnt haben [auch Freunde?]
> **Nee. Keine Freunde.*
> I.: Da hatten Sie keine Freunde?
> *Nee.*

Auch auf wiederholtes und eindringliches Nachfragen der offenbar überraschten Interviewerin bleibt Frau Pehl hier bei ihrer Aussage.

> I.: haben Sie denn Freunde?
> **Nee. Noch nicht.*

Hier könnte man auch mutmaßen, dass ein Missverständnis zwischen Frau Pehl und der Interviewerin vorliegt, aufgrund der Bedeutungsvielfalt des hier verwendeten Begriffs. Es ist auch nicht klar, ob eine Erweiterung der Frage durch die Interviewerin diese Möglichkeit aufhebt:

> I.: Ne, (---) Freundinnen? ((verwundert))
> *Nee.:: Freundinnen hab ich no nit (-) [Mh, mh.]*
> I.: [Auch nich.] Nee.
> *Nee.:: ((lachend)).*

Beim Thema Wohnen stellt die Interviewerin die Frage, ob die jetzige Situation die bessere sei, womit wiederum eine inhaltliche Tendenz vorgegeben wird.

> I.: Und das ist besser als mit zwei Leuten zusammenwohnen?
> *Hm. Besser hier wohne.*

Die Interviewerin versucht dann, diese Frage mit einer Zusatzfrage auszugestalten, möglicherweise auch zu validieren.

> I.: Aha::, was ist denn daran besser? Was gefällt Ihnen besser da dran?
> *Mein Zimmer.*

I.: Ihr Zimmer ist schöner als vorher?
Ja,
I.: Mhm. (2,0) Schö::n.
(-) Hm. ((zustimmend)) (-).

Eine abschließende Frage wird dann in einer offenen Form gestellt. Frau Pehl bestätigt hier ihre Haltung, indem sie eine interessante Aussage verwendet, welche als solche zumindest implizit eine Reflexion des bisherigen Austausches zur Sache enthält:

I.: Und (-) wie fühlt Sie, ist das-ist das schön dann so wie Sie jetzt hier leben? Ist das, ist das in Ordnung so oder möchten Sie da irgendwas ...
Dabei.
I.: Sie bleiben dabei?
Ja.

Manchmal nimmt Frau Pehl Zuschreibungen oder Aussagen auf und bestätigt sie durch eine Erweiterung:

I.: Mhm. (3,0) Heute waren Sie ja auch schon beim Sport
Ja::,
I.: =Sie sehen ganz sportlich aus.
Seh immer sportlich us.
I.: =Jaa::?
=Ja::

Einen gewissen Höhepunkt des Gesprächs bildet die Antwort auf die Frage, was sich Frau Pehl für ihre Zukunft wünscht. Bei der Thematisierung der Themen Wohnen und Arbeiten hatte sie stets Zufriedenheit mit der bestehenden Situation signalisiert.

I.: Mhm. (5,0) Und wenn Sie sich jetzt was wünschen könnten für Ihre Zukunft? Wie sollte die dann sein?
*Oh,:: ((lachend)) (2,0) ne schönen Mann suchen.

Sie lässt sich daraufhin auf Fragen nach weiteren Eigenschaften des Wunschpartners ein. Und bemerkt dann:

I.: Mhm, (-) das würden Sie sich wünschen?
=Mhm. Ganz weit weg.
I.: Noch ist er weit weg,
Mhm.

Es ist fraglich, ob die Interviewerin Frau Pehl richtig verstanden hat. Es handelt sich hier um eine der wenigen Stellen, in denen Aussagen getroffen werden, die mit Sicherheit nicht induziert sind, aber die von der Interviewerin nicht aufgegriffen werden. Interessant ist auch, dass Frau Pehl die Frage nach konkreterer Ausgestaltung einer gemeinsamen Zukunft offen lässt.

> I.: Würden Sie gerne mit dem zusammenwohnen?
> *Vielleicht,*
> I.: Vielleicht. (-) Mhm, Schö::n.

Dagegen überrascht eine weitere Bemerkung, welche die Interviewerin zunächst nicht einordnen kann:

> I.: Und gibts irgendwas was Sie unbedingt mal gerne machen möchten? Wo Sie immer schon gedacht haben Mensch (-) das möcht ich einmal machen, gibts sowas?
> *Jo,::*
> I.: Ja? Was ist das denn? Was möchten Sie mal unbedingt gerne machen?
> *Ah:: vielleicht? (3,0) Hm, ((langes überlegen)) Hm Arzt spielen.*
> I.: Sie würden gerne mal Arzt spielen?
> *Ja,::.*

Was Frau Pehl hier meint, wird der Interviewerin erst allmählich klar.

> I.: Sie würden gerne mal Arzt spielen?
> *Ja,*
> I.: Aha,
> *Bei ((unv.)) Stephan Frank.*
> I.: Nochmal bitte,
> *Bei Dr. Stephan Frank hab gestern geguckt gestern.*
> I.: Ah, das ist ne Fernsehserie?
> *Ja, das.*
> I.: Dr. Stephan Frank?
> *Mhm,*
> I.: Mit der würden Sie gerne mitspielen?
> *Möchte gern mitspielen.*

Mit einem Austausch über diesen Wunsch geht das Interview zu Ende. Wie es für Frau Pehl war?

> I.: Jetzt haben Sie mir sehr viel erzählt von sich,
> *Hm, ja::, hab ich.*
> I.: Mhm,
> *((lacht))*
> I.: Wie fühlt sich das an für Sie? Wie ist das jetzt? Wie war …
> *Super?*
> I..: Ja, war super?
> *Ja, war gut.*

Im Verlauf des Interviews macht Frau Pehl deutlich, dass sie ein positives Verhältnis zu ihrem Leben hat. Sie äußert sich in stimmiger Weise: über ihre Wohnsituation und ihre Arbeit, über ihre Wünsche und über ihre eigene Person. Es ist ebenfalls offensichtlich, dass sich Frau Pehl durchaus differenziert äußert und auch angesichts der inhaltlichen Anregungen oder Vorgaben (Suggestionen) der Interviewerin durchaus ihre eigenen Positionen kenntlich zu machen versteht.

Zur Konstruktion des Gesprächs

Im Verlauf des Gesprächs antwortet Frau Pehl vorwiegend auf die ihr gestellten Fragen, setzt aber durchaus eigene Akzente, inhaltliche wie den Gesprächsverlauf betreffende. So beendet sie den Austausch über ein Thema oder macht womöglich den Versuch, das Interview abzuschließen:

> I.: Gabs denn da auch gute Schulfreunde?
> *Oh:: (--) nicht so vie::l. (4,0) Weiß ich doch nich. (4,0) ((Klatsch in die Hände)) so:: das wars ((atmet tief aus)).

Betrachtet man, welche Themen Frau Pehl selbst anspricht, so sind dies die folgenden: die Eltern, insbesondere der Verlust der Eltern durch deren Tod; die Erinnerung an das Weihnachtsfest und die Schule; die richtige Ernährung; die Bewertung der Arbeit und ihrer Fähigkeit bei der Arbeit; die Notwendigkeit, im Sport noch zu üben; ihre Freizeitvorlieben, und im Rahmen der Frage nach Wünschen der Wunsch nach einem (schönen) Mann und der Wunsch, eine Fernsehschauspielerin zu sein.

Auch hier wird ersichtlich, dass Frau Pehl nicht nur Meinungen und Bewertungen äußert, sondern trotz eines verhältnismäßig eingeschränkten sprachlichen Ausdrucks auch Themenstränge einführt, welche für sie relevant sind – wobei die meisten, aber nicht alle von Frau Pehl eingebrachten Inhalte von der Interviewerin aufgegriffen werden. Bereits oben wurde geschildert, dass Frau Pehl auch in diesem hier von der Interviewerin gesetzten Rahmen und angesichts deren Vorgaben eine klare und eigene Positionierung vornimmt.

6.4 Herr Marx

Analyse und Interpretation Herr Marx

Herr Marx erzählt aus seinem Leben, indem er auf die Fragen der Interviewerin in kurzen Passagen antwortet – in zumeist einzelnen Sätzen, manche von ihnen grammatikalisch unvollständig, oder mit wenigen Worten wie Ortsangaben, Namen von Personen oder der Benennung von Tätigkeiten. Dabei verwendet er in der

Darstellung von Ereignissen seines Lebens konsequent die Vergangenheitsformen Perfekt und Präteritum. Die Interviewerin stellt Herrn Marx eine Fülle von Fragen, welche er so bereitwillig wie knapp beantwortet, nicht selten hierbei Worte aus der Frage wieder aufgreifend.

Initiierung von Themen

Umso bemerkenswerter ist ein Blick auf die Aufstellung der Themen, die Herr Marx selbst mit einbringt. In der Kürze des Gesprächs bringt Herr Marx u. a. folgende Themen ein: die Krankheit seines Vaters, den Tod von Verwandten und der ehemaligen Lehrerin, seine Freundin, ein Praktikum im Kindergarten, welches ihm offenbar sehr wichtig war, die Beschreibung von Spielen aus der Kindheit sowie das Thema Betreuen und betreut Werden.

Erinnerung und Erinnerungen

Seine Erinnerungen scheinen sich assoziativ zu bilden – Szenen und Begebenheiten stehen im Vordergrund: ein Fest in der Schulzeit, das Drehen der Reifen, als er mit seinem Vater und seiner Schwester durch den Schnee fuhr, die grüne Wiese, auf der sie als Kinder Fußball spielten, der geschlossene Schmuckladen, als die Familie in den Ferien war. Wie andere Befragte auch gibt Herr Marx zunächst an, sich nicht erinnern zu können, und erzählt gleichwohl viele Details aus der Vergangenheit.

Szenisches Erzählen

In einigen wenigen Passagen wechselt er teilweise in das Präsens. So führt er eine Krankheit seines Vaters in seiner Kindheit ein, obwohl sich die Frage der Interviewerin auf die Schule bezieht:

> I.: Auch. Oh ja (-) Gut:: Und kannst du dich denn noch an deine Einschulung erinnern?
> *((spricht mit freudiger Betonung)) Ja das kann ich,*
> I.: Was habt ihr denn da gemacht?
> *War noch n kleines Kind war.*
> I.: Da warst du n ganz kleines Kind, genau.
> *(--) Ja, mei-mei Schwester hat so geschlafen, mei Vata muss ins Kankenhaus,*
> I.: Mhm, im Krankenhaus?
> *Mei Vata, Herz-Herzschritt-Herzschrittmacher,*
> I.: Einen Herzschrittmacher hat der gekriegt, ah ja. Dann wart ihr mit der Mama alleine.
> *Mei-mei Schwester und ich warn alleine.*
> I.: Deine Schwester und du ihr wart alleine, ah ja.
> *Vata kann nich Her-Herzklappe,*
> I.: Ja

> *Vata war beim andan Arzt nochmal, geht gar nix pu-pumpt-Herz pumpt, ging gar nich mehr,*
> I.: Ging gar nichts mehr? Da habt ihr euch erschrocken. Ja.
> *((unv.)) eh:: seba eh:: selba gespielt guta-guta Platz.*

Aus den Äußerungen ergibt sich kein klares Bild der Ereignisse im Einzelnen, auch geht die Interviewerin nicht in eine Exploration des Geschehens. Gleichwohl erscheint dieses Ereignis als eine herausragende Begebenheit, inhaltlich wie formal, insofern sich die Dramatik der Situation nicht nur in den Tempuswechseln spiegelt, sondern auch in der besonders abrupten und fragmentarischen Darstellungsweise. Ebenfalls interessant ist der Umstand, dass Herr Marx diese Erzählung auch beendet bzw. ein neues und unbelastetes Thema einführt.

Auch an einer weiteren Stelle, als Herr Marx von seinem Praktikum im Kindergarten erzählt, geht er in die szenisch darstellende Form:

> I.: Und warst du denn auch im Kindergarten? (--) kannst du dich da erinnern? Wo so viele andere kleine Kinder waren?
> *Ich habe getreut. (-) Ich habe betreut.*
> I.: Betreut hast du?
> *Als Kindergärtnerin eh betreut.*
> I.: Ach hast du da mal ein Praktikum gemacht im Kindergarten, das ist aber tüchtig. Ist ja ganz schön wild, wenn so viele kleine Kinder um einen rum wuseln.
> *Ja.*
> I.: Ja (-) das ist ja toll.
> *Ich muss eingeifen ((mit Stolz in der Stimme)).*
> I.: Einkaufen?
> *Eingreifen.*

Hier betont Herr Marx im Präsens seine Rolle im Kindergarten und die damit verbundene Aufgabe.

Lebens-Bild

Wenngleich Herr Marx keinen eigenen Erzählbogen spannt und im Umfang vergleichsweise wenig berichtet, erscheinen sowohl wichtige Wegmarken seines Lebens als auch Bilder der gegenwärtigen Situation: positiv getönte Erinnerungen aus Kindheit und Schulzeit, die Bedeutung der Familie, seine Hobbies, die derzeitige Zufriedenheit mit der Wohnsituation (in einer Einrichtung der Behindertenhilfe) in Verbindung mit dem Wunsch, in Zukunft in ein anderes Haus umzuziehen. Auch benennt er klar seinen Unterstützungsbedarf. Herr Marx zeigt seine Freude über seine Freundin und seinen Stolz über seine Arbeit, welche von externen Kunden nachgefragt wird. Aus seinen Schilderungen von sozialen Situationen wird erkennbar, dass ihm viel an einem harmonischen Zusammenleben liegt. Und schließlich zeigt sich, dass sich Herr Marx über seine soziale Position Gedanken macht. Insgesamt ergeben seine Äußerungen bei aller Knappheit ein kohärentes Bild.

Soziale Haltungen und Positionen

Herr Marx macht deutlich, dass er bestimmte Streitigkeiten in seinem Umfeld ablehnt. Dieses Thema führt er von sich aus ein, als die Interviewerin bereits beginnt, das Interview mit einer Frage nach einer Bewertung durch Herrn Marx abzuschließen. Er erzählt dann von Konflikten zweier Bewohner, reflektiert deren Gründe (fehlende Zuneigung) und grenzt sich von diesen ab:

> *Das is doch n-nich so schön.*
> I.: Nee das seh ich jetzt an deinem Gesicht, dass dir das gar nicht gefallen hat.
> *Ne. ((bestimmt))*
> I.: Streit magst du nich.
> *Ne. So'n Theater mach ich nich-nich mit.*

Ein weiteres Thema, z.T. auch von der Interviewerin stark gemacht, betrifft die Führung und Betreuung. Dieses greift Herr Marx an mehreren Stellen auf. So berichtet er, wie oben geschildert, dass er im Kindergarten »eingreifen« musste. Auf einen Traum für sein Leben angesprochen, spricht er davon, seine Wohnsituation zu verändern und Betreuer zu werden.

> I.: Ja (-) und hast du denn einen Lebenstraum?
> *((holt tief Luft)) Lebenstraum ehh (--) unt-unten wohnen.*
> I.: Unten noch wohnen (-) ja.
> *Ich will die betreuen.*

Im Rahmen der beruflichen Möglichkeiten, die es in seiner Umgebung gibt, stellt das »Betreuer sein« eine höhere Stufe der Hierarchie dar. Er wünscht sich hier einen Rollentausch. Vorher hatte Herr Marx von MitarbeiterInnen (als »*Betreuern*«) und BewohnerInnen berichtet und die Frage verneint, ob er sich selbst betreue. Die weitere Frage nach seiner ›Betreuungsbedürftigkeit‹ beantwortet er mit Verweis auf Situationen, in denen er unter Albträumen leidet. Später im Interview tritt das Thema Status noch einmal in Erscheinung. Auf die Frage nach dem »Chef« auf der Arbeitsstelle antwortet Herr Marx lapidar:

> I.: Wer ist dein Chef? (-) Hast du n Chef?
> *Da bin ich ((leise)).*

In diesen Äußerungen kommt ein Bedürfnis nach Autonomie, Wirkmächtigkeit und einer führenden oder bestimmenden sozialen Position zum Ausdruck, welche im Kontrast zur einer Lebenssituation in einer Einrichtung steht, ohne dass diese als solche in Frage gestellt wird – zumindest nicht explizit. Die Differenziertheit sozialer

Zuschreibungen wird auch an einer anderen Stelle deutlich, in der Herr Marx Wert darauf legt, »FreundInnen« und »ArbeitskollegInnen« nicht in eins zu setzen.

Interaktion im Gespräch

Wenngleich die Interviewerin (in diesem Fall) das Lebensumfeld und einige der Bezugspersonen des Befragten kennt, kommt es zu einer Reihe von Situationen des Nichtverstehens, welche z. T. geklärt werden können, z. T. auch nicht:

> *Ich hatte damals eingezogen, und mi Kube ge-gewohnt,*
> I.: In der Gruppe?
> *In Dorste gewohnt,*
> I.: In Dorsten, (--) ja
> *Eh::, und damals erst ein-ein-reingekommen und dann hat's erst angefangen-richtig angefangen.*

Erst in einem Folgegespräch kann hier geklärt werden, dass Herr Marx den Begriff des Probewohnens im Sinn hat und diesen, nachdem die Interviewerin ihn als Ortsnamen missversteht, in origineller Weise zu umschreiben versucht. Allerdings versteht die Interviewerin auch dies nicht, sondern setzt mit den Fragen fort:

> I.: Und dann hat's erst richtig angefangen. Ah ja, Wie lange wohnst du denn schon hier, weißt du das?
> *Eh ((atmet hörbar aus)) (5,0)*
> I.: Wenige Jahre, viele Jahre, mittlere Jahre,
> *Mitte Jahre.*
> I.: Mittlere Jahre? Vier oder fünf?
> *Fünf.*

Auch in der Zeitangabe findet Herr Marx eine interessante und kreative Lösung: Er kann die Frage offenbar nicht anhand einer Anzahl von Jahren beantworten und benennt stattdessen einen Zeitraum *zwischen* den Polaritäten »wenige Jahre, viele Jahre«. Offen bleibt hier, ob es sich bei der Annahme der Alternative um eine eigene Überzeugung handelt oder um die Übernahme des letzten Begriffs im Sinne des häufig beschriebenen »last word bias«.

Auch im weiteren Verlauf des Gesprächs zeigt Herr Marx, dass er sich sehr darum bemüht, verstanden zu werden:

> I.: Ach hast du da mal ein Praktikum gemacht im Kindergarten, das ist aber tüchtig. Ist ja ganz schön wild, wenn so viele kleine Kinder um einen rum wuseln.
> *Ja.*
> I.: Ja (-) das ist ja toll.
> *Ich muss eingeifen ((mit Stolz in der Stimme)).*
> I.: Einkaufen?

Eingreifen.
I.: Da musstest du eingreifen wenn die sich gestritten haben oder was?

Herr Marx versucht auch in mehreren Situationen, Missverständnisse auszuräumen:

Einfach zu Stadt gefahren, vorher da eingekauft, Stadt Aalen,
I.: Wieder zum Kaffee gegangen?
Aalen.
I.: Nach Aalen, ich hab verst-ich hab gedacht ihr wärt schon wieder zum Kaffee trinken in die Stadt Aalen seid ihr gegangen
=In Aalen warn einkaufen, gibts ene Schmuckladen.

Die Interviewerin wiederum bemüht sich, ihn dadurch zu unterstützen, dass sie kontinuierlich Aussagen wiederholt bzw. nachfragt, um zu klären, ob sie diese richtig verstanden hat. Wenn man diese Gesprächssituation als eine solche beschreibt, in der Ausdruck und Verständnis erschwert sind, so lässt sich zeigen, dass beide InteraktionspartnerInnen sich darum bemühen, Brücken zu bauen.

Dies gelingt sehr häufig, jedoch nicht an jeder Stelle. In der folgenden Passage möchte Herr Marx den beruflichen Hintergrund seiner Geschwister erläutern. Die Interviewerin wiederholt hier das Gesagte, ohne es zu verstehen, wobei der Wiederholung als solcher eine das Gespräch aufrechterhaltende und den Sprecher anregende Funktion zukommt.

Eh mei Schwester (Kahaus?)
I.: Kahaus? Okay?
Mein Bruder Tobias der abeitet is so Ssuster.

Erst im Nachhören des transkribierten Interviews erkennt die Interviewerin, dass Herr Marx' Schwester im Krankenhaus arbeitet. Dabei möchte Herr Marx nicht nur sicherstellen, dass seine Worte, sondern auch die von ihm intendierten Bedeutungen verstanden werden, wie in einer Passage über seine Kindheit:

Da haben wir Rollen gespielt, Landarzt gespielt,
I.: Landarzt?
So gspielt,
I.: Habt ihr gespielt, ja,
So gewechselt, ((?))
I.: Verwechselt?
Gewechselt, eh, gespielt gewechselt eh de Rolle gespielt, Landarzt, Tabea, das ham wir so gespielt.
I.: Tabea (-) ja.
Das ja gespielt, genau.

Hier kommt es ihm darauf an, die besondere Form des Spiels, das Rollenspiel, zu erklären, wenngleich es den Anschein hat, dass die Interviewerin dies nicht nachvollziehen kann – vermutlich, weil sie den Begriff »*Rollen*« in dieser Passage nicht präsent hält oder nicht verstanden hat.

In der Analyse des Gesprächs ergibt sich des Weiteren, dass Herr Marx an mehreren Stellen angebotenen Aussagen oder Wertungen widerspricht:

> I.: ... Seid ihr da auch mal am Strand gewesen?
> *Auch:: ja.*
> I.: Ja? Fandst du schön?
> *Nein ((Sehr bestimmt)) Das Wasser is zu kalt.*

Dies gilt auch für Passagen, in denen die Interviewerin die Aussage von Herr Marx nicht *glaubt*:

> I.: Gespielt, okay. Und habt ihr denn in der Schule auch mal was gespielt, habt ihr mal ein Klassenspiel gemacht?
> *Nein::*
> I.: Nein?
> *(-) Da war so Chemie ((bestimmt)).*

Bei der Frage nach dem Klassenspiel rechnet die Interviewerin mit einer bejahenden Antwort, da sie den schulischen Hintergrund des Befragten einschätzen kann, zudem regelmäßige »Klassenspiele«, also von der Klasse aufgeführte Theaterstücke, zur Waldorfpädagogik gehören. Es mag aber sein, dass der Befragte das Wort nicht auf diesen Inhalt bezieht, zumal es vorher um Kinderspiele ging. Doch die Interviewerin entscheidet sich dafür, dies nicht weiter zu klären, zumal Herr Marx gleich einen weiteren Fokus setzt. Hier wird auch deutlich, dass eine Reihe von offenbleibenden Punkten in diesem, wie auch in anderen biografischen Gesprächen, gerade *nicht* geklärt werden. Hierfür kommen unterschiedliche Motive in Frage: Es kann sein, dass die Interviewerin den Eindruck hat, dass es für die Befragten unangenehm oder auch nur uninteressant wäre, bestimmte Aspekte oder Ereignisse näher zu explorieren. Ebenfalls ist es möglich, dass die Interviewerin das eigene Nichtverstehen nicht bemerkt oder dass der oder die Befragte in den eigenen Ausführungen bereits weiter ist, sodass eine Nachfrage den Gesprächsfluss unterbrechen würde. Schließlich führt eine für das Empfinden der GesprächspartnerInnen zu häufige Verständnisklärung möglicherweise zu einer Belastung der gesamten Gesprächsatmosphäre. Auch Herr Marx klärt nicht alle Missverständnisse, vorausgesetzt hier, er hat sie als solche erkannt:

> I.: Ja ((holt Luft)) Gibt es denn noch was in deinem Leben was ganz ganz wichtig für dich ist?
> *((schnaubt)) Was denn?*
> I.: Irgendwas wo du sagst: »Das is mir wichtig«.
> *Das is jetzt wichtig.*
> I.: Das Leben selber is wichtig.
> *Is wichtig.*

> I.: Is selber wichtig ((beide lachen)) okay. Möchtest du denn später nochmal umziehen woanders hin?

Es scheint hier, dass Herr Marx die Frage nach dem »Wichtigen im Leben« einfach wiederholt, woraufhin die Interviewerin eine – im Nachlesen eher kühn wirkende – Hypothese aufstellt und nicht bemerkt bzw. möglicherweise auch offenlässt, dass Herr Marx hier das von ihr Gesagte nur wiederholt.

Dass Herr Marx trotz seiner, oberflächlich gesehen, relativen ›Passivität‹ im Gespräch durchaus eigene Schwerpunkte und Positionen einbringt, zeigt sich auch in den folgenden Passagen:

> I.: Und gibt es denn auch was, was dich ganz dolle geärgert hat?
> *Nein. ((in bestimmtem Ton))*
> I.: Nein oder was-worüber du dich ganz doll gefreut hast?
> *Freu mich dass ich hier bin,*
> I.: Dass du hier bist=
> *=Ich fühl mich wohl hier im Haus.*

Hier schlägt er das Angebot ab, sein Missfallen zu bekunden, sei es, weil ihm nichts missfällt oder weil er über Ärgerliches nicht sprechen möchte. Interessant in diesem Zusammenhang ist aber, dass er etwa drei Minuten später tatsächlich etwas berichtet, das ihm widerstrebt (s. o.). Auch auf die Fragen nach Freunden in seinem Umfeld geht Herr Marx wiederum nicht ein und berichtet lieber von seiner Freundin:

> I.: Wer ist denn dein Freund?
> *Selina.*
> I.: Selina, deine FreundIN.
> *Ja meine Freundin.*
> I.: Seid ihr verliebt?
> *Ja ((mit hörbarer Freude in der Stimme)).*

An den hier aufgeführten Stellen wird bestätigt, was sich auch in der Inhaltsanalyse zeigt: dass Herr Marx in einem recht kurzen Gespräch und trotz des vorherrschenden Frage-Antwort-Modus dafür Sorge trägt, dass für ihn wichtige Aspekte seines Lebens zur Sprache kommen.

6.5 Frau Jaronn

Frau Jaronn ist 36 Jahre alt. Sie wird im Vorfeld des Interviews als sehr zurückhaltend und eigenwillig beschrieben. Das Interview findet in Gegenwart ihrer Mutter statt. Frau Jaronn antwortet häufig in kurzen Sätzen oder einzelnen Worten. Sie spricht mit leiser Stimme. An einigen Stellen des Interviews aber spricht sie flüssiger und in längeren Passagen. Am Ende des Interviews bietet die Interviewerin an, noch einmal zu kommen, was Frau Jaronn eindeutig befürwortet. Bei dem zweiten Interview arbeitet die Interviewerin mit Bildkarten. Im Interview verwendet Frau Jaronn an einigen Stellen Gesten, um eine Äußerung zu erläutern oder zu verdeutlichen. Ihre Stimmung hinsichtlich einzelner Themen kann die Interviewerin an ihrer ausgeprägten Mimik ablesen. Auch ihre Stimme gibt Aufschluss über ihr Erleben. An einigen Passagen des Interviews ist sie den Tränen nahe.

Soziale Beziehungen

Im Zentrum von Frau Jaronns Schilderungen stehen andere Menschen – ihre Familie, FreundInnen, MitschülerInnen und KollegInnen. Über die Schule befragt, berichtet sie von ihren MitschülerInnen – in einer prägnanten Formulierung: »*Tausend Freunde Schul-Schulfreunde gehabt*«. Sie nennt die Namen von ehemaligen und gegenwärtigen FreundInnen. In die Schule sei sie gerne gegangen, damit bejaht sie eine diesbezügliche, geschlossene Frage, wobei die Interviewerin im Gesichtsausdruck von Frau Jaronn eine zusätzliche Validierung sieht. Eine große Bedeutung hat die Familie, bei der sie auch wohnt. Ohne danach gefragt zu werden, benennt sie die Konflikte zwischen ihren Eltern, die dann letztendlich zur Trennung geführt haben. Die Interviewerin nimmt hier zusätzlich einen traurigen Gesichtsausdruck wahr. Nach Personen gefragt, die sie besonders gerne hat, nennt sie ihre Geschwister und ihre Großmutter. Das Vertrauen in ihre Familie, die Sicherheit, die sie hier bezieht, fasst Frau Jaronn am Ende des zweiten Interviews zusammen: »*Ja (-) ich hab immer meine-meine Milie*«. Auch ihr soziales Umfeld schildert Frau Jaronn in positivem Licht; so wird etwa deutlich, dass sie ihre LehrerInnen als Quelle von Schutz und Unterstützung erlebt hat.

Belastende Erfahrungen

Als die Interviewerin im Zusammenhang mit den Erlebnissen in der Schule fragt, ob Frau Jaronn auch (»mal«) geärgert worden sei, nennt sie einen Jungen namentlich, der sie angepöbelt und mit Sand beschmissen habe. Das Thema Mobbing spricht sie dann einige Minuten später noch einmal an, als sie über den Sportunterricht erzählt. Sie erwähnt, dass die Jungen sie »*gelästert*« haben, nennt diese auch beim Namen und geht dann über in das szenische Erzählen im Präsens der direkten Rede: »*Sagt der: ›Frau Jaronn hast du da‹ sagt der immer zu mir: ›ich du- ver- du verlierst immer alles alles alles immer*«. Sie führt diese Szenen dann weiter aus: Einer schmiss ihr den Ball ins Gesicht, einer schlug ihr auf den Kopf, ins Gesicht. An dieser Stelle ist sie den Tränen nah. Es ist ihr ein großes Bedürfnis, diese negativen Erfahrungen zu schildern; sie berichtet, dass sie getreten wurde und wiederholt noch einmal eine schon früher berichtete Begebenheit. Sich wehren konnte sie sich nicht: »*Hab mich nicht getrau::t*«.

Eine weitere belastende Erfahrung steht in Verbindung mit einer Operation. Sie habe Angst gehabt und sich nach der Operation kaum bewegen können. Diese Erinnerungen bringen Frau Jaronn zum Weinen. Auch ein Gespräch über das

Verliebtsein mündet offenbar in einer problematischen Erinnerung. Ein Mädchen sei immer böse auf sie gewesen. Und Jungen haben die Mädchen geschlagen, haben Gummis über das Gesicht gezogen. Kurz darauf sagt sie, dass eine gute Freundin weggegangen und sie sehr traurig gewesen sei. Das tue weh. Auch hier ist Frau Jaronn den Tränen nah, ihre ohnehin schon leise und zaghafte Stimme wird brüchig.

Fähigkeiten und Selbstwert

Auf die Frage, was Frau Jaronn in der Schule gelernt habe, nennt sie das Malen. Was sie am liebsten gemacht habe? »*Ja:: (--) Ich-ich war draußen*«. Später, als die Interviewerin noch einmal auf das in der Schule Gelernte zu sprechen kommt, antwortet Frau Jaronn: »*Ja:: (--) Ich-ich war draußen*«. Die Interviewerin vermerkt hier, dass Frau Jaronn an dieser Stelle einen sehr bedrückten Gesichtsausdruck zeigt. Im zweiten Interview wiederholt Frau Jaronn diese Äußerung, als die Interviewerin Gegenstände des Schreibens als möglichen Inhalt der Schultüte erwähnt. Sie könne nicht schreiben – nur ihren Namen.

Frau Jaronn betont ihre Selbständigkeit im Arbeitsbereich wie bei der Erledigung ihrer häuslichen Tätigkeiten:

> I.: Nudeln, ja das is lecker, (--) das is gut. Und hilft dir da jemand beim Kochen, oder?
> *Ich bin a-alleine.*
> I.: Prima, das is aber schön? (--) Und in deinem Zimmer, kannst du da auch selber Ordnung halten?
> *Ja klar. Betten machen.*

Doch überwiegen, hinsichtlich des Selbstwerts, eher negative Äußerungen: So antwortet Frau Jaronn auf die Frage, ob sie vielleicht einmal umziehen möchte in ein anderes Haus oder eine andere Wohnung: »(--) *Kann ja nich- kann ja nich-nich-nich-nich alleine, ((traurige Stimme))*«. Dies bedeutet: Diese Frage stellt sich für sie nicht, da sie eine Alternative mit Alleinwohnen assoziiert.

Zusammenfassung

Frau Jaronn scheint es Mühe zu bereiten, dieses Gespräch zu führen. Ihre Aussagen sind knapp und eng an die Fragen gebunden. Auch der Interviewerin fällt es nicht leicht, das Gespräch so zu führen. Sie bemüht sich darum, dass Frau Jaronn nicht fortwährend mit Fragen bedrängt wird und andererseits suggestive Formulierungen nicht überhandnehmen. Nicht selten kommt es zu Problemen im gegenseitigen Verstehen, manchmal auch zu Missverständnissen, die nicht entdeckt oder nicht geklärt werden. Eine große Rolle für das Verständnis ihrer Aussagen und ihrer Haltung zu diesen spielt ihre ausdrucksstarke Mimik. Der Anstrengung, dieses Gespräch zu führen, zum Trotz gibt es Zeichen dafür, dass es Frau Jaronn nach einer Zeit des Warmwerdens ein Anliegen ist, über ihr Leben zu berichten. Im Zentrum stehen eindeutig ihre sozialen Beziehungen, von denen sich Frau Jaronn getragen fühlt. Als thematischer Schwerpunkt in den von ihr selbst eingebrachten Themen aber kristallisiert sich die Erinnerung an belastende Erfahrungen heraus, welche auch im Erzählen noch schmerzhafte Gefühle auslösen.

Interaktion im Gespräch

Das Gespräch wird in hohem Maße durch die Interviewerin gestaltet und getragen. Sie stellt eine Vielzahl von Fragen, die Frau Jaronn knapp beantwortet. Doch auch wenn damit ein enger Rahmen gesetzt ist, bringt Frau Jaronn eigene Themen und vor allem Gewichtungen ein. Häufig atmet Frau Jaronn hörbar aus, wenn sie gefragt wird. Das Interview scheint ihr Mühe zu bereiten. Dennoch, als sie nach einer Weile gefragt wird, ob sie noch etwas Wichtiges erzählen möchte, antwortet sie gleich mit ja – bemerkt dann: »*Och::was soll ich sa::gen*«, denkt dann einige Sekunden nach und spricht ein weiteres Thema, den Sport, an. Diese Passage legt nahe, dass Frau Jaronn gerne erzählt oder erzählen möchte.

Angesichts der häufig knappen Antworten bezieht sich die Interviewerin in hohem Maße auf nonverbale Äußerungen Frau Jaronns und spricht diese auch an, um Frau Jaronn die Möglichkeit der Bestätigung oder Korrektur zu geben.

> *Beate, Paul und eh Yvonne.*
> I.: Yvonne. Und wenn du Julia sagst, dann musst du lachen. Ist das die netteste?
> ›*Ja*‹.

Zwischen Interviewter und Interviewerin kommt es häufig zu Missverständnissen.

Eine Form von Missverständnissen entsteht dadurch, dass die Interviewerin für Frau Jaronns Verhältnisse zu schnell vorgeht, wie an einer Stelle, wo sie nach einigen Fragen zur Schule nach der Berufsausbildung fragt:

> I.: Ein bisschen, (-) hast du denn auch mal gerechnet? Mit Zahlen? Ne? (-) Und hast du Musikunterricht gehabt?
> *Ja, Tanzen,*
> I.: Das Tanzen das ist dein Lieblingsfach gewesen, ne? Da strahlst du richtig. Und hast du denn auch einen Beruf gelernt?
> *Nei, ich hab nur eh-ich geh eh-ich geh einkau::fen mit Lehrern ,*
> I.: Du bist mit dem Lehrer einkaufen gegangen? (-) Das is ja schön.

Die Interviewerin leitet diese Passage mit einer Doppelfrage ein, woraufhin sich Frau Jaronn mit ihrer Antwort auf die zweite der Möglichkeiten bezieht. Die Frage nach der Berufsausbildung, welche von Seiten der Interviewerin *nach* der Schulzeit angesiedelt ist, versteht Frau Jaronn als auf die Schule bezogen. Ihre Antwort ist interessant: Es scheint, als würde sie vor ihrem inneren Auge nach schulischen Situationen suchen, welche in irgendeiner Weise in Verbindung zu einer Arbeitstätigkeit stehen könnten – und kommt auf das Einkaufen mit der Lehrerin. Später wird sie die Frage nach beruflicher Ausbildung beantworten.

6.5 Frau Jaronn

Auch beim zweiten Anlauf bleibt Frau Jaronn im Rahmen der Schule:

> I.: ((Lacht)) Wie hieß denn deine beste Schulfreundin weißt du das noch?
> *Ja*
> I.: Astrid? (--) Und hast du dann einen Beruf gelernt, (-) weißt du das noch?
> *Ach ich war-ich war in eh in die-in die-in die Klasse.*
> I.: Ja
> *Frau eh (--) Frau Klausen.*

Die dritte diesbezügliche Frage versteht Frau Jaronn noch immer auf die Schule bezogen:

> I.: Is schwer ja ((lacht)) Und dann bist du nach der Schule arbeiten gegangen oder hast du erst noch einen Beruf gelernt?
> *Ne noch nich. (-) Ja ich hab eh (-) Essen gekocht und so,*
> I.: Oh (-) das is ja schön.

Man könnte dieses Missverständnis dahingehend interpretieren, dass Frau Jaronn die hier auf Lebensphasen bezogene und damit abstrakte Frage in einer konkreten Weise auffasst.

Dieses Missverständnis wiederholt sich wenig später ein weiteres Mal.

> I.: (3,8) Und nach der Schule, was hast du nach der Schule gemacht?
> *Ich eh ich war (2,9) gegessen (-) Frühstück Kaffee gemacht Kaffee ge-k-kauft, Kuchen gekauft und so ne Leute gegeben und in-in-in de Raum drinne.*

Bemerkenswerterweise beantwortet Frau Jaronn die Frage, als sie dann zum fünften Mal gestellt wird – ohne dass die Interviewerin die Formulierung geändert hätte. Frau Jaronns Antworten fallen bisweilen lapidar aus: Welche Menschen für sie wichtig sind? »*Weiß nicht*«, und auf Nachfragen: »*Eh ach eh (3,6) ach alle.*« Erst als die Interviewerin das »*alle*« fragend wiederholt, konkretisiert Sie ihre Antwort und nennt wichtige Bezugspersonen.

Wie auch in anderen Interviews entstehen Missverständnisse auch durch Asynchronien im Dialog. An einer Stelle geht es um Frau Jaronns Arbeit, das Bügeln.

> I.: Tücher machst du, die machst du ganz glatt.
> *Ja-ha,*
> I.: Ach wie schön. Und hast du da auch Kollegen?
> *((Stöhnt, atmet aus)) Ach, das is schwer.*
> I.: Is schwer? Wer hilft dir denn da? ((Geräusch von draußen fängt leise an, Stimmen sind zu hören))

Hier könnte man vermuten, dass Frau Jaronn sich noch auf das vorige Thema bezieht (das Bügeln der Tücher), während die Interviewerin bereits ein neues Thema, die Kollegen, angesprochen hat – wobei die Interviewerin dann eine Synthese aus beiden Themen bildet.

In einigen wenigen Fällen bildet die Interviewerin eine Hypothese, die nicht eindeutig geklärt wird. Der Austausch beginnt mit dem Blick auf eine Bildkarte, welche »Einkaufen« symbolisiert. Die Interviewerin stellt eine Frage in zwei Alternativen, auf die Frau Jaronn mit einem Schulterzucken reagiert. Es ist fraglich, ob ihre Antwort eine Bestätigung der Hypothese darstellt.

> *Einkaufen.*
> I.: Ja, gehst du auch manchmal einkaufen?
> *Manchmal.*
> I.: Manchmal. Mit der Mama zusammen? Oder von der Werkstatt aus?
> *Mhm mhm, {/zuckt mit den Schultern} /*
> I.: ((lacht)) Da zuckst du mit den Schultern? Wahrscheinlich mit der Mama.
> *Manchmal.*
> I.: Manchmal ja, Weißt du was das ist? [Anm. bezieht sich damit auf eine weitere Bildkarte].

In einer weiteren Passage bejaht Frau Jaronn zwei Antworten, welche sich ausschließen:

> *Ich war im Fest mal mit der- ich war-ich war meine Mama meine Oma,*
> I.: Da habt ihr'n Fest gemacht?
> *Ja.*
> I.: Wo habt ihr denn da gefeiert?
> *((holt tief Luft)) ha ((atmet aus)) (--) in-innen drinne,*
> I.: Hier drinne? In dem Haus oder in nem Gasthaus?
> *ja, inne-ach- inne (-) eh in ein Kreis.*
> I.: In einem Kreis? War:: das in der Kirche? [((holt tief Luft))] Oder in einem großen Saal,
> *((stöhnt, atmet aus))*
> I.: War das ein Geburtstag?
> *Ein Geburtstag ja,*
> I.: Oder eine Hochzeit? Was habt ihr da gefeiert? ((Rasenmäher/Baulärm setzt wieder ein))
> *Da-da meine-meine Mama meine Vater geh-geheiratet.*

Interessant ist, dass die Interviewerin hier noch einmal nachfragt. Erst dadurch hat Frau Jaronn die Möglichkeit, die zutreffende Antwort zu geben – wobei ihr dies eventuell eher möglich gewesen wäre, wenn die Interviewerin die offene Frage: »Was habt ihr da gefeiert?« gleich gestellt hätte.

Wie bereits beschrieben, äußert sich Frau Jaronn in knapper Form. Umso mehr scheint sie sich um Präzision zu bemühen: »*Ja-a, (---) Dann kam da meine Mama-meine Mama meine-mein Vater mal gewesen der hat mich- a-abgeholt*«. Sie bezieht sich hier nicht auf ihren leiblichen Vater, sondern auf den Mann, mit dem ihre Mutter nach der ersten Ehe zusammenlebte. Die Bemühung um Präzision des Gesagten findet sich auch an weiteren Stellen, etwa wenn sie die das Gespräch begleitende Mutter korrigiert, welche eine vermeintliche Freundin nennt. Auch in diesen Passagen kommt die besondere Verantwortung zutage, welche Frau Jaronn für das Gespräch übernimmt.

6.6 Herr Schwebel

Herr Schwebel beantwortet die Fragen der Interviewerin in sehr knapper Form, erzählt von sich aus wenig und spricht in leisem Ton. Die Interviewerin stellt daher viele Fragen und noch mehr Nachfragen. Zu manchen Themen, sein Schlagzeug und den Fußball betreffend, sagt er etwas mehr und seine Stimme wird hier kräftiger. Auf der anderen Seite äußert er sich beim Thema Familie besonders einsilbig. Manchmal lächelt er bei seinen Antworten oder reagiert mit deutlichen Gesten wie einem Kopfschütteln. Er ist 49 Jahre alt, er lebt und arbeitet in einer Einrichtung der Behindertenhilfe in der Form einer »Lebens- und Arbeitsgemeinschaft«.

Herr Schwebel zeigt sich sehr interessiert daran, befragt zu werden. So hat er sich nach dem Frühstück eigens für das Gespräch umgezogen und erscheint im schwarzen Anzug und mit weißem Hemd. Nach dem Interview gibt er zu verstehen, dass er nach Fotos suchen und sie bei einem späteren Treffen zeigen möchte, er könne dann auch noch mehr erzählen; »*mal überlegen*«, sagt er noch zum Abschied.

Auf die einleitende Bitte, über sein Leben zu erzählen, zeigt er sich zunächst unschlüssig: »*Ja wo fang ich an*«. Auf die Kindheit angesprochen, bemerkt er: »*I bin in die Welt gekommen*« und kommt dann in der nächsten Äußerung auf seinen Einzug in seinen jetzigen Lebensort zu sprechen (er war damals 10 Jahre alt). Im Folgenden bleibt die Initiative bei der Interviewerin. Herr Schwebels Antworten erscheinen kurz und oft unbestimmt. Was er in der Schule gelernt habe? »*Alles Mögliche*«. Hatte er Schulfreunde? »*Mmmh.*« Dann aber kommt er wieder auf die Zeit zu sprechen, als er in die Einrichtung gekommen ist. Im September war es, vor genau 23 Jahren.

Als Beruf gibt er »*Büroangestellter*« an, erzählt dann jedoch, dass er im Hauswirtschaftsbereich arbeitet. Wie es mit seinen Kollegen dort geht? »*Ach ist gut*«. Befreundet sei er mit Herrn L, dem Leiter der Einrichtung – ebenfalls ein Büroangestellter. Auf die Frage nach seinen Freunden erwähnt er eine Mitarbeiterin. Doch im Laufe des Gespräches führt er einen Mitbewohner an, mit dem er gut auskommt und, als die Frage nach Freunden später noch einmal gestellt wird, eine – oder vielleicht gar seine – Freundin.

In seiner Freizeit hört er Musik oder macht »*Papierkram*« – vielleicht eine Referenz zur Bürotätigkeit? Ob er manchmal wegfährt? Hier erwähnt er eine Stadt, in der Angehörige seiner Familie wohnen – er nennt hier seinen Nachnamen im Plural, wie »*die Schwebels*«. Aber er habe keine Familie mehr. Später dann sagt er, er habe keinen Kontakt mehr. Dann, auf die Frage, ob er sich an etwas erinnert, was ganz traurig war: »*Ich habe al-alle ich habe alle vier verloren*«, und auf seinen Vater bezogen:

»Hab ich nicht mehr«. Des Weiteren antwortet er auf Fragen nach seiner Freizeit und seinem Interesse an Fußball. Die Mitarbeiter der Einrichtung mag er, wie er betont, »alle« gerne. Hier möchte er wohnen bleiben.

Wichtige Themen

Angesichts der Oberflächenstruktur des Interviews könnte man meinen, Herr Schwebel gäbe hier kaum eigene Impulse. Doch gerade bei dieser verhältnismäßig eingeschränkten Form der sprachlichen Äußerung fallen die mit besonderer Intensität vorgebrachten Bemerkungen auf. So erwähnt Herr Schwebel sein Schlagzeug, ohne nach seinen Hobbies oder Interessen gefragt worden zu sein. In der Form der Äußerungen wird auch offensichtlich, welche Bedeutung sein Lieblingsverein für ihn hat. Weiterhin spricht er in zwei unterschiedlichen Kontexten das Thema »*Büroarbeit*« an, ohne dass dieses Thema weiter exploriert wird. Zwei weitere Themen werden von Herr Schwebel eingebracht, die möglicherweise auch zusammenhängen. Sein Einzug in die Wohneinrichtung, der noch in seiner Kindheit geschah, wird mehrmals erwähnt. Und besonderes Gewicht erhält das Thema Familie, welches Herr Schwebel, wenngleich indirekt, ebenfalls von sich aus anspricht und das er auch über die Fragen der Interviewerin hinaus entfaltet. Nicht alle Zusammenhänge werden von ihm und der Interviewerin expliziert – doch er spricht über Besuche bei Familienangehörigen, den fehlenden Kontakt und von dem Verlust seiner Eltern und Tanten – und dies in mehreren Formulierungen: »*habe ich alle...verloren*«; »*hab ich nich mehr*«; »*schon lange nicht mehr*«. Trotz seiner wenig ausführlichen und fragmentarischen Äußerungen und seiner Angewiesenheit auf kontinuierliches Nachfragen bekommt man Einblicke in die Themen, welche für ihn wesentlich sind.

Zur Konstitution des Gesprächs

Das Interview wird in seiner Struktur ganz von der Interviewerin getragen. Herr Schwebel zeigt sich hier stark auf die Interviewerin bezogen. Dies soll folgendes Beispiel illustrieren:

> I.: Weißt du denn wie viele Jahre du schon hier bist?
> ((›unverständlich‹)) (10,0)
> I.: 10 Jahre, oder 20 Jahre,
> *war 10.*
> I.: 10?
> *Mhm.*
> I.: Das ist ja schon eine lange Zeit.
> *Mhm. Aber jetzt bin ich (--) 23 Jahre her, 23 Jahre hier in B.*

Herr Schwebel antwortet zunächst nicht auf die Frage, dann in nicht verständlicher Weise und bezieht sich schließlich auf die von der Interviewerin vorgegebenen Antwortmöglichkeiten, obwohl er die korrekte Jahreszahl weiß – und dann auch nennt. Bemerkenswert ist hier, dass Herr Schwebel seine Antwort trotzdem herausarbeitet. Auch in einem anderen Fall überwindet er eine mögliche Zustimmungsbias:

> I.: Was machst du denn noch gerne in deiner Freizeit,
> *Öh, Papierkram.*
> I.: Mhm?
> *Protokolle*
> I.: Ja
> *((unverständllich)) ja quasi Mitarbeitern?*
> I.: Mhm, (3,0) und was machst du mit den Mitarbeitern?
> *Das i-im-im-mmer hier- hier der Wechsel immer.*
> I.: Das magst du nicht?
> *Ne. Wechsel Mi-Mitarbeiterwechsel.*
> I.: Wenn die Mitarbeiter wechseln das magst du nicht.
> *Doch.*
> I.: doch?
> *Mhm.*

Es wird nicht deutlich, welche Beziehung Herr Schwebel zwischen seiner Freizeitbeschäftigung und den Mitarbeitern sieht. Ob er sich »quasi als Mitarbeiter« sieht? Die Interviewerin geht dem nicht nach und fragt nach den Mitarbeitern. Hier bestätigt Herr Schwebel ihre Suggestivfrage, um sie dann aber, nachdem sie noch mal nachfragt, zu verneinen.

Auch an einer anderen Stelle, an der die Interviewerin versucht, eine Frage in bejahender wie verneinender Form zu stellen, zeigt sich Herr Schwebel souverän.

> *Ah. I-Ich bleib in in A.*
> I.: Ja gefällts
> *Ja ….*
> I.: Bist du hier zufrieden
> *Mhm.*
> I.: Bist du auch manchmal unzufrieden?
> *Nö.*

An einer anderen Stelle bezeugt Herr Schwebel über die Form der Antwort, wie sehr hier ein Anliegen von ihm berührt wird.

> I.: Ja. (---) Würdst du denn gerne mal zu den Bayern fahren wenn die spielen?
> *Mhm, hab i au nachgedacht.*
> I.: Ja? Das wär doch schonmal ein Lebenstraum.
> *Und als Mitglied zu werden.*

In dieser Sequenz wird auf der inhaltlichen wie der sprachlichen Ebene deutlich, dass hier ein tiefes Anliegen von Herr Schwebel berührt wird. Er beantwortet die meisten Fragen, wenngleich viele eher rudimentär oder sehr allgemein. Manche Fragen bleiben unbeantwortet, aber Herr Schwebel bleibt bei den Themen und spricht Aspekte an, die ihm wichtig sind, auch wenn er nicht direkt danach gefragt wurde. Dies ist besonders in Passagen der Fall, bei denen es um seine Familie geht. So spricht er, nach Erinnerungen an seine Familie befragt, über den fehlenden Kontakt, oder bei einer Frage nach traurigen Erinnerungen, den Verlust seiner Familie an. So vermittelt er auf verschiedenen Ebenen – durch sein Auftreten, seine Souveränität hinsichtlich geschlossener Fragen und insbesondere seiner thematischen Initiativen –, wie sehr ihm das Gespräch ein Anliegen ist.

6.7   Frau Immhoff

Frau Immhoff ist eine 49 Jahre alte Frau, die in einer Einrichtung der Behindertenhilfe lebt. Die Interviewerin ist ihr gut bekannt, sie hat in der Einrichtung eine partizipative Forschungsgruppe gegründet, mit Frau Immhoff als Gründungsmitglied. Die Vertrautheit beider Gesprächspartnerinnen tritt an einer Reihe von Stellen deutlich zutage.

Auch wenn Frau Immhoff sich anfangs unsicher zeigt, wie sie ihre biografische Erzählung beginnen soll, erweist sie sich im weiteren Gesprächsverlauf als souverän hinsichtlich der Frage, worüber und in welcher Weise sie sprechen möchte. Gleich zu Beginn wehrt sie die Aussage, sie sei alt (sie versteht hier die Frage der Interviewerin nicht richtig) entschieden ab:

Jetzt so jetzt, jetzt wie ich jetzt alt bin? ALT ((empört)) sagst du so hier ich bitte dich aber ich bin nicht alt. (---) ((fauchen)) 'tschuldigung dass ich das jetzt hier so krass sage aber, ((atmet ein)).

Bemerkenswert ist hier, dass es ihr gelingt, ihre ablehnende Position vorzubringen, zugleich charakterisiert sie ihre Aussage als solche in einer selbstkritischen Weise (»so krass«), entschuldigt sich zwar hierfür, bleibt aber beim Inhalt und setzt ein neues Thema, in dem sie über ihre Körpergröße zu sprechen beginnt: »*Und ich bin ein Meter *fünf und fünfzig*«.

Das Gleiche gilt für die Abweisung von suggestiven oder zu mindestens tendenziösen Fragen:

I.: Und magst du was- was- was denkst du über die Bibelstellen und die Lieder?
Tut mir leid gar nix nein.

Die Mitgestaltung des biografischen Gesprächs erfolgt auch im Hinblick auf die zu besprechenden Themen. So setzt Frau Immhoff anstelle des Themas »Erinnerungen an die Kindheit« das Thema »Erinnerungen an die Schulzeit« auf eine sehr geschickte Weise, indem sie dies als Erweiterung des ursprünglichen Themas einführt:

> I.: (--) Jetzt hab ich nochmal die Frage ähm gibts ne ganz besonders schöne Erinnerung. An die Kinderzeit. (---) (3,0)
> *Oder meinst du auch an der Schulzeit? Ich ha das ALLER aller schönste war also ich kann ich mich noch richtig erinnern da warn mer mit der Schulklasse (-) auf Hallig Hooge.*

Es ist für sie klar, dass sie es ist, die entscheidet, worüber sie sprechen möchte – und worüber nicht: »*aber das will ich dir nicht....*«. So legt sie der Interviewerin auch die Frage nahe: »*willst du mich auch fragen, welche Musik ich gern mag?*«, beziehungsweise ermutigt sie, mit dem Interview fortzufahren (s. u.).

An anderen Stellen des Gesprächs, wo es um ihre Interessen geht, nimmt Frau Immhoff eine Verletzung der Gesprächsregeln in Kauf, ignoriert den Inhalt der Frage und antwortet stattdessen in ihrem Sinne:

> I.: Und wenn Bayern spielt?
> *NDR2 liebe ich mag NDR2 sehr gerne.*

Eine weitere Form, das Thema oder seine Ausgestaltung zu bestimmen, findet sich an einer Stelle, wo Frau Immhoff zwar auf den Inhalt der Frage eingeht, aber den Fokus in eine andere Richtung ändert.

> I.: Ja, mit wem warst du denn, mit wem warst du denn auf Bornholm?
> *Ohne meinen Bruder der war gar nicht der war gar nich mit*«.

Auf diese Weise macht sie klar, dass ihr die Abwesenheit ihres Bruders auf Bornholm besonders wichtig ist.

In ihrer Narration macht sie Vorgriffe auf das, was sie noch erzählen möchte (»- *also es war (-) muss ich auch noch gleich erzählen (-)*«). Auch bestätigt sie nicht nur vorher verbalisierende oder suggestive Fragen, sondern gibt ihrer Zustimmung noch ein eigenes Gewicht:

> I.: Das ist dann eine schöne Erinnerung oder?
> *DIESES ((sehr schnell)) och das DU hast du *voll kommen recht ((Interviewende kichert)) ja genau.*

Frau Immhoff setzt an vielen Stellen eigene Akzente und stellt damit sicher, dass ihre Themen zum Gegenstand des Gesprächs werden. Bei der Frage etwa, wie sie mit ihren KollegInnen bei der Arbeit klarkomme, erwähnt sie sogleich eine Kollegin, mit der sie »*nich so ganz*« (klar kommt), der sie »*nich so vertraun*« kann.

Bezugnahmen auf die Interviewerin

An mehreren Stellen des Interviews nimmt Frau Immhoff Bezug auf die Interviewerin. So verwendet sie eine Reihe von konventionalisierten Phrasen, mit denen sie die Aufmerksamkeit lenkt, wie »*stell dir mal vor*« oder »*Pass auf ne*«. Eine Bezugnahme erfolgt ebenfalls durch Wendungen, in Zusammenhang mit »Entschuldigungen«, wie: »*tschuldigung dass ich das jetz so sage abe::r*, oder auch: »*tut mir leid aber ich bin so ist so*«. Die Formulierung »*tut mir leid*« verwendet sie 15 Mal in dem Interview.

Des Weiteren schafft Frau Immhoff mehrere Male eine Atmosphäre der Vertraulichkeit, indem sie die Interviewerin bittet, das von ihr Mitgeteilte nicht weiterzugeben, wie auch, als es um eine Situation geht, in der die Erzählerin, wie sie sagt, »*Scheiße gebaut*« habe. Eine starke Referenz schafft Frau Immhoff, indem sie die Interviewerin in ihrer Eigenschaft als Leiterin der partizipativen Forschungsgruppe »*meine Lehrerin*« nennt.

Frau Immhoff spricht die Interviewende auch direkt in deren Rolle an: »*hier ne du fragst mich hier Löcher in den BAUCH ((beide lachen)) aber macht nix das stört mich gar nicht dran ich kann ruhig heute Abend später ins Bett gehen mir ist das Jacke wie Hose so ((Interviewende lacht)) Ich hab für dich heute (-) Zeit.*« So charakterisiert sie die Interviewerin in ihrer Tätigkeit und ratifiziert diese zugleich, mehr noch, sie bringt ein spielerisches Element hinein, indem sie der Interviewerin eine neue Rolle zuweist: »*ra::te mal du musst jetzt mal raten welchen Musik (-) Musik Schlager?*«. Und zum Ende des Interviews, nach etwa 50 Minuten, feuert sie dann die Interviewerin noch an:

> I.: Ist anstrengend? ((lacht)) du ich hab jetzt noch eine ganz andere Frage [*Ja frag mich ruhig frag mich ruhig*] und zwar zur zu- [*FRAG MICH RUHIG*] zur Zukunft [((*aufgeregt*)) *du kannst mich Löcher fragen*].

Weitere Bezugnahmen erfolgen durch Nachfragen zur Klärung des von der Interviewerin Gemeinten, Nachfragen zur Korrektheit eigener Formulierungen und mentalisierende Bemerkungen.

Nachfragen

Frau Immhoff klärt aktiv Fragen, welche für sie nicht eindeutig sind:

> I.: Und wie zufrieden bist du mit deiner Wohnform?
> *Wie was meinst du das jetzt?*

So auch in einer weiteren Passage:

> I.: Gibt es denn hier bei deinen Mitbewohnern etwas, was dir gut gefällt?
> *Mhm:: Wie meinst du das jetzt?*

Diese Nachfragen bringt Frau Immhoff häufig vor: »*Meinst du meinst du mich jetzt?*«, oder: »*Meinst du jetzt so meinst du jetzt so in der Wollwerkstatt, oder oder*«, sowie: »=*was meinst du jetzt so, wie meinst du das jetzt so*«. Auf diese Weise drückt Frau Immhoff ihr fehlendes Verstehen aus und trägt in hohem Maße zu einer Klärung der zu besprechenden Themen im Verlauf des Gespräches bei.

Sprachliche Reflexivität

Häufig versichert sich Frau Immhoff, ob ihre Wortwahl korrekt ist (»*Heißt das so?*«, »*Sagt man das so?*« »*kann man das auch so sagen?*«, »*sagt man nicht so?*« »*kann man da doch so sagen*«). Sie wartet hier aber nicht die Antwort der Interviewerin ab, sondern setzt ihre Explikation fort.

Auf der anderen Seite zeigt sich Frau Immhoff sehr aufmerksam für Begriffe und sucht auch eigenständige Wendungen. So möchte sie die Wohngruppe »*Gruppenbereich*« nennen, weil sich dies schöner anhört, die Entfernung zwischen den Zinken ihres Webkamms nennt sie »*Straße*« und für das Gefühl, welches ein schönes und längeres Gespräch auslöst, verwendet sie den Begriff »*bedrückt*« und findet dies ein »*gutes neues Wort*«. Dabei verwendet sie auch Worte, die für den zu bezeichnenden Sachverhalt durchaus üblich sind (»*Schnupperwoche*«; »*Feldmesspraktikum*«). An anderen Stellen zeigt Frau Immhoff ihre sprachliche Reflexivität, indem sie erklärt, warum sie unter verschiedenen Möglichkeiten, eine Sache auszudrücken, eine bestimmte wählt.

Mentalisierung und Selbstreflexion

Frau Immhoff beschreibt Ereignisse ihres Lebens ebenso wie ihre damit verbundenen Gedanken und Gefühle. Sie erzählt, dass sie von den Schülern ihrer Parallelklasse geärgert wurde, wegen ihres Namens, und dass sie dies »*echt geärgert*« habe.

Sie berichtet über emotionale Reaktionen als Kind, etwa ihre Angst vor einem Hund. Sie reflektiert zugleich diese Situation und bezieht sie auf ihr Alter und ihre Person: »*...als kleines Kind kann ich nix ändern ich () ich bin so ((beginnt zu lachen)) nen wie ich bin (lacht laut) HAHAHA*«. Frau Immhoff kann sich hier in ihre damalige Reaktion einleben (Selbsteinfühlung) und bewertet diese als typisch für ein Kind.

Frau Immhoff bezieht sich auch auf die Perspektive der Interviewerin, etwa an einer Stelle, in der sie auf die Frage nach für sie wichtigen Personen antwortet:

> I.: magst du mir noch von Menschen erzählen, die für dich wichtig sind?
> *Der mit dem hast du doch gesehen da bei dem Café du saßt doch bei uns an dem ersten Tisch warst du doch bei uns, heut Nachmittag, da da dem mit dem Bart das mein Freund Oliver und den darf ich dann natürlich ja klar bin ja die Freundin darf ich zu ihm auch Schatzi sagen da hast du, hast du das bemerkt, heut Nachmittag bemerkt nein.*

Hier wird eine BetrachterInnenperspektive eingenommen, welche der Antwort einen spezifischen, szenischen Rahmen gibt. Auf diese Weise führt Frau Immhoff ihren Freund über das Aufrufen einer visuellen Einstellung aus der Perspektive der Interviewerin ein und regt damit, über die bloße Nennung eines Namens, den Aufbau eines Bildes an. An einer anderen Stelle bezieht sie sich fragend auf den Wissensstand der Interviewerin im Hinblick auf ein Krankenhaus: »*ich bin also 1974 geboren worden? Das weiß ich sogar au hier in L.? ((Klopfen)) wie kennst du das etwa a-?*«

Frau Immhoff bezieht auch die Persönlichkeit der Interviewerin in ihre Darstellung ein. Sie fragt sie, ob sie eine bestimmte Äußerung verstanden hat, sie erwähnt, dass ihr auch das Fahrradfahren auf der dänischen Ferieninsel gefallen würde.

Selbstbewusstsein und Selbstwert

Frau Immhoff zeigt sich als selbstbewusste Frau mit positivem Selbstwert. Sie beschreibt allgemeine positive Eigenschaften ihrer Persönlichkeit (»*ich bin ein schlaues MÄDEL*«), sie ist mit ihrer Figur zufrieden und berichtet stolz über spezifische Fähigkeiten, dies mit freudiger und stolzer Stimme ausgesprochen. Sie zeigt sich stolz und zufrieden über ihre Arbeit, von der sie ausführlich erzählt, und ihren häuslichen oder anderen Aufgaben. Ihre Arbeit, so heißt es später, sei ihre »*Aufgabe in der in der Werkstatt ((Stolz)) ja darf mir keiner wegnehmen oh da wär ich was werd ich dann? FUCHTIG*«. Auch ihre mentalisierenden Bemerkungen zeugen von Selbstreflexion.

Frau Immhoff erinnert sich an ihr Lampenfieber, als sie in einem Theaterstück auf der Bühne stand. Andererseits benennt sie auch Schwachstellen (z. B. das Rechnen mit dem Euro), formuliert eine Entschuldigung hierfür, um in der nächsten Aussage diesen Umstand als Teil ihrer Person zu bestätigen. Dies tut sie auch, als sie sich in kritischer Vehemenz über den starken Wechsel der Assistenzpersonen in ihrer Einrichtung äußert und mit folgenden Worten schließt: »*…dat gefällt mir irgendwie nicht oder uns-nicht das ist so bei mi- bei mir*«.

Frau Immhoff zeigt sich auch stolz darüber, dass sie ihre Bezugsperson selbst ausgewählt hat, und schildert diese Situation in Figurenrede:

> *und dann hab ich Silke gefragt a unter vier Augen in meinem Zimmer* »*Silke kannst du dir das vorstellen?*« *[Ich bin ja die erste vorstellen] kannst du dir die kannst-du-dir-da vorstellen dass du (-) meine Ansprechpartnerin werden kannst? Das so richtig und dann hat se wortwörtlich gesagt:* »*Ja*«. *Die ist jetz meine Ansprechpartnerin geworden ((stolz)) und die ist tze richtig zuf-GENAU richtig find ich richtig gut zufrieden.*

In dieser Passage bekundet sie ihre Selbstwirksamkeit. An anderer Stelle gibt sie ihrer Freude Ausdruck, Gründungsmitglied der Partizipativen Forschungsgruppe ihrer Einrichtung zu sein. Da sie einen wichtigen Impuls gegeben hat, nennt sie sich die »*erste Forscherin*« –

> I.: und einmal hast du vorhin erwähnt, dass du Forscherin bist
> *Die erste Forscherin da war ich noch in N.*

Sie berichtet darüber, dass sie dies auch ihren Eltern und weiteren Personen erzählt hat, legt aber zugleich Wert darauf anzumerken, dass sie in einer Gruppe arbeitet: »*dass ich das mache also mit euch zusammen*«.

Zugleich zeigt Frau Immhoff Humor: Nicht nur begleitet sie manche Erzählung mit einem Lachen, sie nimmt sich auch selbst auf den Arm, wenn sie von ihren Dänischkenntnissen spricht, die so gering seien, dass sie keiner verstehen könne. Insgesamt zeigt sie ein klar konturiertes Selbstbild: Ihre Tätigkeiten und Fähigkeiten, Interessen und Vorlieben – ihre gesamte Persönlichkeit erscheint wie ›aus einem Guss‹, oder anders formuliert, mit einer klaren Identität in ihren Elementen kohärent. Sie weiß, wer zu ihr gehört, und ist mit ihrem sozialen Umkreis – der Familie, KollegInnen und FreundInnen, und nicht zuletzt ihrem Freund – gut und langjährig verbunden. Sie weiß, auch im Hinblick auf religiöse Praktiken, was ihr in der Seele gut tut und was ihr nicht gefällt und was sie daher meidet. Ihre Quintessenz ist denn auch eindeutig, auf die Frage hin bezogen, was sie noch in ihrem Leben machen möchte: »(--) *Also ich bin so wie ich jetzt bin sehr sehr zufrieden also ich also.*«

Soziale Beziehungen

Erwähnungen ihrer sozialen Beziehungen nehmen eine prominente Rolle in ihrer Erzählung ein. Der Schwerpunkt liegt hier auf Mitgliedern ihrer Familie. So berichtet sie von der Geburt und Taufe ihres Bruders, seiner Wohn-, Partnerschafts- und Arbeitssituation, wobei die Bedeutung dieser Passagen auch durch ihre Stimmlage bestätigt wird. Sie erzählt, dass sie sich über seine Geburt »*riesig gefreut*« hat, wiederholt dies verstärkend, indem sie die Worte wiederholt und laut ausspricht »*ich hab mich SO SO RIESIG RIESIG RIESIG gefreut*«, und wechselt dann in die Personenrede: »*und dann hab ich gesagt Oma und Opa ich möchte sofort ins Krankenhaus weil meine Mutter*«. Sie setzt die Erzählung dann fort, indem sie die Szene im Krankenhaus eingehend schildert:

> *so so Zimmer kann ich auch sagen ist ja Zimmer hingefahren und dann lag er oooh ich hab mich so gefreut? ((freudig, berührt)) lag er in Muttis und Papas Armen und dann lag er in meinen und er hat mich mit den Augen ich bin einmal die erste Schwester bin ich ja jetzt immer noch is ja klar aber er lag auch in meinen Augen und es war so:: schön ich hab mich riesig *ge freut tut mir leid dass ich mich das noch e- doch mich kann ich mich irgendwie ((atmet ein)) noch erinnern ich weiß nich wieso.*

Besonders bemerkenswert an dieser Passage ist die poetische Wendung, eventuell durch einen Versprecher entstanden: »*aber er lag auch in meinen Augen*«, mit der die Erzählerin die Wahrnehmung ihres Bruders beschreibt, welche zugleich seine vollständige Aufnahme evoziert.

Ihre Verbindung zu den verstorbenen Großeltern bezeugt sie auch darin, dass sie diese sehr vermisst.

Aber auch ihre Betreuerinnen werden ausführlich besprochen, insbesondere diejenigen, zu denen Frau Immhoff ein Vertrauensverhältnis aufbauen konnte. Hier betont Frau Immhoff ihre eigene Initiative in der Wahl ihrer Bezugspersonen. Ebenfalls eingehend äußert sie sich zu ihren Freundinnen. Schließlich erwähnt sie auch ihren Freund, nach dem nicht gefragt worden war. An mehreren Stellen wird deutlich, dass sie sich auf Verwandte, Bezugspersonen und Freunde verlassen kann, so etwa in einer markanten Bemerkung über einen Cousin, der Rechtsanwalt ist und sie beschützen könne.

Erinnerung

Frau Immhoff betont häufig, dass sie sich an bestimmte Ereignisse erinnern oder gar »*richtig erinnern kann*«, und betont ihre Erinnerungsfähigkeit. Sie sagt: »*das kann ich mich au noch erinnern also ich kann mich echt noch fast viel erinnern*«. Sie qualifiziert darüber hinaus ihre Erinnerungen: »*=Ja das *aller schönste war wir hatten ja wir wohnten ja in T. aber*«. Sie schildert auch, wie im Vorgang des Erzählens die Erinnerungen aufsteigen:

> *Meine Familie Mutti und Papa das war schon bo::a:: also au das war sehr schön also das fi- find ich immer noch gut nix machen kommen immer noch diese (-) diese Erinnerungen hoch sagt man ja so ne kommen die Erinnerungen wieder (-) hoch?*

Andererseits bittet sie die Interviewerin um Entschuldigung, dass sie etwas nicht mehr weiß, und deutet an, dass der Vorgang der Erinnerung sich ihrer Willkür entzieht: »*schön ich hab mich riesig *ge freut tut mir leid dass ich mich das noch e- doch mich kann ich mich irgendwie ((atmet ein)) noch erinnern ich weiß nich wieso*«.

Wünsche, die nicht in Erfüllung gingen

Frau Immhoff reflektiert fehlende Möglichkeiten auch da, wo sie nicht explizit nach diesen gefragt wird. Auf die Frage, was sie in ihrer Freizeit gerne mache, kommt sie darauf zu sprechen, dass sie leider keinen Führerschein machen »*darf*«, denn sie liebt es, mit dem Wohnmobil zu fahren.

Insgesamt gibt Frau Immhof ein kohärentes Bild ihrer Persönlichkeit, ihrer Tätigkeiten und ihres sozialen Umkreises. Sie nimmt unterschiedliche Perspektiven ein und reflektiert ihre Situation und die der mit ihr verbundenen Personen. In souveräner Weise gestaltet sie das Gespräch, indem sie ihre Akzente setzt, Themen übergeht oder bald verlässt, die offenbar wenig Bedeutung haben, und andere, ihr näher liegende Themen in den Vordergrund rückt.

6.8 Fazit

Bei aller Unterschiedlichkeit dieser Gespräche lassen die Befragten das Anliegen erkennen, aus ihrem Leben zu berichten. Auch wenn sie in der Führung des Gesprächs eine eher passive Rolle einzunehmen scheinen, insofern sie in erster Linie auf die Fragen der InterviewerInnen antworten und dies häufig in knapper Form, so bringen sie doch die ihnen wichtigen Themen und Aspekte ein. Dies geschieht nicht selten über eine knappe Bemerkung oder ein einzelnes Wort. Dieses wird häufig von den InterviewerInnen aufgegriffen und zum Gegenstand weiterer Fragen gemacht. Wo dies tatsächlich geschieht und zu einer neuen thematischen Exploration führt, nimmt die Interviewerin die Rolle einer Assistentin ein. Sie wiederholt ein Wort oder eine Wendung oder stellt eine Frage. Dies geschieht nicht selten in Form von geschlossenen Aussagen oder Fragen mit der ihnen eigenen suggestiven Tendenz. Jedoch macht es einen Unterschied, ob diese Aussagen das Gesagte oder ein möglicherweise intendierte Aussage zum Gegenstand machen und zur dialogischen Prüfung stellen oder nicht. Auch finden wir nicht wenige Beispiele souveräner Gegen-Positionen, indem vorgeschlagene Deutungen abgewiesen oder eigene Wertungen entgegengesetzt werden. Im Falle von Bestätigungen liefert die Betrachtung der nonverbalen und paraverbalen Ausdrucksformen oft eine zusätzliche Validierung des Gesagten, wie auch sprachliche Ergänzungen und Ausgestaltungen in dieser Hinsicht verstanden werden können. Insgesamt entsteht hier der Eindruck, dass die Befragten umso mehr dafür sorgen, dass der gemeinsame Verständnishorizont aufgebaut oder gewahrt wird und dass ihre Positionen tatsächlich verstanden werden, je wichtiger ihnen die besprochenen Themen sind. Besonders aufschlussreich ist auch, wie missliebige oder möglicherweise nicht relevante Themen eingedämmt oder beendet werden und wie es den Befragten mit wenigen Mitteln gelingt, die Richtungsverläufe des Gesprächs zu beeinflussen oder zu bestimmen.

Es zeigt sich zudem, dass Reflexivität keine Frage von Satzlänge und Wortschatz ist. Die Länge der Äußerungen variiert. So kann es vorkommen, dass ein Befragter sich über ein ganzes Gespräch hinweg eher einsilbig äußert, an markanten Punkten jedoch zu längeren Ausführungen anhebt. Jedoch sind die kurzen Äußerungen auch häufig prägnanter und klarer Natur. So fällt in allen der hier dargestellten und in der sehr großen Mehrheit der Gespräche auf, dass sich ein deutliches Bild einer Person und ihrer Lebenssituation abzeichnet. Dies hängt, weniger als man erwarten könnte, davon ab, wie ausführlich sich die Einzelnen äußern oder auf welchem sprachlichen Niveau ihre Aussagen angesiedelt sind. Entscheidend ist hier auch nicht, inwieweit die Interviewten in den Modus des Erzählens gehen. Auch in den Gesprächen, die durch zahlreiche Fragen, Wiederholungen und Hervorhebungen auf Seiten der InterviewerInnen geprägt sind, entsteht das *Bild* einer Persönlichkeit mit Elementen seiner Genese. Dies fällt vor allem durch eine hohe Konsistenz in den einzelnen Aussagen und durch eine starke Stimmigkeit (Kohärenz) auf der Ebene der Gesamtgestalt auf.

Natürlich ist dieser Prozess nicht voraussetzungslos: Je stärker die InterviewerInnen eingreifen, umso mehr wachsen die Gefahren der Beeinflussung auf den Ebenen der Themenwahl, der Akzentuierung eines Themas und auch der einzelnen Aussagen selbst. Doch zeigt die Analyse der Gespräche, in welch hohem Maße die Befragten bei der Konstruktion des Gesprächs, der Entfaltung von Themensträngen und der Klärung von Sachverhalten und Bewertungen mitwirken. Dieses Wechselspiel im Dialog und seine Elemente sollen im folgenden und abschließenden Kapitel weiter untersucht werden.

7 Analyse der Interaktionen im Gespräch

Die Einzelanalyse ausgewählter Gespräche ergibt, dass hier kein klassisches Interviewformat entstanden ist, sondern Dialoge, welche in hohem Maße eine individuelle Struktur aufweisen. Dies bestätigt sich auch in der Analyse der weiteren Gespräche. Im Folgenden werden diese anhand einiger Kriterien untersucht, welchen eine bedeutende Rolle für die Entfaltung der Dialoge zukommt. Bei der Analyse zeigt sich, in Einklang mit dem Forschungsstand, dass sich Interventionen von unterschiedlicher Qualität bzw. Wirkung auf den weiteren Verlauf der Interaktion beobachten lassen. Jedoch sollte die Aufmerksamkeit ebenso auf die Interaktionen der Befragten gerichtet werden. Zunächst wird allerdings der Schwerpunkt auf die Interventionen der InterviewerInnen gelegt.

7.1 Interventionen der InterviewerInnen

Im Folgenden werden Interventionen der InterviewerInnen aufgeführt, die sich aus den Interviews extrahieren lassen. Diese Auflistung erfolgt unabhängig von den Häufigkeiten; es finden sich in dieser Aufstellung auch Interventionen, welche nur einmal vorkommen. Dabei kommt es auch – zunächst – nicht darauf an, ob es sich um Interventionen handelt, welche als ›förderlich‹ oder als ›hinderlich‹ einzustufen wären.

Fragen

Es liegt in der Natur der Sache, dass im Zentrum des Interviews Fragen stehen, wobei es hier nicht nur unterschiedliche Formen gibt, sondern diesen auch eine Vielfalt von Funktionen zukommt.

Offene Fragen

Die häufigste Form der Fragen bilden offene Fragen, welche im Einklang mit dem Leitfaden Themen ansprechen sollen, ohne nähere inhaltliche Festlegungen oder Wertungen nahezulegen. Hierzu zwei Beispiele:

- I.: Mhm. Mhm. (-) Du wohnst Zuhause [*Befragte: Mhm,*] Mit Deiner Familie, *Genau.*
  I.: Magst Du erzählen, wer zu Deiner Familie gehört?
- I.: Ja aber vielleicht stell ich jetzt am Anfang erstmal gar keine Frage sondern lasse Sie erzählen, [*Befragter: Mhm*] lasse Sie berichten aus Ihrem Leben das was für Sie wichtig ist, aus Ihrer Lebensgeschichte.

Nachfragen zur Klärung

Eine Reihe von Interventionen entspringt dem Bemühen oder, anders beschrieben, hat die Funktion, Äußerungen zu klären und den Gesprächsverlauf aufrecht zu erhalten und zu impulsieren. Das folgende Beispiel zeigt eine Reihe von Nachfragen der InterviewerInnen:

I.: Das is super. Da hältst du den Daumen hoch. Genau. (--) Und als deine Schulzeit zu Ende war, was hast du denn da gemacht?
Hm, (3,3) da war ich in (Bakla?) danach.
I.: In Bakla?
Ja. (---) War auch ssön.
I.: Was ist das denn da?
(--) Dann hab ich Zahlen und Buchstaben aufgessrieben.
I.: War das auch ne Schule?
Ja.
I.: Ah ja.
(--) Auf e Tafel hab ich ma aufgessrieben.

Diese Form der Klärungsbemühung ist jedoch in keiner Weise auf die InterviewerInnen beschränkt. Auch die Befragten fragen nach, um das gemeinsame Verständnis zu sichern.

I.: Du bist jetzt wichtig [*Befragte: SO*] jetzt ist deine Lebensgeschichte und du erzählst was für dich wichtig ist. Gibt es denn hier bei deinen Mitbewohnern etwas, was dir gut gefällt?
Mhm:: Wie meinst du das jetzt,
I.: Dass du dich mit den Menschen wohlfühlst oder mit manchen nicht so wohlfühlst,
Mhm:: Ich bin so waa::g- Waage? [I.: Waage?] *Ist das so mittel* [I.: Mhm mittel] *mittel ja* [ja]

Nachfragen zur Unterstützung der Ausgestaltung der Erzählung

Nachfragen, dies zeigt die Sichtung, können sehr unterschiedliche Schwerpunkte und Funktionen haben. Im folgenden Beispiel geht es um eine Präzisierung oder Ausgestaltung des Gesagten:

> *Auch noch n Altenheim, so konnt ich auch noch n zwischendurch mal machen,*
> I.: (…) *auch in der Küche?*
> *[Auch in] Küche (…) Also kaffeemäßich,* [I.: Ja,] *(-) halt Kaffee und Kuchen*

Nachfragen im Sinne einer Zusammenfassung

In vielen Interviews finden wir Nachfragen, welche Aussagen zusammenfassen oder akzentuieren, um ein gemeinsames Verständnis herbeizuführen.

> *Ä::hm der Vater von meiner Freundin,* [I.: Ja::?] *der N., die holt uns ab und fahr dann von M. aus dann mitm Zug.*
> I.: *Das* [B: ((unverständlich))] *heißt Du fährst dann erst mit dem Auto nach M,?* [B: Genau.] *Und dann mit dem Zug noch nach L.* [B: Das ist auch nicht so weit von M. bis nach L.] *Okay, das,* [B: mach ich mal schon, und dann bin ich locker zuhause] *Aber dann bist Du wahrscheinlich erst um zehn Uhr Zuhause, oder so.* [B: Ja, so ungefähr. Ich bin mitm Fahrrad gekommen, deswegen bin ich schnell Zuhause, weil ich dann] *das Fahrrad am Bahnhof?*

Nachfragen, den Wortlaut des Gesagten betreffend

Ein häufig verwendetes Mittel bildet das Nachfragen im Hinblick auf Alternativen von Wortbedeutungen, welche z. T. aufgrund fehlender Kenntnis der individuellen Ausdrucksweise der Befragten bzw. missverständlicher Artikulationen mehrdeutig sind. So rekonstruiert die Interviewerin in diesem Beispiel die Antwort in einer Weise, die ihr bald fraglich erscheint, sodass sie eine alternative Bedeutung vorschlägt.

> I.: *Nee?* (2,7) *Gibts denn noch was von der Arbeit was du mir er*zählen möchtest,*
> *Ähm ich darf da::s (-) Täcker fahren.*
> I.: *Kettcar fahren,* [B: Mhm,] *Ach so ne Arbeit hätt ich auch gerne.* ((lachend)) *Oder heißt das (-) Träcker fahren?*
> *Mja.*

Nachfragen zur Klärung und Bestätigung von Interpretationen

Nachfragen können nicht nur Inhalte aufgreifen, sondern auch den Prozess der Rekonstruktion selbst ansprechen und diesen dem oder der Interviewten zur Prüfung geben. Im folgenden Austausch wird diese Prüfung noch durch eine konträre Frageformulierung ergänzt.

> I.: [Ihr versteht Euch.] *Mhm. Okay. (-) Ähm also mit Deiner Schwester verstehst Du Dich gut und versteh ich das richtig, dass Du Dich mit Deinen Eltern auch ganz gut verstehst, aber jetzt so langsam Du gerne unabhängiger wärst?*
> *Ja.*

7.1 Interventionen der InterviewerInnen

> I.: Ist das so richtig formuliert?
> *Genau.*
> I.: Oder ist das nicht ganz korrekt?
> *Ne,:: das schon richtig.*

In einer weiteren Situation greift der Interviewer eine Formulierung auf, deutet diese aus und fragt nach einer Bestätigung dieser Interpretation:

> *Ja. (3,0) Wie zum Beispiel, dass ich humorvoll bin, dass ich viel lieber auch mal mitfühlen kann, (-) ähm wie zum Beispiel jetzt äh mit meiner Familie, wenn die sagen ähm wenn die Eltern sagen, das passt uns nicht, dann würd ich das dann auch sagen, ja okay, ich hab n Fehler gemacht, zusammensetzen, Zusammensetzung, zu finden.* [Interviewer: Mhm,] *und dass ich da* [I.: Einigung.] *Einigung zu finden.* [I.: Mhm,] *Kompo Kompomi-miss, oder wie das da heißt Kompromiss,*
> I.: [Kompromiss]fähig.
> *Kompromissfä- fähig. Ach Gott, ((lachend))*
> I.: Das isn riesen Wort ja, also aber Du möchtest gerne gerne lernen (-) Dich besser zu vertragen mit mit denen, kann man [das so sagen?]
> B: [*Genau.*]

Ein weiteres Beispiel knüpft an eine Darstellung des Befragten an:

> I.: Mhm, aber ähm ich weiß nicht, ob ich Sie richtig verstehe, deswegen frage ich nach, [*Befragter: Ja.*] ähm haben Sie das Gefühl, dass der Werkstattrat nicht so aktiv sein sollte, wie er Sie es gut fänden? [B: *Ja.*] Müssten die müssten die mehr machen?

Fragen nach weiterer Erzählbereitschaft zu einem Thema

Neben Fragen zum Inhalt werden die GesprächspartnerInnen auch danach gefragt, ob sie ein Thema (gerne) weiter explorieren möchten, wie hier, im Anschluss an eine Würdigung:

> *Ja das ist ja auch* [Interviewerin: Befragung] *so bei NDR2 das ist ja auch so Befragungen so so so* [I.: Ja das kann man da hören] *Nachrichten zum Beispiel was zum Beispiel in der Welt passiert und das Wetter ich hab ja hier auch ne kleine Wetter*Station*
> I.: Aha das ist je spannend, magst du da noch mehr von erzählen?

Suggestive und geschlossene Fragen

Trotz der Orientierung an einer möglichst offenen Interviewstrategie mit offenen Leitfragen und auch möglichst offenen Nachfragen verwenden die InterviewerInnen in den Gesprächen auch geschlossene Fragen. Die Tendenz, geschlossene Fragen zu stellen, erhöht sich in der Interaktion mit Personen, welche verhältnismäßig wenig von sich aus äußern, wobei hier die Gefahr besteht, dass sich eine Dynamik entwickelt, in der die Aktivität der InterviewerInnen sich kontinuierlich steigert, während die Befragten sich nur noch in knappen Worten äußern. Doch gibt es noch einen weiteren Aspekt, der sich aus der Natur von Dialogen ergibt. Zunächst aber ein Beispiel:

> I.: Mhm ((bestätigend)) (-) Und da warste in der Förderschule?
> *Ja.*
> I.: Genau. Und bist Du da auch gerne hingegangen?
> *Sehr gerne.*

Die Interviewerin stellt hier eine geschlossene Frage, ohne die negative Möglichkeit hinzuzufügen: eine Strategie, mit der man versuchen kann, die suggestive Tendenz abzumildern. Die GesprächspartnerInnen haben dann die Möglichkeit, sich für eine der beiden (geschlossenen) Formulierungen zu entscheiden. Jedoch besteht die Gefahr, dass ein solches Vorgehen den Gesprächsfluss und die ihn tragende Spontaneität hemmt. Zudem ist es in Dialogen häufig üblich, direkte und geschlossene Fragen zu stellen, welche sich an den bisher getroffenen Aussagen und dem nonverbalen Ausdruck der GesprächspartnerInnen ausrichten. Insofern demonstriert man mit diesen auch implizit, welchen Eindruck man bisher vom Gegenüber erhalten hat. Auch die gesprächsförderliche und in der Gesprächsführung nach Carl Rogers kultivierte Strategie, das Verstandene wiederzugeben, um damit das Gesagte zu validieren, kann zu einer Neigung führen, geschlossene Formulierungen zu verwenden. Insofern kommt es hier tendenziell zu einem Konflikt der Strategien und zu einer Infragestellung der intendierten Herangehensweise. Bereits in der Analyse einzelner Interviews, aber auch im weiteren Verlauf der Untersuchung von Antworten wird sich zeigen, dass die geschlossenen Fragen häufig dasjenige aufgreifen, was von den Befragten gesagt oder nahegelegt wird. Darüber hinaus zeigen die InterviewerInnen häufig eine souveräne Reaktion, indem sie diese z. T. bejahen, aber vertiefen oder verstärken, sie übergehen oder verneinen. Dies bedeutet nicht, dass hier nicht doch eine suggestive Tendenz besteht, allerdings muss diese nicht jeden Spielraum auf Seiten der Befragten nehmen.

Versuch, die Antwort einer geschlossenen Frage durch eine gegensätzliche Formulierung zu validieren

Anstelle von Entweder-oder-Formulierungen greifen die InterviewerInnen gelegentlich auf das Mittel zurück, die Antwort auf eine geschlossene Frage durch eine konträre Frage zu prüfen, womit die Wahrscheinlichkeit steigt, dass die Antwort nicht in erster Linie die Folge einer Antwortsuggestion darstellt. Allerdings gelingt dies im folgenden Beispiel nicht, da die Interviewerin zwar eine gegensätzliche Alternative anbietet, aber diese gleichzeitig verneint:

> I.: Möchtest du noch n andern Beruf (-) ausprobieren? (---) Oder ist das gut, wie du arbeitest.
> ›*Mja. Gut.*‹ [*Gut.*]

7.1 Interventionen der InterviewerInnen

I.: [Ist] gut? Musst du jetzt nix verändern?
›Nee.‹

Provokative Fragen: geschlossene, inhaltlich nach Kenntnis der FragestellerInnen falsche Fragen

Einige wenige Male stellen InterviewerInnen geschlossene Fragen, von denen sie wissen, dass ihr Wortlaut, würde er bejaht, nicht zutrifft. Dieses Vorgehen dient häufig dazu, das Gegenüber ›herauszulocken‹ und zu aktivieren. In diesem Beispiel verneint der Befragte diese Äußerung und korrigiert sie in seinem Sinne:

I.: Im großen Haus. Ja. Und du wohnst hier (-) alleine?
Nj- Ä::h Alle.
I.: Alle. [B: Ja.] Ganz viele wohnen [hier,]
[Und alle] sammen,

Geschlossene Fragen im Ratemodus

Geschlossene Fragen treten bisweilen in einer Form auf, die eher hypothetischen Charakter hat. Im folgenden Beispiel, es geht um Wünsche und Ziele, versteht die Interviewerin den Partikel als bejahende Antwort und gestaltet die Frage aus. Der Interviewte bezieht sich sodann auf eine Fernsehserie und nimmt damit gleichzeitig eine Korrektur vor.

I.: Ja? (--)((atmet ein)) Oder gibt es auch so Wünsche (-) wie vielleicht nochmal ne große Reise machen, (--)
›Hm.‹ ((nachdenklich))
I.: Ja? Wo würdst du [M: ›Ja.‹] denn gerne hinreisen
Hm. ((nachdenklich)) (--) Menschen (--) Menschen (-) retten (-) am Berg

Stellen von Entweder-oder-Fragen

Um den Freiraum der Befragten nicht zu sehr zu beschränken, greifen die InterviewerInnen auch zu Entweder-oder-Fragen, die in den folgenden beiden Sequenzen unterschiedliche Wirkung haben. In der ersten bezieht sich der Befragte, dem Rezenzeffekt entgegen, auf die erstgenannte Alternative, in der zweiten bleibt der Bezug der Antwort offen.

- I.: Der Magen weiß vielleicht noch, wie dein Leben angefangen hat, warst du da *gro::ß (-) und hast [B: ›Mh.‹] schon Kartoffeln gegessen, oder warst du da noch *klein, als dein Leben angefangen [hat.]
[O::ch,] groß.
I.: Groß?

> I.: Hattst du vielleicht (-) einen Ball?
> ›Joa.‹
> I.: Oder einen Teddy oder Legosteine ein Auto, (--) oder hattst du vielleicht ein *Dreirad?
> *Daube ((glaube)) ja.*

Reihung von Fragen

In den Transkripten verwenden die InterviewerInnen bisweilen auch Reihungen von Fragen, wodurch die Anforderung an die GesprächspartnerInnen erheblich gesteigert wird. Auch dieses Verhalten kommt vor allem im Gespräch mit Personen vor, welche eher wenig von sich aus sagen. Einige Befragte scheinen, zumindest auf einer oberflächlichen Ebene, mit dieser problematischen Strategie umgehen zu können.

> I.: Gut das können wir ja sehen, ehm dann sagen wir also ich jedenfalls fänds schön wir machen das nochmal n bisschen weiter, aber das is wir haben jetzt schon du hast jetzt hier ne ganze Stunde am Stück geredet, ich hab gar nich viel gefragt *[B: Dat rei::cht, dat rei:.cht]* das is auch gut *[B: Ja]* darf ich zum Schluss noch fragen was:: was sind Wünsche für dein Leben, die du so hast im Moment? Wa::s? *[B: Wünsche?]* Mhm was würdst du gerne noch machen, was würdst du gerne noch lernen, was was äh was was springt dich noch so an an an Dingen, die du mh entwickeln möchtest (3,5) *[B: Also ich]* immoment biste ja ziemlich zufrieden, *Ich bin noch zufrieden und bin eigentlich auch wunschlos glücklich [Mhm] aber ich w würde eigentlich auch gern mal ler::nen wa::s eigentlich solche Köche in Restaurant also die die ehm (--) Kolleg Kollegin da die hat nämlich ehm (2,5) in B. das ist ein bekanntes Restaurant [Mhm] voll gearbeitet [Okay] bevor die hier hin gekommen ist die ist jetzt ein Jahr jetzt da hier ... u::nd da möcht ich eigentlich gern ma wissen (-) was die da gelernt hat und (--) was ich na::ch eh (2,5) nach so ner Aus(-)bi::ldung ehm machen [könnte] könnte also was [Mhm] ich da in der Ausbil was dann noch in der Ausbildung noch dran ist.*

Wenn man hier den Eindruck hat, dass die Befragte die drei (!) Fragen, inklusive einer Zuschreibung, noch verarbeiten kann und eine Frage kurz und eine andere ausführlich beantwortet, so scheint es, also ob sich der Befragte in der folgenden Szene für die Beantwortung der letzten Frage entscheidet:

> I.: Oh ja. (--) Warst du denn als Kind auch mal beim Doktor? Warst du mal krank? Oder im Krankenhaus, weißt du das?
> *War im Kankenhau- ä::hm eh u::nd (--) Münster.*

Frage nach der Bewertung des Gesprächs

Beinahe alle Gespräche schließen mit der Bitte nach einer Bewertung des Gesprächs durch den oder die Befragte(n) ab. Häufig stellen die InterviewerInnen eine entsprechende Frage im Verlauf des Gesprächs, so wie hier nach etwa einer halben Stunde Gespräch, und bekräftigt durch die Vorgabe zweier Alternativen:

> I.: =Geht wunderbar. Ist das in Ordnung soweit, unser Gespräch bisher?
> *Ja,*
> I.: Nicht unangenehm?
> *=Nein*
> I.: =Gut. Keine falschen Fragen, oder [B: *Nö also,*] unangenehme Fragen [B: *Nö nö.*] gut. Es ist jedenfalls (--) sehr spannend, was Sie zu erzählen haben. Wir haben über Ihre Arbeit gesprochen, über Ihre Kollegen gesprochen, was Ihre Kollegen an ihnen schätzen, Sie haben auch beschrieben, welche Tätigkeiten [B: *Mhm,*] Sie ausführen, (---) in den verschiedenen Arbeitsbereichen...

Wiederholungen und Paraphrasen

Auch Wiederholungen und Paraphrasen werden in allen Interviews in großer Zahl eingesetzt, wobei man einfache und komplexere Formen unterscheiden kann.

Wiederholungen und Rekonstruktionen

Eine häufig unternommene Intervention besteht darin, Elemente des Erzählten, einzelne Begriffe, Satzfragmente oder Sätze zu wiederholen.

In der folgenden Sequenz unterbricht die Interviewerin ihren Frageimpuls, um auf eine erneut vorgebrachte Äußerung, welche sich auf eine voriges Thema bezieht, der Befragten zu reagieren, indem sie diese aufgreift und wiederholt:

> I.: Gibt es denn etwas in [B.: *Find ich doof jetz aber-*] deinem Leben (-) ja mit der Patentante das findest du doof-

In einem weiteren Beispiel werden mehrere Äußerungen wiederholt, die letzte schließlich in anderen Worten rekonstruiert.

> I.: Aber als Sie dann erwachsen waren, [*Befragter: Ja.*] mit 20? Sind Sie dann doch wieder nach Hause gezogen.
> *Ne mit 20.*
> I.: Mit 20,
> *Da muss ich sehr dringend raus.*
> I.: Da mussten Sie dringend raus,
> *Ja.*
> I.: Da ging es einfach nicht mehr.
> *Ne. Und dann hab ich mit dem BeWo angefangen.*

7 Analyse der Interaktionen im Gespräch

Zusammenfassende Wiederholung

Eine Zusammenfassung des Gesagten signalisiert Aufmerksamkeit, kann möglicherweise die Formierung der Gedanken und die Kontinuität der Explikation unterstützen.

> I.: Ja::. Und dann hast Du erzählt Du hast den ähm nen älteren Bruder und ne Mama und nen Papa.
> *Ja.*

Abstrahierendes Wiederholung

Zwischen Wiedergabe und Interpretation steht die Wiedergabe auf einem abstrakteren Niveau, wie in den folgenden Beispielen, in denen die Interventionen jeweils mit einem »genau« bestätigt werden.

- *[Ich hatte] vorher aber noch n Ex, der war aber nich meins, der war mir zu schnell* [I.: Mhm.] *der wollt schon mit mir Kinder machen,* [I.: Mhm.] *da hab ich gesagt Nein* [I.: Mhm.] *ich war ja in dem Jahr erst siebzehn,* [I.: Mhm, mhm.] *da hab ich direkt Nein gesagt, und da hab ich direkt Schluss gemacht, weil ich sowas nicht haben wollte.*
  I.: Mhm. (-) Also ist das so, dass, wenn ähm (-) wenn, wenns Dir zu weit geht, dass Du Dich auch wehren kannst? [B: Ja.] Dass Du auch sagen kannst, hier ist die Grenze, hier ist jetzt Schluss? Möcht ich nicht, [B: Genau.] das kannst Du auch.
- *Ich hab gern was mit Tina gern zu tun, aber die macht halt, macht kaum w- macht kaum was mit mir. Die geht gern in Zoo, außer ich nich, die mag Tier, ich nich* [I.: Ah,::] *die guckt keine, geht nich ins Kino, geht nich shoppen.* [I.: Mhm.] *So wie ich mir das immer wünsche.*
  I.: Das heißt, Eure Interessen (-) gehen auseinander. [B: Genau.] Sind nich dieselben. Aber versteh ich das richtig, dass ihr Euch schon gerne mögt? [B: Ja.] Und das [Ihr auch,]

Wiederholungen, die das Gesagte in Frage stellen

Nicht alle Interventionen beschränken sich auf Wiederholung und Bestätigung. Eine Wiederholung im, wie hier, leicht zweifelnden Tonfall stellt das Gesagte in Frage, wobei das konfrontative Element hier sehr abgetönt wird. Dies kann der Sprecherin Gelegenheit geben, ihre Aussage zu prüfen oder zu präzisieren.

> I.: Ja (--) ja (--) Welche Menschen in deinem Leben sind für dich ganz wichtig?
> ›Weiß nich‹,
> I.: Wichtig-wen hast du ganz lieb?
> *Eh ach eh (3,6) ach alle,*
> I.: Alle?

> *Ja, (Bütche?) mag ich-mag ich gerne und so* [I.: Bütche?] *(Bütche?) Mama* [I.: Mama, mhm?] *das war auch meine-meine Schulfreundin gewesen.*

Aufgreifen von zentralen Aussagen

Das wiederholende Aufgreifen von Aussagen ist eine weitere Intervention, die häufig zu beobachten ist. Sie kann dazu dienen, die Sprechenden zu bestätigen und eigenes Mitdenken und Anteilnahme zu signalisieren.

> *Dass man die Trauer vergessen, und dass dass mir mein Tante in mein Herzen bleibt.*
> I.: Ja das das hast du jetzt gesagt, ich wollte das grade eigentlich auch sagen, dass man so richtig merkt, dass du deine Tante richtig in deinem Herzen trägst.
> *Genau.*

Verbalisierungen

Unter Verbalisierungen werden hier Interventionen verstanden, in denen Empfindungen, Gedanken oder Positionen, wie sie sich den InterviewerInnen mitteilen, den Befragten widergespiegelt werden.

Verbalisierung von angenommenen Intentionen/Interpretation

Im folgenden Ausschnitt reformuliert die Interviewerin eine faktisch formulierte Aussage als Wunsch oder als »Lebenstraum«. Diese Interpretation wird von dem Gesprächspartner bestätigt, wobei die Bestätigung zusätzlich bekräftigt wird.

> I.: Genial, genial. Gibt es denn auch n Chef hier von C.?
> *((holt tief Luft)) Komplett? ((atmet wieder aus))*
> I.: Ja,
> *Ich. ((ganz leise))*
> I.: Auch du?
> *Ja.*
> I.: Is das auch n Lebenstraum von dir?
> *Ja genau.*
> I.: Der Chef von der Dorfgemeinschaft zu werden.

Verbalisierung von angenommenen Gedanken durch die InterviewerInnen

Eine weitere Form der Verbalisierung richtet sich auf (hypothetische) Gedanken der Befragten. Im folgenden Beispiel werden diese ebenfalls bestätigt.

> *Ja, (-) meine Mama und mein Papa, *l di::e (-) haben mir geholfen von wo se konnten* [Mhm ((erkennend))] *(-) ((atmet tief aus) Mit dem Down-Syndrom dro::m hab ich erst vi::el vi::el später erfahren.* [I.: Mhm ((bestätigend))]. *Wann genau weiß ich nich.*

((räuspern)) (- – -) ((räuspern)) (- -) aber als ich begriffen hab, dass ich so was ha habe, musst ich mich erstmal abfinden, dass ich sowas habe.
I.: Das kann ich mir vorstellen, dass man dann auch wahrscheinlich viel drüber nachdenkt ne? [B: Se::hr viel.] Mhm ((bestätigend)).

Verbalisierung emotionaler Erlebnisinhalte

Die folgende Verbalisierung eines Gefühls bezieht sich auf eine dramatische Schilderung des Interviewten.

Nein, der hatte, ich weiß es nicht mehr ganz genau [I.: Mhm ((bestätigend))] *(unv.)* [I.: Mhm ((bestätigend))] *(-) Ich war aber auch bei der Beerdigung gewesen* [I.: Mhm ((bestätigend))] *Büttberger Hütte* [I.: Mhm ((bestätigend))] *(-) das war echt super, ich meine jetzt die Beerdigung war sehr viele Leute* [I.: Mhm ((bestätigend))] *viele Leute auch aus (unv.)* [I.: Mhm ((bestätigend))] *((Geräusch)) (- -) u::nd ich hab gedacht ähm (- – -) einmal hab ich auch wirklich (-) ganz ganz blöde Scheiße gebaut (-)* [I.: Mhm ((bestätigend))] *als mein Papa und mein meine Tante gestorben war (- -) ((atmet tief ein und aus)) ich hab gedacht ich wollte nicht mehr leben.*
I.: Mhm ((bestätigend)) warst du sehr sehr traurig.

In der folgenden Passage verbalisiert der Interviewer ein Gefühl, welches er auf der Grundlage des Gesagten annimmt, und fragt anschließend nach einer Bestätigung. In dem folgenden Satz wird die Zuschreibung des Gefühls wiederholt und auf Stimme und Mimik des Erzählers zurückgeführt.

I.: Sehr schön. Aber sie lebt in Krefeld, also hier in der Nähe.
Genau. (-) Zusammen in den ein WG und ich find es auch schön.
I.: Das klingt ja eigentlich so, als wären Sie mit Ihrem Leben im Augenblick sehr zufrieden.
Richtig.
I.: Ist das so.
Ja.
I.: Das sagen Sie so und ähm das kann man jetzt hier nicht aufnehmen, aber das wenn man Sie anschaut und hört, wie Sie erzählen, und schaut so. wie Sie strahlen, ((B: lacht leise im Hintergrund)) dann und lachen dann merkt man das eigentlich auch, dass Sie den Eindruck machen, dass Sie sehr zufrieden sind mit Ihrem Leben.
Genau.

Verbalisierung von Haltungen und Positionen

Gegenstand von Verbalisierungen können auch Positionen und Einstellungen sein, wie in der folgenden Sequenz, in der der Interviewer um eine Bewertung seiner Interpretation bittet.

> I.: Aber es geht auch darum, Arbeit zu haben, die Ihren Ansprüchen genügt und Ihren Fähigkeiten. Hab ich das richtig verstanden?
> *Genau.*

Interpretation und Verbalisierung einer möglichen Überforderung der Interviewten bei einem Thema

Am Beginn der Interviews wurde deutlich gemacht, dass die Befragten nur erzählen sollen, was sie auch erzählen möchten. Das Konzept des ›Ongoing Consent‹ fordert darüber hinaus eine Sensibilität für Situationen im Verlauf der Erzählung oder des Gesprächs, in denen die Befragten überfordert, bedrängt oder von Gefühlen überflutet werden. In der folgenden Situation versucht die Interviewerin zu klären, ob eine solche Lage entstanden ist. Bemerkenswert ist hier, dass sie mehrere Anläufe unternimmt, um diese Botschaft zu vermitteln.

> *[Mhm,] (---) da hatte er Be*atmung, sowas,*
> I.: Mhm?
> *(---) Oah (7,0) ((stöhnt)) (---) da äh-*
> I.: Sie müssen da auch nicht drüber reden [ne]?
> *Nä.*
> I.: Wenn das zu viel ist?
> *Ja.*
> I.: Das ist in Ordnung also-nur wenn das in Ordnung ist für Sie.
> *Mhm. Er ist auch älter einlich da oben ist-der ist 36?*

Rückmeldungen und Würdigungen

Hierzu werden Interventionen gezählt, in denen die InterviewerInnen ihre Anerkennung und Wertschätzung vermitteln.

Ein Mittel, den Interviewten Aufmerksamkeit und Anteilnahme zu vermitteln, liegt darin, dass man ihre Gefühlsäußerungen anerkennt:

> *Ich kann f:: ich kann einfach nich, f-falls die sterben, ich hab jetzt schon Angst, dass die für Tag für Tag einfach schlimmer wird,* [I.: Mhm.] *dass die uns für Tag für Tag immer, dass die (---) Schlafen, dass die fürn Tag nich mehr aufstehen können, schon tot sind, da wart ich drauf* [I.: Mhm.] *Und da hab ich jetzt schon Angst.*
> I.: Mhm. Das merkt man.

Charakterisierung des Vorgehens der ErzählerInnen

In den Interviews finden sich auch Äußerungen, in denen die InterviewerInnen das Erzählverhalten der Befragten charakterisieren, häufig im Sinne einer anerkennenden Bewertung. Beispiele betreffen das Gedächtnis, die Erzählhaltung, das Engagement u.a.m. Nicht immer werden diese Interventionen auf Anhieb verstanden, wie im folgenden Beispiel, wo dieser Versuch völlig missverstanden wird.

> I.: Also Sie fangen hier an, und das ist sehr berührend, was Sie erzählen, gleich vom ersten Satz, ich weiß nicht, ob Sie das merken, normalerweise fängt das immer so an, ja ich bin hier geboren und [B.: Ne] und meine Eltern machen das aber Sie kommen sofort [B: ich bin aus ähm] sofort ins Zentrum
> *Ich bin ja von aus G. D. Kinderklinik geboren* [I.: Ja] *ja ich kann mich nicht mehr erinnern, das ist ja das doofe, (--)* [I.: Ja, das-] *weil ich ja Pflegetochter bin,*

Würdigung des Erzählinhalts

Ebenfalls häufig sind Dialoge, in denen die InterviewerInnen das Gesagte anerkennen und positiv bewerten:

- I.: Das ist ja spannend.
- I.: Mhm, sch- s-is total spannend, was Sie erzählen. Ich höre ganz (-) atemlos zu.
- *Und wenn alles gut klappt, dann werden wir bald in eigene Wohnung wohnen, und dann wenn wir vielleicht in fünf sechs s-sieben Jahren dann wollen wir auch gern dann bald heiraten.*
  I.: Sehr schön, also Sie sind im letzten Jahr ausgezogen? [B: Ja.] Von B. nach Hannover,

Würdigung der Form des Erzählten

Würdigungen beziehen sich neben dem Inhalt auch auf die Form des Erzählten:

> I.: Ja okay, [B.: Ähm,] klare Aussage hier von Ihnen, mhm, [B: Ja.] und das lockt Sie nicht, dass Sie da rein gehen und dann selbst.

Charakterisierung des/der Interviewten

Im Laufe der Dialoge kommt es zu Aussagen, in denen die InterviewerInnen aus den Eindrücken, welche durch die Begegnung und die Interpretation des Gesagten entstehen, zu Einschätzungen kommen und diese den Befragten mitteilen. Damit man tatsächlich von einer Rekonstruktion sprechen kann, muss sowohl die Zuschreibung auf das Gesagte hin analysiert als auch an der Art der Reaktion geprüft werden, ob diese als Validierung gelten kann. Hier kommt es auch auf den Tonfall an, welcher aus dem Transkript nicht ersichtlich ist, sowie auf die Frage, ob eine Rückmeldung einen Impuls für den/die ErzählerIn darstellt, das Thema weiterzuentwickeln.

Im Folgenden wird eine Zuschreibung des Interviewers von der Befragten aufgegriffen und in zweifacher Weise modifiziert, woraufhin der Interviewer eine weitere Differenzierung anbietet, welcher die Befragte ihrerseits zustimmt. Hier zeigt sich auch, dass die Befragte sich einer Zuschreibung gegenüber positionieren kann, ohne diese ganz anzunehmen oder abzulehnen.

> *[Alles gut,] ich krieg das hin.*
> I.: Wunderbar. ((lacht)) Ähm Du kriegst das hin, weil Du bist eine selbständige Person?
> *Ja. Ich will selbständig werden.* [I.: Du.] *Ich versuch das selbständig zu werden.*
> I.: Ah Du bist schon selbständig, aber Du möchtest noch selbständiger werden,
> *Genau.*
> I.: Aber Du bist auch jetzt schon (--) selbständig,
> *Ja.*

In einem weiteren Beispiel wird die Charakterisierung in eine Frage überführt:

> I.: Und darstellst.
> *Genau.*
> I.: Also ich ich habe das Gefühl (-) mir sitzt jemand gegenüber, der schon ziemlich genau weiß was er oder sie will. (-) Oder?
> *[Ja.]*
> I.: [Obwohl] Du noch jung bist.

Weitere Interventionen

Interviewerin arbeitet eine Interviewroutine ab und geht nicht auf vom Interviewten vorgebrachte zentrale Themen (Down-Syndrom) ein bzw. kündigt eine spätere Besprechung an

Neben Interventionen, in denen die InterviewerInnen den Redefluss durch Nachfragen und Bestätigen ermutigen, finden sich auch solche, in denen es scheint, als würde der Leitfaden abgearbeitet. Im folgenden Beispiel wird der Erzählfluss umgeleitet bzw. abgebremst.

> *((atmet tief ein)) (- -) Weißt Du, wann der allerschwerste Zeitpunkt war? (-) Als in einer Woche (-) meine Tante und mein Papa gestorben war,* [I.: Mhm.] (- -) *Ja (-) das* [I.: Ja, erzähl erstmal] *das war ne schwere Zeit, sehr schwer* [I.: Mhm ((bestätigend)), das glaub ich Dir] *und dann kam eher eher so wann noch, da hab ich hab ich hier ein Wohnhaus bekommen, aber meine Mama und ich, das hat geholfen.* [I.: Mhm ((bestätigend)).] *°Ja.*
> I.: Als dein Papa gestorben ist, warst Du aber schon ein erwachsener Mann, oder? [B: °*Ja*] Wollen wir noch einmal zurückkreisen? Als Du noch n Kind warst und noch in dem (-) hast Du in dem Zimmer mit Deinem Bruder zusammen gelebt? Oder hattet ihr zwei Zimmer?

Interpretationen fragmentarischer Äußerungen

Wiedergabe und Interpretation gehen ineinander über, wenn Äußerungen fragmentarischer Natur sind. Auch hier stellt sich dann die Frage nach einer suggestiven Tendenz. Im Beispiel greift die Interviewerin spontan eine von mehreren Bedeutungsalternativen auf, welche, wie es scheint, bestätigt wird.

> I.: Hattest Du auch besondere Freunde oder Freundinnen im Kindergarten?
> *Ja::, ja:: viele, sehr viele Kinder Kindergar-ten auch.*
> I.: Ja::?
> *Jetzt is schon lange lange nicht mehr.*
> I.: Mhm ((bestätigend)) die haste lange nicht gesehen.
> *Ne, ist- nich gesehen und gar nichts, tele-fonieren, sehen, gar nich mehr im Kindergarten.*

Möglich wäre auch die Lesart, welche besagt, dass die Kindergartenzeit schon lange vergangen ist. Mit der eindringlichen und differenzierten Antwort scheint die Befragte die Intuition des Interviewers zu bestätigen. Möglich wäre allerdings trotzdem auch, dass ihre Antwort eine originäre Antwort auf die Rekonstruktion des Interviewers darstellt.

Abrupter Wechsel von Fragen oder Themen

Eine starke Lenkung des Gesprächsverlaufs entsteht, wenn Fragen dazu führen, einen starken Themenwechsel einzuleiten:

> I.: Du hast jetzt schon ganz schnell ganz viel erzä::hlt [B.: *ganz schne::ll erzä::hlt*] bist Du vom anderen ((reden gleichzeitig)) Leben in ein anderes Leben ins Erwachsenenleben gekommen,
> *Jetzt bin ich schon n Teil erwachsen* [I.: Ja genau,] *ich bin jetzt 41.*
> I.: Mhm ((bestätigend)). Aber vielleicht kannst Du nochmal versuchen, ob Du Dich an bestimmte Sachen erinnern kannst aus Deiner Kindheit. Gibts da besonders schö::ne Sachen, oder besonders- (-) Sachen, die- an die Du dich nicht so gerne erinnerst, die Dir nicht so gut in Erinnerung- nicht so schöne Erlebnisse in Erinnerung sind?

Nichtaufgreifen von Äußerungen

Es liegt in der Natur der Sache, dass nicht jeder Aspekt aus den Darstellungen der Befragten aufgegriffen werden kann. Hier werden mit jedem Wortwechsel Entscheidungen seitens der InterviewerInnen getroffen, welche wiederum durch die Äußerungen der Befragten beeinflusst werden.

So kommt es vor, dass die Befragten bestimmte Aspekte wiederholen, neu akzentuieren oder weiterentwickeln, welche von den InterviewerInnen nicht gleich aufgenommen werden. Es finden sich in dem Material auch einige Stellen, in denen die InterviewerInnen versäumen, vermutlich wichtige Aspekte aufzugreifen, die dann nicht weiter thematisiert werden. Dies kommt z. B. in Situationen vor, in denen ein Thema bereits besprochen worden ist und die InterviewerInnen möglicherweise den Eindruck gewinnen, dass man sich ›im Kreis dreht‹. Dies ist allerdings im folgenden Beispiel nicht der Fall, in dem der Interviewer eine gravierende Äußerung nicht aufgreift bzw. das Thema umlenkt.

> *Ja, ganz viele, die muss ich jetzt für mein Leben lang machen,* [I.: Okay.] *ähm (-) irgendwann muss da Muskeln drauf,* [I.: Jaja.] *wenn irgendwas Krieg geben soll, dann muss ich weglaufen können* (-) [I.: Ja. (- -) Ja.] *und dann muss ich Muskeln haben und weglaufen können.*
> I.: Jaja. Ja. (-) Machst Du äh Krankengymnastik?
> *Ganz viel.*
> I.: Physiotherapie, aber auch Übungen selber, (-) wo Du selber üben musst *[B: Ja.]* ohne Anleitung, oder?

Ein Motiv, bestimmte und deutlich geäußerte Inhalte nicht aufzugreifen, mag darin liegen, Themen vermeiden zu wollen, von denen die InterviewerInnen den Eindruck haben, dass eine Exploration eine starke Belastung für die Befragten darstellen könnten. Ebenfalls wäre es möglich, dass sie selbst das Thema vermeiden möchten.

Infragestellungen des Gesagten durch die InterviewerInnen

Selten, aber an einigen Stellen, finden sich Nachfragen, in denen die Äußerungen der Befragten korrigiert bzw. substanziell in Frage gestellt werden, in dem hier gegebenen Beispiel sogar in zweifacher Hinsicht. Es dürfte mehr als fraglich sein, ob diese Intervention den Erzählfluss fördert bzw. ob sich der Erzähler hier verstanden und anerkannt fühlt.

> *Da war ne (-) ähm (-) ((räuspern)) (-) die Gruppenleiterin, da hab ich mich auch drüber gefreut, die hat mich mit sich nach Hause genommen* [I.: Mhm ((bestätigend))] *(-) und ich durfte auf ihr Kind aufpassen.*
> I.: O::h, aber dann musst Du doch schon älter gewesen sein [B: *Ja] das war doch dann nicht im Kindergarten oder? [B: *das war im Kindergarten*] aber Du hast als Kindergartenkind auf *ihr Kind aufgepasst? [B:*Ja] Mhm ((verwundert)). Oder warst Du da zum Sp*ielen vielleicht, mit dem anderen Kind.

Auch im folgenden Fall kommt es zu einer Infragestellung des Gesagten. Der Grund hierfür ist aus dem Text selbst nicht nachvollziehbar. Jedoch zeigt sich die Befragte hier in der Lage, die widersprechende Mutmaßung des Interviewers zurückzuweisen und ihre Äußerung zu bekräftigen:

> *Also ich mach ein Buch über mein Leben,* [I.: Ja,] *f- für mein Freund* [I.: Achso,] *und ich fass* [I.: Mhm,] *das also wie ein Buch zusammen* [I.: Ja,] *un (-) die wie das liest muss dann gucken, wer das dann weiß, wo die erste Kapitel is, wann das zweite Kapitel is,*

> *dann dritte, dann vierte,* [I.: Ah.] *und das is so gemischt.*
> I.: A::h das ja sehr spannend. Wie bistn auf die Idee gekommen?
> *Einfach so.*
> I.: Echt? [B: *Ja,*] hast das irgendwo ähm,
> *Ich hab das einfach von selber gemacht selber ge- [selber gemacht.]*
> I.: [Selber?] Oder hast es irgendwo ähm (-) mal gehört?
> *Ich hab das nicht gehört, ich habs selber gemacht.*

Versuch, eine Störung zu beheben – mitgeteilte Selbstreflexion

In manchen Situationen reflektieren die InterviewerInnen ihr eigenes Gesprächsverhalten und erläutern Situationen, in denen sie die Interviewenden ihrer Auffassung nach beeinträchtigt haben, so in der folgenden Situation:

> I.: Dann ha- dann hab ich eben [*Befragte lacht*] als du mir als ich ö:: hast du mir was erzählt und da hab ich aus Versehen dazwischen gesprochen, da hab ich dich nach deiner Freizeit gefragt, da hast du grade erzählt von deinem Freund,

InterviewerInnen reflektieren ein eigenes Missverständnis und wertschätzen die Korrektur durch die Befragten

In einer Reihe von Interviews werden nicht nur diese in ihrer Gesamtheit, sondern auch einzelne Aspekte zum Gegenstand der (Meta-)Kommunikation gemacht. Dies betrifft Situationen, in denen das Verhalten der GesprächspartnerInnen oder das Gespräch insgesamt thematisiert wird. Im Folgenden räumt der Interviewer ein Missverständnis ein und wertschätzt die Korrektur durch die Interviewte.

> *Und z-z-zwei Kinder.*
> I.: Ihr hattet zwei Kinder?
> *Ja.*
> I.: In eurer Familie, (-) du warst-
> *Meine Schwester hat zwei Kinder.*
> I.: Ach sie hat zwei Kinder.
> *Ja, das mein ich, [das mein ich.]*
> I.: [Ja, ja.] Ah, das- dann hab ich dich falsch verstanden, aber das ist schön, dass du mich, (-) dass du mir das [B: *Ja,*] dass du mich korrigierst. [B: *Mhm,*] Mhm, (--) und, (4,5) und hast du Kontakt auch zu deinen (-) Nichten und Neffen?

Diese Beispiele wurden hier aus dem Gesprächszusammenhang gelöst, um zunächst einmal die Vielfalt der Interventionen als solche aufzuweisen. In einer Reihe der hier wiedergegebenen Beispiele kann man nachvollziehen, welche Wirkung diese auf die unmittelbar folgende Antwort der Befragten haben. Diese Perspektive wird nun weiter vertieft, indem im Folgenden die Antworten und Interventionen der Befragten untersucht werden.

7.2 Differenzierte Reaktionen der Interviewten auf geschlossene Fragen

Der nächste Abschnitt wendet sich den Reaktionen der Interviewten zu, wobei zunächst die häufig als problematisch betrachteten, geschlossenen Fragen im Zentrum stehen. Ihr Charakter in Gesprächen ist vieldeutig, insofern sie häufig den Aspekt einer Frage wie auch den Aspekt einer Wiedergabe transportieren können, oder auch beides. Die Analyse der Interviews zeigt hier, dass die Befragten in durchaus unterschiedlicher Weise auf geschlossene Fragen bzw. Verbalisierungen oder Interpretationen reagieren. Häufig werden diese Fragen bejaht. Doch finden sich in einer Vielzahl der untersuchten Interviews auch Situationen, in denen geschlossene Fragen nicht bejaht werden. Hierzu einige Beispiele:

Befragte relativieren geschlossene Fragen oder weisen sie zurück

Eine Form besteht darin, dass die Befragten relativieren oder zurückweisen. In dem folgenden Beispiel stimmt die Befragte zwar zu, modifiziert ihre Zustimmung jedoch im Sinne einer Einschränkung oder Relativierung.

> *Ja. So gut ich kann, manchmal brauch ich schon Hilfe* [I.: Mhm,] *von meiner Familie* [I.: Mhm,] *Auch von meine zweite Familie auch* [I.: Mhm.] *wenn die mir sagen so geht das nich, dann hör ich auch auf*
> I.: Mhm. Das kannst Du dann auch verstehen?
> *Ja,:: n Teil.*
> I.: Nich immer,
> *Nicht immer, das fällt mir schon schwer* [I.: Mhm,] *aber ich versuch das so gut ich kann.*

Die nächste Antwort zeigt die Zurückweisung einer Interpretation, welche der Interviewer aufgrund der Äußerungen des Befragten in der zurückliegenden Stunde anstellt:

> I.: [Ja,] ja mhm?::: Und (-) kann man sagen, dass Du eigentlich jemand bist auf den man sich ähm verlassen kann?
> *Nein.*
> I.: Nich.
> *Ehrlich gesagt, nein.*
> I.: Okay. Kann man sagen, noch nich?

In einem weiteren Interview mit einem Mann, welcher sich verhältnismäßig ›einsilbig‹ äußert, weist dieser geschlossene Formulierungen gleich mehrfach zurück und zeigt sich außerordentlich resilient gegenüber weiteren Zuschreibungen.

> I.: Mhm. Habt ihr Tiere zuhause gehabt?
> *Als wir noch klein warn, haben wir Katzen.*

> I.: Da hattet ihr Katzen?
> *Ja.*
> I.: Nicht nur eine, sondern mehrere gleich.
> *Ja, zwei ja.*
> I.: Zwei. (---) Hast du mit denen auch gespielt?
> *Ja. Nö::, (---) glaub nicht.*
> I.: Ne. Hast du dich n bisschen um die gekümmert?
> *Ja. Nee::?*
> I.: Gefüttert?
> *Nee, hab ich nicht.*
> I.: =Nee, hat jemand anders gemacht.
> *Ich glaub das warn die- meine Eltern.*
> I.: Ja, irgendjemand muss sich um die Katze kümmern-die Katzen kümmern, das haben deine Eltern gemacht.
> *Ja genau.*
> I.: Jaja, du brauchtest das nicht machen,
> *Nee nee.*
> I.: Mhm, (--) hast du denn mitgeholfen im Haushalt?
> *Ja. (---) Nee ich glaub nicht, nee.*

In der folgenden Sequenz besprechen die Gesprächspartner den Sport, welchem der Interviewte nachgeht. Seine Antworten auf die Vorschläge des Interviewers fallen differenziert aus, er äußert Zustimmung wie Ablehnung. Bemerkenswert ist, dass er seine Verneinung mit einem »Ja« beginnt, worin man die Wirkung einer Zustimmungstendenz sehen könnte, die jedoch überwunden wird. Auch dieser Fall lässt sich in den Interviews häufiger nachweisen.

> *Und ich mach auch Sport,*
> I.: Das interessiert mich,
> *Ja,*
> I.: Welche Sportarten?
> *Ja ich mach jetzt, äh, (--) am Rhein äh dr- ä-äh draußen. ((stockend)) (-)* [I.: Ja,] *An der frischen*
> *Luft. ›Frische Luft.‹ ((flüsternd))*
> I.: Mhm, (--) also so ähm Laufen?
> *Ja, [auch.]*
> I.: [Ähm] spazieren gehen, oder Walking,
> *Ja Walking mach ich nich. (-) Nee,*

Eine Zurückweisung der geschlossenen Frage nimmt auch die Befragte in diesem Beispiel vor:

> I.: Und gabs da auch blöde Lehrer?
> *Nö::, keine Blöde.*
> I.: Ne::?

7.2 Differenzierte Reaktionen der Interviewten auf geschlossene Fragen

> *Ganz liebe.*
> I.: Okay, waren liebe Lehrer da, (--)
> *Genau.*

Weitere Beispiele für die Verneinung geschlossener Fragen, welche häufig noch in einer Differenzierung erfolgt:

> I.: Ist das eine gute Arbeit?
> *Ne ist sehr, (-) bissen schwer is, aber geht.*
> I.: Ah,:: schwierige Arbeit, aber Sie bekommen die hin.
> *Bekomme gut hin.*

Die Abwehr von geschlossenen Fragen oder, wie hier, von Zuschreibungen, lässt sich auch in feinen Nuancierungen beobachten:

> *Ja also wenn dann Leute so komisch zu nem f- fühl ich mich hier leider n bisschen bedrückt.*
> I.: Traurig?
> *Nee be- nee bedrückt also heißt da bin ich nicht traurig, dann bin ich immer ganz woanders.*
> I.: Darf ich das da nachfragen? Das heißt, Sie Sie sind gar nicht traurig?
> *Ne.*
> I.: Sondern Sie denken dann etwas anderes?
> *Genau. Weil ich kenn jemand einen der heißt Markus Schlegel, weil der redet auch sehr sehr komisch,*

Dies gilt auch für das anschließende Beispiel:

> I.: Okay gut gut. Aha. Da-da denkst du eigentlich da könnte ich noch mehr-
> *Mehr lernen.*
> I.: Mehr lernen. (-) Also ich meine es gibt ja Menschen, die 50 sind und die nicht mehr denken, sie müssten noch viel lernen, aber du bist jemand der – (--)
> *Ich lerne immer dazu.*
> I.: Du lernst eigentlich immer dazu. Erstens lernst du ähm hier im B. (-) an bestimmten Projekten und Themen,
> *Richtig.*
> I.: =Zweitens lernst du ähm an der Flöte, und da muss man auch immer wieder sich überwinden.
> *Na ich überwinde mich nicht, ich spiel einfach.*
> I.: Ach so dann nicht. (-) Mhm. Und du möchtest aber noch lernen (3,0) deine Persönlichkeit weiterzuentwickeln (-) wenn man das so sagen kann.
> *Richtig.*

Die folgenden, fragend formulierten Aussagen werden nicht verneint, sondern korrigiert:

- I.: Hast du ganz schnell laufen gelernt?
  Lamsam.
- I.: ›Ja?‹ (--) Wer hat dich denn in der Schule geärgert,
  Keiner.

Umgang mit Fragen, die Alternativen formulieren

Häufig geben die InterviewerInnen Antwortalternativen. Die Befragten zeigen in zahlreichen Beispielen, dass sie eine Antworttendenz zum letztgehörten Begriff, wenn sie vorhanden sein sollte, überwinden können. Hierzu nur ein Beispiel unter vielen.

I.: Mhm. (--) Und warst du eigentlich ähm wie-als <u>Kind</u>, warst du da (--) eher unruhig oder eher ruhig?
Hmm:::. Also unruhig kann man sagen.

Einen besonders bemerkenswerten Umgang mit Alternativfragen zeigt der folgende Befragte, welcher eine Entweder-oder-Frage beantwortet und zugleich korrigiert:

I.: Aja. Warst du da fröhlich oder auch ein bisschen traurig? Wie war das.
O::ah (-) kräftig.
I.: Kräftig [*M:‹mh.‹* ((zustimmend))] war das. (--) Kräftig traurig?
Ja.
I.: Aja.
Gesungen, [I.: Mhm,] *traurig.*

Wie auch in der Analyse einzelner Interviews im vorigen Kapitel zeigen diese Beispiele auf der Mikroebene, dass die Befragten durchaus imstande sind, sich gegenüber suggestiven Tendenzen und geschlossenen Formulierungen zu behaupten.

7.3 Interventionen zur Gestaltung des Gesprächsverlaufs seitens der Befragten

Es entspricht der Konvention des Vorgehens und der Erwartung der Beteiligten, dass die InterviewerInnen die Führungsrolle übernehmen. Umso bemerkenswerter sind die Stellen, in denen die Befragten die Führung übernehmen bzw. aktiv den Gesprächsverlauf als solchen zu bestimmen versuchen. Hier ist nicht die Ebene der Aussagen selbst gemeint, durch welche die Befragten ebenfalls einen starken Einfluss nehmen, sondern die gesprächspragmatische Ebene. So fordert ein Befragter, als es um ein Thema geht, das ihn offenbar belastet, den Interviewer auf, »weiterzumachen«, also vermutlich ein weiteres, anderes Thema anzusprechen.

7.3 Interventionen zur Gestaltung des Gesprächsverlaufs seitens der Befragten

Grenzen setzen und Impulse geben

> *Ja äh::, äh- ((stockend)) (4,0) ach man. (12,0) Es s-s- ((stockend)) äh, äh (--) W- ((stockend)) (-) WG ist das.*
> I.: Ja ne Wohngemeinschaft,
> *Wohngemeinschaft (-) da,*
> I.: Mhm, mhm, (3,0)
> *Nee (-) s-s-s- ((stockend)) (5,0) s-s-s-s-s (6,0) kann ich nich.*
> I.: Ja. (4,0)
> *Ich kann auch nich mehr. ›Kann auch nich mehr, kann auch nich mehr.‹* [I.: Mhm, mhm,] *(3,0) Also, (-) m-m-mach ((stotternd)) mal weiter. Mach mal weiter,*
> I.: Ja, (-) wir machen mal weiter,
> *=Is besser,*

Jedenfalls versteht der Interviewer die Äußerung in diese Richtung und wird von dem Interviewten darin noch bestätigt. Ein weiterer Befragter macht deutlich, dass er ein Thema nicht weiter besprechen möchte:

> I.: Ach der lebt nicht mehr. Na das ist ja dann traurig. Ne? ((holt Luft)) Aber das, gibt es auch.
> *Ja, deswegen werde ich das auch nicht weiter ver vertiefen weil ich ((tiefe Stimmlage))*

Recht lapidar klärt eine Befragte ebenfalls gleich zu Beginn des Gesprächs, wo die Grenzen dessen liegen, was sie behandeln möchte:

> I.: Jetzt muss ich aber eine Sache sagen die ganz, ganz wichtig ist, ich frage Sie nach Ihrer Kindheit, und nach der Schule nach den Kollegen, ich frage Sie nach Ihrem Lebensort, [*Mhm*] ((lacht kurz)) und ehm alles Mögliche, aber ehm ich frage Sie nach schönen Erinnerungen und nach schwierigen Erinnerung und manchmal
> *=Schwierigkeiten lassen wir weg,*

Eher defensiv äußert sich ein Interviewter, der danach fragt, ob er eine Frage beantworten müsse. Hier wird deutlich, dass er die entsprechenden Hinweise zu Beginn des Interviews entweder nicht verstanden oder nicht mehr präsent hat.

> I.: Hast Du da auch gelebt dann, als Kind in dieser Friedhofsstraße?
> *Befragter: *Ja, von Geburt an.*
> I.: Mhm ((bestätigend)) bei Deiner Familie [**Ja, ich hab n Bruder,*] Mhm ((bestätigend))
> B: (- -)›Muss ich das sagen‹?((flüsternd))

Doch gleichwohl gibt auch seine Frage der Interviewerin das Signal, den eingeschlagenen Weg zu verlassen.

Das Ende des Gesprächs bestimmen

Manche Interviewte setzen von sich aus das Ende des Gesprächs oder machen andererseits deutlich, dass dieses für sie noch nicht gekommen ist.

So widerspricht eine Befragte dem Interviewer, welcher ihre vorangegangene Äußerung als »Schlusswort« qualifizieren möchte – und sorgt auf diese Weise dafür, dass das Interview weiter geht.

> I.: Ich hätte auch das Gefühl, dass das jetzt so etwas wie ein Schlusswort war.
> (-) *Eigentlich nich ((lachend))* [I.: Ähm] *ehrlich gesagt.*

Ein anderer Befragter wiederum macht klar, dass das Gespräch an sein Ende gekommen ist:

> *Und die würden mir auch helfen , weiß ich.*
> I.: Mhm ((erkennend)). (-) Ja, das ist ja auch ein guter Traum.
> (- -) *Ich glaub das wars, was ich sagen wollte.*

Ermutigung der InterviewerInnen, Fragen zu stellen

Eine weitere Form, den Gesprächsverlauf zu steuern, bilden Ermutigungen an die Interviewerin, weiter Fragen zu stellen:

> I.: Ist anstrengend? ((lacht)) du ich hab jetzt noch eine ganz andere Frage [*Ja frag mich ruhig frag mich ruhig*] und zwar zur zu- [FRAG MICH RUHIG] zur Zukunft [*((aufgeregt)) du kannst mich Löcher fragen*] kennst du das Wort Zukunft? (--) Zukunft ist das, was noch kommt.

Ein weiteres Beispiel von derselben Befragten:

> *Tut mir leid gar nix nein* [I.: Mhm] *willst du mich auch fragen, welche Musik ich gern mag?*

Fragen an die InterviewerInnen

Eine besondere Aktivität auf Seiten der Befragten besteht darin, dass sie ihrerseits Fragen an die InterviewerInnen stellen. So klärt eine junge Frau das Verständnis des Interviewers:

> *und dann war ich in der weiterführenden Schule in der Schule E., ne, integrierten Gesamtschule* [I.: Danke. Ja.] *(3,5) das is klar?* [I.: Ja,] *was ne Gesamtschule ist?* [I.: Ja,]

In diesem Sinne erkundigt sich auch eine weitere Befragte:

7.3 Interventionen zur Gestaltung des Gesprächsverlaufs seitens der Befragten

> I.: Gibt es denn auch was, worauf du stolz bist, dass du das machst, oder dass du das bist,
> =*was meinst du jetzt so, wie meinst du das jetzt so,*

So fragen nicht nur die InterviewerInnen nach, wie eine Äußerung gemeint ist. Auch die Befragten nutzen Fragen zur Klärung des gemeinsamen Bedeutungshorizont.

> I.: Und welche Arbeit machst [B.: 25] du da?
> *Meinst du meinst du* [I.: Mhm Mhm ja] *mich jetzt?*

Gegenfragen und Aufforderungen

Souverän wirken auch Gegenfragen der Interviewten:

> I.: Mhm ((bestätigend)) und dann kam die Schule oder?
> *Ja, weißt du wo::?*
> I.: Nee?
> *Marburg.*

Ein Mann stellt eine rhetorische Frage, um eine eigene Erzählung voranzubringen:

> I.: Das kann ich mir vorstellen, dass man dann auch wahrscheinlich viel drüber nachdenkt ne? [*Se::hr viel.*] Mhm ((bestätigend)).
> *((atmet tief ein)) (- -) Weißt du wann der allerschwerste Zeitpunkt war? (-) Als in einer Woche (-) meine Tante und mein Papa gestorben war,* [I.: Mhm.] *(- -) Ja (-) das* [I.: Ja, erzähl erstmal] *das war ne schwere Zeit, sehr schwer* [I.: Mhm ((bestätigend)), das glaub ich Dir] *und dann kam eher eher so wann noch, da hab ich hab ich hier ein Wohnhaus bekommen, aber meine Mama und ich, das hat geholfen.* [I.: Mhm ((bestätigend)).] *°Ja.*

Ein junger Mann kehrt die Redesituation von Frage und Antwort um, indem er die Interviewerin bittet, selbst nachzudenken:

> I.: Ja, warum mochtest du denn die alten Mitarbeiter nicht so gerne, was haben die denn gemacht?
> *Jetzt überleg mal. Für meine gesundheitlich her*

Auch eine Interviewte fordert ihre Gesprächspartnerin auf, selbst nachzudenken:

> *Na ich hab ja Musiktherapie eigentlich hier die Laufgruppe mach ich auch nicht mehr wegen mein Handgelenk soll ich ja nich von den Mitarbeitern darf ich nicht aber ist egal ra::te mal du musst jetzt mal raten welchen Musik (-) Musik Schlager? Oder Musik kann man auch so Schlager sagen?* [I.: Mhm] *Rat mal welcher Musikschlager ich mag?*

Konventionalisierte Wendungen

Eine weitere Befragte verwendet eine konventionalisierte Wendung, welche häufig dazu verwendet wird, das Interesse eines Gesprächspartners oder einer Gesprächspartnerin aufrecht zu halten:

> *Aber das war auch ((atmet ein)) ui wir haben *sechs mal geprobt sechsmal stell dir mal vor? ((atmet aus)) [I.: Mhm] boah und ich hab richtig dolles Lampenfieber ((verlegen)) gehabt.*

Die Befragte verwendet auch noch weitere konventionalisierte Wendungen:

> *Gar nicht ich mag Kirchen gar nicht mehr, weil dann werd ich [I.: Ja] tze und das will ich vermeiden [I.: Ah ja und-] =deshalb mag ich Kirchen nicht so gerne tut mir leid aber ich bin so ist so*

Abschließend ein letztes Beispiel:

> *(- -) Zum Beispiel, Du wirst es nicht glauben, da hab ich erste Hilfe Kurs Mhm bei beim Schwimmen, das silberne Schwimmabzeichen für Erwachsene gemacht*

Kommentierung/Bewertung von Äußerungen der InterviewerInnen

Beispiele für Metakommunikation gibt es in zahlreichen Interviews. Eine Frau etwa greift die Aussage einer Interviewerin auf, welche ihre eigene Frage kritisch reflektiert:

> I.: Ist jetzt vielleicht eine zu direkte Frage
> *((lacht leise))*
> I.: also
> *Nee, ist ja kein Problem. Äm, also Telegram (-) is (-) es (-) eher weniger? Also da hab ich schreib ich ma ab und zu ma, wenn einer schreibt, dann schreib ich zurück*

7.4 Besondere Gesprächssituationen

Nach der Betrachtung von Äußerungen der InterviewerInnen und der Befragten sollen nun abschließend einige typische Gesprächsabschnitte oder Gesprächssituationen beleuchtet werden.

In der Analyse der Gespräche zeigen sich spezifische Interaktionen und Konstellationen, auf welche für das Führen von Interviews, aber auch von Gesprächen geachtet werden sollte. Dies betrifft nicht nur die bereits oben schon behandelten und in der Literatur beschriebenen Antwortneigungen.

Synchronizität

Ein wiederkehrendes Muster betrifft die Synchronizität zwischen den beiden Gesprächspartnerlnnen. Sie ist in diesem Beispiel hier beeinträchtigt, insofern als offenbar der Interviewer schon ein nächstes Thema oder einen nächsten Aspekt anspricht, während der Befragte noch bei der vorigen Frage ist oder seine vorige Antwort noch erweitern möchte.

> I.: Hm::? (--) Du bist in einer Familie groß geworden?
> *Ja i-i-i-ich ((stotternd)) bin-bin bei einer Familie, ja, genau, und ich hab, ich hab ne Schwester. ›Ich hab ne Schwester.‹ ((flüsternd))*
> I.: Ja, (3,0) deine Schwester die ist ähm, (--) älter als du?
> *Ja, is älter ja.*
> I.: Mhm. (2,5) Und wie habt ihr euch verstanden als Kinder,
> *Die hat auch ne Familien. Fa-Familie. ((stockend))*
> I.: Jetzt hat sie ne Familie,

Diese zeitliche Verschiebung, die zu große Geschwindigkeit der Interviewenden im Hinblick auf die Zeitgestalt des Denkens und Sprechens bei den Befragten, ist eine wichtige Beobachtung bei der Analyse der Transkripte. Man muss ferner bedenken, dass diese Asynchronität auch dann vorkommen kann und vermutlich auch vorkommt, wenn man es nicht unmittelbar dem Transkript entnehmen kann. In diesen Fällen wäre es möglich, dass die GesprächspartnerInnen aus ihrem eigenen Rhythmus herausgerissen werden, sich aber gleichwohl an die Fragen anpassen können – oder womöglich schweigen.[235]

In der folgenden Situation liegt es ebenfalls nahe, dass die Befragte noch mit ihrem Thema, der Versorgung der Wäsche, beschäftigt ist, während die Interviewerin schon den Fokus auf die Kollegen richtet.

> I.: Tücher machst du, die machst du ganz glatt.
> *Ja-ha,*
> I.: Ach wie schön. Und hast du da auch Kollegen?
> *((Stöhnt, atmet aus)) Ach, das is schwer.*
> I.: Is schwer? Wer hilft dir denn da? ((Geräusch von draußen fängt leise an, Stimmen sind zu hören))

---

[235] Diese Befunde können möglicherweise auch im Einklang von Forschungsergebnissen von André Zimpel und seinen MiterabeiterInnen stehen, welche das Vorliegen einer spezifischen Aufmerksamkeitsspanne bei Personen mit Trisomie 21 annehmen (Zimpel 2016).

Ein weiteres Beispiel zeigt ebenfalls, wie die Interviewerin ebenfalls schneller fragt, als es der Befragten zu entsprechen scheint. So scheint die Interviewerin genau einen *turn* schneller zu sein, bis dann die Anpassung auf Seiten der Befragten erfolgt:

Dann hab ich in Mainz Gesamtschule gewesen.
I.: Mhm ((erkennend)) Was hast Du in der Schule besonders gerne gemacht?
Gesamtschule.
I.: Ja, die hat Dir gut gefallen? [*Ja, sehr gut, ja.*] Ja::? Was war da so schö::n?
Äh das Sport machen ähm Mathe, Kunst, (-)
I.: Da-das hat Dir Freude gemacht. [*Ja. (-) Ja.*] (-) Kannst Du dich noch an irgendwas Besonderes erinnern da? Was Du da gemacht hast, in Kunst vielleicht?
((holt tief Luft)) Ich male auch sehr viel [I.: Mhm ((erkennend)).] *gerne.*

Gemeinsame Bemühungen um Klärung

Viele Passagen zeigen, wie sich beide GesprächspartnerInnen um eine Klärung des gemeinsamen Gesprächshorizontes bemühen. Die folgende Passage beginnt mit einer Aussage der Befragten über ein Fest. Die Interviewerin fragt dann nach dem Ort und versucht, die Antwort darauf mit Vorschlägen für Lokalitäten zu konkretisieren. Die Befragte benennt daraufhin eine andere räumliche Konstellation, den Kreis, in dem sich möglicherweise die Feiernden zusammengefunden haben. Die Interviewerin bleibt jedoch bei ihrem Vorhaben, das Gebäude zu klären, worauf die Befragte nicht mehr antwortet und möglicherweise nonverbal Überforderung signalisiert. An diesem Moment verändert die Interviewerin den Akzent und fragt nach der Art des Festes, wobei sie auch hier Möglichkeiten vorgibt, also insgesamt in dieser schwierigen Passage, in der es über mehrere *turns* nicht zu einer Passung kommt, recht direktiv vorgeht. Die Befragte bejaht dann die erste geschlossene Frage, worauf jedoch die Interviewerin offenbar an der Validität der Aussage zweifelt und eine weitere Antwortmöglichkeit vorgibt. An diese schließt sie eine offene Frage an. Erst dadurch scheint der Befragten eine neue Möglichkeit des Ausdrucks gegeben zu werden: Sie antwortet nur mit einem ganzen Satz, womit sie an den Auftakt dieser Passage anschließt.

Ich war im Fest mal mit der- ich war-ich war meine Mama meine Oma,
I.: Da habt ihr'n Fest gemacht?
Ja.
I.: Wo habt ihr denn da gefeiert?
((holt tief Luft)) ha ((atmet aus)) (--) in-innen drinne,
I.: Hier drinne? In dem Haus oder in nem Gasthaus?
Ja, inne-ach- inne (-) eh in ein Kreis.
I.: In einem Kreis? War:: das in der Kirche? [B: ((holt tief Luft))] Oder in einem großen Saal,
((stöhnt, atmet aus))
I.: War das ein Geburtstag?
Ein Geburtstag ja,

7.4 Besondere Gesprächssituationen

> I.: Oder eine Hochzeit? Was habt ihr da gefeiert? ((Rasenmäher/Baulärm setzt wieder ein))
> *Da-da meine-meine Mama meine Vater geh-geheiratet.*

Erst infolge der weiteren Nachfrage der Interviewerin gibt sie die zutreffende Antwort, wobei es interessant ist zu bedenken, dass die Interviewerin hier noch einmal nachfragt und erst dadurch der Befragten die Möglichkeit gibt, die zutreffende Antwort zu geben – wobei man fragen könnte, was die Antwort gewesen wäre, wenn die erste Frage gelautet hätte: »Was habt ihr da gefeiert?«

Auch in einem weiteren Beispiel lässt sich veranschaulichen, wie beide TeilnehmerInnen sich um den gemeinsamen Verstehenshorizont bemühen, auch wenn zunächst die Worte fehlen.

> I.: Hattst du vielleicht (-) einen Ball?
> ›*Joa.*‹
> I.: Oder einen Teddy oder Legosteine ein Auto, (--) oder hattst du vielleicht ein *Dreirad?
> *Daube ((glaube)) ja.*
> I.: Ja? (--) Was war denn dein Lieblingsspielzeug?
> *Da ich (--) zwei (---) zwei Reifen.*
> I.: Zwei Reifen.
> ›*Ja.*‹
> I.: Und hast du mit den Reifen ge*spielt,
> *Gefahren.*
> I.: Gefa::hren. (---) Ein Roller. Ein Fahrrad.
> *Fahrrad.*
> I.: A*ha, kein Dreirad sondern ein Zweirad,
> *Zwei.*

Die Durchsicht der Interviews zeigt erwartungsgemäß auch, dass nicht alle Situationen geklärt werden können – auch wenn, wie in diesem Beispiel, der Befragte versucht, den Begriff, den die Interviewerin nicht zu verstehen scheint, zu umschreiben. Es hat den Anschein, dass die Interviewerin die Antwort im Sinne einer Bestätigung wiederholt, ohne sie zu verstehen.

> *Ich hatte damals eingezogen,* [I.: Hmh,] *und mi Kube (Probe) ge-gewohnt,*
> I.: In der Gruppe?
> *In Kobe gewohnt,*
> I.: In Coberg, (--) ja
> *Eh::, und damals erst ein-ein-reingekommen* [I.: Ja] *und dann hat's erst angefangen- richtig angefangen.*
> I.: Und dann hat's erst richtig angefangen. [*Enau*] Ah ja. Wie lange wohnst du denn schon hier, weißt du das?

243

Zusammenfassung

Die Analyse ausgewählter Interventionen sowie besonderer Gesprächssituationen bildet einen Untersuchungsgegenstand, der mit den hier vorgenommenen Darstellungen längst nicht erschöpft ist. So wäre es u. a. möglich, das Ensemble der Interventionen und der einschlägigen Gesprächsabschnitte im Verlauf eines gesamten Gesprächs zu verfolgen. Doch schon in den geschilderten Beispielen zeigt sich die Vielfalt von Interventionen, welche die Gespräche tragen, und die gemeinsame, z. T. mühevolle Arbeit an der Herstellung des gemeinsamen Verständnishorizontes unter erschwerten Bedingungen. Die Vielfalt der Interventionen zeigt den großen Gestaltungsraum, welcher den AkteurInnen zur Verfügung steht und welche auf Seiten der InterviewerInnen gezielt eingesetzt werden können. Jedoch lassen sich Dialoge nicht einseitig herstellen, was hier ebenfalls deutlich wird. Bereits mit der ersten Antwort wird ein eigener Impuls gesetzt, der wiederum den Verlauf des Gesprächs beeinflusst. Bemerkenswert ist des Weiteren, in welch hohem Maße sich die Befragten ihrerseits in der Lage zeigen, das Gespräch zu steuern, Suggestionen abzuwehren, eigene Akzente zu setzen oder die Führung zu übernehmen. So bestätigt sich auch auf der gesprächspragmatischen Ebene, was sich in der Analyse der Inhalte ergab.

8   Ausblick

45 Personen haben in diesem Projekt aus ihrem Leben erzählt. Dabei bemühten sich die InterviewerInnen nicht nur, eine vertrauensvolle Atmosphäre aufzubauen, sondern auch, den ErzählerInnen einen möglichst großen Spielraum zur Gestaltung, Steuerung und Begrenzung der Gespräche zu geben.

Dies führte dazu, dass die ErzählerInnen in hohem Maße über diejenigen Themen sprachen, die ihnen selbst ein Anliegen waren. Auf diese Weise wurden jedoch keine Ergebnisse gewonnen, welche für die Gesamtheit aller Befragten Geltung beanspruchen können. Dennoch ergeben die inhaltsanalytischen und gesprächsanalytischen Untersuchungen eine Fülle von interessanten und für die Praxis wie die Forschung relevanten Ergebnissen, welche ebenso Ausgangspunkt weiterer Forschungen sein können, wie sie für die Begleitung und die Zusammenarbeit mit Personen mit Trisomie 21 von Bedeutung sind.

Über die einzelne Befunde hinaus lässt sich feststellen, dass auch Personen, welche unter den gegebenen Rahmenbedingungen als in ihrer Kommunikation ›eingeschränkt‹ erscheinen, inhaltsreiche, differenzierte und reflektierte Aussagen, z. T. auch Narrationen, entwickeln. Diese zutage zu fördern, bedarf nicht nur einer entsprechenden Gesprächshaltung und förderlicher Interventionen, sondern auch einer eingehenden Analyse des Gesagten. Die hier dargestellten Ergebnisse, insbesondere in methodischer Hinsicht, können wichtige Impulse und Hinweise geben für die Vorbereitung, Durchführung und nicht zuletzt auch Analyse von Gesprächen in Zusammenhang mit Assistenz, Beratung, Biografiearbeit und Ermittlung des individuellen Hilfebedarfs.

In den Berichten der InterviewerInnen und der Analyse der Gespräche ergab sich, dass die Befragten die Gespräche mit großem Ernst und einer hohen Konzentration führten. Soweit dies die InterviewerInnen und die darüber hinaus assistierenden Personen wahrnehmen konnten, fühlten sich die GesprächspartnerInnen durchweg wohl, was sich in der expliziten Reflexion am Ende der Gespräche bestätigte. In vielen Gesprächen entstand der Eindruck, dass es den Befragten ein Anliegen war, (über) ihr Leben zu reflektieren und zu sprechen. Dieses Anliegen und die Intensität der auf das eigene Leben bezogene Erzählung zeigte sich den InterviewerInnen wie denen, welche die Interviews analysierten, *unabhängig* von den zugeschriebenen bzw. im Gespräch erkennbaren Fähigkeiten zum sprachlichen Ausdruck.

Bei aller Vielfalt und Diversität der Ergebnisse lässt sich festhalten, dass sich die Befragten mit den Themen auseinander setzen, welche auch Gegenstand biografischer Narrative von Personen ohne Trisomie 21 gelten können und die in vielen biografischen Interviews, in Lebenserzählungen und autobiografischen Schriften behandelt werden. Angesichts der gesellschaftlich noch immer häufig defizitären

Konstruktion von Personen mit Down-Syndrom sind daher zu erwähnen: die Normalität und Fülle des eigenen Lebensbezugs, die ›natürliche Selbstverständlichkeit‹ im Selbstbezug und der Eindruck, dass die hier befragten Personen in ihrem Leben gleichsam zu Hause sind. Dies alles zeigt sich nicht nur im der Gesamtschau von Aussagen, sondern auch in zahlreichen prägnanten Bemerkungen.

Eine Besonderheit bildet die in einer nennenswerten Zahl von Interviews zu Tage tretenden Auseinandersetzung mit dem ›Down-Syndrom‹. Ebenfalls spezifisch könnte die starke Betonung der Themen ›Behinderung‹ und Barrieren sein. Ob auch der starke Entwicklungsbezug im Hinblick auf die eigenen Person hierzu gehört, ist durchaus möglich, aber im Rahmen der hier behandelten Fragestellung nicht entscheidbar.[236]

Auch beeindrucken die GesprächspartnerInnen durch eine hohe Selbstreflexion und Differenziertheit in ihren Aussagen – und diese sind keineswegs besonders deutlich bei Personen, welche sich verhältnismäßig eingehender und länger äußern. Gleiches gilt für die klaren und gut nachvollziehbaren Positionierungen, welche den Lebenserzählungen eine große Authentizität verleihen.

In formaler Hinsicht beeindrucken die Aussagen und Erzählungen durch hohe Konsistenz und Kohärenz des Gesagten. Die Formulierungen sind häufig klar und prägnant – dies steht bemerkenswerter Weise nicht im Gegensatz dazu, dass sich eine beträchtliche Anzahl der befragten Personen knapp oder gar kursorisch äußert, manche Aussagen fragmentarischen Charakter haben und auch nicht alle auf Anhieb verständlich sind. Nicht selten finden sich konkrete Beschreibungen in abstrakter Rahmung. Viele Formulierungen wirken prägnant, verdichtet und tragen eine poetische Qualität in sich. Diese Aspekte, welche auf eine besondere Beziehung zur Sprache hinweisen, sind noch wenig untersucht worden, wenngleich man sie leicht zur Kenntnis nehmen kann.[237] Auch wurden in diesem Projekt die Interviews nicht systematisch auf linguistische Kategorien hin untersucht; so können die Hinweise nur exemplarischen oder anekdotischen Charakter haben, sind aber gleichwohl auffallend genug, um hier benannt zu werden. Außerdem reichen sie aus, um deutlich zu machen, dass diese und andere sprachlichen Qualitäten nicht durch sprachliche oder kognitive Beeinträchtigungen negiert werden und überhaupt auf einer anderen Ebene als derjenigen üblicher Sprachstandsmessungen angesiedelt sind und völlig quer zu den entsprechenden Messungen stehen. Man könnte aber darüber nachdenken, ob diese Qualitäten auch in der Auseinandersetzung mit einer spezifischen Ausgangslage entstanden sind.

In der Analyse der Gespräche und Erzählungen lässt sich bei aller individuellen Unterschiedlichkeit vielleicht doch eine weitere Dimension benennen, der sehr viele biografische Aussagen übergreift: *Verbundenheit*. Die Befragten zeigen sich in ihren Aussagen wie, noch einmal gesteigert, in deren non- und paraverbalen *Form* in hohem Maße verbunden, bezogen und in einer positiven Weise auch verpflichtet,

---

236 In der Erforschung von autobiografischen Narrativen beschreiben Dan McAdams die Bedeutung von Entwicklung und Wachstum in der biografischen Identität anhand des von ihm so bezeichneten *redemptive self* (McAdams 2013).
237 Etwa durch Lektüre der Zeitschrift *Ohrenkuss* oder auch des Wörterbuch Ohrenkuss (Peschka & De Braganca 2008).

sicher in erster Linie im Hinblick auf andere Menschen, lebenden wie verstorbenen, aber auch auf Tiere, mit besonderen Tätigkeiten und spezifischen Situationen. Möglicherweise entspringt hier auch die besondere Intensität der Darstellungen und die starke Resonanzqualität zwischen ErzählerInnen und dem Erzählten.

Dies sei hier jedoch mit dem Vorbehalt benannt, nicht eine weitere Variante der Stereotypisierung von Personen mit Down-Syndrom einzuführen. ForscherInnen fordern mit Nachdruck, von einer gruppenbezogenen Perspektive auf Personen mit Down-Syndrom abzurücken, angesichts der vielen individuellen Unterschiede auf genetischer, epigenetischer, neurologischer, kognitiver und umweltbezogener Ebene.[238] Die Perspektive auf Biografien *als solche* ist, trotz der zahlreichen und tiefreichenden gesellschaftlichen und sozialen Einwirkungen, ohnehin eine individuelle.

Doch steht diese Perspektive den wirkmächtigen gesellschaftlichen Bildern über Personen mit Down-Syndrom gegenüber, auch wenn diese z. B. in der Darstellung in den Medien, in TV, Film und Printmedien, sich geändert hat. Standen über lange Zeit Narrative im Vordergrund, welche Probleme betonten und getragen waren von Haltungen in Verbindung mit Mitleid, ›Barmherzigkeit‹, Abwertung u. a., so bekommen nunmehr stärker individualisierte und positive Darstellungen mehr Gewicht. Gleichwohl bemängeln Eltern von Personen mit Down-Syndrom das Fortbestehen von stereotypen und z. T. auch einseitig auf außergewöhnliche Leistungen hin orientierte Diskurse. Auch die vorwiegend apolitischen und gesellschaftliche Gegebenheiten ausblendenden Rahmungen stoßen auf Kritik.[239] Diese Situation teilen Personen mit Down-Syndrom mit Personen und Gruppen in Lebenslagen von Behinderung. Doch anders als die meisten von ihnen ist das gesellschaftliche Bild aufgrund der Möglichkeiten der pränatalen Diagnostik in hohem Maße bedeutend für den Umgang mit den sich daran anschließenden Entscheidungen. Dies zeigt sich in internationalen Vergleichen von Rechtsvorschriften, gesundheitsbezogenen Leistungen und Befragungen betroffener Personen.[240] Daher fordern WissenschaftlerInnen wie Angehörige ausgewogene (›balanced‹) Informationen über Personen mit Down-Syndrom in der Beratung im Zusammenhang mit pränataler Diagnostik.[241] Hier soll es vor allem darum gehen, nicht nur die gesundheitlichen Probleme und möglichen Defizite im Zusammenhang mit dem Down-Syndrom zu betonen und die Perspektiven von Betroffenen und Eltern einzubeziehen. So nachvollziehbar dieses Ansinnen ist – aus einer Liste von Defiziten und Ressourcen, aus einer Kontrastierung von Problemen und Errungenschaften ergeben sich keine Bilder einer *Lebenssituation*, weder auf Seiten der Betroffenen noch der Angehörigen. Hinzu kommt, dass in die zu treffenden Entscheidungen[242] auch die Bewertung

---

238 Karmiloff-Smith et al. 2016; Windsperger & Hoehl 2021, und bereits vor Jahrzehnten Hellgard Rauh (Rauh 2001).
239 Thomas 2021.
240 Nov-Klaiman et al. 2022; van Schendel et al. 2017; Lou et al. 2018.
241 Skotko, Kishnani & Capone 2009; Windsperger & Hoehl 2021; van Schendel et al. 2017; Kellogg et al. 2014.
242 Bemerkenswert ist, dass hier stets von einer Alternative mit zwei Möglichkeiten ausgegangen wird.

der gesellschaftlichen Verhältnisse und Rahmenbedingungen einfließen, die auch zu der Sorge führen, in der Zukunft aus der ›Zone der Normalität‹ herauszufallen.[243]

Dabei wäre neben einer wie immer gearteten ›ausgewogenen‹ Informationslage in erster Linie zu berücksichtigen, dass es unmöglich ist, eine künftige Erfahrung vorauszunehmen, welche sich aus bestehenden Erfahrungen nicht ableiten lässt – in diesem Fall die Erfahrung, Eltern eines Kindes mit Down-Syndrom zu sein.[244] Auch dürfte es als hinlänglich erwiesen gelten, dass sich eine negative subjektive Lebensqualität nicht aus dem Vorliegen einer Behinderung vorhersagen lässt.[245] Die Ergebnisse aus der hier vorliegenden Studie, wenngleich dieses Thema nicht seitens der InterviewerInnen angesprochen wurde, unterstreichen die Forderung, Personen mit Down-Syndrom stärker in den gesellschaftlichen Diskurs zu diesem Thema mit einzubeziehen.[246]

Dass überhaupt Personen mit Down-Syndrom als solche, d. h. nicht in Gemeinschaft mit einer Gruppe von Personen mit Lernschwierigkeiten, stärker befragt werden könnten und sollten, kann als ein weiteres Ergebnis dieses Projektes festgehalten werden, auch über das Format von Nutzerbefragungen hinaus. Viele der in den Interviews angesprochenen Themen könnten als solche und systematisch erhoben werden und Ergebnisse erwarten lassen, welche für die Erziehung, Förderung, Beratung, Assistenz etc. von Personen mit Down-Syndrom nützlich sein können. Nicht weniger wichtig wären solche Forschungen für die Gestaltung einer für Personen mit Down-Syndrom inklusiven Gesellschaft in ihren diversen Teilhabefeldern, bis hin zur politischen Repräsentation. Und schließlich könnten weitere Forschungen und Veröffentlichungen einen positiven Einfluss auf das gesellschaftliche Bild von Personen mit Down-Syndrom haben und damit auch die Bemühung unterstützen, den Beitrag von Personen mit Behinderung für die Gesellschaft zu fördern, wie es die UN BRK formuliert. Die gesellschaftliche Wirksamkeit von Personen mit Down-Syndrom sollte stärker erforscht, anerkannt und im Hinblick auf die zugrunde liegenden Ausgangsbedingungen verbessert werden.

Eine Forschung wie die vorliegende reicht nicht aus, um individuelle Biografien zu erstellen. Aber sie regt an, in diese Richtung zu denken und biografische Projekte zu entwickeln. So liegen bereits einige Lebensbeschreibungen von und über Personen mit Down-Syndrom vor, auch im deutschsprachigen Bereich, sowie weitere Publikationen, die über biografische Themen hinausgehen.[247]

Eine methodische Hilfe für solche Darstellungen aber könnten biografische Interviews in Verbindung mit den biografischen Skizzen sein, welche im Rahmen dieses Projektes entwickelt wurden. Diese Skizzen könnten auch ein wichtiges Element in der Biografieforschung bilden. Die Arbeit in Verbindung mit den Skizzen hat deutlich gemacht, dass man Biografieforschung nicht nur in einem

---

243 Achtelik 2019.
244 Dies gilt auch für die Erfahrung, Eltern überhaupt sowie Eltern eines individuellen Kindes zu sein (Paul 2020).
245 Lebensqualität. Dieser Befund wird bezeichnender Weise unter dem Begriff des Behinderungsparadox geführt, womit noch in der Bezeichnung die entgegengesetzte Hypothese aufgenommen ist (Shakespeare 2017, 45–57; Schmitz 2022, 32–53)
246 Warum nicht auch, im Sinne eines Angebotes, als Co-BeraterInnen in der Beratung?
247 Schneider 2013; Wenk 2015; Schäfer 2016; Dedreux 2022.

engen Rahmen, sondern auch in einem gemeinsamen und über eine gewisse Zeitspanne verlaufenden dialogischen Prozess entwickeln kann.

Im Rahmen des Projektes fanden die biografischen Skizzen einen besonderen Anklang, nicht nur bei den Befragten selbst, sondern auch in deren sozialem Umkreis. So bat eine Befragte um Korrektur einiger fehlerhafter Stellen:

> »Lieber T.,
> danke für das Heft. Das titelbild ist toll geworden. Die geschichte finde ich sehr gut
> aber die texte sind nicht in ordnung.
> Ich habe es aufgeschrieben
> ist das heft fertig?
> kann es noch verändert werden?
> Liebe grüße
> Von Carina«

Die Mutter von Carina schrieb nach erfolgter Korrektur:

> »Sehr geehrter Herr L.,
> auch von uns als Eltern von Carina vielen Dank für dieses tolle Projekt und die schnelle Korrektur für Carina…. Sollte das neue Heft in den nächsten Tagen versendet werden, bitten wir Sie es an folgende Adresse zu senden.
> Vielen Dank!«

Im Hinblick auf die individuelle Bedarfsermittlung im Rahmen des SGB IX ergeben sich einige methodische Anregungen. Gerade die gesprächsanalytischen Ergebnisse zeigen eine Vielfalt von Barrieren, aber auch ermöglichende Bedingungen in diesen bedeutenden Gesprächen auf. Diese könnten in die Schulung der von Seiten des Leistungsträgers oder des Leistungserbringers beauftragten Personen Einzug halten, aber auch in die vorgeschalteten Beratungen. Auch hier können die in diesem Projekt gewonnenen Ergebnisse bestenfalls ein Anfang einer systematischen Erforschung von Gesprächssituationen unter besonderen Bedingungen sein.

Die Analysen zeigen aber auch, dass es sinnvoll sein kann, zentrale Stellen dieser Gespräche zu transkribieren und näher zu analysieren. Auf einer übergreifenden Perspektive ergibt sich jedoch der Vorschlag, die häufig bereits auf einer spezifischen und häufig pragmatischen Ebene geführten Gespräche in eine fundierende biografische Arbeit einzubetten, welche eine tiefere Form der Selbstvergewisserung ermöglicht.

Biografien verbinden individuelle Erfahrungen und Wirksamkeiten, soziale Verhältnisse und gesellschaftliche Bedingungen, Setzungen und Diskurse. Biografisch orientierte Forschungen können eine Ausstrahlung auf die Begleitung individueller Lebenssituationen wie gesellschaftlicher Bilder und Narrative haben, in diesem Fall über Menschen und Lebenslagen in Verbindung mit dem Down-Syndrom – und damit auf den Umgang mit ihnen.

9 Literaturverzeichnis

Achtelik K. (2019). Leidvermutung. Pränataldiagnostik und das Bild von Behinderung. In: *Aus Politik und Zeitgeschichte.* 6–7: 31–36.
Alam El-Deen N., Alwakeel A., El-Gilany A., Wahba Y. (2021). Burden of family caregivers of Down syndrome children: a cross-sectional study. *Fam Pract.* 2021 Mar;29;38(2):160–165. DOI: 10.1093/fampra/cmaa097. PMID: 33011802.
Alheit P., Hanses A. (2004). Institution und Biographie. Zur Selbstreflexivität personenbezogener Dienstleistungen. In: Hanses A. (Hrsg.): *Biographie und soziale Arbeit.* Hohengehren: Schneider, S. 8–28.
Alonso-Sardon M., Iglesias-de-Sena H., Fernández-Martín L., Miron-Canelo, J. (2019). Do health and social support and personal autonomy have an influence on the health-related quality of life of individuals with intellectual disability? *BMC Health Services Research.* 2019;19(1):63. DOI: https://doi.org/10.1186/s12913-018-3856-5.
Bader I. (1996). Entwicklung von Identität und Partnerschaftsbeziehungen im Lebenslauf älterer geistig behinderter Menschen. In: Walter J. (Hrsg.): *Sexualität und geistige Behinderung.* Schriftenreihe der Gesellschaft für Sexualerziehung und Sexualmedizin Baden-Württemberg. Heidelberg: Edition Schindele.
Baines S., Emerson E., Robertson J., Hatton C. (2018). Sexual activity and sexual health among young adults with and without mild/moderate intellectual disability. *BMC Public Health.* 2018 May 29;18(1):667. DOI: 10.1186/s12889–018–5572–9. PMID: 29843657; PMCID: PMC5975712.
Bains K. K., Turnbull T. (2021). Conducting theory-based qualitative interviews with adults with intellectual disabilities and their carers: Adaptations to facilitate participation. *Journal of Applied Research in Intellectual Disabilities,* 1–13. https://doi.org/10.1111/jar.12966.
Basile K., Breiding M., Smith S. (2016). Disability and Risk of Recent Sexual Violence in the United States. *Am J Public Health.* 2016 May;106(5): 928–933. DOI: 10.2105/AJPH.2015.303004. Epub 2016 Feb 18. PMID: 26890182; PMCID: PMC4985079.
Barol B. (2013). Aus der Biografie lernen. Eine Einführung in den Biographical Timeline Process. In: *Seelenpflege in Heilpädagogik und Sozialtherapie.* 3: 6–20.
Barter B., Hastings R., Williams R., Huws J. (2017). Perceptions and Discourses Relating to Genetic Testing: Interviews with People with Down Syndrome. *J Appl Res Intellect Disabil.* 2017 Mar;30(2): 395–406. DOI: 10.1111/jar.12256. Epub 2016 May 11. PMID: 27168113.
Bearman M., Earhart B., Timms L., Powell M. (2020). Professionals' views on how to conduct investigative interviews with adults with limited expressive language. *Psychiatr Psychol Law.* 2020 Jun 4;28(1): 104–119. DOI: 10.1080/13218719.2020.1767713. PMID: 34552382; PMCID: PMC8451594.
Beart S., Hardy G., Buchan L. (2005). How People with Intellectual Disabilities View Their Social Identity: A Review of the Literature. *Journal of Applied Research in Intellectual Disabilities.* 18(1): 47–56. https://doi.org/10.1111/j.1468-3148.2004.00218.x.
Beauchamp T., Childress J. (2008). *Principles of Biomedical Ethics* (6. Aufl.). New York & Oxford: Oxford University Press.
Beck U. (1986). *Risikogesellschaft. Auf dem Weg in eine andere Moderne.* Berlin: Suhrkamp.
Begley A. (1999). The self-perceptions of pupils with Down syndrome in relation to their academic competence, physical competence and social acceptance. *International Journal of Disability, Development and Education.* 46(4): 515–529. https://doi.org/10.1080/103491299100489.

Bertoli M., Biasini G., Calignano M., Celani G., De Grossi G., Digilio M., Fermariello C., Loffredo G. et al. (2011). Needs and challenges of daily life for people with Down syndrome residing in the city of Rome, Italy. *J Intellect Disabil Res.* 2011 Aug;55(8): 801–820. DOI: 10.1111/j.1365–2788.2011.01432.x. Epub 2011 Jun 13. PMID: 21668802; PMCID: PMC3170479.

Bertrand R. (2019). Parents' perspective on having a child with Down Syndrome in France. *American Journal of Medical Genetics Part A.* 2019;179(A): 770–781. DOI: https://doi.org/10.1002/ajmg.a.61102.

Bhardwaj A., Forrester-Jones R., Murphy G. (2017). Social networks of adults with an intellectual disability from south Asian and white communities in the United Kingdom: a comparison. *Journal of Applied Research in Intellectual Disabilities.* 31(2): 253–264. DOI: https://doi.org/10.1111/jar.12351.

Biewer G., Luciak M., Schwinge M. (Hrsg.) (2008). *Begegnung und Differenz: Menschen – Länder – Kulturen.* Beiträge zur Heil- und Sonderpädagogik. Bad Heilbrunn: Klinkhardt.

Bittner G. (2011). *Das Leben bildet. Biographie, Individualität und die Bildung des Proto-Subjektes.* Göttingen: Vandenhoeck & Ruprecht.

Björnsdóttir K., Stefánsdóttir G., Stefánsdóttir Á. (2015). ›It's my life‹: autonomy and people with intellectual disabilities. *J Intellect Disabil.* 2015 Mar;19(1): 5–21. DOI: 10.1177/1744629514564691.

Bohnsack R., Marotzki W., Meuser, M. (Hrsg.) (2006). *Hauptbegriffe Qualitativer Sozialforschung.* Stuttgart: UTB.

Böhme G. (2009). Biographie als Gestaltwandel. In: *BIOS. Zeitschrift für Biographieforschung und Oral History.* 22/1: 3–11.

Booth T., Booth W. (1996). Sounds of silence: narrative research with inarticulate subjects. *Disability and Society.* 18: 55–69.

Bourdieu P. (1998). Die biographische Illusion. In: Bourdieu P. (Hrsg.): *Praktische Vernunft. Zur Theorie des Handelns.* Frankfurt a. M.: Suhrkamp, S. 75–82.

Bortz J., Döring N. (2006). *Forschungsmethoden und Evaluation.* Heidelberg: Springer.

Brinkmann S., Kvale S. (2018). *Doing Interviews.* Thousand Oaks: Sage Publications.

Brown J., Dodd K., Vetere A. (2009). ›I am a normal man‹: a narrative analysis of the accounts of older people with Down's syndrome who lived in institutional settings. *British Journal of Learning Disabilities.* 38/3: 217–224. DOI: 10.1111/j.1468–3156.2009.00596.x.

Bryant L., Hewison J., Green J. (2005). Attitudes towards prenatal diagnosis and termination in women who have a sibling with Down's syndrome. *Journal of Reproductive and Infant Psycholog.* 2005;23(2): 181–198. DOI: 10.1080/02646830500129214.

Buchner T. (2006). »...dass du alles sagen kannst, was du denkst, und dass du dich nicht zurückhalten sollst und so...« – Psychotherapie aus der Sicht von Menschen mit geistiger Behinderung. In: Hennicke K. (Hrsg.): *Psychologie und geistige Behinderung. Dokumentation der Fachtagung der DGSGB vom 29.9. bis 1. 10. 2005 in der Pädagogischen Hochschule Heidelberg.* Berlin: Eigenverlag der DGSGB, S. 73–86.

Buchner T. (2008). Das qualitative Interview mit Menschen mit so genannter geistiger Behinderung. Ethische Aspekte, Durchführung und die Anwendbarkeit im internationalen Vergleich. In: Biewer G., Luciak M., Schwinge M. (Hrsg.): *Begegnung und Differenz: Menschen – Länder – Kulturen.* Bad Heilbrunn: Klinkhardt, S. 516–528.

Buchner T., König O. (2008). Methoden und eingenommene Blickwinkel in der sonder- und heilpädagogischen Forschung von 1996–2006 – eine Zeitschriftenanalyse. In: *Heilpädagogische Forschung.* 34/1: 15–34.

Büssing A., Broghammer-Escher S., Baumann K., Surzykiewicz J. (2017). Aspects of Spirituality and Life Satisfaction in Persons With Down Syndrome. *Journal of Disability & Religion.* 2017;21(1): 14–29. DOI: 10.1080/23312521.2016.1270179.

Burke M., Hodapp R. (2014). Relating stress of mothers of children with developmental disabilities to family-school partnerships. *Intellect Dev Disabil.* 2014 Feb;52(1): 13–23. DOI: 10.1352/1934–9556-52.1.13. PMID: 24635688.

Bush K., Tassé M. (2017). Employment and choice-making for adults with intellectual disability, autism, and down syndrome. *Research in Developmental Disabilities.* 2017;65: 23–34. DOI: 10.1016/j.ridd.2017.04.004.

Callus A. (2017). ›Being friends means helping each other out, making coffee for each other‹: Reciprocity in the friendships of people with intellectual disability. *Disability and Society.* 32(1):1–16. DOI: https://doi.org/10.1080/09687599.2016.1267610.

Carey E. (2021). Aligning with the flow of control: A grounded theory study of choice and autonomy in decision-making practices of people with intellectual disabilities. *International Journal of Qualitative Studies on Health and Well-being.* 2021; 16:1. DOI: 10.1080/17482631.2020.1857053.

Carr J. (2000). Intellectual and Daily Living Skills of 30-year-olds with Down's Syndrome: Continuation of a Longitudinal Study. *Journal of Applied Research in Intellectual Disabilities.* 2000;13(1): 1–16. DOI: https://doi.org/10.1046/j.1468-3148.2000.00003.x.

Cheak-Zamora N., Teti M., Maurer-Batjer A., O'Connor K., Randolph J. (2019). Sexual and Relationship Interest, Knowledge, and Experiences Among Adolescents and Young Adults with Autism Spectrum Disorder. *Arch Sex Behav.* 2019 Nov;48(8): 2605–2615. DOI: 10.1007/s10508-019-1445-2. Epub 2019 Apr 22. PMID: 31011993.

Cheng M., Udry J. (2005). Sexual experiences of adolescents with low cognitive abilities in the US. *Journal of Developmental and Physical Disabilities.* 2005;17(2): 155–172. DOI: https://doi.org/10.1007/s10882-005-3686-3.

Clare I., Gudjonsson G. (1993). Interrogative suggestibility, confabulation, and acquiescence in people with mild learning disabilities (mental handicap): Implications for reliability during police interrogations. *The British journal of clinical psychology/the British Psychological Society.* 32 (3): 295–301. DOI:10.1111/j.2044-8260.1993.tb01059.x.

Clarke C. L., Lhussier M., Minto C., Gibb C. E., Perini T. (2005). Paradoxes, locations and the need for social coherence: a qualitative study of living with learning difficulties. *Disability and Society.* 20: 405–419.

Collins D., Henry L. (2016). Eyewitness recall and suggestibility in individuals with Down syndrome. J *Intellect Disabil Res.* 2016 Dec; 60(12): 1227–1231. DOI: 10.1111/jir.12310.

Courchesne V, Tesfaye R, Mirenda P, Nicholas D, Mitchell W, Singh I, Zwaigenbaum L, Elsabbagh M. (2022). *Autism Voices:* A novel method to access first-person perspective of autistic youth. Autism. 2022 Jul; 26(5): 1123–1136. DOI: 10.1177/13623613211042128. Epub 2021 Sep 4. PMID: 34482746; PMCID: PMC9340132

Coons K. D., Watson S. L. (2013). Conducting research with individuals who have intellectual disabilities: Ethical and practical implications for qualitative research. *Journal on Developmental Disabilities.* 19(2), 14–24.

Crocker J., Major B. (1989). Social Stigma and Self-Esteem: The Self-Protective Properties of Stigma. *Psychological Review.* 1989; 96: 608–630. DOI: 10.1037/0033–295x.96.4.608.

Cunningham C., Glenn S. (2004). Self-awareness in Young Adults with Down Syndrome: I. Awareness of Down syndrome and disability. *International Journal of Disability, Development and Education*; 51(4):335–361. DOI: https://doi.org/10.1080/1034912042000295017.

Cuskelly M., Gunn P. (2003). Sibling relationships of children with Down syndrome: perspectives of mothers, fathers, and siblings. *Am J Ment Retard.* 2003 Jul;108(4): 234–244. DOI: 10.1352/0895–8017(2003)108<234:SROCWD>2.0.CO;2. PMID: 12780335.

Danielsson H., Henry L., Messer D., Rönnberg J. (2012). Strengths and weaknesses in executive functioning in children with intellectual disability. *Res Dev Disabil.* 2012 Mar-Apr; 33(2): 600–607. DOI: 10.1016/j.ridd.2011.11.004.

de Graaf G., Buckley F., Skotko B. (2021). Estimation of the number of people with Down syndrome in Europe. *Eur J Hum Genet.* 2021 Mar; 29(3):402–410. DOI: 10.1038/s41431-020-00748-y.

de Graaf G., Levine S., Goldstein R., Skotko B. (2019). Parents' perceptions of functional abilities in people with Down syndrome. *Am J Med Genet A.* 2019 Feb; 179(2): 161–176. DOI: 10.1002/ajmg.a.61004.

Dedreux N. (2022). *Mein Leben ist doch cool!: Unsere Welt und was ich dazu zu sagen habe.* Eine junge Frau mit Down-Syndrom über die Themen unserer Zeit. München: Knaur.

Dias C., Schwertner C., Grando D., Bidinotto A., Hilgert J., Schuch J., de Azeredo L., Bauer M. et al. (2022). Caregiving of children with Down syndrome: impact on quality of life, stress, mental and oral health. *Spec Care Dentist.* 2022 Jul; 42(4): 398–403. DOI: 10.1111/scd.12694. Epub 2022 Jan 10. PMID: 35014048.

Diekmann A. (2004). *Empirische Sozialforschung* (11. Aufl.). Reinbek: Rowohlt.
Dockrell J. (2004). How can studies of memory and language enhance the authenticity, validity and reliability of interviews? *British Journal of Learning Disabilities.* 32: 161–165.
Dolva A., Kleiven J., Kollstad M. (2014). Actual leisure participation of Norwegian adolescents with Down syndrome. *J Intellect Disabil.* 2014 Jun; 18(2): 159–175. DOI: 10.1177/1744629514523158. Epub 2014 Feb 9. PMID: 24515503.
Dolva A., Kollstad M., Kleiven J. (2019). Friendships and Patterns of Social Leisure Participation among Norwegian Adolescents with Down Syndrome. *Journal of Applied Research in Intellectual Disabilities.* 2019 Sep; 32(5): 1184–1193. DOI: 10.1111/jar.12609. Epub 2019 Apr 30. PMID: 31038247.
Duarte E., Braga P., Guimarães B., Silva J., Caldeira S. (2022). A Qualitative Study of the Spiritual Aspects of Parenting a Child with Down Syndrome. *Healthcare (Basel).* 2022 Mar; 16;10(3):546. DOI: 10.3390/healthcare10030546. PMID: 35327024; PMCID: PMC8951540.
Easler J., Taylor T., Roper S., Yorgason J., Harper J. (2022). Uplifts, Respite, Stress, and Marital Quality for Parents Raising Children With Down Syndrome or Autism. *Intellect Dev Disabil.* 2022 Apr 1; 60(2): 145–162. DOI: 10.1352/1934-9556-60.2.145.
Eisenhower A., Baker B., Blacher J. (2005). Preschool children with intellectual disability: syndrome specificity, behaviour problems, and maternal well-being. *J Intellect Disabil Res.* 2005 Sep; 49(Pt 9): 657–671. DOI: 10.1111/j.1365-2788.2005.00699.x.
Erikson E. (1973). *Identität und Lebenszyklus.* Frankfurt/Main: Suhrkamp.
Esbensen J., Seltzer M., Krauss W. (2008). Stability and change in health, functional abilities, and behavior problems among adults with and without Down syndrome. *Am J Ment Retard.* 2008 Jul; 113(4): 263–277. DOI: 10.1352/0895-8017.
Estell D., Jones M., Pearl R., van Acker R. (2009). Best Friendships of Students With and Without Learning Disabilities Across Late Elementary School. *Exceptional Children.* 76(1):110–124. DOI: https://doi.org/10.1177/001440290907600106.
Fachbereichstag Heilpädagogik (2017). *Überlegungen zur Forschungsethik in der Heilpädagogik.* URL: https://fbt-hp.de/wp-content/uploads/2017/12/FBTag-HP-Forschungsethik-in-der-Heilp%C3%A4dagogischen-Forschung-Stand-2017-11-08.pdf (Abruf: 11.10.2023)
Finlay W., Lyons E. (1998). Social Identity and People with Learning Difficulties: Implications for self-advocacy groups. *Disability & Society.* 1998; 13: 37–51. 10.1080/09687599826902.
Finlay W., Lyons E. (2000). Social categorizations, social comparisons and stigma: Presentations of self in people with learning difficulties. *British Journal of Social Psychology.* 39: 129–146. DOI: https://doi.org/10.1348/014466600164372.
Finlay W., Lyons E. (2001). Methodological issues in interviewing and using self-report questionnaires with people with mental retardation. *Psychological Assessment.* 2001 Sep; 13(3): 319–335. DOI: 10.1037//1040-3590.13.3.319. PMID: 11556269.
Finlay W., Lyons E. (2002). Acquiescence in interviews with people who have mental retardation. *Ment Retard.* 2002 Feb; 40(1): 14–29. DOI: 10.1352/0047-6765(2002)040<0014: AIIWPW>2.0.CO;2. PMID: 11806730.
Fischer W. (2004). Fallrekonstruktion im professionellen Kontext: Biographische Diagnostik, Interaktionsanalyse und Intervention. In: Hanses A. (Hrsg.): *Biographie und soziale Arbeit. Institutionelle und biographische Konstruktionen von Wirklichkeit.* Baltmannsweiler: Schneider Verlag Hohengehren, S. 62–87.
Fischer W., Goblisch M. (2018). Narrativ-biografische Diagnostik. In: Buttner P., Gahleitner S., Hochuli Freund U., Röh D. (Hrsg.): *Handbuch Soziale Diagnostik. Perspektiven und Konzepte für die Soziale Arbeit.* Berlin: Verlag des Deutschen Vereins, S. 246–254.
Fischer W., Kohli M. (1987). Biografieforschung. In: Voges W. (Hrsg.): *Methoden der Biografie- und Lebenslaufforschung.* Opladen: Leske & Budrich, S. 25–49.
Fischer-Rosenthal W., Rosenthal G. (1997). Narrationsanalyse biographischer Selbstpräsentationen. In: Hitzler R., Honer A. (Hrsg.): *Sozialwissenschaftliche Hermeneutik.* Opladen: Leske & Budrich (UTB), S. 133–164.
Fisman S., Wolf L., Ellison D., Freeman T. (2000). A longitudinal study of siblings of children with chronic disabilities. *Can J Psychiatry.* 2000 May; 45(4): 369–375. DOI: 10.1177/070674370004500406. PMID: 10813071.

Flick U. (2002). *Qualitative Sozialforschung. Eine Einführung.* Reinbek: Rowohlts Taschenbuch Verlag.

Flick U., von Kardorff E., Steinke I. (Hrsg.). (2004). *Qualitative Forschung – Ein Handbuch* (3. Aufl.). Reinbek: Rowohlt Taschenbuch Verlag.

Forrester-Jones R., Carpenter J., Coolen-Schrijner, P., Cambridge P., Tate A., Beecham J., Hallam A., Knapp M. et al. (2006). The Social Networks of People with Intellectual Disability Living in the Community 12 Years after Resettlement from Long-Stay Hospitals. *Journal of Applied Research in Intellectual Disabilities.* 19: 285–295. DOI: https://doi.org/1 0.1111/j.1468-3148.2006.00263.x.

Franklin L., Theodore K., Foulds D., Cooper M., Mallaghan L., Wilshaw P., Colborne A., Flowe, E. et al. (2021). »They don't think I can cope, because I have got a learning disability…«: Experiences of stigma in the lives of parents with learning disabilities. *Journal of Applied Research in Intellectual Disabilities.* DOI: https://doi.org/10.1111/jar.12934.

Friebertshäuser B., Prengel A. (Hrsg.) (2003). *Handbuch qualitative Forschungsmethoden in der Erziehungswissenschaft – Studienausgabe.* Weinheim & München: Juventa.

Fucà E., Costanzo F., Ursumando L., Vicari S. (2022). Parenting Stress in Mothers of Children and Adolescents with Down Syndrome. *J Clin Med.* 2022 Feb 23; 11(5):1188. DOI: 10.3390/jcm11051188. PMID: 35268278; PMCID: PMC8911183.

Fulton L., Kinnear D., Jahoda A. (2021). Belonging and reciprocity amongst people with intellectual disabilities: A systematic methodological review. *J Appl Res Intellect Disabil.* 2021 Jul; 34(4): 1008–1025. DOI: 10.1111/jar.12881. Epub 2021 Mar 15. PMID: 33723903.

Georgens J., Deinhardt H. (1979). Die Heilpädagogik. Mit besonderer Berücksichtigung der Idiotie und der Idiotenanstalten. 1860/1836. Wiederabdruck: Bachmann, W. (Hrsg.), *Giessener Dokumentationsreihe Heil- und Sonderpädagogik.* Giessen: Institut für Heil- und Sonderpädagogik der Universität Gießen.

Gerdts J. (2009). *Bedeutungen von pränataler Diagnostik für Menschen mit Behinderungen. Eine qualitative Studie.* Bochum/Freiburg: Projektverlag.

Glinka H. (2008). Das narrative Interview in seinen zentralen Analyseschritten. Tübingen: DGVT.

Glinka H. (2009). *Das narrative Interview – Eine Einführung für Sozialpädagogen* (3. Aufl.). Weinheim & München: Juventa.

Gloger-Tippelt G. (Hrsg.) (2012). *Bindung im Erwachsenenalter. Ein Handbuch für Forschung und Praxis.* Bern: Huber.

Gokgoz C., Kabukcuoglu K. (2022). »Thanks to my child, I discovered that I am strong and I grew up with my child«: Personal growth in mothers of children with Down syndrome in Turkey. *Res Dev Disabil.* 2022 May; 124:104217. DOI: 10.1016/j.ridd.2022.104217.

Grane F., Lynn F., Balfe J., Molloy E., Marsh L. (2022). Down syndrome: Parental experiences of a postnatal diagnosis. *J Intellect Disabi*l. 2022 Jun 14; 17446295221106151. DOI: 10.1177/17446295221106151. Epub ahead of print. PMID: 35698902.

Grieco, J., Pulsifer, M., Seligsohn, K., Skotko, B., & Schwartz, A. (2015). Down syndrome: Cognitive and behavioral functioning across the lifespan. *American Journal of Medical Genetics Part C: Seminars in Medical Genetics;* 169(2), 135–149. DOI: https://doi.org/10.1002/ajmg.c.31439.

Griego A., Datzman J., Estrada S., Middlebrook S. (2019). Suggestibility and false memories in relation to intellectual disability and autism spectrum disorder: a meta-analytic review. *J Intellect Disabil Res.* 2019 Dec; 63(12): 1464–1474. DOI: 10.1111/jir.12668

Griese B. (2010). Unübersichtlichkeiten im Feld der Biografieforschung. In: Griese B. (Hrsg.): *Subjekt – Identität – Person. Reflexionen zur Biografieforschung.* Wiesbaden: VS Verlag für Sozialwissenschaften, S. 115–146.

Griese B., Griesehop H. (2007). *Biographische Fallarbeit. Theorie, Methode und Praxisrelevanz.* Wiesbaden: VS Verlag für Sozialwissenschaften.

Gromann P. (1996). Nutzerkontrolle- ein wichtiger Bestandteil der Qualitätssicherung. In: *Geistige Behinderung.* 35(3): 211–222.

Gromann P. (1998). Das Problem der Beurteilung von Wohlbefinden der Außenperspektive. In: Fischer U. et al. (Hrsg.): *Wohlbefinden und Wohnen von Menschen mit schwerer geistiger Behinderung.* Reutlingen: Diakonie-Verlag, S. 254–270.

Gromann P., Niehoff- Dittmann U. (1999). Selbstbestimmung und Qualitätssicherung. Erfahrungen mit der Bewertung von Einrichtungen durch ihre Bewohner. In: *Geistige Behinderung.* 38(2): 156–164.
Groves E., Rayner K., Muncer S. (2018). »It's Good, They're Like Me; the Same but Different.« An Interpretative Phenomenological Analysis of the Identities of Women with Down's Syndrome. *Journal of Applied Research in Intellectual Disabilities.* 31(3): 445–453.
Guardini R. (1953/2004): *Die Lebensalter. Ihre ethische und pädagogische Bedeutung.* Regensburg: Topos.
Gudjonsson G., Clark N. (1986). *Suggestibility in police interrogation: A social psychological model. Social Behavior.* 1: 83–104.
Gudjons H., Wagener-Gudjons B., Pieper M. (2008). *Auf meinen Spuren. Übungen zur Biografiearbeit.* Bad Heilbrunn: Julius Klinkhardt.
Haeberlin U. (2011). Das provokative Essay: Behinderte integrieren – alles klar?. *Vierteljahresschrift für Heilpädagogik und ihre Nachbargebiete.* 2011 Sep; (4): 278–283. DOI: http://dx.doi.org/10.2378/vhn2011.art20d.
Hagen J. (2002). Zur Befragung von Menschen mit einer geistigen oder mehrfachen Behinderung; In: *Geistige Behinderung.* 41(4): 293–306.
Hagen J. (2007). Und es geht doch! Menschen mit einer geistigen Behinderung als Untersuchungsperson in qualitativen Forschungszusammenhängen. In: *Vierteljahreszeitschrift für Heilpädagogik und ihre Nachbargebiete.* 1: 22–34.
Hanses A. (2018). Biografie und Institutionen. In: Lutz H., Schiebel M., Tuider E. (Hrsg.): *Handbuch Biografieforschung.* Weinheim: Springer-Verlag, S. 379–389.
Hargreaves S., Holton S., Baxter R., Burgoyne K. (2021). Educational experiences of pupils with Down syndrome in the UK. *Res Dev Disabil.* 2021 Dec; 119:104115. DOI: 10.1016/j.ridd.2021.104115. Epub 2021 Oct 29. PMID: 34736106.
Harrison R., Bradshaw J., Forrester-Jones R., McCarthy M., Smith S. (2021). Social networks and people with intellectual disabilities: A systematic review. *J Appl Res Intellect Disabil.* 2021 Jul; 34(4): 973–992. DOI: 10.1111/jar.12878.
Hartup W., Stevens N. (1997). Friendships and adaptation in the life course. *Psychological Bulletin,* 121(3): 355–370. DOI: https://doi.org/10.1037/0033-2909.121.3.355.
Havighurst R. (1948/1972*). Developmental Tasks and Education.* New York: University of Chicago Press David McKay.
Heal L., Sigelman C. (1995). Response biases in interviews of individuals with limited mental ability. *J Intellect Disabil Res.* 1995 Aug; 39 (Pt 4): 331–340. DOI: 10.1111/j.1365-2788.1995.tb00525.x. PMID: 7579991.
Heifetz M., Lake J., Weiss J., Isaacs B., Connolly J. (2019). Dating and romantic relationships of adolescents with intellectual and developmental disabilities. *J Adolesc.* 2020 Feb; 79: 39–48. DOI: 10.1016/j.adolescence.2019.12.011. Epub 2019 Dec 31. PMID: 31901647.
Heinrichs N., Lohaus A. (2020). *Klinische Entwicklungspsychologie kompakt. Psychische Störungen im Kindes- und Jugendalter.* Weinheim: Beltz.
Helfferich C. (2009*). Die Qualität qualitativer Daten. Manual für die Durchführung qualitativer Interviews.* Wiesbaden: VS Verlag für Sozialwissenschaften.
Hendrix J., Amon A., Abbeduto L., Agiovlasitis S., Alsaied T., Anderson H., Bain L., Baumer N. et al. (2021). Opportunities, barriers, and recommendations in down syndrome research. *Transl Sci Rare Dis.* 2021; 5(3–4): 99–129. DOI: 10.3233/trd-200090. Epub 2021 Apr 15. PMID: 34268067; PMCID: PMC8279178.
Herriger N. (1997). *Empowerment in der Sozialen Arbeit.* Stuttgart: Kohlhammer.
Hierdeis H. (2017). Autonomie. In: Ziemen K. (Hrgs.): *Lexikon Inklusion.* Göttingen: Vandenhoek & Ruprecht, S. 24–25.
Hodapp R., Urbano R. (2007). Adult siblings of individuals with Down syndrome versus with autism: findings from a large-scale US survey. *Journal of Intellectual Disability Research.* 51(12): 1018–29.
Hohmeier J. (2004). Die Entwicklung der außerschulischen Behindertenarbeit als Paradigmenwechsel – Von der Verwahrung zur Inklusion. In: Forster R. (Hrsg.): *Soziologie im Kontext von Behinderung.* Bad Heilbrunn: Klinkhardt, S. 127–141.

Hollander J., Mair H. (2006). *Den Ruhestand gestalten. Case Management in der Unterstützung von Menschen mit Behinderungen.* Düsseldorf: Verlag selbstbestimmtes Leben.

Hölzle C., Jansen I. (2009). *Ressourcenorientierte Biografiearbeit. Grundlagen – Zielgruppen – Kreative Methoden.* Wiesbaden: Verlag für Sozialwissenschaften.

How B., Smidt A., Wilson N., Barton R., Valentin C. (2019). ›We would have missed out so much had we terminated‹: What fathers of a child with Down syndrome think about current non-invasive prenatal testing for Down syndrome. *J Intellect Disabil.* 2019 Sep; 23(3): 290–309. DOI: 10.1177/1744629518787606. Epub 2018 Jul 18. PMID: 30021487.

Howes C (1983) Patterns of Friendship. *Child Development.* 54: 1041–1053.

Hurd C., Evans C., Renwick R. (2018). »Having friends is like having marshmallows«: Perspectives of transition-aged youths with intellectual and developmental disabilities on friendship. *J Appl Res Intellect Disabil.* 2018; 31:1186–1196. DOI: https://doi.org/10.1111/jar.12493.

Isler A., Tas F., Beytut D., Conk Z. (2009). Sexuality in Adolescents with Intellectual Disabilities. *Sex Disabil.* 2009; 27: 27–34. DOI: https://doi.org/10.1007/s11195-009-9107-2.

Jackson C., Cavenagh P., Clibbens J. (2014). Communication and self-esteem in adults with Down syndrome. *Int J Lang Commun Disord.* 2014 May–Jun; 49(3): 275–287. DOI: 10.1111/1460-6984.12060. Epub 2014 Mar 12. PMID: 24617604.

Jahoda A., Markova I., Cattermole M. (1988). Stigma and the self-concept of people with a mild mental handicap. *J Ment Defic Res.* 1988 Apr; 32(2): 103–115. DOI: 10.1111/j.1365-2788.1988.tb01396.x. PMID: 3398037.

Jakob G. (2010). Biografische Forschung mit dem narrativen Interview. In: Friebertshäuser B., Langer A., Prengel A. (Hrsg.): *Handbuch qualitative Forschungsmethoden in der Erziehungswissenschaft.* Weinheim/München: Juventa, S. 219–233.

Jansen I. (2011). Biografie im Kontext sozialwissenschaftlicher Forschung und im Handlungsfeld pädagogischer Biografiearbeit: In Hölzle C., Jansen I. (Hrsg.) (2011). *Ressourcenorientierte Biografiearbeit. Grundlagen – Zielgruppen – kreative Methoden* (2., durchges. Aufl.). Wiesbaden: VS Verlag für Sozialwissenschaften, S. 17–30.

Jantzen W. (2005). *Es kommt darauf an, sich zu verändern. Zur Methodologie und Praxis rehistorisierender Diagnostik und Intervention.* Gießen: Psychosozial-Verlag.

Jeoung B. (2019). Study of the relationships between the health condition, caring in terms of health practice behavior on quality of life of parents of children with developmental disabilities. *J Exerc Rehabil.* 2019 Dec 31; 15(6): 826–831. DOI: 10.12965/jer.1938736.368. PMID: 31938705; PMCID: PMC6944871.

Jess M., Flynn S., Bailey T., Hastings R., Totsika V. (2021). Failure to replicate a robust Down syndrome advantage for maternal well-being. *J Intellect Disabil Res.* 2021 Mar; 65(3): 262–271. DOI: 10.1111/jir.12808. Epub 2021 Jan 6. PMID: 33404135; PMCID: PMC8049030.

Jevne K., Kollstad M., Dolva A. (2022). The perspective of emerging adults with Down syndrome – On quality of life and well-being. *J Intellect Disabil.* 2022 Dec;26(4): 839–852. DOI: 10.1177/17446295211030097. Epub 2021 Aug 27. PMID: 34448428.

Jobling A., Moni K., Nolan A. (2000). Understanding friendship: Young adults with Down syndrome exploring relationships. *Journal of Intellectual and Developmental Disability.* 25(3): 235–245. DOI: https://doi.org/10.1080/13269780050144299.

Johnson K. R., Bagatell N. (2020). »No! You can't have it«: Problematizing choice in institutionalized adults with intellectual disabilities. J Intellect Disabil. 2020 Mar; 24(1): 69–84. DOI: 10.1177/1744629518766121. Epub 2018 Apr 5. PMID: 29621910.

Jones J. (2012). Factors associated with self-concept: adolescents with intellectual and development disabilities share their perspectives. *Intellect Dev Disabil.* 2012 Feb; 50(1): 31–40. DOI: 10.1352/1934-9556-50.1.31. PMID: 22316224.

Jüttemann G. (2007). *Persönlichkeit als Selbstgestaltung.* Göttingen: Vandenhoeck & Ruprecht.

Karmiloff-Smith A., Al-Janabi T., D'Souza H., Groet J., Massand E., Mok K., Startin C., Fisher E. et al. (2016). The importance of understanding individual differences in Down syndrome. *F1000Res.* 2016 Mar 23; 5:F1000 Faculty Rev-389. DOI: 10.12688/f1000research.7506.1. PMID: 27019699; PMCID: PMC4806704.

Keller H. (2011). *Kinderalltag. Kulturen der Kindheit und ihre Bedeutung für Bindung, Bildung und Erziehung.* Berlin/Heidelberg: Springer.

Kennedy E. (2000). *The impact of cognitive development and socialization factors on the concept of death among adults with mental retardation (Dissertation).* Akron, OH: The University of Akron.

Kellogg G., Slattery L., Hudgins L., Ormond K. (2014). *Attitudes of mothers of children with down syndrome towards noninvasive prenatal testing.* J Genet Couns. 2014 Oct; 23(5): 805–813. DOI: 10.1007/s10897-014-9694-7. Epub 2014 Feb 1. PMID: 24481673; PMCID: PMC4119092.

Keppler R. (2012). Berufsbiografie als Aufgabe. In: *Hohenfried kompakt.* 2: 22–23.

Kistner H. (2013). Das eigene Leben studieren – vom Leben lernen. Biografiearbeit mit Menschen mit schwerer Behinderung im Umfeld von Sterben, Tod und Trauer. In: *Seelenpflege in Heilpädagogik und Sozialtherapie.* 3: 37–52.

Kistner H. (2018). *Lebenswege. Biografie von Menschen mit Behinderung.* Düsseldorf: Verlag selbstbestimmtes Leben.

Klauß T. (2000). *Lebensgeschichte von Menschen mit geistiger Behinderung im Beziehungsgeflecht von Familie und Heim.* Vortrag Schwarzach am 23.3. URL: https://www.ph-heidelberg.de/filead min/user_upload/wp/klauss/lebensgeschichte.pdf (Abruf: 18.06.2021).

Köber C., Schmiedek F., Habermas T. (2015). Characterizing Lifespan Development of Three Aspects of Coherence in Life narrtives: A Cohort-Sequential Study. In: *Developmental Psychology.* 51(2): 260–273.

Kohli M. (1985). Die Institutionalisierung des Lebenslaufs. Historische Befunde und theoretische Argumente. In: *Kölner Zeitschrift für Soziologie und Sozialpsychologie.* 37: 1–29.

Koschorke A. (2012). *Wahrheit und Erfindung. Grundzüge einer Allgemeinen Erzähltheorie.* Frankfurt/Main: Fischer, S. 11.

Köttig M., Rätz-Heinisch R. (2005). Potenziale unterstützen, Selbstvertrauen fördern. Dialogische Biografiearbeit in der Kinder- und Jugendhilfe. In: *Sozialextra. Zeitschrift für soziale Arbeit & Sozialpolitik.* 11: 16–20.

Krell K., Haugen K., Torres A., Santoro S. (2021). Description of Daily Living Skills and Independence: A Cohort from a Multidisciplinary Down Syndrome Clinic. *Brain Sci.* 2021 Jul 30; 11(8):1012. DOI: 10.3390/brainsci11081012. PMID: 34439631; PMCID: PMC8391843.

Krüger H.-H. (2009). Entwicklungslinien, Forschungsfelder und Perspektiven der erziehungswissenschaftlichen Biografieforschung. In: Krüger H.-H., Marotzki W.: *Handbuch erziehungswissenschaftliche Biografieforschung.* Wiesbaden: VS-Verlag, S. 13–34.

Kumin L., Schoenbrodt L. (2016). Employment in Adults with Down Syndrome in the United States: Results from a National Survey. *J Appl Res Intellect Disabil.* 2016 Jul;29(4): 330–345. DOI: 10.1111/jar.12182. Epub 2015 Apr 6. PMID: 25847188.

Kunst- und Ausstellungshalle der Bundesrepublik Deutschland (Hrsg.) (2016). *Touchdown. Die Geschichte des Down-Syndroms.* Bonn: Bundeszentrale für politische Bildung.

Lanfranchi S., Vianello R. (2012). Stress, locus of control, and family cohesion and adaptability in parents of children with Down, Williams, Fragile X, and Prader-Willi syndromes. *Am J Intellect Dev Disabil.* 2012 May; 117(3): 207–224. DOI: 10.1352/1944-7558-117.3.207. PMID: 22716263.

Lamnek S. (2005). *Qualitative Sozialforschung – Lehrbuch* (4. Vollständig überarbeitete Aufl.). Weinheim/Basel: Beltz Verlag.

Larkin F., Hayiou-Thomas M., Arshad Z., Leonard M., Williams F., Katseniou N., Malouta R., Marshall C., Diamantopoulou M. et al. (2021). Mind-Mindedness and Stress in Parents of Children with Developmental Disorders. *J Autism Dev Disord.* 2021 Feb; 51(2): 600–612. DOI: 10.1007/s10803-020-04570-9. PMID: 32562123; PMCID: PMC7835290.

Lee A., Knafl G., Knafl K., Van Riper M. (2020). Parent-Reported Contribution of Family Variables of the Quality of Life in Children with Down Syndrome: Report from an International Study. *J Pediatr Nurs.* 2020 Nov–Dec; 55: 192–200. DOI: 10.1016/j.pedn.2020.07.009. Epub 2020 Sep 18. PMID: 32957023.

Lee A., Knafl G., Knafl K., Van Riper M. (2021). Quality of life in individuals with Down syndrome aged 4 to 21 years. *Child Care Health Dev.* 2021; 47: 85–93. DOI: https://doi.org/1 0.1111/cch.12815.

Lee E., Neil N., Friesen D. (2021). Support needs, coping, and stress among parents and caregivers of people with Down syndrome. *Res Dev Disabil.* 2021 Dec; 119: 104113. DOI: 10.1016/j.ridd.2021.104113. Epub 2021 Oct 19. PMID: 34678707.

Lemoine L., Schneider B. (2022). Family Support for (Increasingly) Older Adults with Down Syndrome: Factors Affecting Siblings' Involvement. *J Intellect Disabil.* 2022 Apr 22:17446295221082725. DOI: 10.1177/17446295221082725. Epub ahead of print. PMID: 35459404.

Li E., Tam S., Man M. (2006). Exploring the self-concepts of persons with intellectual disabilities. *J Intellect Disabil.* 2006 Mar; 10(1): 19–34. DOI: 10.1177/1744629506062270. PMID: 16495322.

Lindmaier B., Stahlhut H., Oermann L., Kammann C. (2018). *Biografiearbeit mit einem Lebensbuch. Ein Praxisbuch für die Arbeit mit erwachsenen Menschen mit einer kognitiven Beeinträchtigung und ihren Familien.* Weinheim: Beltz Juventa.

Lindmeier C. (2004). *Biografiearbeit mit geistig behinderten Menschen. Ein Praxisbuch für Einzel- und Gruppenarbeit.* Weinheim/München: Beltz Juventa.

Lipe-Goodson P., Goebel B. (1983). Perception of age and death in mentally retarded adults. *Mental Retardation.* 21(2): 68–75.

Ljubičić M., Delin S., Kolčić I. (2022). Family and Individual Quality of Life in Parents of Children with Developmental Disorders and Diabetes Type 1. *J Clin Med.* 2022 May 19; 11(10): 2861. DOI: 10.3390/jcm11102861. PMID: 35628987; PMCID: PMC9145317.

Lou S., Carstensen K., Petersen O., Nielsen C., Hvidman L., Lanther M., Vogel I (2018). Termination of pregnancy following a prenatal diagnosis of Down syndrome: A qualitative study of the decision-making process of pregnant couples. *Acta Obstet Gynecol Scand.* 2018 Oct; 97(10): 1228–1236. DOI: 10.1111/aogs.13386. Epub 2018 Jun 15. PMID: 29791717.

Lou S., Lanther M., Hagenstjerne N., Petersen O., Vogel I. (2020). »This is the child we were given«: A qualitative study of Danish parents' experiences of a prenatal Down syndrome diagnosis and their decision to continue the pregnancy. In: *Sex & Reproductive Healthcare*, 23. DOI: 10.1016/j.srhc.2019.100480. Epub 2019 Nov 6.

Lucius-Hoene G., Deppermann A. (2004). *Rekonstruktion narrativer Identität. Ein Arbeitsbuch zur Analyse narrativer Interviews.* Wiesbaden: Springer.

Luria A. (1993). *Romantische Wissenschaft. Forschungen im Grenzbezirk von Seele und Gehirn.* Reinbek: Rohwolt.

Lutz H., Schiebel M., Tuider E. (2018). Einleitung: Ein Handbuch der Biografieforschung. In: Lutz H., Schiebel M., Tuider E. (Hrsg.): *Handbuch Biografieforschung*, Wiesbaden: Springer, S. 1–8.

Marchal J., Maurice-Stam H., van Trotsenburg A., Grootenhuis M. (2016). Mothers and fathers of young Dutch adolescents with Down syndrome: Health related quality of life and family functioning. *Res Dev Disabil.* 2016 Dec; 59: 359–369. DOI: 10.1016/j.ridd.2016.09.014. Epub 2016 Sep 28. PMID: 27690350.

Markowetz, Reinhardt (2022). Freizeit. In: Hedderich I., Biewer G., Hollenweger J., Markowetz R. (Hrsg.): *Handbuch Inklusion und Sonderpädagogik.* Bad Heilbrunn: Klinkhardt, S. 473–480.

Marotzki, W. (2000). Qualitative Evaluationsforschung. In Flick, U., v. Kardoff, E., Steinke, I. (Hrsg.) *Qualitative Forschung.* Reinbek: Rowohlt, S. 175–186.

Marshak L., Lasinsky E., Williams C. (2019). Listening to fathers: Personal impacts of raising children with Down syndrome. *J Intellect Disabil.* 2019 Sep; 23(3): 310–326. DOI: 10.1177/1744629518801112. Epub 2018 Sep 16. PMID: 30222086.

Matikka L., Vesala H. (1997), nach Hagen (2002). Acquiescence in quality-of-life interviews with adults who have mental retardation. *Mental Retardation.* 35(2): 75–82.

Matthews T., Allain D., Matthews A., Mitchell A., Santoro S., Cohen L. (2018). An assessment of health, social, communication, and daily living skills of adults with Down syndrome. *American Journal of Medical Genetics Part A.* 2018; 176(6): 1389–1397. DOI: https://doi.org/10.1002/ajmg.a.38721.

Mayring, P. (2002) *Einführung in die qualitative Sozialforschung.* Weinheim/Basel: Beltz.

McAdams D. (2013). *The redemptive Self: Stories Americans Live by.* New York/Oxford: Oxford University Press.

McAdams D. (2018). The Emergence of Personality. In: McAdams D., Shiner R., Tackett J. (Hrsg.): *Handbook of Personality Development*. New York: Guilford Press, S. 3–19.
McCrae R., Costa P. (1997). Personality trait structure as a human universal. *American Psychologist*. 1997 May; 52(5): 509–516. DOI: https://doi.org/10.1037/0003-066X.52.5.509.
McNeill D. (1992). *Hand and Mind*. Chicago: University Press.
Merkel R. (2019). Von wegen Selektion. In: *FAZ*, 26.04.2019, 9.
Mihaila I., Handen, B., Christian B., Hartley S. (2020). Leisure Activity in Middle-Aged Adults with down Syndrome: Initiators, Social Partners, Settings and Barriers. In: *Journal of Applied Research in Intellectual Disabilities*. 33(5): 865–875.
Mitchell D., Hauser-Cram P., Crossman M. (2015). Relationship dimensions of the ›Down syndrome advantage‹. *J Intellect Disabil Res*. 2015 Jun; 59(6): 506–518. DOI: 10.1111/jir.12153. Epub 2014 Jul 28. PMID: 25070618; PMCID: PMC4309742.
Möller S. (2004). *Die Bedeutung biographischer Erfahrungshintergründe für die Gestaltung des Ruhestandes bei Menschen mit Behinderung*. Unveröffentlichte Diplomarbeit an der Westfälischen Wilhelms-Universität Münster.
Möller. S. (2006). Die Bedeutung der Biografie und Biografiearbeit. In: Hollander, Mair: *Den Ruhestand gestalten. Case Management in der Unterstützung von Menschen mit Behinderungen*. Düsseldorf: Verlag selbstbestimmtes Leben, S. 110–121.
Natoli J., Ackerman D., McDermott S., Edwards J. (2012). Prenatal diagnosis of Down syndrome: a systematic review of termination rates (1995–2011). *Prenat Diagn*. 2012 Feb; 32(2): 142–153. DOI: 10.1002/pd.2910. PMID: 22418958.
Nelson Goff B., Springer N., Foote L., Frantz C., Peak M., Tracy C., Veh T., Bentley G., Cross K. (2013). Receiving the initial Down syndrome diagnosis: a comparison of prenatal and postnatal parent group experiences. *Intellect Dev Disabil*. 2013 Dec; 51(6): 446–457. DOI: 10.1352/1934-9556-51.6.446. PMID: 24447016.
Niediek I. (2014). Auf die Frage kommt es an. Das Problemzentrierte Interview bei Menschen mit einer geistigen Behinderung. In: *Teilhabe* 3(53): 100–105.
Niediek I. (2016). Wer nicht fragt, bekommt keine Antworten – Interviewtechniken unter besonderen Bedingungen. *Zeitschrift für Inklusion*, (4). URL: https://www.inklusion-online.net/index.php/inklusion-online/article/view/323.
Nov Klaiman T., Frisman M., Raz A., Rehmann-Sutter C. (2022). Views on disability and prenatal testing among families with Down syndrome and disability activists: A comparative analysis of interviews from Germany and Israel. *Soc Sci Med*. 2022 Jun; 303:115021. DOI: 10.1016/j.socscimed.2022.115021. Epub 2022 May 7. PMID: 35588654.
Opp G., Fingerle M. (2008). *Was Kinder stärkt. Erziehung zwischen Risiko und Resilienz*. München: Reinhardt.
Oreskovic N., Agiovlasitis S., Patsiogiannis V., Santoro S., Nichols D., Skotko B. (2022). Brief report: Caregiver perceived physical activity preferences of adults with Down syndrome. *J Appl Res Intellect Disabil*. 2022 May; 35(3): 910–915. DOI: 10.1111/jar.12979. Epub 2022 Feb 2. PMID: 35106891.
Ottmann G., Crosbie J. (2013). Mixed method approaches in open-ended, qualitative, exploratory research involving people with intellectual disabilities: a comparative methods study. *J Intellect Disabil*. 2013 Sep; 17(3): 182–197. DOI: 10.1177/1744629513494927. Epub 2013 Jun 25. PMID: 23801355.
Palmowski W., Heuwinkel M. (2010). *Normal bin ich nicht behindert. Wirklichkeitskonstruktionen bei Menschen, die behindert werden – Unterschiede, die Welten machen*. Dortmund: Borgmann.
Papaeliou C., Polemikos N., Fryssira E., Kodakos A., Kaila M., Yiota X., Benaveli E., Michaelides C. et al. (2012). Behavioural profile and maternal stress in Greek young children with Williams syndrome. *Child Care Health Dev*. 2012 Nov; 38(6): 844–853. DOI: 10.1111/j.1365-2214.2011.01306.x. Epub 2011 Sep 27. PMID: 21951204.
Paul L. A. (2020). *Was können wir wissen, bevor wir entscheiden? Von Kinderwünschen und Vernunftgründen*. Ditzingen: Reclam.
Perry J. (2004). Interviewing people with Intellectual Disabilities. In: Emerson E., Hatton C., Thompson T., Parmenter T. (Hrsg.): *The International Handbook of Applied Research in Intellecutal Disabilities*. Chichester: Wiley, S. 115–131.

Perske R. (2004). Understanding persons with intellectual disabilities in the criminal justice system: indicators of progress? *Ment Retard.* 2004 Dec; 42(6): 484–487. DOI: 10.1352/0047-6765(2004)42<484:UPWIDI>2.0.CO;2. PMID: 15516181.

Peschka B., de Braganca K. (Hrsg.) (2008). *Das Wörterbuch.* Ohrenkuss. Downtown – Werkstatt für Kultur und Wissenschaft: Bonn.

Petzold H. (1999). Lebensgeschichten verstehen lernen heißt, sich selbst und andere verstehen lernen. Über Biographiearbeit, traumatische Belastungen und Neuorientierung. In: *Behinderte in Familie, Schule und Gesellschaft.* 6/99. Graz: Reha Druck Graz.

Pfahl L. (2011). *Techniken der Behinderung: Der deutsche Lernbehinderungsdiskurs, die Sonderschule und ihre Auswirkungen auf Bildungsbiografien.* Bielfeld: Transcript.

Pfahl L. (2012). Bildung, Behinderung und Agency: Eine wissenssoziologische Untersuchung der Folgen schulischer Segregation und Inklusion. In: *Kölner Zeitschrift für Soziologie und Sozialpsychologie, Sonderheft: Soziologische Bildungsforschung.* 52(12): 415–436.

Plettenberg A. (2021*). Tagesschau in leichter Sprache – jetzt!* In: URL: change.org/Tagesschau (Abruf: 18.06.2021).

Podsakoff P., MacKenzie S., Lee J., Podsakoff N. (2003). Common method biases in behavioral research: a critical review ft he literature and recommended remedies. In: *Journal of Applied Psychology*, 88(5): 879–903.

Pop-Tudose M., Armean P., Pop I. (2022). Prenatal screening for Down syndrome: popularity, perceptions and factors associated with acceptance or refusal of testing. *J Matern Fetal Neonatal Med.* 2022 Dec; 35(25): 6505–6509. DOI: 10.1080/14767058.2021.1916910. Epub 2021 Apr 28. PMID: 33910457.

Povee K., Roberts L., Bourke J., Leonard H. (2012). Family functioning in families with a child with Down syndrome: a mixed methods approach. *J Intellect Disabil Res.* 2012 Oct; 56(10):961–973. DOI: 10.1111/j.1365-2788.2012.01561.x. Epub 2012 Apr 25. PMID: 22533693.

Raabe W. (2004). *Biografiearbeit in der Benachteiligtenförderung.* Darmstadt: Hiba GmbH Verlag.

Rapley M., Antaki C. (1996). A conversation analysis of the »acquiescence« of people with earning disabilities. *Journal of Community and Applied Social Psychology.* 6: 207–227.

Rauh H. (2001) Ein Chromosom zuviel. Wie entwickeln sich Kinder mit Down-Syndrom? In W. Deutsch & M. Wenglorz (Hrsg.): *Zentrale Entwicklungsstörungen bei Kinder und Jugendlichen.* Stuttgart: Klett-Cotta, S. 134–163.

Rauh H., Bahre S., Goetze H. (2013). Der Umgang mit Sexualität und Familiengründungswünschen. In: *Heilpädagogische Forschung,* 39(3): 107–117.

Reichertz J. (2010). Das sinnhaft handelnde Subjekt als historisch gewachsene Formation des Menschen. In: Griese B. (Hrsg.): *Subjekt – Identität – Person. Reflexionen zur Biographieforschung.* Wiesbaden: Verlag für Sozialwissenschaften, S. 21–48.

Ridding A., Williams J. (2019). Being a dad to a child with Down's syndrome: Overcoming the challenges to adjustment. *J Appl Res Intellect Disabil.* 2019 May; 32(3): 678–690. DOI: 10.1111/jar.12563. Epub 2019 Jan 11. PMID: 30632665; PMCID: PMC6850302.

Riemann G. (1987). *Das Fremdwerden der eigenen Biographie. Narrative Interviews mit psychiatrischen Patienten.* München: Wilhelm Fink Verlag.

Robertson J., Beyer S., Emerson E. et al. (2019). The association between employment and the health of people with intellectual disabilities: a systematic review. *Journal of Applied Research in Intellectual Disabilities.* 32: 1335–1348.

Robertson J., Emerson E., Gregory N., Hatton C., Kessissoglou S., Hallam A., Linehan C. (2001). Social networks of people with mental retardation in residential settings. *Ment Retard.* 2001 Jun; 39(3): 201–214. DOI: 10.1352/0047-6765(2001)039<0201:SNOPWM>2.0.CO;2. PMID: 11419999.

Robinette B., Palokas M., Christian R., Hinton E. (2022). Experiences of parents and prospective parents when receiving a diagnosis of Down syndrome for their child in the perinatal period: a qualitative systematic review protocol. *JBI Evid Synth.* 2022 Dec 1; 20(12): 2995–3000. DOI: 10.11124/JBIES-21-00291. PMID: 36065936.

Rogers C. R. (2020). Eine Theorie der Psychotherapie. 3. Auflage. München: Ernst Reinhardt Verlag.

Roll A., Bowers B. (2019). Building and Connecting: Family Strategies for Developing Social Support Networks for Adults With Down Syndrome. *J Fam Nurs.* 2019 Feb;25(1): 128–151. DOI: 10.1177/1074840718823578. Epub 2019 Jan 24. PMID: 30675807.

Roll A., Koehly L. (2020). One social network, two perspectives: Social networks of people with Down syndrome based on self-reports and proxy reports. *J Appl Res Intellect Disabil.* 2020 Nov;33(6): 1188–1198. DOI: 10.1111/jar.12736. Epub 2020 Apr 14. PMID: 32285593.

Röh D. (2009). *Soziale Arbeit in der Behindertenhilfe.* München: Ernst Reinhardt Verlag.

Römisch K. (2011). *Entwicklung weiblicher Lebensentwürfe unter Bedingungen geistiger Behinderung.* Bad Heilbrunn: Klinkhardt

Römisch A. (2012). Entwicklung weiblicher Lebensentwürfe unter Bedingungen geistiger Behinderung. *Teilhabe* 2 (51): 60–65.

Rosenthal G. (1995). *Erlebte und erzählte Lebensgeschichte: Gestalt und Struktur biographischer Selbstbeschreibungen.* Frankfurt/Main, New York: Campus-Verlag.

Rosenthal G. (2002). Biographisch Narrative Gesprächsführung: Zu den Bedingungen heilsamen Erzählens im Forschungs- und Beratungskontext. In: *Psychotherapie und Sozialwissenschaften.* (4): 216–235.

Rosenthal, G. (2010). Die erlebte und erzählte Lebensgeschichte. In: Griese B. (Hrsg.): *Subjekt – Identität – Person. Reflexionen zur Biographieforschung.* Wiesbaden: Verlag für Sozialwissenschaften, S. 197–218.

Rössler B. (2017). *Autonomie. Versuch über das gelungene Leben.* Berlin: Suhrkamp.

Ruppert M. (2010). Die inneren Grenzen der Biografieforschung. In: Griese B. (Hrsg.): *Subjekt – Identität – Person. Reflexionen zur Biographieforschung.* Wiesbaden: Verlag für Sozialwissenschaften, S. 93–101.

Sackmann R. (2007). *Lebenslaufanalyse und Biografieforschung.* Wiesbaden: Verlag für Sozialwissenschaften.

Sacks H., Schegloff E., Jefferson G. (1974). A Simplest Systematic for the Organization of Turn-Taking for Conversation. In: *Language.* 50: 696–735.

Saha S., Doran E., Osann K., Hom C., Movsesyan N., Rosa D., Tournay A., Lott I. (2014). Self-concept in children with Down syndrome. *American Journal of Medical Genetics Part A.* 2014 Aug; 164 A(8): 1891–8. DOI: 10.1002/ajmg.a.36597. Epub 2014 May 16. PMID: 24838927; PMCID: PMC5800412.

Sandjojo J., Gebhardt W., Zedlitz A., Hoekman J., den Haan J., Evers A. (2019). Promoting independence of people with intellectual disabilities: A focus group study perspectives from people with intellectual disabilities, legal representatives, and support staff: Promoting independence of people with ID. *Journal of Policy and Practice in Intellectual Disabilities.* 2019; 16(1): 37–52. DOI: https://doi.org/10.1111/jppi.12265.

Sangster S., DeLucry K., Lawson K. (2023). »We're in the same book, but we're in different parts of the book«: Dominant and sub-group narratives of life following a Down syndrome determination. *Journal of Intellectual Disabilities.* 2023; 27(1): 68–86. DOI: https://doi.org/10.1177/17446295221079584.

Santoro S., Hendrix J., White N., Chandan P. (2022). Caregivers evaluate independence in individuals with Down syndrome. *American Journal of Medical Genetics Part A.* 2022 May; 188(5): 1526–1537. DOI: 10.1002/ajmg.a.62680. Epub 2022 Feb 4. PMID: 35119195.

Sarimski K. (2020). Down-Syndrom: Auswirkungen auf die Familie aus Sicht von Müttern und Vätern. *Prax Kinderpsychol Kinderpsychiatr.* 2020 May; 69(3): 236–251. DOI: 10.13109/prkk.2020.69.3.236. PMID: 32394822.

Schäfer K (2016). *Wir leben mit Down-Syndrom: Menschen mit Trisomie 21 und ihre Familien erzählen.* Freiburg: rap Verlag.

Schäfers M. (2008). *Lebensqualität aus Nutzersicht. Wie Menschen mit geistiger Behinderung ihre Lebenssituation beurteilen.* Wiesbaden: Verlag für Sozialwissenschaften.

Schäfers M. (2009). Methodenforschung zur Befragung von Menschen mit geistiger Behinderung. In: *Heilpädagogische Forschung.* 35/4: 213–227.

Schapp W. (1953/2004). *In Geschichten verstrickt. Zum Sein von Mensch und Ding.* Frankfurt/Main: Klostermann.

Schmalenbach B. (2020). Biografische Narrative von Personen mit Assistenzbedarf. In: *Menschen. Zeitschrift für gemeinsames Lernen, Leben und Arbeiten.* (43): 35–39.

Schmitz B. (2022). *Was ist ein lebenswertes Leben? Philosophische und biographische Zugänge.* Ditzingen: Reclam.
Schneider H. (2013). *Was soll aus dem Kind bloß werden?* Cuxhaven: Neufeld Verlag.
Schuppener S. (2022). Selbstbestimmung. In: Hedderich I., Biewer G., Hollenweger J., Markowetz R. (Hrsg.): *Handbuch Inklusion und Sonderpädagogik. Eine Einführung* (2., aktualisierte und erweiterte Aufl.). Bad Heilbrunn: Julius Klinkhardt, S. 110–115.
Schütze F. (1984). Kognitive Figuren des autobiographischen Stegreiferzählens. In: Kohli M., Robert G. (Hrsg.): *Biografie und soziale Wirklichkeit. Neue Beiträge und Forschungsperspektiven.* Stuttgart: Metzler, S. 78–117.
Scott M., Foley K., Bourke J., Leonard H., Girdler S. (2014). »I have a good life«: the meaning of well-being from the perspective of young adults with Down syndrome. In: *Disability Rehabilitation,* 36/15, 1290–1298.
Senses Dinc G., Cop E., Tos T., Sari E., Senel S. (2019). Mothers of 0–3-year-old children with Down syndrome: Effects on quality of life. *Pediatr Int.* 2019 Sep; 61(9): 865–871. DOI: 10.1111/ped.13936. PMID: 31267616.
Shakespeare T. (2017). *Disability. The Basics.* London, New York: Routledge.
Sheldon J., Oliver M., Beverly M. (2021). Rewards and challenges of parenting a child with Down syndrome: a qualitative study of fathers' perceptions, *Disability and Rehabilitation.* 2021; 43(24): 3562–3573. DOI: 10.1080/09638288.2020.1745907.
Sheridan C., O'Malley-Keighran M., Carroll C. (2020). What Are the Perspectives of Adolescents with Down Syndrome about Their Quality of Life? A Scoping Review. In: *British Journal of Learning Disabilities.* 48(2): 98–105.
Shields N., Leonard H., Munteanu S., Bourke J., Lim P., Taylor N., Downs J. (2018). Parent-reported health-related quality of life of children with Down syndrome: a descriptive study. *Dev Med Child Neurol.* 2018 Apr; 60(4): 402–408. DOI: 10.1111/dmcn.13670. Epub 2018 Jan 23. PMID: 29359801.
Shivers C. M., McGregor C., Hough A. (2019): Self-Reported Stress among Adolescent Siblings of Individuals with Autism Spectrum Disorder and Down Syndrome. In: *Autism: The International Journal of Research and Practice.* 23(1): 112–122.
Shogren K., Wehmeyer M., Palmer S., Rifenbark G., Little T. (2015). Relationships between self-determination and postschool outcomes for youth with disabilities. *The Journal of Special Education.* 2015; 48(4): 256–267. DOI: https://doi.org/10.1177/0022466913489733.
Sigelman C., Budd E., Spanhel C., Schoenrock C. (1981a). Asking questions of retarded persons: a comparison of yes-no and either-or formats. *Appl Res Ment Retard.* 1981; 2(4): 347–357. DOI: 10.1016/0270-3092(81)90029-1. PMID: 7332323.
Sigelman C., Budd E., Spanhel C., Schoenrock C. (1981b). When in doubt, say yes. Acquiescence in interviews with mentally retarded persons. In: *Mental Retardation.* 19(2): 53–58.
Sigstad H. M. (2014). Characteristic interviews, different strategies: Methodological challenges in qualitative interviewing among respondents with mild intellectual disabilities. J Intellect Disabil. 2014 Jun; 18(2): 188–202. DOI: 10.1177/1744629514523159. Epub 2014 Feb 9. PMID: 24515504
Sigstad H. M. (2017). Qualities of friendship within an outside perspective: Definitions expressed by adolescents with a mild intellectual disability. *Journal of Intellectual Disabilities.* 21(1): 20–39. DOI: https://doi.org/10.1177/1744629516631682.
Skotko B., Kishnani P., Capone G. (2009). Down Syndrome Diagnosis Study Group. Prenatal diagnosis of Down syndrome: how best to deliver the news. *Am J Med Genet A.* 2009 Nov; 149 A(11): 2361–2367. DOI: 10.1002/ajmg.a.33082. PMID: 19787699.
Skotko B., Levine S., Goldstein R. (2011a). Having a brother or sister with Down syndrome: perspectives from siblings. *Am J Med Genet A.* 2011 Oct; 155 A(10): 2348–2359. DOI: 10.1002/ajmg.a.34228. Epub 2011 Sep 9. PMID: 21910244; PMCID: PMC3348944.
Skotko B., Levine S., Goldstein R. (2011b). Having a son or daughter with Down syndrome: perspectives from mothers and fathers. *Am J Med Genet A.* 2011 Oct; 155 A(10): 2335–2347. DOI: 10.1002/ajmg.a.34293. Epub 2011 Sep 13. Erratum in: Am J Med Genet A. 2017 May;173(5):1453. PMID: 21915989; PMCID: PMC3353148.

Skotko B., Levine S., Goldstein R. (2011c). Self-perceptions from people with Down syndrome. *American Journal of Medical Genetics Part A.* 2011 Oct; 155 A(10): 2360–2369. DOI: 10.1002/ajmg.a.34235. Epub 2011 Sep 9. PMID: 21910246; PMCID: PMC3740159.

Skotko B., Krell K., Haugen K., Torres A., Nieves A., Dhand A. (2023). Personal social networks of people with Down syndrome. *American Journal of Medical Genetics Part A.* 2023; 191 A: 690–698. DOI: https://doi.org/10.1002/ajmg.a.63059.

Sonnenberg K. (2005). Beteiligung statt Ausgrenzung. Zur Methodik der Befragung von Menschen mit Behinderungen. In: *Theorie und Praxis der sozialen Arbeit.* 6, S. 45–53.

Sorge N. (2010). *Gespräche mit Menschen, die für geistig behindert gehalten werden.* Dortmund: Verlag modernes Leben.

Steffensen E., Rosvig L., Santoro S., Pedersen L., Vogel I., Lou S. (2022). Parenting a child with Down syndrome: A qualitative study of everyday practices in Danish families. *Journal of Genetic Counseling,* 2022. 31: 758–770. DOI: https://doi.org/10.1002/jgc4.1542.

Stein D., Munir K., Karweck A., Davidson E., Stein M. (2013). Developmental regression, depression, and psychosocial stress in an adolescent with Down syndrome. *J Dev Behav Pediatr.* 2013 Apr; 34(3): 216–218. DOI: 10.1097/DBP.0b013e31828b2b42. PMID: 23572173; PMCID: PMC3884753.

Stores R., Stores G., Fellows B., Buckley S. (1998). Daytime behaviour problems and maternal stress in children with Down's syndrome, their siblings, and non-intellectually disabled and other intellectually disabled peers. *J Intellect Disabil Res.* 1998 Jun; 42 (Pt 3): 228–237. DOI: 10.1046/j.1365-2788.1998.00123.x. PMID: 9678407.

Strnadová I., Nevin S., Scully J., Palmer E. (2022). The opinions and experiences of people with intellectual disability regarding genetic testing and genetic medicine: A systematic review. *Genet Med.* 2022 Mar; 24(3): 535–548. DOI: 10.1016/j.gim.2021.11.013. Epub 2021 Nov 20. PMID: 34906474.

Strupp J. (2006). I don't feel down. Zur Lebenszufriedenheit von Menschen mit Down-Syndrom – untersucht am Beispiel des Magazins »Ohrenkuss, da rein, da raus…«. In: *Heilpädagogik online.* 2: 3–31.

Takataya K., Kanzaki Y., Mizuno E., Sakai I. (2022). Thoughts of young adults with Down syndrome, *Archives of Psychiatric Nursing.* 2022; 41: 195–200. ISSN 0883-9417. DOI: https://doi.org/10.1016/j.apnu.2022.06.006.

Theodore K., Foulds D., Wilshaw P., Colborne A., Lee J., Mallaghan L., Cooper M., Skelton J. (2018). ›We want to be parents like everybody else‹: stories of parents with learning disabilities. *Int J Dev Disabil.* 2018 Jun 8; 64(3): 184–194. DOI: 10.1080/20473869.2018.1448233. PMID: 34141305; PMCID: PMC8115499.

Theunissen G. (2002). *Altenbildung und Behinderung. Impulse für die Arbeit mit Menschen, die als lern- und geistig behindert gelten.* Bad Heilbrunn: Klinkhardt.

Theunissen G. (2005). Zeitgemäßes Wohnen von Menschen mit geistiger Behinderung. In: *Neue Praxis. Zeitschrift für Sozialarbeit, Sozialpädagogik und Sozialpolitik.* 35(4): 324–339.

Thomä D. (1998/2007). *Erzähle dich selbst.* Frankfurt/Main: Suhrkamp.

Thomas G. (2021). »The media love the artificial versions of what's going on«: Media (mis) representations of Down's syndrome. *Br J Sociol.* 2021 Jun; 72(3): 693–706. DOI: 10.1111/1468-4446.12807. Epub 2020 Dec 28. PMID: 33368162.

Thompson T., Talapatra D., Hazel C., Coleman J., Cutforth N. (2020). Thriving with Down syndrome: A qualitative multiple case study. *J Appl Res Intellect Disabil.* 2020 Nov; 33(6): 1390–1404. DOI: 10.1111/jar.12767. Epub 2020 Jun 15. PMID: 32538538.

Thornicroft G., Gooch C., O'Driscoll C., Reda S. (1993). The TAPS Project. 9: The reliability of the Patient Attitude Questionnaire. *Br J Psychiatry Suppl.* 1993 Apr; (19): 25–29. PMID: 8484927.

Touchdown 21: Pränataldiagnostik und Schwangerschaftsabbruch aus Sicht von Menschen mit Trisomie 21. URL: https://touchdown21.info/de/seite/4-forschung/article/306-praenataldiagnostik-schwangerschaftsabbruch-aus-sicht-von-menschen-mit-trisomie-21.html (Abruf: 11.10.2023).

Trescher H. (2017). *Behinderung als Praxis. Biographische Zugänge zu Lebensentwürfen von Menschen mit ›geistiger Behinderung‹.* Bielefeld: Trancript.

Urbano R., Hodapp R. (2007). Divorce in families of children with Down syndrome: a population-based study. *Am J Ment Retard.* 2007 Jul; 112(4): 261–274. DOI: 10.1352/0895-8017(2007)112[261:DIFOCW]2.0.CO;2. PMID: 17559293.

Van Asselt-Goverts A., Embregts P., Hendriks A., Wegman K., Teunisse J. (2015). Do social networks differ? Comparison of the social networks of people with intellectual disabilities, people with autism spectrum disorders and other people living in the community. *J Autism Dev Disord.* 2015 May; 45(5): 1191–1203. DOI: 10.1007/s10803–014–2279–3. PMID: 25326258; PMCID: PMC4544488.

Van Gameren-Oosterom, H., Fekkes, M., van Wouwe, J., Detmar, S.,Oudesluys-Murphy, A., & Verkerk, P. (2013). Problem behavior of individuals with Down syndrome in a nationwide cohort assessed in late adolescence. *Journal of Pediatrics*, 163(5), 1396–1401. https://doi.org/10.1016/j.jpeds.2013.06.054.

Van Herwegen J., Ashworth M., Palikara O. (2018). Parental views on special educational needs provision: Cross-syndrome comparisons in Williams Syndrome, Down Syndrome, and Autism Spectrum Disorders. *Res Dev Disabil.* 2018 Sep; 80: 102–111. DOI: 10.1016/j.ridd.2018.06.014. Epub 2018 Jul 6. PMID: 29981951.

Van Riper M., Knafl G., Barbieri-Figueiredo M., Caples M., Choi H., de Graaf G., Duarte E., Honda J. et al. (2021). Measurement of Family Management in Families of Individuals With Down Syndrome: A Cross-Cultural Investigation. *J Fam Nurs.* 2021 Feb; 27(1): 8–22. DOI: 10.1177/1074840720975167. Epub 2020 Dec 4. PMID: 33272069; PMCID: PMC7897787.

Van Schendel R., Page-Christiaens G., Beulen L., Bilardo C., de Boer M., Coumans A., Faas B., van Langen I., Lichtenbelt K., van Maarle M., Macville M., Oepkes D., Pajkrt E., Henneman L.; Dutch N. (2017). Consortium. Women's Experience with Non-Invasive Prenatal Testing and Emotional Well-being and Satisfaction after Test-Results. *J Genet Couns.* 2017 Dec; 26(6): 1348–1356. DOI: 10.1007/s10897–017–0118–3. Epub 2017 Jun 30. PMID: 28667567; PMCID: PMC5672853.

Verdugo M., Navas P., Gómez E., Schalock R. (2012). The concept of quality of life and its role in enhancing human rights in the field of intellectual disability. *Journal of Intellectual Disability Research.* 56: 1036–1045. DOI: https://doi.org/10.1111/j.1365-2788.2012.01585.x.

Voelker S., Shore D., Brown-More C., Hill L., Miller L., Perry J. (1990). Validity of self-report of adaptive behavior skills by adults with mental retardation. *Ment Retard.* 1990 Oct; 28(5): 305–309. PMID: 2255260

Wais M. (2005). Als Marilyn Monroe in den Himmel kam – Diskurs über die moderne Biographie. Stuttgart: Mayer.

Waldschmidt A. (2018). Biographie und Behinderung. In: Lutz H., Schiebel M., Tuider E. (Hrsg.) *Handbuch Biografieforschung.* Weinheim: Springer, S. 415–425.

Walker-Hirsch L. (2007). Sexuality education and intellectual disability across the lifespan. In: Walker-Hirsch L. (Hrsg.). *The facts of life…and more: Sexuality and intimacy for people with intellectual disabilities.* Maryland: Brookes, S. 3–28.

Wakai M., Takahashi R., Higashigawa S., Ikeda M., Yotsumoto J., Numabe H. (2018). Self-perceptions from people with Down syndrome in Japan. *J Hum Genet.* 2018 May; 63(5): 669–672. DOI: 10.1038/s10038–018–0412–4. Epub 2018 Feb 15. PMID: 29449634.

Watt K., Johnson P., Virji-Babul N. (2010). The perception of friendship in adults with Down syndrome. In: *Jounal of Intellecutal disability research.* 54(11): 1015–1024.

Weber E. (2011). Lebensverläufe und Lebensqualität aus Nutzerperspektive. Biografieorientierte Zugänge zum Verstehen und Bewältigen herausfordernder Verhaltensweisen. In: *Literaturexpertise »Biografiearbeit«, im Rahmen des Euregio-Projektes Hand in Hand.* URL: https://www.fk-reha.tu-dortmund.de/Soziologie/cms/de/forschung/Naehere_Infos_zu_Projekten/Projekt_Lebensverlaeufe/Expertise_Biografiearbeit_Weber.pdf (Abruf: 8.6.2021).

von Weizsäcker V. (1967). *Pathosophie* (2. Aufl.). Göttingen: Vandenhoek & Ruprecht.

Wendeler J., Godde H. (1989). *Geistige Behinderung. Ein Begriff und seine Bedeutung für die Betroffenen.* Geistige Behinderung. 4, S. 306–317.

Wenk C. (2015). *Kinder mit Down-Syndrom und ihre Mütter.* Cuxhaven: Neufeld Verlag.

White P., Forrester-Jones R. (2019). Valuing e-inclusion: Social media and the social networks of adolescents with intellectual disability. *Journal of Intellectual Disabilities.* 24(3): 381–397. DOI: https://doi.org/10.1177/1744629518821240.

Windsperger K, Hoehl S. (2021). Development of Down Syndrome Research Over the Last Decades – What Healthcare and Education Professionals Need to Know. Front Psychiatry. 2021 Dec 14; 12:749046. DOI: 10.3389/fpsyt.2021.749046. PMID: 34970162; PMCID: PMC8712441.

Witzel A. (1982). *Verfahren der qualitativen Sozialforschung. Überblick und Alternativen*. Frankfurt/Main: Campus.

Witzel A. (1985). Das problemzentrierte Interview. In: Jüttemann G. (Hrsg.): *Qualitative Forschung in der Psychologie. Grundfragen, Verfahrensweisen, Anwendungsfelder*. Weinheim: Beltz, S. 227–255.

Zamzow R. (2017). *Writing Well about Disability*. URL: https://ncdj.org/wp-content/uploads/2018/09/theopennotebook_com.pdf (Abruf: 13.10.2023).

Zhu Z., Li W., Zhan J., Hu L., Wu L., Zhao Z. (2016). Adaptive behaviour of Chinese boys with fragile X syndrome. *J Intellect Disabil Res*. 2016 Jan; 60(1): 1–8. DOI: 10.1111/jir.12222. Epub 2015 Sep 6. PMID: 26344058.

Zimpel A. (2016). *Trisomie 21 – Was wir von Menschen mit Down-Syndrom lernen können*. Göttingen: Vandenhoek & Ruprecht.